부당한 공동행위 억지를 위한 사적집행 강화방안

유민총서
29

부당한 공동행위 억지를 위한 사적집행 강화방안

| 박경미 지음 |

홍진기법률연구재단

추천사

前 고려대학교 법학전문대학원장 이 황 교수

이 책의 저자인 박경미 박사와는 대학원 석사, 박사과정의 지도교수로 11년 째 인연을 맺고 있다. 이 책은 저자가 학문적 관심과 열정을 보여주면서 기업 실무와 공정거래법학과의 접점을 찾고자 노력한 학문적 성과로 평가할 수 있다. 그러한 연구성과는 자료조사와 논문집필에 3년 가까운 기간을 투자한 근면의 대가이다. 그를 통해 광범위한 국내외 문헌과 사례를 연구하고 소화해내었는데, 이는 근래 법학연구 내지 학문후속세대 단절의 위기를 맞은 법학계에 가뭄의 단비와 같은 성실함이라고 믿고 칭찬하고 싶다. 특히 대기업의 준법경영 실무책임자로서 현실에서 직접 부딪치는 문제를 연구주제로 선정하고 실무경험을 논문에 녹여내는데 성공한 결과이기도 하여 학문적, 실천적 가치가 있다.

이 책은 우리나라에 만연한 공정거래법상 부당한 공동행위에 대한 사적 집행의 강화를 통해 피해자 보상 뿐 아니라 실질적 억지력을 확보하는데 기여할 수 있는 점을 논증하고 구체적 개선방안을 제시하였다. 사적인 공정거래법 집행이 갖는 부당공동행위 억지력이라는 주제는 내용의 중요성과 많은 관련분야 연구에도 불구하고, 본질적 측면에서 연구 성과가 충분하지 않아 일종의 사각지대로 남아있다. 특히 부당한 공동행위로 피해를 보는 대상이 소비자나 공공부분이 아니라 민간기업인 경우에는 기업 스스로 구제책을 세우리라는 막연한 기대가 있었고, 다수 연구들이 규범적 접근에 머물렀던데 이유가 있었을 것이다. 그러나 단순한 민사적 구제책 외에 부당한 공동행위를 억지하고 시장 경쟁질서를 확립한다는 차원에서 공정거래법의 사적집행 강화방안을 연구한다는 접근은 민사적 구제를 도모하는 것과는 전혀 다른 이슈이다. 이 연구는 이처럼 법학적 연구성과가 충분하지 않은 분야의 연구를 독자적 방법론을 개발·적용하고 설득력 있는 대안을 모색했다는 점에서, 학문적 창의성을 발휘하고 사회발전에 기여하였다는 성과를 낳은 것으로 생각한다.

동시에 공정거래위원회와 검찰 등에 의한 전통적 공적집행이 부당한 공동행위를 근절하는데 한계를 가짐을 이론적·실증적으로 논증하고 사적집행을 강화함으로써 위반행위 억지력의 한계를 극복할 수 있다는 점을 논리적으로 주장하였다. 이처럼 공정거래법의 사적집행과 공적집행을 대등보완적 관계에서 파악하고 그 한계를 법경제학적 분석을 통하여 증명하는 것은 국내에서 매우 새로운 접근이다. 무엇보다 기존 법학연구와 달리 공적집행의 한계에 대하여 규범적·제도적 문제 및 보완필요성을 파악하는데 그치지 않고, 적발가능성, 피해액, 사회적후생 총합 등을 활용하여 국내외 실증연구를 광범위하게 조사·활용하여 밝혔다는 점에서 의미가 있다. 나아가 미국의 Lande 및 Davis 등의 사적집행 효용성에 대한 실증연구를 근거로 사적 집행의 억지력 확보에 대해 구체적이며 객관적으로 입증을 시도한 것은, 규범론적 접근이 일반화된 국내 법학연구 풍토에서 신선한 시도이다.

결론 부분에서 공정거래법 사적집행 강화방안으로, 크게 손해배상제도와 손해배상제도 외의 개선방안으로 분류한 다음 각각에 관하여 개선방안을 도출하였다. 개선방안을 연구함에 있어서 사적집행의 범위를 손해배상제도에 한정하지 않고 조정 및 중재 등 대안적 분쟁해결방안을 비롯하여 민간기업 주도의 선제적 컴플라이언스 강화방안까지 확대 해석한 것은 물론,

최근 국내외에서 상법 분야 중요이슈로 부상하는 ESG 공급망 관리와 같이 새로운 관점까지 제시한 점도 주목할 만 하다. 이는 시대흐름에 부응하도록 연구범위를 확장하여 연구성과를 고양하고 선행연구와 차별화한 것으로 학문적 연구의 의의가 있다. 또한 대안을 모색함에 있어서 범위를 공정거래법에 한정하지 않고 상법과 민법은 물론 공법 영역까지 확장하여 성실하게 종합적 접근을 한 것도 주목할 부분이다. 개선방안의 내용으로 보아 비단 학문적 성과에 그치지 않고 기업들이 준법경영을 위한 실무에서 직접 활용할 수 있을 것으로 보인다는 점에서 실천적 가치도 매우 크다. 이 책이 법학 이론과 실무 분야에 신선한 자극이 될 것으로 기대하고 박경미 박사의 학문적 성장을 축원하며 추천사를 매듭짓는다.

추천사

포스코홀딩스 기업윤리본부장 이성욱 부사장

　현재 포스코홀딩스 법무실 리더로 재직 중인 이 책의 저자 박경미 박사는 필자가 포스코 법무실장으로 재직하던 시절부터 함께 인연을 맺어 왔다. 저자는 지난 11년간 회사에서 공정거래 컴플라이언스 업무를 담당해 오면서 업무에 대한 남다른 열정으로 그동안 쌓아온 실무역량에 더하여 이론적 토대를 더 깊이 연구하기 위하여 석사와 박사 학위 과정을 거쳐 "부당한 공동행위 억지를 위한 사적 집행 강화방안: 손해배상제도를 중심으로"라는 제목의 논문으로 법학박사 학위를 취득하고 이번에 논문을 서적으로 출간하게 되었다.

　저자는 석박사 과정 수학 과정에서도 기업의 준법 담당 실무자로서의 업무 경험과 법학 이론을 연계하는 논제를 발굴하여 아래와 같은 선행 연구를 진행한 바 있는데 실무와 이론을 접목한 훌륭한 논문으로 높이 평가되어야 할 역작이라고 감히 평가될 수 있다

　"발주처 임직원이 관여한 입찰담합에 대한 공정거래법상 규율방안 고찰: 교사 및 방조행위를 중심으로"(법무부 선진상사법률연구 통권 제95권, 2021), "ESG 리스크와 회사법상 이사의 감시의무" (인하대학교 법학연구 제24권 제2호, 2021) 등

　저자의 이번 박사학위 논문 출판서적의 주제와 내용 또한 이전의 연구와 같이 기업이 직면하고 있는 공정거래 과제에 대한 이론적 측면의 고찰과 해법을 제시하는 것이어서 그 의의와 시사하는 바가 크다. 기업의 준법경영은 지속가능한 성장과 발전을 위한 필수적인 요소이므로 모범적인 기업들은 임직원이 스스로 법규를 잘 준수할 수 있도록 준법경영시스템을 확고

히 구축하는 등 컴플라이언스 프로그램을 운영하고 있다. 나아가 기업은 비즈니스 파트너인 공급사에게도 공정거래 법규를 준수하여 신뢰에 기반한 파트너십을 맺기를 희망하고 있다.

공정거래법규에서 규제하고 있는 부당한 공동행위, 즉 담합은 시장경제를 왜곡하는 이슈로 세계 각국의 경쟁당국이 엄격히 대응하고 있음에도 여전히 담합에 의한 피해가 시장 질서를 어지럽히고 소비자와 기업에게 피해를 끼치는 모습을 자주 보게 된다. 시장의 메커니즘이 정상적으로 작동하기 위해서는 담합과 같은 불공정거래행위의 근절이 반드시 선행되어야 한다는데 이의를 제기할 사람은 없을 것이다.

이런 측면에서 저자의 부당한 공동행위 억지를 위한 손해배상제도 등의 사적 집행 강화방안에 대한 연구는 기업 뿐 아니라 법원, 경쟁당국에게도 시사하는 바가 크다고 할 수 있다. 저자의 이번 연구결과를 바탕으로 기업과 학계, 경쟁당국의 담합 억지를 위한 활발한 후속 논의와 제도 개선이 이루지기를 기대한다.

저자는 그동안 회사의 구성원으로서 가정의 일원 및 석박사 과정의 학생으로서 1인 3역을 감당하면서 남모를 어려움이 많았음에도 그 모든 과정을 훌륭히 극복하고 매우 우수한 논문을 발간하게 되어서 다시 한번 그 노고에 감사하고 축하를 드린다.

앞으로도 저자가 기업의 준법문화 조성과 우리나라의 공정거래제도 발전에 기여하는 실무가로, 더 나아가 학자로 계속해서 성장하길 기대하고 그러리라고 확신한다.

머리말

이 책은 저자의 고려대학교 일반대학원 박사학위 논문을 일부 수정 및 보완한 것으로서 공정거래법상 부당한 공동행위 억지를 위한 사적 집행 필요성을 연구 대상으로 한다.

흔히 박사학위 논문은 개인의 관심 분야를 집중적으로 탐색하여 집결된 연구 산출물이라고 한다. 졸고는 그런 의미에서 대단한 연구 결과라고 말하기는 어렵지만 포스코그룹에서 겪은 저자의 업무 경험과 공정거래법학 분야에 대한 학문적 호기심이 결합하여 세상에 빛을 보게 된 개인의 성장 일기라는 점에 의미를 부여하고 싶다.

R&D부서 인사 담당자로 첫 사회 경험을 시작하면서 박사급 연구원 동료가 보여준 전문 분야에서 대체불가능성이라는 점은 신선한 자극이 되었으며 잘 해내고 싶은 분야가 생긴다면 전문역량을 쌓아야겠다는 다짐의 불씨가 되었다. 이후 본사 HR부서에서 직원의 보직, 승진, 유학 등 경력개발 프로그램을 수립하는 업무를 수행했던 경험은 직원의 경력개발에 회사의 지원도 물론 필요하지만 분명한 자기 주도형 계획이 전제되어야 한다는 점을 인식하는 계기가 되었다. 그 후 구매부서에서 포스코그룹과 거래하는 상대방 사업자로부터 담합 피해를 보았던 품목의 계약 담당자로 일하면서 처음으로 공정거래와 컴플라이언스 분야에 눈뜨게 되었다. 이후 운이 좋게도 공정거래 부서에서 일할 수 있는 기회가 주어졌고 이 분야에서 성장하고 싶다는 간절함이 생겼다. 지난 11년은 저자에게 회사의 일상을 채우는 업무가 바로 공정거래와 컴플라이언스 분야였고 또 그 업무를 잘 해내기 위해 필수적으로 필요한 학습의 기간이었다. 필자에게 공정거래와 컴플라이언스 분야는 실무 그리고 학업이 일체화되는 신기한 경험을 선사해주었

을 뿐 아니라 다양한 흥미로움을 주는 '워라인(Work and Life Integration)'의 매개체가 되었다. 실무과 학업을 병행하는 과정에서 누구나 겪게 되는 어려움과 불안감이 생길 때마다 저자 본인의 선택이 가치 있고 멋진 길이라는 자기 효능감을 갖기 위해서 아래 문구를 매일 글로 써보곤 했다.

"그저 막연한 신념, 지금보다 나아질 것이라는 상상,
내가 선택한 길이 옳다는 확신, 언젠가 이루어질 것이라는 희망"

이런 의미에서 졸고에는 포스코그룹에 소속된 구성원으로서, 저자가 선택한 분야에서 이루고 싶던 수년간의 바람을 담았다. 그것은 바로 거래상대방의 담합으로 인해 포스코그룹이 피해를 보는 것을 적극적으로 예방하고 선제적으로 대처하여 사손이 최소화되었으면 좋겠다는 것이다. 또한, 민간기업의 거래상대방이 가담한 담합으로 인해 피해를 보는 사안을 오롯이 피해를 본 민간기업이 풀어야 할 숙제로 여길 것이 아니라 법 제도를 보완하여 피해 구제는 물론 법 위반 억지에 효과적인 방안을 이끌어내고자 하였다. 물론 저자의 미약한 노력으로 그 바람이 쉽게 이루어질지 단언할 수는 없지만 졸고가 논의의 시작이자 계기가 될 수 있다면 그것으로 충분하다. 무엇보다 향후 저자가 공정거래 법학분야에서 연구하는 실무가로 성장할 수 있는 출발선에 설 수 있게 되어 영광스럽고 감사한 마음이 매우 크다.

오랜 기간 지도교수이시자 학문적 귀감, 영감을 전해주시는 前 고려대학교 법학전문대학원장 이황 교수님, 공정거래 실무의 나침반이 되어 무한한 격려를 해주신 포스코홀딩스 이성욱 본부장님과 남기태 상무님, 법무부서 직책자분들께 감사드린다. 회사와 일에 대한 태도 그리고 단단한 마음가짐을 가르쳐 주신 HR부서 선배님들께도 늦게나마 지면을 빌어 감사의 말씀을 드리고자 한다. 또한, 논문 심사과정에서 소중한 가르침을 주신 고려대학교 유진희 교수님과 이승훈 교수님, 이화여자대학교 정재훈 교수님, 서울시립대학교 박세환 교수님께도 다시 한번 머리 숙여 감사의 말씀을 드린다. 끊임없는 지지와 응원을 보내 준 연구실 구성원들, 회사 동료와 선후배, 친구, 지인 여러분께도 감사 인사를 전한다. 늦은 나이에 공부를 시작한 딸(아내)을 위해 육아를 전담하여 주신 친정 부모님과 남편, 엄마 뱃속에서부터 지금까지 공정거래라는 키워드가 엄마의 분신처럼 함께 한 탓에 자주 함께 놀아주지 못한 아들 준서에게도 미안하고 사랑한다는 인사를 전하고 싶다. 마지막으로 대한민국의 법학 발전을 위하여 다양한 법률지원 활성화 사업에 기여해주시는 홍진기법률연구재단 측에도 진심으로 감사드린다.

목 차

추천사 · iv
머리말 · ix

제1장 서 론

제1절 연구 필요성   3
Ⅰ. 연구 배경 및 선행연구   3
Ⅱ. 용어 정의   7
  1. 공정거래법, 경쟁법, 독점금지법, 사적독점금지법   7
  2. 부당한 공동행위   7
  3. 부당한 공동행위 가담 사업자   8
  4. 공적 집행과 사적 집행   8

제2절 연구 계획   10
Ⅰ. 연구 목적   10
Ⅱ. 연구 대상   12
Ⅲ. 연구 방법   14
Ⅳ. 연구 구성   15

제2장 경쟁법상 부당한 공동행위에 대한 전통적 법 집행체계

제1절 경쟁법의 입법목적과 법 집행에 대한 이해   19
Ⅰ. 경쟁법의 보호법익   19
  1. 경쟁법상 입법목적의 기능과 의미   19
  2. 각국의 경쟁법상 입법목적 비교   20
Ⅱ. 경쟁법의 집행방식과 기능에 대한 보편적 시각   26
  1. 경쟁법 집행방식의 유형 및 의의   26
  2. 경쟁법상 공적 집행과 사적 집행의 기능   28

제2절 경쟁법상 부당한 공동행위에 대한 공적 집행 운영실태　32
Ⅰ. 경쟁법상 부당한 공동행위의 규율 현황　32
　1. 공정거래법상 부당한 공동행위 규율 목적 및 배경　32
　2. 경쟁법상 보호법익과 부당한 공동행위 억지와의 관계　33
Ⅱ. 경쟁법상 부당한 공동행위에 대한 공적 집행의 특성　34
　1. 부당한 공동행위의 근절 정책 수단으로서 행정제재의 특성　34
　2. 부당한 공동행위의 근절 정책 수단으로서 형사제재의 특성　36
Ⅲ. 부당한 공동행위에 대한 공적 집행 중심 규율의 문제점　41
　1. 부당한 공동행위에 대한 행정제재의 한계　41
　2. 부당한 공동행위에 대한 형사제재의 한계　49

제3절 공적 집행에 의한 부당한 공동행위의 억지에 관한 실증연구　61
Ⅰ. 공적 집행에 의한 부당한 공동행위 억지 확보 시 고려사항　61
　1. 부당한 공동행위에 대한 '적발 가능성'　61
　2. 부당한 공동행위에 대한 '피해액 수준'　62
　3. 부당한 공동행위로 발생한 '사중손실'　64
Ⅱ. 공적 집행에 의한 부당한 공동행위의 억지에 관한 국내 연구　67
　1. 김차동 교수가 수행한 실증연구의 전제사항　67
　2. 김차동 교수가 검토한 공적 집행에 의한 제재 규모와 억지　69

제3장 경쟁법상 부당한 공동행위에 대한 기존의 법 집행방식 개선 필요성

제1절 경쟁법 집행방식의 개선 근거: 법 집행이론 소개　75
Ⅰ. 경제적 효율성을 토대로 한 법 집행이론　75
Ⅱ. 최적의 법 집행이론을 통한 법 집행방식 개선방안 도출　77
　1. 최적의 법 집행이론의 전제사항　77
　2. 최적의 법 집행을 위한 법 집행수단별 대체 가능성　83

제2절 부당한 공동행위 억지를 위한 사적 집행의 활용 필요성 ··· 89
  Ⅰ. 부당한 공동행위 억지를 위한 사적 집행의 의미 ············· 89
  Ⅱ. 부당한 공동행위 억지를 위한 사적 집행의 역할 ············· 90
    1. 한정된 시장경제 자원의 효율적 활용 ···················· 90
    2. 시장구성원에 대한 간접적 책무 부여 ···················· 91
    3. 법 집행체계 상호 보완을 통한 최적의 법 집행 ············· 92
  Ⅲ. 경제적 효율성 측면에서 사적 집행의 유용성 ················ 93
    1. 사적 집행의 경제적 효율성에 대한 견해 대립 ·············· 93
    2. 사적 집행의 경제적 효율성에 대한 근거 ·················· 94
제3절 사적 집행에 의한 부당한 공동행위의 억지에 관한 실증연구 ··· 97
  Ⅰ. 사적 집행의 억지효과에 대한 실증연구 : Lande와 Davis ······ 97
    1. 실증연구 결과 요약 ·································· 97
    2. 선행 실증연구 : 2008년, 2011년 ························ 98
    3. 후속 실증연구 : 2013년 ······························ 101
  Ⅱ. 사적 집행의 억지효과에 대한 기타 실증연구 ··············· 106
    1. 독점금지법상 사적 집행의 억지효과에 대한 Georgetown 연구 ··· 106
    2. Schantl과 Wagenhofer의 공적·사적 집행체계 간 상호작용에 의한 억지효과 연구 ··· 107
    3. Pavillion의 EU 소비자법상 사적 집행의 억지효과 연구 ······ 109
  Ⅲ. 사적 집행의 억지 효과에 대한 해외 실증연구가 우리나라 법제에
      주는 시사점 ·· 110

제4장 손해배상제도 일반론과 징벌적 손해배상제도, 경쟁법상 손해배상제도의 입법례 비교 검토

제1절 각국 입법례에 대한 비교법 검토의 실익 및 범위 ········· 115
제2절 미국 ·· 117
  Ⅰ. 손해배상제도 일반론 ·································· 117
  Ⅱ. 징벌적 손해배상제도 ·································· 119

1. 보통법상 징벌적 손해배상제도의 연혁과 개념	119
2. 보통법상 징벌적 손해배상제도의 성립요건	121
3. 보통법상 징벌적 손해배상제도의 기능	122
4. 보통법상 징벌적 손해배상제도에 대한 법경제학적 접근	123
Ⅲ. 독점금지법상 3배의 손해배상제도	128
1. 독점금지법상 3배의 손해배상제도의 근거	128
2. 독점금지법상 3배의 손해배상제도의 목적	130
3. 독점금지법상 3배의 배상제도의 주요 쟁점	131

제3절 EU와 소속 회원국   138

Ⅰ. EU	138
1. EU의 손해배상제도 일반론	138
2. EU의 징벌적 손해배상제도	139
3. EU 경쟁법상 손해배상제도의 발전	141
Ⅱ. 독일	149
1. 손해배상제도 일반론	149
2. 징벌적 손해배상제도	150
3. 경쟁제한방지법상 손해배상제도	152
Ⅲ. 프랑스	154
1. 손해배상제도 일반론	154
2. 징벌적 손해배상제도	155
3. 상법상 경쟁제한행위에 대한 손해배상제도	161

제4절 일본   165

Ⅰ. 손해배상제도 일반론	165
Ⅱ. 징벌적 손해배상제도	166
Ⅲ. 사적독점금지법상 손해배상제도	168
1. 일본 민법과 사적독점금지법상 손해배상제도의 비교	168
2. 사적독점금지법상 손해액 인정제도	169

제5절 우리나라   174

Ⅰ. 손해배상제도 일반론	174

1. 손해배상제도의 기본 원칙　　174
　　2. 손해배상청구를 위한 불법행위 성립요건　　175
　Ⅱ. 징벌적 손해배상제도　　178
　　1. 우리나라의 징벌적 손해배상제도 도입 논의　　178
　　2. 징벌적 손해배상제도에 대한 평가와 사례　　183
　　3. 외국 재판에서 인정된 징벌적 손해배상 관련 쟁점　　185
　Ⅲ. 공정거래법상 3배의 손해배상제도　　190
　　1. 민법과 공정거래법상 손해배상제도의 비교　　190
　　2. 사실심 법원의 손해액 인정에 대한 규범적 통제　　193
　　3. 원고의 손해액 입증을 위한 자료접근 방안　　207
　　4. 소결　　212

제5장 부당한 공동행위 억지를 위한 손해배상제도 등 사적 집행 강화방안

제1절 제도 개선 운영방향　　217

제2절 손해배상제도 강화를 위한 개선방안　　219
　Ⅰ. 공정위의 경쟁주창활동과 연계한 손해배상제도 활성화　　219
　　1. 공정위의 부당한 공동행위 피해가능 사실 통보제도 신설　　219
　　2. 부당한 공동행위 피해사업자의 이사회 보고결과 등 공정위 제출의무 신설　　221
　　3. 공정위 의결서상 피해자의 잠정적 손해 규모와 배상 필요성 명문화　　224
　Ⅱ. 상법상 주주대표소송 활용방안　　226
　　1. 부당한 공동행위 억지를 위한 주주대표소송 활용 필요성　　226
　　2. 일본의 주주대표소송 사례　　228
　　3. 우리나라의 주주대표소송 사례　　229
　　4. 부당한 공동행위 가담 기업의 경영층에 대한 주주대표소송 시사점　　232
　Ⅲ. 사실심 법원의 손해액 입증 판단 시 규범적 통제방안　　234
　　1. 합리적 손해배상책임제한을 위한 입증책임 배분　　234
　　2. 법원의 손해액 판단 시 특별손해 및 무형의 손해 인정　　238
　Ⅳ. 불법행위에 대한 손해배상예정액 제도 활용 방안　　241

1. 검토 배경 및 논의 실익	241
2. 민법상 손해배상 합의에 대한 보편적 이해	242
3. 부당한 공동행위로 인한 손해배상액예정의 구체적 적용방안	250
4. 법원의 손해액 인정 시 손해배상액예정을 참작하는 입법 개정	257

Ⅴ. 외국 재판에서 인정된 징벌적 손해배상의 승인 확대   260

제3절 기타 사적 집행 강화를 위한 개선방안   264

Ⅰ. 대안적 분쟁해결방안의 활용 : 조정 및 중재   264
   1. 공정거래법상 대안적 분쟁해결제도 운영현황   264
   2. 공정거래법상 조정제도의 적용대상 확대 : 부당한 공동행위로 인한 분쟁   266
   3. 공정거래법상 중재제도의 신설   267

Ⅱ. 기타 사적 집행 강화방안   283
   1. 기업의 컴플라이언스 정책을 활용한 사적 집행   283
   2. ESG 공급망 관리 관점의 사적 집행 강화방안   287

제6장 결 론

제1절 연구 결과의 정리   295
제2절 결론 및 관견(管見)   302

참고문헌 · 307

표 목 차

[표 1] 철강업계 발주 철강재 운송·하역 용역 부당한 공동행위 가담 사례　　47
[표 2] 중공업·조선업계 발주 중량물 운송·하역 용역 부당한 공동행위 가담 사례　　47
[표 3] 공정위의 자진신고자 감면제도와 검찰의 카르텔 형벌 감면제도 비교　　58
[표 4] 김차동 교수의 연구결과에서 최대제재 범위 비교　　70
[표 5] 부당한 공동행위 관련 과징금 비율 변화 추이(금액단위, 백만원)　　72
[표 6] 군납유 입찰담합사건에서 경제분석 방법에 따른 손해액 추정규모　　197
[표 7] 공정위 사건처리 규칙 제3장 제1절 개정(안)　　221
[표 8] 피 통지기업의 이사회 보고결 등 자료제출 의무화를 위한 공정거래법 개정(안)　　223
[표 9] 공정거래법상 손해배상책임 규정의 입증책임 개선(안)　　238
[표 10] 국가계약법상 입찰보증금 조항 입법 개정(안)　　257
[표 11] 공정거래법 손해액의 인정(제115조) 입법 개정(안)　　259
[표 12] 공정거래법상 조정의 신청대상 확대 개정(안)　　267
[표 13] 2015년 이학영 의원 대표발의 공정거래법 개정(안)　　277
[표 14] 공정거래 분쟁조정법 적용범위 개정(안)　　281

제1장

서 론

제1절 연구 필요성

Ⅰ. 연구 배경 및 선행연구

「독점규제 및 공정거래에 관한 법률」(이하 '공정거래법')은 시장에 만연한 독과점의 규제를 강화하고 시장의 경쟁을 촉진하기 위한 수단이다.[1] 공정거래법은 우리나라의 경제 개발 성공의 이면에서 경쟁정책 규범으로 작동해 왔다. 나아가 우리나라의 경제 문제를 극복하기 위한 대안적 시스템으로도 평가받고 있다.[2]

경쟁법을 집행할 때 어떠한 집행방식을 채택하여 조화시킬지는 각국의 정책적 판단에 달려 있다. 많은 경쟁당국이 경쟁제한성이 높은 부당한 공동행위를 규제할 때 경쟁법의 집행방식 중 공적 집행을 적극적으로 활용한다.[3][4]

사인(私人) 중심으로 이루어지는 사적 집행도 경쟁법 집행의 중요한 수단이지만 사적 집행의 활성화 정도에는 국가별로 차이가 있다. 미국에서는 사적 집행이 공적 집행을 대체할 정도로 활발하게 이루어지나 EU, 일본, 우리나라에서는 손해배상제도로 대표되는 사적 집행 운영에 미온적인 편

---

[1] 권오승 외 7인, 『독점규제법(제5판)』, 법문사, 2017, 3-6면.
[2] Lee, Hwang, Development of Competition Laws in Korea, ERIA Discussion Paper Series ERIA-DP-2015-78, 2015, pp.15-16.
[3] 2015-2019년 간 부과된 EU집행위원회의 카르텔에 대한 과징금은 1990-1995년 부과된 과징금과 대비했을 때 24배까지 증가하였다고 한다. 2022.11.29. Cartel Statistics, <https://ec.europa.eu/competition>, 2024.1.5. 최종접속.
[4] "현행 대한민국 집행체계는 공정위의 공적 집행에 의해 시장 거래질서를 바로 잡는 것을 목표로 설계되어 피해 구제는 법원에 의한 민사 구제절차 등 사적 집행 영역으로 인식된다".; 이황, "공정거래법의 미션과 집행시스템의 개혁방안", 경쟁저널 제198호, 한국공정경쟁연합회, 2019, 13면.

이다.5) 우리나라의 부당한 공동행위에 대한 손해배상청구 사례는 주로 공공분야를 중심으로 일부 확인된다.6)

그렇다면 우리나라에서 경쟁법 위반행위에 대한 사적 집행은 왜 활성화되지 못하고 있는가? 우리나라에서는 부당한 공동행위 규제를 위한 법 집행 시 공적 집행에 대한 의존도가 매우 높기 때문이다. 따라서 공정거래위원회(이하 '공정위')에서 제재가 확정되지 않은 사안에 대해 피해자가 능동적으로 손해배상소송에 참여하는 것은 쉽지 않다.7) 실무적으로도 공정위의 조사, 심의·의결, 제재 시행까지 공적 집행 절차에 소요되는 시간이 상당하므로 공적 집행 절차가 완료될 때까지 오랫동안 대기해야 한다.8) 또한 손해배상소송에서도 상당한 시간과 비용이 소요된다는 점, 인과관계가 있는 손해와 손해의 규모를 피해자인 원고가 입증하기 어렵다는 점 등으로 인해 피해자가 선뜻 소송이라는 제도를 선택하기에는 어려움이 있다. 이처럼 우리나라에서는 공정위 처분과 별개로 독자적인 민사소송을 제기할 유인이 부족하여 손해배상소송 활용이 쉽지 않다.9)

한편 공정거래법상 사적 집행은 사전적 금지 청구제도와 사후적 손해배

---

5) 권오승 외 7인(2017), 앞의 책, 12면.
6) 포항 영일만항 외곽시설 축조공사 입찰담합에 대한 법무부의 손해배상소송은 2015년 출범한 국고 손실 환수 송무팀의 첫 소송이었으며 공공입찰 부당이득 환수를 위한 3번째 손해배상청구 소송이었다.; 이태성, "법무부, 포항 영일만 담합 건설사 상대 251억 원대 소송", 머니투데이 기사, 2015.11. 14., <https://news.mt.co.kr/mtview.php?no=2015111411102113180>, 2023. 1.23. 최종접속.
7) 김윤정 외 4인, "공정거래위원회 처분 관련 손해배상소송 사례연구", 공정거래위원회 연구용역 최종보고서, 2019, 14면.; 이 문헌의 주요 내용에 대해서는 제4장 해외 입법례 비교법 검토에서 다루기로 한다.
8) 공정거래위원회의 사건 전결 시까지 기한은 정해져 있으나 부득이한 경우 사무처장 허가 후 기간 연장이 가능하므로 실제 사건처리는 더 길어질 수 있다. 「공정거래위원회 회의 운영 및 사건절차 등에 관한 규칙」제13조 제1항.
9) 서정, "경쟁법 위반행위에 대한 손해배상제도", 경쟁법 연구 제39권 제3호, 한국 경쟁법학회, 2019, 5면.

상제도로 구분되는데, 부당한 공동행위는 은밀하여 주로 사후에 발견되므로 후자 중심의 논의가 활발하게 이루어지고 있다.10) 손해배상제도와 관련된 국내 선행연구의 범위는 대체로 다음과 같다. (i) 손해의 정의11) (ii) 간접구매자의 소송 청구권과 손해전가의 항변12) (iii) 손해액 산정(손해액 인정) 및 경제분석, 이에 대한 법원의 규범적 통제13) (iv) 배액 배상 또는 징벌적 손해배상제도의 도입14) (v) 집단소송제도의 도입15) 등이다.

---

10) 이선희, 『독점규제법상 부당한 공동행위에 대한 손해배상청구』, 경인문화사, 2013.
11) 서광민, "손해의 개념", 서강 법학연구 제6권, 서강대학교 법학연구소, 2004.; 이동진, "미국 불법 행위법상 비재산적 손해의 배상과 그 한계", 민사 법학 제66호, 한국민사법학회, 2014.; 김상중, "손해의 개념과 손해 발생의 인정", 민사 법학 제90호, 한국민사법학회, 2020.
12) 이선희, "부당한 공동행위에 대한 손해배상청구에서 손해 전가 항변과 책임제한", 고려법학 통권 제70권, 고려대학교 법학연구원, 2013.; 이동진, "가격담합에 대한 불법행위책임 소고(小考) : 간접피해자의 손해배상청구와 이른바 손해전가(損害轉嫁)의 항변을 중심으로", 한국법경제학회 제11권 2호, 한국법경제학회, 2014.; 이원석, "경유 가격 담합과 공정거래법 제57조 손해액 인정제도에 의한 손해액 산정: 간접구매자의 손해배상청구", 대법원 판례해설 제109호, 법원도서관, 2017.
13) 이선희, "독점규제법 위반행위로 인한 손해배상소송에 있어서 경제적 증거에 대한 규범 통제", 성균관 법학 제24권 제3호, 성균관대학교 법학연구원, 2012.; 윤성윤·강일, "공정거래법 위반으로 인한 손해액의 산정 방법과 주요 쟁점", 경쟁법연구 제25권, 한국경쟁법학회, 2012.; 주진열, "카르텔 손해액 추정을 위한 계량경제분석의 규범적 통제", 법학연구 제22권 1호, 연세대학교 법학연구원, 2012.; 이정아, "담합으로 인한 손해배상액의 산정에 관한 경제학적 분석 방법 및 규범적 통제", 저스티스 통권 제166호, 한국법학원, 2018. 등.
14) 김태선, "징벌적 손해배상제도에 관한 고찰: 민법 개정에 따른 도입 논의와 관련하여", 민사 법학 제50권, 한국민사법학회, 2010.; 김차동, "공정거래법 위반행위에 대한 징벌적 손해배상제도 도입방안", 법학논총 제29권 제4호, 한양대학교 법학연구소, 2012.; 김태선, "미국 배액 배상제도 및 법정손해배상제도의 도입에 관한 소고", 민사 법학, 통권 제66권, 한국민사법학회, 2014.; 홍대식, "공정거래법상 징벌적 손해배상제도 도입에 대한 비판적 검토", 법과 기업연구, 제5권 2호, 서강대학교 법학연구소, 2015.; 정병덕, "공정거래법상의 3배의 배상제도에 관한 연구", 법학 논총 제43권 4호, 단국대학교 법학연구소, 2019.; 김차동, "현행 징벌적 손해배상의 내용, 특징 및 문제점과 그 개선 방향", 법학논총 제40권 1호, 한양대학교 법학연구소, 2023.; 황성광·이

우리나라에서는 공정거래법상 손해배상제도 활성화를 위하여 입법적으로 개선하고자 노력하여 왔다. 2004년에는 공정거래법상 손해액 인정제도가 공정거래법에 도입되었다. 하지만 이는 원고의 증명도 완화에 불과할 뿐이어서 원고에게 여전히 증명책임이 귀속되어 있다는 한계 때문에 손해배상제도를 활성화하는 근본적 해결책은 되지 못하고 있다. 법원 역시 손해액 인정제도를 적극적으로 수용하지 않는 경향이 있다.[16] 이후 2019년에는 공정거래법상 3배의 손해배상제도를 신설하였고 2021년에는 공정거래법상 손해배상소송 시 자료 제출을 명령하는 제도를 도입하는 등 사적 집행을 위한 기반은 마련되고 있다. 2024년에는 하도급법상 중소기업에 대한 기술유용을 할 경우 손해액의 5배까지 배상책임을 지도록 손해액 기준을 상향하는 한편 기술 유용으로 인한 손해액 산정의 구체적 기준을 도입하여 피해를 본 중소기업의 손해액 입증 부담도 완화될 것으로 전망된다.[17]

누적되어 있는 선행연구와 입법적 구비에도 불구하고 부당한 공동행위를 청구원인으로 한 손해배상청구의 문턱은 여전히 높다. 부당한 공동행위에 대한 손해배상청구를 활성화하기 위하여 제도 보완을 고민하고 논의를 구체화하는 것은 시기적절하며 중요한 과제로 보인다.

훈종, "징벌적 손해배상제도의 개선방안에 관한 연구", 법학논총 제40권 2호, 한양대학교 법학연구소, 2023.
15) 김차동, "집단소송제 및 징벌적 손해배상제도 도입 시 증가될 것으로 예상되는 공정거래법 위반행위 억지효과에 관한 실증적 분석", 경쟁법연구 제29권, 한국경쟁법학회, 2014.; 이은우, "공정거래법 위반 집단소송 수행 경험을 통해서 본 몇 가지 제언: 완전한 배상을 받을 권리의 보장을 위한 제도 개선방안", 경쟁과 법 제9호, 서울대학교 경쟁법센터, 2017. 등.
16) 권영준, "불법 행위법의 사상적 기초와 그 시사점: 예방과 회복의 패러다임을 중심으로", 저스티스 통권 제109호, 한국법학원, 2009, 90면.
17) 공정거래위원회, "하도급법 개정안 국회 본회의 통과", 보도자료, 2024. 2. 1. <http://www.ftc.go.kr/www/selectReportUserView.do?key=10&rpttype=1&report_data_no=10468>, 2024. 6. 15. 최종방문.

Ⅱ. 용어 정의

1. 공정거래법, 경쟁법, 독점금지법, 사적독점금지법

본고에서는 공정거래법상 사적 집행을 강화하여 부당한 공동행위를 억지하는 방안을 도출하고자 하므로 해외 법제와 비교하면 많은 시사점을 찾을 수 있을 것이다. 비교법 연구를 위하여 우리나라 및 각국 경쟁당국의 집행 법제를 총칭하는 「경쟁법(競爭法, Competition Law)」이라는 용어를 보편적으로 사용하고자 한다. 국가별 학술용어로는[18] 우리나라의 공정거래법, 미국의 「독점금지법·반독점법(Antitrust Law)」, EU의 「유럽연합기능조약(Treaty on the Functioning of the European Union, 이하 'TFEU')」, 일본의 「사적 독점금지 및 공정거래 확보에 관한 법률」(私的独占の禁止及び公正取引の確保に関する法律, 이하 '사적독점금지법')」, 독일의 「경쟁제한방지법(Gesetz gegen Wettbewerbsbeschränkungen」 등을 포함하여 서술한다.

2. 부당한 공동행위

경쟁법상 부당한 공동행위란 복수의 사업자 간에 경쟁제한성이 있는 합의 행위를 뜻한다. 본고에서는 '부당한 공동행위'를 기본적 학술용어로 사용한다. 다만 실무 관행상 글의 흐름에 따라 자연스럽게 어울리는 용어가 필요한 때에는 '부당한 공동행위'가 아니라 '담합' 또는 '카르텔(cartel)'이라는 용어를 혼용하여 쓴다.

---

18) Lee, Hwang(2019), op. cit., p.1.

3. 부당한 공동행위 가담 사업자

부당한 공동행위의 주체는 공정거래법 문언상의 사업자 또는 사업자단체이다. 따라서 이를 통칭하는 용어로는 '부당한 공동행위 가담 사업자' 또는 '법 위반 가담 사업자'를 사용한다. 그런데 부당한 공동행위는 사업자 등에 소속된 자연인(임원 또는 직원)이 합의하거나 합의의 실행에 직접 참여하므로 자연인을 지칭해야 할 경우가 있다. 이때에는 '부당한 공동행위 가담 사업자' 또는 '법 위반 가담 사업자'에 자연인을 포함하되 용어의 이해에 있어 혼선을 줄이기 위하여 설명을 부가한다.

4. 공적 집행과 사적 집행

본고에서 사용한 사적 집행과 공적 집행이라는 용어는 OECD의 정의에 따른다. OECD에서는 '공적 집행(Public Enforcement)'을 '경쟁당국과 검찰이 경쟁법 위반 가담자를 적발하고 제재하고자 법을 집행하는 것'으로 정의한다. 반면 '사적 집행(Private Enforcement)[19]'은 '사인, 법인, 단체, 정부, 공공기관에 의한 경쟁법 위반 행위를 법원의 사법절차에 따라 손해 회복을 명령하거나 피해를 구제하는 것'이라고 이해한다.[20] 사적 집행의 주체가 사인에 한정되는 것은 아니지만 민사적 절차에 따른다는 점이 공적 집행과 가장 큰 차이점이다.

---

[19] '집행'은 구속력, 억지력이 있으므로 통상 공적기능에 속하지만 미국에서는 반독점법상 3배의 배상, 행위금지청구와 같이 공적 기능을 대체하는 특별한 사적 소송제도를 두기도 하므로 경쟁법 영역에서는 사적 집행이라는 용어가 사용된다고 한다.; 홍대식 (2015), 앞의 글(주 14), 97면.

[20] 일각에서는 공정거래법에서 3배의 배상제도가 도입되었으므로 제도설계에 따라서는 미국처럼 손해배상제도가 공적 집행처럼 억지 기능을 발휘할 수 있다는 시각이 있다.; 서정(2019), 앞의 글(주 9), 3면. 본고에서도 이러한 시각에 주목하여 논의를 전개할 예정이다.

우리나라에서는 손해배상제도를 사적 집행의 대표적 수단으로 생각하므로 통상적으로 사적 집행을 용어로 사용할 때는 손해배상제도를 칭하는 것으로 한다. 다만 손해배상제도 이외의 사적 집행을 설명할 때는 부연 설명을 한다.

본고의 연구 범위에서 사인의 금지 청구제도는 제외한다. 우리나라 공정거래법을 전면 개정한 결과, 사인의 금지 청구제도가 도입되었고 사업자단체의 불공정거래행위도 금지 청구 대상에 포함되었다(법 제108조 제1항). 공정위가 부당한 공동행위에 대해 제재한 이후에 이루어지는 손해배상제도조차 활성화되지 않고 있는데 사전적 금지 청구제도까지 확대해 개선방안을 검토하는 것은 제도 도입 시기에 비추어 이른 감이 있다. 즉 최근 새로 도입된 사인의 금지청구제도는 운영 추이를 추가로 살펴보아야 하므로 연구 범위에서 제외한다.

제2절 연구 계획

Ⅰ. 연구 목적

본고는 필자의 선행연구인 "발주처가 관여한 입찰 담합에 대한 공정거래법상 규율 방안 고찰[21]"이 모티프로 작용하였다. 선행연구에서는 발주처의 부당한 공동행위 관여와 관련된 부당한 공동행위의 억지를 위하여 발주처에 대한 일방적 처벌이 능사는 아니라는 것을 강조하였으며 발주처 주도의 강건한 입찰제도 보완 등 사전적 예방에 초점을 두는 사고의 전환이 필요하다고 주장하였다.

본고는 졸고에 대한 후속 연구로서 부당한 공동행위의 억지를 위하여 손해배상제도를 중심으로 한 사적 집행 강화 필요성을 논의한다. 전통적인 법학의 시각에서 공적 집행은 '억지력 확보(예방)'에 주된 목적이 있고 사적 집행은 법 위반행위로 인한 '피해 배상(회복)'에 초점을 둔다고 이해한다.[22] 이 시각은 사적 집행이 억지와 무관하다는 이원적 패러다임에 기초한 것이다. 그 결과 공적 집행의 개선을 위해서는 행정 및 형사제재 강화를, 사적 집행의 개선을 위해서는 민사제재 강화를 추진하는 방안에 대해서 독립적인 연구가 누적되어 왔다. 하지만 단순히 공적 집행 또는 사적 집행의 개별 기능에만 관심을 둔 결과 부당한 공동행위로 인한 법 위반 억지

---

21) 박경미, "발주처 임직원이 관여한 입찰담합에 대한 공정거래법상 규율방안 고찰: 교사 및 방조행위를 중심으로", 선진상사법률연구 통권 제95호, 법무부, 2021.
22) 일각에서 손해배상제도는 피해자 손해를 전보하지만 원래 상태로 온전히 회귀하기는 어려워 손해배상이 갖는 '배상(compensation)'과 '회복(recovery)'은 완전히 동일한 개념은 아니라고 이해하는 입장도 있다.; 홍대식, "공정거래법상 공적 집행과 사적 집행 간의 관계", 『남천 권오승 교수 정년기념문헌집; 시장경제와 사회조화』, 법문사, 2015, 356-357면.

력 확보와 피해자 구제에 대한 대책은 모두 충분하지 않은 상황이다. 이 상황은 현재의 집행 현실을 짚어보고 법 위반 예방과 피해자 배상이라는 양 메커니즘의 유기적 관계에 대해 고민할 여지를 준다.[23] 따라서 부당한 공동행위의 억지력 확보를 위해서는 공적 집행에만 국한할 것이 아니라 사적 집행의 취약점을 진단하고 이를 슬기롭게 극복할 수 있는 제도 보완을 고안하여야 한다.[24]

공적 집행은 억지, 사적 집행은 배상이라는 이분법적 패러다임은 사적 집행 활성화에 걸림돌이 될 수 있다. 그렇다면 부당한 공동행위의 억지를 위하여 공적 집행의 무게 중심을 사적 집행에 분배하고 사적 집행이 보충적 기능을 한다는 논의가 유용할 수 있다. 이와 같이 본고에서는 양 집행체계의 하이브리드적 공존과 상호 보완성에 주목한다. 부당한 공동행위로 인해 발생한 피해를 구제하기 위하여 손해배상제도를 보완한다면 사적 집행이 활성화되고 공적 집행으로 인한 억지력 확보에 효과적일 수 있다는 것을 밝히기로 한다.

정리하자면, 본고의 궁극적 목적인 부당한 공동행위 억지 달성을 위해서 공적 집행과 사적 집행의 호혜적 긴장 관계에 방점을 두고 유연함과 신중함의 경계선에서 합리적인 균형을 찾는 것에 대해 연구를 수행하고자 한다. 즉 법 위반 억지 달성을 위해서는 종전과 다른 시각에서 봐야 한다는 것이다. 공적 집행 강화방안만이 아닌, 손해배상제도 등 사적 집행 활성화 방안에 대해 진중하게 고민하여 개선방안을 도출하고자 한다.

---

[23] 미국 대법원도 독점금지법의 효과적 집행에 있어 억지와 배상 2가지 목표의 중요성을 자주 언급한다.; Illinois Brick v. State of Illinois, 431 US 720, 748, 1977.
[24] 홍대식(2015), 앞의 책, 353면.; 현행 사적 집행제도 운영방식 개선방안은 손해배상제도 관련 개념의 해석론과 기준을 정립하는 방안, 손해배상제도의 활성화를 위한 공적 집행 수단 운영 개선방안이 있다. 반면 제도 자체 개선방안은 집단소송제도, 부권소송 제도 등을 신규 도입하는 방안이 논의될 수 있다.

Ⅱ. 연구 대상

본고에서는 부당한 공동행위로 인한 손해 중 소비자가 아니라 기업이 피해를 보는 사안으로 연구 대상을 한정한다. 이러한 사안은 특정 산업에서 기업의 생산제품이 타 기업의 생산 활동에 투입되는 경우에 주로 발생한다.[25] 부당한 공동행위로 인한 폐해는 이와 같이 기업이 피해를 보는 경우에 국한되는 것이 아니며 소비자가 피해를 입게 되는 경우도 문제가 된다. 하지만 본고에서 부당한 공동행위로 일어나는 손해 중에서 특히 민간기업의 피해 사안을 집중적으로 다룬다. 연구 대상을 이와 같이 선정한 이유는 다음과 같다.

첫째, 부당한 공동행위로 인한 손해 중 기업이 피해를 보는 사안은 우리 산업계의 상류 시장에서 주로 발생하며 후방에 있는 최종 소비재 시장까지 전달되는 파급력이 크다. 부당한 공동행위로 인해 부품 가격이 상승할 때 소비자 가격도 상승시켜 손해가 전가되므로 초기 규율이 필요하다.[26] 또한 부당한 공동행위로 인한 손해 중 기업이 피해를 보는 사안은 산업재나 중간재 품목이 주를 이루는 경우가 많다. 따라서 이 시장에서 발생하는 피해로 인한 손해배상제도 등의 사적 집행을 강화하는 것은 간접구매자인 소비자에게도 사적 집행 참여 유인을 제공하므로 긍정적 시사점을 준다.

둘째, 부당한 공동행위로 인해 발생하는 소비자 피해는 보통 소액 다수이며 관련 대응방안에 대한 연구가 누적되어 왔다.[27] 그러나 부당한 공동

---

[25] 산업 재화는 고정 설비인 '자본재'와 중간 투입물인 '중간재'를 포함하는 '생산재'를 의미한다. 소비자가 직접 소비하는 재화인 소비재는 내구 소비재 및 비내구 소비재로 나뉜다. 이상무·양정삼·김대용·이주원, "광업 및 제조업 시장구조 조사 결과: 2019년 기준", 공정거래위원회 연구용역 보고서, 2021, 13-14면.
[26] 이순미, "카르텔의 법 집행의 현황과 전망", 『공정거래법 집행의 선진화: 한미 FTA 체결에 즈음하여』, 한국법제연구원, 2007, 18면.
[27] 불특정 다수 선량한 소비자의 담합 피해 구제방안 연구는 상당히 이루어졌다.; 오지

행위로 인해 발생하는 손해 중에서 주로 기업이 보는 피해에서는 고액의 사손이 발생하는 경우가 많고 해당 피해의 구제는 기업에 주어진 개별 과제로 인식되어 왔다. 이러한 상황에서 부당한 공동행위로 인한 법 위반 피해기업으로 하여금 컴플라이언스 정책을 활용하여 사적 집행 방식을 강구하도록 발상을 전환한다면 의외의 법 위반 억지력을 확보할 수 있지 않을까? 이 방식은 부당한 공동행위로 인해 발생한 피해가 소비자인 사안에서는 적용이 어렵기 때문에 연구 범위를 한정 한 것이다.

셋째, 지금까지 부당한 공동행위 억지력 확보에 대한 공정위의 관심 대상은 공공부문에 국한되었다. 공공시장에서 부당한 공동행위로 인해 법 위반이 발생했을 때 행정기관들은 유기적 협력관계를 구축하며 다양한 지원 시스템을 활용한다.[28] 정부 또는 공공기관은 관련 법령상 엄격한 내부 감사제도가 작동하므로 부당한 공동행위가 발생했을 때 법 위반 피해를 본 기관은 손해배상소송을 청구하여야 한다. 하지만 부당한 공동행위 중 민간기업의 발주 사안이 문제가 된다. 공공기관 발주 사안과 비교할 때 후속 손해배상청구나 배상 합의 등이 민간기업의 재량에 맡겨져 있기 때문이다. 공공분야에서 부당한 공동행위가 발생했을 때는 공익적 특성 때문에 시장이나 국민에게 미치는 부정적 영향력이 상당하므로 관련 규제방안에 대한 연구도 활발히 전개되어 왔다.[29] 반면 민간기업이 부당한 공동행위로 인해

영·여정성, "담합의 소비자피해와 규제효과분석", 소비자학연구 제23권 1호, 한국소비자학회, 2012.; 김남수, "가격담합과 소비자피해구제 실효성 제고 방안", 정책연구 07-18, 한국소비자원, 2007.; 김형석, "담합행위에 대한 손해배상청구, 소비자 소송의 사례: 운전면허학원 담합 사건을 중심으로", 춘계학술대회문헌집, 한국소비자학회, 2015. 등.

28) 공정거래위원회, "공공기관 임직원의 입찰담합관여행위방지를위한 제도개선방안 논의착수", 보도자료, 2022.12.14, <http://www.ftc.go.kr/www/selectReportUserView.do?key=10&rpttype=1&report_ data_no=9862>, 2023.1.17. 최종방문.

29) 신영수, "공공 조달시장의 입찰 담합 방지를 위한 법제 개선의 방향", 법제논단, 법제처, 2007.; 이상현, "공공 입찰담합에 대한 법적제재 수단", 한국구매조달학회지 제11

피해를 입은 사안에 대해서는 개선방안 도출 등의 연구조차 이뤄지지 않고 있다.

이러한 이유로 인해 본고에서는 부당한 공동행위로 인해 발생한 손해 중 민간기업이 피해를 보는 사안을 주요 연구 대상으로 선정한다. 사안에 따라 필요한 경우에는 공공분야의 부당한 공동행위 관련 쟁점과 제도를 논의에 포함한다.

Ⅲ. 연구 방법

본고에서는 국제 규범과 비교하여 우리나라 법제의 특징을 비판적으로 평가하고 제도를 개편하기 위한 시사점을 도출한다. 공정거래법 개정 내용 및 사적 집행이 갖는 의미와 역할, 수범자의 법 인식을 고려하여 부당한 공동행위에 대한 억지를 확보 할 개선방안을 검토한다. 일방적 해외 법제의 수용은 현실 적합성이 낮으므로 우리나라 법제에 맞는 실효적 제도 개선방안을 도출한다.

연구 목표를 달성하기 위하여 손해배상제도 일반론, 징벌적 손해배상제도, 경쟁법상 손해배상제도를 살펴보는 것은 논의의 전제사항이 된다. 이 과정에서 유용한 시사점을 참고하기 위하여 해외 입법례를 비교법으로 검토한다. 비교 관할권은 징벌적 손해배상이 활성화된 미국, 대륙법계 제도의 대표적 참고가 될 수 있는 EU(회원국 중 프랑스 및 독일), 우리나라에서 손해배상제도를 도입할 때 상당히 많은 법 제도를 참고했던 일본으로 선정하였다. 부당한 공동행위에 대한 손해배상제도를 개선하려는 노력과 우리나라 법제에 미친 영향력을 서적, 학술논문, 정책문건, 심결·판례로 검토한다.

권 2호, 한국구매조달학회, 2012.; 김영덕·손태홍·박용석, "최근 공공공사 입찰담합의 주요 쟁점과 정책적 대응방향", 이슈포커스, 한국건설산업연구원, 2015.

유사한 연구 사례가 드물어 비교법 연구에 난점이 있어서 공정위의 심결례를 자체적으로 분석하는 방식도 병행한다.

연구 결과의 산출물로는 현행 입법체계에서 법 개정을 제안하고 논의되지 않던 새로운 시론을 펼치는 것으로 한다. 필요에 따라 판례에 대한 해석의 확장 및 일반적 제도 운영 개선방안도 함께 검토한다. 나아가 사적 집행 강화를 손해배상제도의 개선에만 국한하지 않고 사적 집행의 범위에 대한 해석을 확장하여 대안적 분쟁해결방안, 기업 주도형 컴플라이언스 강화 활동 등 손해배상제도 외의 기타 사적 집행 방식에 대한 강화방안도 함께 도출한다.

Ⅳ. 연구 구성

제2장에서는 연구의 전제사항으로 경쟁법상 부당한 공동행위에 대한 전통적인 법 집행체계를 다룬다. 공적 집행 중심의 부당한 공동행위 규율의 실태를 살펴보고 법 위반 억지의 문제점과 한계를 실증연구 결과와 함께 분석한다.

제3장에서는 부당한 공동행위 억지력 확보를 위한 사적 집행 활용 필요성을 논의한다. 최적의 법 집행을 위한 이론을 기초로 하여 공적 집행과 사적 집행 간 대체 가능성에 주목하면서 부당한 공동행위에 대한 사적 집행의 억지 효과를 국내외 실증연구 결과로써 입증한다.

제4장에서는 대표적 사적 집행 방식인 손해배상제도를 검토한다. 손해배상제도 일반론에 대한 간단한 소개와 함께 사적 집행 강화에 유용한 수단이 될 수 있는 징벌적 손해배상제도를 검토한다. 나아가 이 연구의 주요 검토 대상인 경쟁법상 손해배상제도와 관련된 쟁점에 대해서도 살펴본다. 이 과정에서 해외 입법례와 비교법 검토를 수행하고 우리나라의 현황 및 문제

점을 비교 분석한다. 이러한 분석과 검토를 거쳐 부당한 공동행위 억지를 위한 공정거래법상 손해배상제도에 대한 개선의 실마리를 모색한다.

  제5장에서는 부당한 공동행위로 발생한 손해 중 기업이 피해를 본 사안에 대한 법 위반 억지력을 확보하고자 손해배상제도 그리고 기타 사적 집행에 대한 강화방안을 구분하여 개선방안을 제시한다. 전자에 대한 논의를 위해서 공정거래법에 대한 입법적 개선방안을 구체적으로 검토한다. 이 과정에서 공정위의 경쟁주창활동 필요성과 이행방안을 함께 다룬다. 후자에 대한 논의를 위해서는 대안적 분쟁해결제도 활용과 기업이 컴플라이언스 관점에서 선제적으로 수행할 수 있는 사적 집행 활성화 방안을 모색한다. 이를 위한 논의의 전제사항으로 사적 집행의 범위를 확대해석하는 방식을 함께 검토한다.

  제6장에서는 이상 논의에 관한 결과를 요약 및 정리한다.

제2장

경쟁법상 부당한 공동행위에 대한 전통적 법 집행체계

제1절 경쟁법의 입법목적과 법 집행에 대한 이해

Ⅰ. 경쟁법의 보호법익

1. 경쟁법상 입법목적의 기능과 의미

경쟁법은 수범자에게 글로벌 규범으로 인식된다. 경쟁당국 간에 정보교환을 통하여 조사에 협조하고 경쟁법에 대한 역외적용을 인정한 결과 국외기업을 대상으로도 법을 집행한 사례가 상당하다. 그러나 특정한 관할권 예를 들어 후술할 EU의 사례를 보더라도 국가에서의 역사의 흐름, 경제발전 상황에 따라 경쟁법의 입법목적이 발현되는 스펙트럼은 다양하다.[30] '국제경쟁네트워크(International Competition Network, 이하 'ICN')'에서도 대부분 경쟁당국은 경쟁법의 입법목적이 다양성을 추구한다고 보고한다.[31] 따라서 경쟁법의 목적에 대해서는 일률적으로 일반화하기가 쉽지 않다.[32] 경쟁법의 입법목적은 각 국가의 경쟁정책 방향의 나침반으로서 기능을 하며 현실 지향적인 의미가 있다.[33] 따라서 경쟁법의 입법목적에 대해서는

---

30) Rodriguez, A. E., Does Legal Tradition Affect Competition Policy Performance?, *International Trade Journal* Vol.21 No.4, 2007, p.424.
31) International Competition Network, Report on the Objectives of Unilateral Conduct Laws, *Assessment of Dominance/Substantial Market Power, and State-Created Monopolies*, 2007, p.5. and Annex A.; 이기종, "공정거래법의 목적: 비교법적 고찰을 중심으로", 비교사법 제14권 3호, 한국비교사법학회, 2007, 1089면.
32) Jang, Hye-Lim, Private Enforcement of Competition Law : Devising the Best Rules and Procedures for Korea in the Right of Experience in the US, EU and UK, Doctoral Thesis(phD), The University of Bristol, 2009, p.22.
33) Bork 판사는 법의 목적에 대한 질문에 명확히 대답할 수 없다면 경쟁법에 의한 경쟁정책의 합리적 운용도 사실상 불가능할 것이라 언급한다.; Bork, Robert H., The Antitrust Paradox: A policy at War with Itself, Free Press, 1993, p. 50.; Kaplow,

추상적인 이해에 그칠 것이 아니라 각국의 상황에 따른 본질적 내재화를 살펴보는 동시에 다양한 문화와 법질서에 따른 맞춤화된 접근이 필요한 것이다.

2. 각국의 경쟁법상 입법목적 비교

(1) 미국 독점금지법의 입법목적

미국은 「셔먼법(Sherman Act)」을 제정하면서 자유 경쟁을 목표로 한 경제 자유헌장이 되도록 독점금지법의 기반을 마련하였다.[34] 미국 경쟁법의 입법목적에 대해서는 하버드학파(Havard School)와 시카고학파(Chicago School)의 대립적인 견해가 지속적으로 전개되었다. 전자는 경쟁법이 정치, 사회, 경제적 효율성 차원에서 복합적 성격이 있다고 본다.[35] 반면에 후자는 경쟁법의 입법목적을 판단할 때 경제적 효율성에 집중적인 관심을 둔다.[36]

시카고학파는 하버드학파의 형식주의를 비판하면서 효과주의를 주장하

Louis, On the Choice of Welfare Standards in Competition Law, The Goals of Competition Law(Zimmer, Daniel eds.), ASCOLA Competition Law, 2012, p.3.; Section of Antitrust Law, Report on Antitrust Policy Objectives, ABA, 2003, para I.

34) Northern. Pacific Railway. Co. v United States, 356 U. S. 1,4, 1958.; Kovacic, William E. & Shapiro, Carl, Antitrust Policy: A Century of Economic and Legal Thinking, Journal of Economic Perspective Vol.14 No.1, 2000, pp.43-60.

35) 경쟁의 자유, 중소사업자 보호, 민주적 정치 및 사회제도 등 소위 '포퓰리즘 목적성(populists goals)'에도 폭넓게 관심을 둔다.; Turner, Donald F., The Durability, Relevance, and Future of American Antitrust Policy, California Law Review Vol.75 No.3, 1987, p.798.

36) 시카고학파는 1950-60년대 시장에 개입하는 독점금지법에 대한 체계적 비판을 시작한 시카고 대학의 학자들로 1970-80년대 미국 독점금지법의 극적인 변화에 기여하는데 성공했다.; Crane, Daniel A. Chicago, Post-Chicago, and Neo-Chicago, University of Chicago Law Review Vol.76 No.4, 2009, p.1911, p.1928.; 신영수, "독점규제법의 목적에 관한 재고", 법학논고 제37집, 경북대학교 법학연구원, 2011, 377면.

는 한편 시장의 자정기능에 대해 상당히 신뢰하는 입장이다. 즉 특정한 행위가 소비자 후생 및 효율성 증가에 기여한다면 설사 배분적 효율성이 저해되더라도 합법적 효율성의 결과라고 인정한다.[37] 시카고학파의 접근방식은 동일한 경제적 행동이 다른 유인이나 동기에서 비롯될 수 있으며 상황에 따라 경쟁제한성이 달리 취급될 수 있다는 입장으로 평가된다.[38] 시카고학파의 시각에 의하면 '당연위법(Per se Illegal)'으로 취급하던 행위도 '합리의 원칙(Rule of Reason)'으로 재평가되는 경우가 있다.

이와 같은 시카고학파의 영향력으로 1970년대 후반부터 독점금지법 집행은 약세를 보였다. Sylvania 판결에서도 독점금지법의 목적이 경제적 효율성에 있다는 것을 확인하였다.[39] 시카고학파를 대표하는 Easterbrook은 경제적 효율성과 관련하여 "잘못 판단한 법원의 판결을 번복하기는 어렵지만, 경쟁법 판단을 면제받은 경쟁제한행위는 자연스럽게 시장 경쟁질서에 흡수된다"고 언급하면서 시장의 자정 기능을 강조하였다. 쉽게 말해서 Easterbrook은 법의 과소 집행과 대비했을 때 과대 집행이 갖는 위험성을 지적한 것이다.[40] 미국에서는 경쟁법상 경쟁을 사업 활동의 근간으로 강조하는 사상을 갖고 있는데 이는 소비자후생과 경제적 효율성에서 경쟁이 최적의 해법이라는 의식에서 비롯된 것이다.[41]

---

[37] Posner, Richard A., Antitrust Law-an Economic Perspective, The University of Chicago Press, 1976, pp.88-106.; Bork, Robert H.,(1993), op. cit., p.57.
[38] 김지홍·이병주, "과대집행과 과소집행의 딜레마: 경쟁법의 숙명", 저스티스 통권 제135호, 한국법학원, 2013, 282면.
[39] Continental T.V. Inc. v. GTE Sylvania Inc. U.S. 36, 1977.; 다만 이 판결이 수직적 거래제한행위의 당연 위법 입장을 폐기한 것은 아니며 합리의 원칙으로 위법성 판단을 하겠다는 판례 변경은 Leegin 판결에서 확인된다.; Leegin Creative Leather Products v. PSKS, 6, U.S. 480, 2007.; 김지홍·이병주(2013), 앞의 글(주 38), 282면.
[40] 김지홍·이병주(2013), 앞의 글(주 38), 292면.; 유사한 취지로 다음을 참고.; Evans, David S. & Padilla, A. Jorge, Designing Antitrust Rules for Assessing Unilateral Practices: A Neo-Chicago Approach, *University of Chicago Law Review* Vol.72 No.1, 2005, p.84.

(2) EU 경쟁법의 입법목적

EU의 경쟁법은 미국과 같은 경쟁의 보호 관점도 가지고 있지만 그 외에도 경쟁 과정에 대한 보호도 중요한 가치로 내재하고 있다고 본다. 즉 경쟁 과정에 대한 보호가 EU의 시장을 통합하기 위한 목적 달성의 수단이라고 인식한다.42) EU의 이러한 인식은 지속적인 경쟁 달성이 시장의 효율성을 이끄는 힘이기 때문에 경쟁 촉진이 소비자 이익과 직접 연계된 것이라고 해석하는 것이다.43) 그 결과 EU에서는 경쟁법의 입법목적에 시장의 통합을 넘어서 중소기업의 보호 및 정치, 문화, 사회, 정책적 고려가 복합적으로 반영되었다. 이와 같이 경쟁법에서 경쟁구조, 경쟁자, 소비자에 대한 보호를 중요시하는 EU의 사상은 질서자유주의(ordoliberalism)의 영향에서 비롯된 것이다.44)

'유럽사법재판소(Court of Justice of the European Union, 이하 'CJEU')'는 "EU의 경쟁법은 경쟁자 또는 소비자에 대한 이익 보호 뿐만 아니라 시장 구조와 그에 따른 경쟁을 보호하기 위하여 설계되었다"고 판시한다.45)

---

41) Hovenkamp 교수는 "미국 법원에서 독점금지법을 소비자 후생 규범이라고 칭하는 것은 따분한 논리이지만, 소비자 후생이라는 미사여구가 갖는 영향력은 강력하여 독점금지법의 목적을 소비자 후생이라고 명기하더라도 만장일치 표결로 의회를 통과할 것이다"고 언급하였다.; Hovenkamp, Herbert, *The Antitrust Enterprise : Principle and Execution*, Harvard University Press, 2005, p.31.; 신영수(2011), 앞의 글(주 36), 379면.
42) Gerber, David J., The Transformation of European Community Competition Law?, *Harvard International Law Journal* Vol.35 No.1, 1994, p.98, p.107.
43) Jang, Hye-Lim(2009), op. cit., pp.24-25.
44) 질서자유주의는 프라이부르크(freiburg) 학파를 중심으로 형성되었고 소수에 의한 경제력 집중 시 민주주의 기초인 정치적 자유가 위협받을 수 있어 경제적 자유가 곧 정치적 자유의 근원이라고 보는 시각이다.; Gerber, David J., *Law and Competition in Twentieth Century Europe: Protecting Prometheus*, Oxford University Press, 2001, p.237.
45) T-Mobile Netherlands BV, KPN Mobile NV, Orange Nederland NV and Vodafone Libertel NV v Raad van bestuur van de Nederlandse Mededingingsautoriteit, C-8/08, 2009, ECR I-(4.6.2009), para 38.

이 기조는 이후의 판결에서도 인용된다. 즉 소비자후생뿐 아니라 경쟁자와 경쟁의 과정이 보호되도록 하는 넓은 의미의 경제적 자유의 보장과 실현이 경쟁법의 입법목적임을 법원이 인정한 것이다. 이처럼 EU의 경쟁법상 입법목적은 공동시장에서 경쟁의 왜곡을 방지하고 시장 효율성을 높임으로써 소비자후생을 증진시키는 것이라고 풀이된다.46)

다만 EU의 경쟁법 집행 초기에는 '유럽집행위원회(European Commission, 이하 'EC')'와 CJEU가 특정한 행위의 형식적 측면에만 초점을 두고 경쟁법을 집행하였으며 시장에서의 실제 효과성에는 관심을 두지 않았다.47) 이후 EU는 하버드학파가 지적한 과대 집행 우려를 해소하기 위하여 경쟁법의 목적에 대해 효과주의 기조로 전환하였다. 이러한 변화의 움직임은 경제적 효율성을 강조하는 미국 독점금지법의 영향이 매우 컸다.48) 그 결과 EU에서는 경쟁법을 검토할 때 경제적 논증방법을 활용하는 방향으로 경쟁법 운영 패러다임이 획기적으로 변화되었다.49)

(3) 일본 사적독점금지법의 입법목적

일본의 사적독점금지법은 미국의 독점금지법을 모델로 계수하였음에도 법 제1조에서 목적조항을 명시하였다는 점에서 양 법제에 차이가 있다. 이 방식은 사적독점금지법 입법 당시 국민들이 경쟁정책에 대해 갖고 있던 낮은 규범적 인식 문제를 해소하기 위한 대안이었다고 한다.50)

---

46) Jang, Hye-Lim(2009), op. cit., p.27.
47) 정영진, "대법원의 시장경제에 대한 철학적 고뇌", 법률신문 판례평석, 2007.12.24. <https:// www.lawtimes.co.kr/Legal-News/Legal-News-View?serial=104864>, 2023.2.20. 최종접속.
48) Gerber, David J., 이동률 역, 『Global Competition: Law, Markets and Globalization(국제경제법)』, 박영사, 2014, 257면, 280면.
49) GE와 Honeywell의 기업결합 사건은 미국과 EU 경쟁당국의 첨예한 갈등을 보여주면서 EC가 보다 경제학적 접근방식으로 변화하도록 가속화하였다.; Gerber, David J., 이동률 역(2014), 위의 책, 276면.

일본의 사적독점금지법 규정에 자주 등장하는 '공공의 이익'은 경쟁제한성이라는 의미로 이는 위법성을 판단할 때 중요한 이정표가 된다.[51] 일본의 최고재판소는 석유 카르텔 사건에서 '공공의 이익에 반하여'라는 의미에 대해 판시하였다.[52] "경쟁제한행위가 사적독점금지법의 입법목적에 반하더라도 그 행위로 보호되는 이익 및 금지로 얻는 이익을 종합적으로 비교형량하여 실질적 입법목적에 반하지 않으면 위법행위로 보지 않는다"는 취지로 해석된다.[53] 바로 이 대목에서 일본의 사적독점금지법이 미국 독점금지법을 계수하였다는 점, 그중에서도 시카고학파식 효과주의 접근법의 영향을 받았다는 점을 확인할 수 있다.

(4) 우리나라 공정거래법의 입법목적

우리나라의 공정거래법 제1조는 일본의 사적독점금지법을 계수했기 때문에 양 법제의 목적 규정과 구조 및 그 실질적인 부분이 대부분 유사하다. 우리나라의 공정거래법은 궁극적 입법목적으로 창의적 기업 활동 조장[54],

---

50) 今村成和, 『註解経済法(上)』, 20頁(今村成和 執筆), 青林書院, 1985.; …公正且つ自由な競争を促進し、事業者の創意を発揮させ、事業活動を盛んにし、雇傭及び国民実所得の水準を高め、以て、一般消費者の利益を確保するとともに、国民経済の民主的で健全な発達を促進することを目的とする(…공정하고 자유로운 경쟁을 촉진하고, 사업자의 창의를 발휘하게 하며, 사업활동을 활발히 하며, 고용 및 국민실소득의 수준을 높여 일반소비자의 이익을 확보함과 동시에 국민경제의 민주적이고 건전한 발달을 촉진함을 목적으로 한다.)
51) 신영수(2011), 앞의 글(주 36), 380면.
52) 最二小判 昭和59(1984), 2·24刑集 38권 4号 1287頁.; "동법 제2조 제6항에서 말하는 공공의 이익에 반하여"라는 것은 현재 행해진 행위가 위 법익과 당해 행위로 보호되는 이익을 비교 형량하여 …(중략)… 동법의 궁극적 목적이 동법에 실질적으로 반하지 않는 것으로 인정되는 예외적 경우를 위 규정에서 말하는 부당한 거래 제한행위로부터 제외시키려는 취지라고 해석해야 하고…(후략)".
53) 신영수(2011), 앞의 글(주 36), 386면.
54) 이 중 창의적 기업 활동 보장은 직접 입법목적에 수반된 부수적 정책효과라고 평가된다.; 신영수(2011), 앞의 글(주 36), 381면.

소비자 보호, 국민 경제 질서의 균형적 발전을 염두에 둔다.[55]

대부분의 견해에서는 앞서 언급한 공정거래법 규정상 궁극적인 입법목적의 의미에 회의적이다. 특히 그 중에서도 소비자 보호는 소비자후생을 의미하는 것으로서 공정거래법의 직접적 보호법익은 아니라는 입장이 지배적이다. 소비자 보호는 경쟁시장의 긍정적 효과로서 소비자 이익이 간접적으로 발현되는 것일 뿐 공정거래법의 존재 의미 자체가 적극적이고 능동적인 소비자의 구제를 뜻하는 것은 아니기 때문이다.[56]

그러나 이러한 주장에 대해 비판하는 의견도 있다. 공정거래법의 직접적 목적인 공정하고 자유로운 경쟁 촉진은 공정거래법이 이상적으로 추구할 경쟁 방향성과 기본정신을 구현한 것이며, 또한 소비자 보호와 같은 궁극적 입법목적을 법 집행의 우선적 가치판단 기준으로 삼아야 한다는 것이다.[57][58] 경쟁법도 법률의 영역이므로 경제, 사회, 윤리에서 자유로울 수 없

---

[55] 일반적으로 경쟁법은 국민 경제 전체를 정당하게 질서 세우는 것을 목적으로 하는데 우리 헌법도 "대한민국의 경제 질서는 개인과 기업의 경제상의 자유와 창의를 존중함을 기본으로 한다"고 규정한다(헌법 제119조 제1항).; 권오승·홍명수, 『경제법(제14판)』, 법문사, 2021, 74-77면.

[56] 권오승·홍명수(2021), 위의 책, 75면.; 이호영, 『독점규제법(제7판)』, 박영사, 2022, 2-3면.

[57] 이문지, "경쟁정책의 목적에 관한 ABA 반 트러스트법 분과의 최근 입장", 경영법률 제15권 1호, 한국 경영법률학회, 2004, 112-115면.; 이문지(2004)는 시카고학파의 목적론이 글로벌 경제규범으로 일반화되어 가는 추세이므로 공정거래법상 위법행위 유형은 경쟁제한효과가 발생하는 경우로 순화해야 한다는 주장을 펼쳤다.; 이문지, "불공정거래행위의 규제와 경제적 효율성", 규제연구 제8권 1호, 한국경제연구원, 1999, 108면 이하.

[58] 공정거래법 시행 후 제1조 목적조항은 개정되지 않고 있다. 국내외 경제 환경 및 법 규범 변화 트렌드에 부합하는지 점검이 필요하다는 지적이 있다. 궁극적 입법목적 조항은 선언적 가치들을 열거한 것이며 그 자체가 법 집행의 구체적 판단기준이 되는 것은 경계해야 한다고 비판하고 있는 것이다. 이는 궁극적 목적의 입법화 절차도 없이 법 문언을 확대해석하는 문제점에 대해 우려를 표한 비판적 견해로, 경쟁법 목적의 유효성에 관한 치밀한 이론 분석과 입법 기술적 노력 없이 직접적으로 법 위반의 판단기준으로 삼는 것은 무리라는 점을 지적한다.; 신영수(2011), 앞의 글(주 36), 368

고 경제적 효율성과 소비자후생이 우리나라의 법제상 알맞은 위상에서 구현될 수 있도록 진보적 법 해석이 필요하다는 입장[59]도 통설에 대한 비판과 궤를 같이한다. 시장은 공공성을 띠고 있으므로 시장에 대한 개입과 규제는 필수 불가결하다는 것을 받아들이고 시장이 제대로 작동될 수 있도록 경쟁법의 입법목적에 대해 현실적 대안을 고려해야 한다는 입장[60]도 경쟁법상 보호법익을 실효적 차원에서 존중할 가치가 있음을 확인하는 것이다.

Ⅱ. 경쟁법의 집행방식과 기능에 대한 보편적 시각

1. 경쟁법 집행방식의 유형 및 의의

시민법이 만들어지기 이전의 국가에서는 공적 집행과 사적 집행을 구분하지 않고 법 집행의 목적에 복수, 억지, 배상, 교화 등이 혼재되어 있었다. 시민법이 만들어진 이후의 국가에서는 법 집행을 공적 집행과 사적 집행으로 분리하여 전자는 억지와 복수에, 후자는 배상과 피해자 구제에 목적을 두는 것으로 이해하고 있다.[61]

법 집행은 누군가의 권리와 보호법익에 대해 동의가 없이 일방적으로 이를 이전시키거나 침해하는 행위를 강제로 차단하는 것이다. 다만 보호가 필요한 권리에 대해 법경제학과 법학에서의 접근방식에 차이점이 있다. 법

면, 371-372면, 377면.; 공정거래법의 궁극적 목적 조항 외 다른 의미를 부과하려면 입법론적 해결이 필요하다는 유사 견해는 다음을 참고.; 박승룡, "독점규제법의 목적에 대한 연구", 민주법학 제53호, 민주주의법학연구회, 2013, 270면.
59) 조혜신, "경쟁법의 목적으로서의 '효율성(Efficiency)'에 대한 법철학적 검토", 가천법학 제7권 3호, 가천대학교 법학연구소, 2014, 108-109면.
60) 정재훈, 『경쟁과 경쟁제한성의 이해』, 박영사, 2023, 13면.
61) 김차동, "민사적 구제수단의 행정형사적 구제수단에 대한 비교우위", 법학논총 제31권 1호, 한양대학교 법학연구소, 2014, 448면.

경제학에서는 보호법익을 권리 침해에 대한 보호 문제로 인식한다. 반면 법학에서는 보호법익을 법률요건에 대한 충족요건을 판단하여 해당 권리에 부여한 법률효과라는 관점으로 본다.62)

경쟁법상 법 집행은 미국의 'Law Enforcement'를 번역한 개념으로서 법익을 침해하거나 공익에 해악을 발생시킨 경우 특정한 행위를 금지하거나 제재하는 방식의 법 집행 메커니즘으로 해석된다.63) 경쟁법 체계를 갖춘 대부분 국가에서는 공적 집행과 사적 집행이라는 이원주의 방식을 채택한다.64) 다만 여기서의 법 집행은 통상적으로 공적 집행을 의미하며 공적 집행을 위해서 국가별로 경쟁법을 제정하는 것과 동시에 법 집행기구를 설치하여 독자적으로 법 집행을 주도한다.65) 영미법계에서는 징벌적 손해배상 제도와 같은 사적 집행도 억지 기능을 발휘한다고 보지만 대륙법계에는 공적 집행만이 유일하게 억지 기능을 수행한다고 보고 있다.66)

우리나라에서도 법 집행은 국가 조직상 행정기관에 집행 기능을 부여한 것으로 본다.67) 하지만 법원의 집행권원에 따라 강제집행 등 사법기관의 법적 판단도 법 집행에 포함한다고 이해하는 것이 중론이다.68) 다만 정부

---

62) 김차동(2014), 앞의 글(주 61), 451-452면.
63) New Law Journal Vol.123(1974), PART I, p.358.
64) 이봉의, "공정거래법의 실효적 집행", 경쟁법 연구 제10권 1호, 한국 경쟁법학회, 2004, 2면.; 경쟁법 집행은 공적 집행으로서 행정 및 형사제재, 사적 집행으로서 민사제재로 이해되지만 경쟁정책에 따라 다양한 국면으로 나타난다.; 조혜신, "경쟁법상 부당한 공동행위의 형사처벌에 따르는 법리적 쟁점", 경쟁법연구 제39권, 한국경쟁법학회, 2019, 267면.
65) 지철호, 『독점규제의 역사』, Holiday Books, 2020, 204-205면.
66) 홍대식(2015), 앞의 책, 354-355면.
67) 우리나라에서는 공정거래위원회가 경쟁법 집행의 주된 역할을 담당하므로 행정제재가 공정거래법 입법목적 달성에 낮은 빈도로 활용된다. 이러한 법 집행 양상을 '직권규제주의'라 한다. 법원에 의한 사인의 손해배상청구가 중심이 되는 체제는 '당사자주의'라 한다.; 권오승·홍명수(2021), 앞의 책, 79-80면.
68) 김차동, "법의 최적 집행에 관한 연구", 법제연구 제46권, 한국법제연구원, 2014, 250면.

등 사인이 아닌 다른 주체가 침해행위를 받은 사인을 대신하여 집행 주체가 될 수 있는지에 대해서는 국가별 제도 설계에 따라 이해하는 시각이 다르다.69)

경쟁법 집행방식은 법 집행절차나 주체로 구분되지만 집행방식의 기능을 획일적으로 이해하고 절대적으로 신뢰하는 방식은 지양되어야 한다. 공적 집행과 사적 집행체계의 질적 가치는 시대정신을 반영하며 법 집행 양상에 대한 분석과 면밀한 효과성을 점검하여 집행 체계 간의 상호 보완성 또는 유기적 관련성을 고찰하여야 한다. 즉 유연함과 신중함의 경계선에서 공적 집행과 사적 집행의 대체 가능성과 탄력적 기능 구현을 개방적 시각으로 모색할 필요성이 있다. 다음에서는 이를 위한 전제로 경쟁법 집행방식별 기능에 대한 시각을 살펴보겠다.

2. 경쟁법상 공적 집행과 사적 집행의 기능

(1) 법학적 관점 : 공적 집행의 억지 및 사적 집행의 배상 기능

전통적인 법학적 관점에서 공적 집행의 주된 목적은 법 위반 억지와 예방에 있고 사적 집행은 법 위반 피해자에 대한 손해의 배상과 구제에 있다고 이해한다. 즉 공적 집행과 사적 집행의 기능을 이원적으로 구별하므로 개념적으로 양 집행의 역할은 명확히 독립적이다. 따라서 공적 집행을 위해서는 적정하고 신속한 제재와 합리적 비용으로 법 위반을 판단하는 시스템이 필요하지만70), 사적 집행은 피해자의 손해배상과 구제가 복합적으로

---

69) 홍대식, "공정거래법의 사적 집행제도로서의 사인의 금지청구제도", 경쟁법연구 제39권, 한국경쟁법학회, 2019, 33면.; 다만 상당수 국가에서 공적 집행에 대한 "후속 소송(follow-up litigation)"으로 사적 집행이 이루어진다. OECD, DAF/COMP/WP3, 2015, 14(15. June 2015), "Relationship Between Public and Private Antitrust Enforcement", note 1, p.3.

70) Posner, Richard A., Antitrust Law(2nd ed.), University of Chicago Press, 2001,

발현되는 패러다임으로서 억지와 무관한 성격을 띤다고 여긴다.71) 이 시각
에서는 교정적 정의론에 입각하여 형평의 상태가 균열된 경우에는 원래상
태를 회복하고 궁극적으로 당사자의 개별적 이익과 사후 전보가 중요하다
고 본다.

전통적으로 법학적 관점에서 교정적 정의 실현과 배상을 통해 원상회복
을 하려는 시도는 손해배상법의 기본원리로 이해된다. 따라서 이 관점에서
는 사적 집행이 피해자 개인을 구제72)하기 위하여 사후 대응에 집중하는
것을 당연한 상식으로 받아들인다.73)

(2) 법경제학 관점 : 공적 집행과 사적 집행의 억지 기능

법경제학적 관점에서는 집행을 억지의 관점에서 평가하는데 이는 형사
정책에 기원을 두고 있기 때문이다.74) 진화 생태론에서도 법 위반은 인간
의 본성에서 발현되어 근본적 교정이 어려우므로 처벌이나 제재보다는 합
리적 수준에서의 억지나 교화가 필요하다는 입장을 지지한다. 이 관점에서
는 법 집행의 궁극적 목적을 억지에 두면서 부수적 목적으로 부당이득 환
수를 통한 손해배상을 달성하고자 한다. 전통적인 법학적 관점이 사후 대
응에 초점을 두는 것과 달리 법경제학에서는 사전적 예방의 패러다임을 지
향한다.75) 또한 배분적 정의론에 입각하여 누구에게 권리를 배정할 것인지

---

pp.66-67.
71) 홍대식(2015), 앞의 책, 357면.
72) 소송의 이익을 법원이 개별 당사자 문제로 한정할 것인지 공동체 차원의 이슈로 부각할 것인지는 불법행위법에서 근본적 대립 구도를 결정한다.; Fletcher, George P., Fairness and Utility in Tort Theory, *Harvard Law Review* Vol.85 No.3, 1972, p.540.
73) 권영준(2009), 앞의 글(주 16), 86-88면.
74) 홍대식(2015), 앞의 책, 354면.; 이러한 시각을 반영한 다른 문헌은 Posner, Richard A.(1976.), op. cit.,; 권영준(2009), 앞의 글(주 16), 81-82면. 등이 있다.
75) Becker, Gary S., Crime and Punishment: An Economic Approach, *Journal of Political Economy* Vol.76 No.2, 1968, p.196.; 권영준(2009), 앞의 글(주 16), 77면.

에 대해서는 사회의 경제적 효율성과 분배 우선순위에 따라 결정된다는 입장을 지지한다.[76] 나아가 법경제학적 인식에서는 합리적 사고를 하는 사인의 행동을 전제로 두고 사회적 후생 효용의 합이 최대화되는 것에 관심을 둔다. 따라서 개별적 이해관계보다는 공동체적 관점을 더 중요하게 여긴다.[77]

이러한 시각에 따르면 합리적 사고를 하는 사인은 법 위반으로 얻는 단기적 이익에 대비했을 때 공적 집행에 의한 벌과금 부담 비용이 훨씬 큰 경우 굳이 법 위반행위에 가담하지 않을 것이다. 그러므로 결국 법 위반 억지가 가능하다는 논리가 성립될 수 있다. 이 논리는 법 위반행위자가 법적 제재로 부담하게 되는 '비용'이라는 관점을 염두에 두기 때문인데, 전통적인 법학적 관점에서는 이 인식을 생소하게 받아들인다. 따라서 법경제학적 관점에서는 민사적 법 집행방식을 활용하여 최소 비용으로 최대 효과를 달성하는 것과 함께 억지 가능성을 부정하는 법학적 관점에 대해 문제를 지적한다. 왜냐하면 피해자에 대한 배상도 법 위반 가담자에 대한 기대비용 증가로 인해 억지에 근접할 수 있다는 점, 또 부당이득 환수로 법 위반 가담자에 대한 복수 및 억지가 접점에 있다는 점을 간과하기 때문이라고 한다. 이를 근거로 법경제학 관점에서는 법학적 관점이 최적의 법 집행을 저해한다고 비판한다.[78]

(3) 집행 효율성 제고를 위한 법경제학적 접근의 시사점

법학적 관점에 따라 집행방식별로 이원적 기능을 지지하는 현재의 법 집행 상황은 어떠한가? 우리나라의 공정거래법상 부당한 공동행위에 대한 공

---

76) 김일중, 『법경제학 연구: 핵심이론과 사례분석』, 한국법제연구원, 2008, 99면 이하.; 김차동(2014), 앞의 글(주 61), 450-451면.
77) Becker, Gray. S(1968), op. cit., p.196.; 권영준(2009), 앞의 글(주 16), 77면.
78) 김차동, "억지력을 중심으로 한 징벌적 손해배상제도와 집단소송제도 비교, 사법 통권 제53호, 사법발전재단, 2020, 14면.; 김차동(2014), 앞의 글(주 61), 448면.

적 집행은 탁월하게 억지를 발휘하고 있는가? 또한 피해자 배상을 위한 손해배상제도 등 사적 집행은 원상회복과 손해전보 역할을 충실히 담당하고 있는가? 이에 대해 긍정적 답변을 하기는 어려워 보인다. 그렇다면 사적 집행이 금전 제재 기능을 발휘한다는 점에서 억지 패러다임과 무관하지 않다는 법경제학적 접근은 공적 집행의 효율성 제고 차원에서 시사하는 점이 있다.

만약 공적 집행을 통한 억지와 예방, 사적 집행을 통한 배상과 피해 구제라는 원리가 충분히 효과적으로 작동된다면 이와 같은 이분법적 시스템이 정당성을 인정받겠지만, 공적 집행에 의한 독주로서 억지와 법 위반 예방을 달성할 수 있다는 시각에는 전적으로 동의하기가 어렵다. 부당한 공동행위를 시장경제의 암적인 존재로 규정하여 지속적으로 공적 집행의 규율 빈도와 강도를 높이고 있지만 법 위반이 근절되지 않고 있는 현실을 객관적으로 볼 필요가 있다. 법 위반 억지와 예방, 피해자 구제 및 배상이 과연 본질적으로 보완될 수 없는 대립적 성격인지 비판적 시각에서 볼 수 있는 사고의 전환이 필요하다고 생각한다. 전통적인 법학적 관점에서 공적 집행과 사적 집행의 각 기능에 대한 이해를 재고하여야 한다.

다음 절에서는 부당한 공동행위에 대한 구체적인 법 집행 실태를 조망하여 전통적인 법학적 관점에서 경쟁법상 집행방식별 기능의 변화가 필요하다는 점을 자세히 살펴보기로 한다. 나아가 어떤 방식의 조합으로 조화로운 법 집행이 이루어져야 법 집행의 궁극적 목적을 달성할 수 있을지에 대해서도 알아보고, 이러한 관점의 변화가 필요한 합리적 근거는 무엇인지에 대해서도 살펴보겠다.

제2절 경쟁법상 부당한 공동행위에 대한 공적 집행 운영실태

I. 경쟁법상 부당한 공동행위의 규율 현황

1. 공정거래법상 부당한 공동행위 규율 목적 및 배경

공정거래법상 부당한 공동행위란 복수의 사업자가 공동으로 가격, 거래조건 등을 부당하게 합의하는 경쟁제한행위를 의미한다(법 제40조). 부당한 공동행위는 상당수 국가의 경쟁당국이 경쟁법상 중대한 경쟁제한행위로 규율한다. 부당한 공동행위를 규제하는 목적은 상품·용역의 직·간접 구매자에게 경제적 손해를 초래하며 희소한 자원의 효율적 배분을 저해하는 등 시장 질서에 미치는 폐해가 크기 때문이다.[79] 부당한 공동행위는 시장 구성원의 독자적 판단과 이윤 추구를 시장 작동원리에 맡겨야 한다는 경쟁법 원리에 충돌하는 분명한 경쟁제한행위이므로 엄격한 제재의 표적이 된다.[80]

우리나라는 정부 주도의 성장 과정을 거치면서 대기업 중심의 과점체제가 만들어졌고 산업개발의 효율을 위하여 중소기업이 단체화되어 사업자단체가 빈번하게 형성되었다. 이에 따라 부당한 공동행위가 만연할 수 있

---

[79] 권오승 외 7인(2017), 앞의 책, 161면.; 주진열, "카르텔 억지 및 피해자의 효과적 구제를 위한 독점규제법의 사적 집행방안", 행정법연구 제34호, 행정법이론실무학회, 2012, 373면.
[80] 이기종, "각국의 문화 차이와 카르텔 정책의 상호관계: 비교경제법에 있어서 비교문화심리학의 응용가능성", 경제법연구 제3권 한국경제법학회, 2004, 24면.; 대법원 2009.3.26.선고 2008두21058판결 등.

는 환경이 조성되었다. 또한 우리나라에서는 유교적 온정주의 문화로 인해 경쟁사업자 간에 강한 연대 의식이 생겨나면서 부당한 합의에 가담하게 되는 유인을 제공하였다.[81] 국가별로 부당한 공동행위에 대한 제재 경향성은 법 위반 억지를 위한 최적의 법 집행 수위와 방법에 대해 맞춤형 선택을 한 결과라 할 수 있다.[82]

2. 경쟁법상 보호법익과 부당한 공동행위 억지와의 관계

우리나라 공정위와 법원은 경쟁법상의 입법목적 및 보호법익을 판단할 때 공정거래법 조문에 대한 해석을 통해 경쟁의 의미를 경쟁제한성이라고 이해한다. 미국을 비롯한 각국의 경쟁법에서는 경쟁제한성의 개념을 선험적으로 정하지 않고 법 집행과정에서 정립되도록 했으나, 시장에서 경쟁을 어떤 기준으로 정의할 것인지에 대해서는 다양한 모습을 띤다.[83]

우리나라 헌법재판소는 독과점 규제의 목적이 경쟁의 회복에 있고 이를 위한 목적 달성 수단이 필요하다고 본다.[84] 법원은 대한약사회의 사업자단체 금지행위 사건에서, 경쟁제한행위란 시장에서 유효한 경쟁을 기대하기 어려운 상태를 초래하는 행위라고 판시하였다.[85] 헌법재판소와 법원의 판

---

81) 이순미(2007), 앞의 책, 18-19면.; 다만 현재까지 경쟁정책에 영향을 미치는 요소 중 가장 간과되어온 부분이 문화인데 이는 영향력을 부정해서가 아니라 측정 및 계량의 어려움에서 기인한 것으로 보인다. 최근에는 경쟁정책의 글로벌화에 힘입어 문화가 경쟁정책에 미치는 영향력에 대한 관심이 높아지고 있다.; 이기종(2004), 앞의 글 (주 80), 19면.; Waller, Spencer. Weber, Can U.S. Antitrust Laws Open International Market?, *Northwestern Journal of International Law & Business* Vol.20 No.2, 1999-2000, pp.207-209.
82) Rosenboom, Nicole & In't Veld, Daan, The Interaction of Public and Private Cartel Enforcement, *World Competition: Law and Economics Review* Vol.42 No.1, 2019, p.88.
83) 정재훈(2023), 앞의 책, 9면.; 이호영(2022), 앞의 책, 7면.
84) 헌법재판소 2002.7.18. 선고 2001헌마605 결정.

결은, 경쟁이 시장경제 구현의 중요한 요소라고 인식하는 기능주의 관점에서 출발한 것으로 유사한 시각을 띤다.[86]

한편 소비자의 피해 구제도 공정거래법 입법목적의 보호 대상이 될 수 있다는 입장이 있다. 이 입장은 경쟁 보장을 달성하기 위한 전제로 시장 참가자에 대한 보호도 고려해야 한다는 시각이다.[87] 부당한 공동행위에 대한 규제가 소비자 이익을 침해하거나 후생을 저해하므로 소비자 이익 보호가 공정거래법 목적에 포함된다는 주장도 위 입장과 유사한 견해라고 할 수 있다.[88]

경쟁법의 입법목적은 사인의 권리 보호에 한정되지 않는다. 소비자 후생을 달성하기 위하여 경쟁을 촉진시켜 건전한 시장 경제질서를 확립하는데 주안점을 둔다. 부당한 공동행위를 했을 때 거래 당사자와 후방 시장에서의 직·간접 구매자, 최종 소비자 권익 보호까지 영향을 미친다. 따라서 경쟁법에서 부당한 공동행위를 금지시키는 것은 경쟁법의 보호법익 실현이라는 관점에서 정당성을 띤다. 이 관점에서 부당한 공동행위의 억지는 경쟁법 입법목적 달성의 중요한 수단이라고 할 수 있다.

II. 경쟁법상 부당한 공동행위에 대한 공적 집행의 특성

1. 부당한 공동행위의 근절 정책 수단으로서 행정제재의 특성

우리나라의 공정위는 공정거래법상 부당한 공동행위 근절을 위하여 행

---

85) 대법원 1995.5.12. 선고 94주13794 판결.
86) 신동권, 『경쟁정책과 공정거래법: 한국, 미국 그리고 EU』, 박영사, 2023, 39면.
87) 김상중, "경쟁질서 위반행위로 인한 손해배상 책임: 민사책임법의 현대적 발전 경향의 관점에서", 경희법학 제50권 4호, 경희대학교 법학연구소, 2015, 89면.
88) 이선희(2013), 앞의 책, 9면.

정제재를 중요한 정책 수단으로 활용한다. EU에서도 우리나라와 유사하게 EC가 경쟁법의 집행 권한을 집중적으로 행사한다. 우리나라 공정위가 시정명령, 과징금 부과를 하는 것처럼 EC도 카르텔에 대해 금지명령과 벌금을 부과한다.[89] 미국은 법무부(Department of Justice, 이하 'DOJ')와 연방거래위원회(Federal Trade Commission, 이하 'FTC')에 행정제재 권한이 분산되어 있다. 미국에서는 독점금지법 위반행위에 대해 DOJ나 FTC가 법원을 통하여 금지명령을 청구할 수 있다는 점에서 우리나라 및 EU와 차이가 있다.[90]

한편 부당한 공동행위는 은밀하게 이루어진다는 특성상 법 위반을 적발하는 것에 어려움이 많다. 따라서 많은 경쟁당국이 미국의 '리니언시 제도(Leniency Policy, 이하 '자진신고자 감면제도')'를 차용하면서 법 집행의 효율성을 위하여 자진 신고자에게 행정제재 감면 등 인센티브를 부여한다.[91]

우리나라의 초기 공정거래법에서는 부당한 공동행위에 대해 등록제를 도입하여 등록되지 않은 공동행위를 무효로 처리하는 positive 방식을 채택하였다. 이 등록방식에 대한 비판이 커지자 1986년 법을 개정하여 부당한 공동행위를 원칙적으로 금지하고 예외적으로만 인가하는 negative 방식으로 전환하였다. 이때 부당한 공동행위에 대한 과징금 규정도 도입하였다.[92] 우리나라는 부당한 공동행위에 대한 과징금 부과 기준을 2004년 이전 '관련 매출액의 3%[93]'에서 2021년 이후 '관련 매출액의 20%'로 상향하였다.[94]

---

[89] 이봉의, "경쟁법 집행의 개선: 공정거래법의 실효적 집행", 경쟁법연구 제10권, 한국경쟁법학회, 2004, 4-5면.
[90] 15 U.S.C.§45(b)-(c);16C.F.R.§3(2006).
[91] 이황·김경욱·하명호, "경쟁법 집행의 정점과 과제: 미국 증거개시절차로부터 카르텔 자진신고자 보호의 필요성과 방안 I", 경쟁법연구 제20권, 한국경쟁법학회, 2009, 331-332면.; 다만 미국은 "명시적 주도자나 창설자(clearly not the leader in, or originator of the activity)"를 감면대상에서 제외한다. 신동권(2023), 앞의 책, 223면.
[92] 황철규, "카르텔에 대한 공적 집행의 개선방안 연구", 법학박사 학위논문, 한양대학교, 2009, 15면.; 지철호(2020), 앞의 책, 168면.; 홍대식(2015), 앞의 책, 355면.

2. 부당한 공동행위의 근절 정책 수단으로서 형사제재의 특성

(1) 부당한 공동행위에 대한 우리나라의 형사제재 현황

공정거래법은 부당한 공동행위에 대해 3년 이하의 징역 또는 2억 원 이하의 벌금 규정을 적용한다(법 제124조). 법인에 대한 벌금형과 개인에 대한 자유형을 병과할 수 있도록 양벌규정을 두고 있다(법 제128조). 부당한 공동행위에 대해 형사제재를 적용하려면 공정위 고발에 전적으로 의존해야 하는 전속고발제도도 마련되어 있다(법 제129조). 부당한 공동행위에 대해 조사를 할 때 자료의 은닉, 폐기 등을 통하여 조사를 거부하거나 방해하면 조사방해죄[95]가 성립되어 벌칙과 과태료가 부과될 수 있다(법 제125조, 법 제130조).

형사제재는 행위자에 대한 직접적 처벌에 그치지 않고 강제 수사를 활용하여 증거자료를 쉽게 확보할 수 있어서 부당한 공동행위 규제에 있어 행정제재보다 유용한 수단이라는 평가가 있다.[96] 부당한 공동행위에 대한 형

---

[93] 2004년 4월 이전의 과징금 고시에서는 법적으로 3년 평균 매출액의 5%가 상한선이었으나 실질적으로는 '부당한 공동행위 및 사업자단체 금지행위에 대한 과징금 부과 준칙(2002.8.)'이 활용되었다.; 이순미(2007), 앞의 책, 20면.
[94] 공정거래위원회, "공정거래법 전면개편안 재추진을 위한 입법예고", 보도자료, 2020.6.10., <http://www.ftc.go.kr/www/selectReportUserView.do?key=10&rpttype=1&report_data_no=8582>, 2023.1.18. 최종접속.
[95] 부당한 공동행위에 가담한 기업 입장에서는 조사방해죄로 형사제재를 받거나 과태료를 부과하는 것보다 자료 은닉 등 조사의 거부로 얻을 수 있는 이득이 클 때가 있는데 이럴 때는 조사에 비협조적인 경우가 있다. 조사에 협조한 업체가 오히려 손해를 받을 수 있다는 조사 형평성 문제가 제기되기도 한다.; 정중원, 『카르텔 규제의 실제』, 서울대학교 법과대학 공정거래법과 규제산업 교재, 2006, 28-29면.[황철규(2009), 앞의 글, 69면 재인용].
[96] 공정위가 지속적으로 과징금을 부과하기도 하고 전속고발권에 의해 형사사건으로 넘어갔음에도 불구하고 부당한 공동행위가 지속되는데, 이런 행위를 지속하는 사업자들은 법 위반을 체념하는 것이 아니라 증거 은폐를 위하여 노력한다. 이는 공정위가 지닌 임의적 행정조사권이 증거수집에서 한계가 있음을 보여준다는 시각이 있다.; 이황,

사제재로서 벌금을 부과할 때 기업 소속 임직원이 법 위반에 가담했다는 것이 밝혀지면 이때는 단순히 금전적인 제재 역할에 그치지 않고 기업의 평판을 저해시키는 불명예가 될 수 있어서 효율적이라는 시각도 있다. 상소심에서 하급심의 벌금형 선고가 취소되더라도 기업에 대한 평판이나 명예 손상은 취소하기 어렵기 때문이다.[97] 부당한 공동행위를 비롯하여 공정거래법을 위반한 개인에 대해서는 재산형 중심의 형사제재가 이루어지며 자유형이 부과되는 경우는 드물다.[98]

(2) 부당한 공동행위에 대한 형사제재의 비교법 검토
1) 미국

미국에서는 부당한 공동행위가 시장지배력 지위남용과 같은 독점행위와 비교할 때보다 훨씬 노골적이며 심각한 공모(conspiracy)로 인식된다. 또한 공동행위의 범위를 합의에 한정하지 않고 폭넓게 판단한다.[99] 부당한 공동행위는 설명이 필요 없는 부정적, 비도덕적 금지 대상이므로 형사제재와 밀접하다는 인식이 지배적이다. 또한 합의의 은밀성이 강할수록 비난 가능성 수준은 높아진다.[100]

셔먼법(Sherman Act)은 공모 참가자가 중죄(felony)를 범한 것으로 보고

"부당한 공동행위의 공동 자진신고 제도에 관한 관견(管見)", 사법 제39호, 사법발전재단, 2017, 159면.
97) Rosenboom, Nicole & In't Veld, Daan(2019), op. cit., p.119.
98) 이재상, 『형법총론(제11판)』, 박영사, 2022, 568면.; 특히 기업형 경제범죄로 인식되는 부당한 공동행위에는 충분한 수준의 금전 제재나 자유형이 적극적으로 부과되지 않는 경향이 있다. 황철규(2009), 앞의 글, 109면.
99) Posner, Richard A.(2001), op. cit., pp.52-53.; 이황, "경쟁사업자 간 정보교환에서 '합의'의 의미와 입증 수준: 대법원의 라면 담합 판결에 대한 코멘트", 경쟁저널 제187호, 한국공정경쟁연합회, 2016, 6-10면.
100) Harding, Christopher & Joshua, Julian, *Regulating Cartels in Europe*, Oxford University Press, 2010, pp.50-51.

법인, 사인에게 벌금을 부과한다.101) DOJ는 명시적 가격 합의, 입찰담합 등 중대하고 명백한 법 위반행위에 대해 형사벌을 적용하는데 재산형이 아닌 자유형을 통하여 법 위반 억지를 기대한다. 그러나 미국에서도 자유형의 억지 효과에 대해 부정적인 입장이 상당하다. 일정 기간의 자유형을 금전 제재인 재산형으로 환산하는 것이 어렵고 재산형 집행에 소요되는 비용도 만만치 않기 때문이다. 경쟁법에 대한 집행비용의 경제성을 위해서는 자유형 대신 벌금 부과가 효율적이라는 것이 중론이다.102) 하지만 기업에 대한 행정제재와 개인에 대한 형사제재에서 자유형을 결합시키면 부당한 공동행위에 대한 최적의 법 집행 수준을 모색할 수 있다는 반론도 있다.103)

2) EU

EU에서는 TFEU에서의 합의를 원칙적으로 금지한다(제101조 제1항). 그러나 일정한 요건을 충족할 때는 금지로 판단하지 않는다(제101조 제3항).104) EU는 합의의 결과에 대해 효과주의 입장을 지지하므로 부당한 공

---

101) Hovenkamp, Herbert, *Federal Antitrust Policy: The Law of Competition and its Practice(4th Ed.)*, Thomson West, 2011, pp.643-644.; 미국은 당연위법이 적용되는 경성 담합에 대해서 형사절차를 통한 집행을 이행하였으며 양형 기준표도 이러한 경향성을 반영한다.; Hewitt, Pate, R., Vigorous and Principled Antitrust Enforcement: Priorities and Goals, Department of Justice, 2003.
102) Posner, Richard A.(2001), op. cit., p.270.
103) OECD, OECD/LEGAL/0452(2. July 2019), "Recommendation of the Council concerning Effective Action against Hard Core Cartels", p.2.; Posner, Richard A.(2001), op. cit., p.270.; 황철규(2009), 앞의 글, 69면.; DOJ의 법 집행 경험에 의하면 조사 대상자들이 자유형 대신 벌금을 납부하겠다고 주장하는 경우는 많지만 그 반대의 경우는 전혀 없다고 한다.; 정중원, "카르텔 규제의 실제", 서울대학교 법과대학 공정거래법과 규제산업 교재, 2006, 28-29면.[황철규(2009), 앞의 글, 26면 재인용].
104) Commission Notice-Guidelines on the Application of Article 101(3) TFEU.; EC 고시에서 담합 면제 요건을 "효율성(efficiency gain), 불가피성(indispensability), 소비자후생(pass-on to customer), 경쟁 존재(no elimination of competition)"의 경우로 들고 있다.

동행위가 공동체에 손해를 끼치는 악의적 관행인 경우에만 통제한다.105) EU에서는 부당한 공동행위에 대한 강력한 제재 기조는 있지만 형벌을 부과하지는 않는다.

EU는 부당한 공동행위에 대해 규제하기 위해 보편적으로 구조적, 행태적 시정조치라는 행정제재를 활용한다. 행정제재로 억지 달성이 어려울 때는 형사제재의 정당성을 지지한다. 하지만 법 위반행위에 대한 억지 수단으로서 가치가 있는 경우에는 형사제재를 선별적으로 사용해야 한다는 시각이 지배적이다. EC는 자진신고 감면제도 활용이 미온적인 회원국에서 개인에 대한 형사처벌만을 강화하면 규범적으로 부정적 영향을 미친다고 지적한다.106)

EC가 부과하는 금전 제재는 형벌의 성격은 아니며 형벌과 병과되지 않는다.107) 회원국별로 부당한 공동행위에 대한 형사처벌 기조는 EU의 체제와 균형을 이룬다.108) 대표적으로 독일은 카르텔을 형사 범죄화하지 않는

---

105) 조혜신(2019), 앞의 글(주 64), 273면.; Harding, Christopher & Joshua, Julian(2010), op. cit., p.44.
106) 김일중·전수민, "공정거래법과 형사처벌", 형사정책연구 제22권 3호, 한국형사정책연구원, 2011, 208-210면.; European Commission, Impact Assessment, Accompanying the Document Proposal for a Directive to Empower the Competition Authorities of the Member States to be More Effective Enforcers and to Ensure the Proper Functioning of the Internal Market', SWD, 2017, 114 final, Part 1 Annex XII.
107) Council Regulation(EC) No 1/2003 (16 Dec. 2002) on the Implementation of the Rules on Competition Laid down in Articles 81 and 82 of the Treaty.(이하 'Council Regulation (EC) No 1/2003'), Article 23(7).; 권수진·신영수·김호기·최문숙, "담합행위에 대한 형사법적 대응방안", 연구총서 제11권 3호, 한국형사정책연구원, 2011, 203-204면.
108) 프랑스는 국가 발주의 입찰 담합에 한해 개인 형사소추가 이루어지며 개인이 자유형을 받은 사례는 거의 없다.; 이상윤, "카르텔 규제의 형사적 집행 효과에 관한 의문들: 공정거래법 전면개편안의 전속고발권 폐지 관련 내용을 중심으로", 고려법학 제95권, 고려대학교 법학연구원, 2019, 187면.; 영국은 경성담합에 대해서만 기업이 아닌 개인에 한정하여 형사벌을 부과한다.; 조성국, "경쟁법의 형사적 집행에 관한 연구", 『남천 권오승 교수 정년기념문헌집; 시장경제와 사회조화』, 법문사, 2015, 462면.

다. 독일에서는 경쟁법 분야에서 경쟁제한행위에 대해 비난적인 법 감정이 공론화되지 않았기 때문이다.109)

3) 일본

일본은 사적독점금지법 제정 당시부터 전속고발제도를 도입하고 법원도 공정취인위원회(公正取引委員會)의 고발재량권을 인정해오고 있다. 우리나라는 이러한 일본 법제를 수용하였다.110) 전속고발권은 경쟁 정책적 기능과 경제부처의 전문적인 판단이 중요하다는 점을 존중하고 사적독점금지법 위반 사안이 전면적으로 형사 사건화되는 것을 차단하기 위한 안전장치이다.111) 일본에서는 부당한 공동행위(이하 일본 입법례의 설명에서는 '부당한 거래제한(不当な取引制限)'이라고 함)에 가담한 법인과 소속 임원에 대한 고발이 2018년에 와서야 최초의 사례로 확인될 만큼 부당한 거래제한에 대한 고발이 드물다.112)

---

109) 독일이 기소 법정주의 국가임에도 형사처벌 조항을 두지 않은 것은 통제되지 않는 권력기관의 자의성을 경계하기 때문이기도 하다.; 강우찬, "공정거래법 벌칙규정과 형사법의 체계적 정합성", 준법경영 활성화를 위한 공정거래 형벌제도 개선방안 정책 세미나 자료집, 대검찰청·한국경쟁포럼·한국공정경쟁연합회, 2022, 25면.
110) ラップカルテル刑事事件, 東京高裁 平成 5.5.21(1993.5.21), 判例時報 1474호 31頁.; 홍순강, "일본 독점금지법과 형사고발: 경쟁당국의 전속고발권을 중심으로", 경쟁저널 제193호, 한국공정경쟁연합회, 2017, 4면.
111) 지철호(2020), 앞의 책, 169면.; 일본 사적독점금지법 제96조 제1항에서는 형사벌을 부과하기 위하여 공정취인위원회 고발이 있어야 한다고 규정한다.
112) 公正取引委員会, "(平成 30年 3月 23日) 東海旅客鉄道株式会社が発注する中央新幹線に係る建設工事の受注調整に係る告発について", 報道発表資料 (2018.3.23), <https://www.jftc.go.jp/ houdou/ pressrelease/h30/mar/180323_3.html>, 2023.1.22. 최종접속.; 1990년부터 2007년까지 공정취인위원회 고발건수도 13건으로 형사제재 강도 및 빈도가 낮은 편이다. 권수진·신영수·김호기·최문숙(2011), 앞의 글(주 107), 145-146면.

III. 부당한 공동행위에 대한 공적 집행 중심 규율의 문제점

1. 부당한 공동행위에 대한 행정제재의 한계

(1) 부당한 공동행위에 대한 과징금 제도의 문제점

공정위에서 과징금을 부과하는 운영규정은 행정기관에 재량권을 허용하므로 재량범위가 확대될 수 있다는 점에서 과징금 운영제도에 대한 우려의 시각이 있다.[113] 공정위의 과징금 부과 사안에 대해 행정소송을 제기하거나 이의신청을 하여 과징금 부과 처분이 취소되는 경우도 상당한 것으로 파악된다. 2010년부터 2015년까지 공정거래법 위반으로 공정위가 과징금을 부과한 사안 중 부당한 공동행위에 대한 피심인의 불복소송 제기율은 평균 54%로, 공정거래법상의 법 위반행위 평균과 비교할 때 11%가 더 높았다. 또한 2011년부터 2015년까지 공정위의 과징금 부과 처분에 불복하여 제기된 행정소송에서 공정위의 패소율은 28%(54건)였다.[114]

2003년 공정위를 대상으로 실시한 감사원의 감사에서도 공정위의 과징금 운영에 대해 (i) 과징금 부과 대상의 판정 기준이 미비한 점 (ii) 과징금 부과 기준이 모호한 점 (iii) 고시상 과징금 가중·감경기준이 불명확한 점 (iv) 과징금 산출 근거가 투명하지 않은 점 등을 지적하였다.[115] 공정위의

---

113) 대법원 2002.5.28. 선고 2000두6121 판결.; 대법원 2002.9.24. 선고 2000두1713 판결 등.; 행정 재량권의 범위가 넓다는 점에서 과징금 부과율을 대폭 늘리는 방식은 헌법상 과잉금지원칙, 비례원칙에 위반될 가능성이 있다는 견해가 있다. 황철규(2009), 앞의 글, 31면.
114) 김일중·변재욱·전수민·이주원, "과징금 제도 운영현황 및 개선방안에 관한 연구", 국회 예산정책처 연구용역보고서, 2017, 137-139면.; 감사원, "감사보고서: 공정거래 업무 관리실태", 2016, 9-10면.
115) 공정거래위원회, "감사원 지적사항에 대한 향후 처리방향", 보도 참고자료, 2003. 5.21. <http://www.ftc.go.kr/www/selectReportUserView.do?key=10&rpttype=1&report

재량권 행사에 대해서는 규범적 통제가 필요하며 통제가 곤란한 경우에는 행정제재의 정당성이 취약해지는 문제가 생긴다. 공정거래법과 같은 경제규제법은 시장사업자나 소비자의 경제활동 행위를 위한 바람직한 기준이자 규범이므로 다른 행정법 분야와 비교하면 수범자들은 공정거래법상 과징금 운영제도의 명확성과 투명성에 대해 엄격한 기준을 요구한다.[116)]

2016년에도 공정위를 대상으로 감사원이 감사를 실시하였는데 여기에서도 거듭하여 공정위의 과징금 산정 및 감액 제도의 문제점을 언급하였다. 감사원은 공정위가 위반행위의 중대성을 과대평가하여 기본 과징금을 높게 산정했으며 이를 이유로 예외 기준을 적용하여 과징금을 감액하는 등 불합리적인 행동을 했다고 지적하였다. 또한 과징금 감액 기준에서 법 위반 가담 사업자의 현실적 부담 능력을 임의로 판단하여 법 적용 공정성과 신뢰성이 훼손될 우려가 있다고도 지적하였다.[117)] 2005년부터 2015년까지 공정위가 부당한 공동행위에 대해 부과한 과징금 사안에서 피심인의 재정 상황이 고려된 사건은 828건(60.8%)으로 파악된다. 이러한 사건에 대해서는 평균 39억원의 과징금이 부과되었으나 피심인의 재정 상황이 고려되지 않은 사건에서는 평균 62억원의 과징금이 부과된 것으로 파악된다.[118)]

반면 미국과 EU에서는 과징금을 부과할 때 기업의 존속 여부를 위태롭게 할 정도로 예외적인 경우에만 재정 부담 능력을 고려하여 과징금을 조정한다. 이러한 경향은 우리나라와는 과징금 적용의 엄격성에서 차이가 있다.[119)] 물론 해외 법제에서도 경쟁당국의 재량 문제가 완벽히 해소되었다

_data_no=1339>, 2023.10.18. 최종접속.; 김일중·변재욱·전수민·이주원(2017), 위의 글, 12-13면.
116) 박정훈, "공정거래법의 공적 집행", 『공정거래와 법치(권오승 저)』, 법문사, 2004, 1002면.
117) 감사원 지적에 의하면 공정위는 전체 과징금 부과 사안의 70%를 매우 중대한 위반 행위라고 판단하여 기본 과징금을 높게 산정하였다고 한다. 감사원(2016), 앞의 글, 12면.
118) 김일중·변재욱·전수민·이주원(2017), 앞의 글, 96면, 108면.

고 보기는 어렵고 견고한 법적 기준을 세우더라도 계량화된 수치가 없다면 재량권 남용은 여전히 문제가 될 수 있다.[120] 이 문제를 해소하기 위하여 부당한 공동행위로 인한 과징금을 산정할 때 분할 납부 방식을 확대하거나 영업정지 등 비금전적인 제재와 같은 대체적 행정제재를 병행하는 방식도 대안으로 제시된다. 이러한 것들은 법 집행 효율성을 높이고 공정위의 과징금 운영제도에 대한 신뢰를 쌓을 수 있는 대안이 될 수 있다.[121]

이상의 문제를 살펴볼 때 부당한 공동행위에 대한 규제 수단으로서 과징금에 대한 의존성이 지속된다면 신뢰도와 예측 가능성 측면에서 수범자로부터 가혹한 평가를 받을 것이다. 과징금의 부과는 부당한 공동행위를 근절하기 위한 중요한 금전 제재로 활용되고 있는 것이다. 그러므로 법 위반 가담사업자의 재정 상황에 의해 감경을 할 때 사업자 간 형평이 제재에서 중요한 쟁점이 된다. 특히 공동행위에 대해 자유형을 부과하는 실적이 미미한 우리나라에서 과징금은 중요한 공적 집행 수단이다. 이때 법 위반 사업자의 재무 상황이 감경 요소로 작용하는 점은 과징금 운영제도의 내재적 한계점으로도 지적될 수 있을 것이다.

과징금 부과 수준과 효율적 억지는 정비례 관계라고 단언하기는 어렵다. 과도한 수준의 과징금 부과가 경쟁사업자를 시장에서 도태시켜서 장기적으로 보면 시장 경쟁 촉진에 역효과를 초래할 우려도 있다.[122] 다만 이러한 우려를 불식시키면서 억지의 실효성을 확보할 수 있도록 현행 과징금 운영제도의 문제점을 파악하여 개선하는 것은 반드시 검토되어야 한다.

---

119) 김일중·변재욱·전수민·이주원(2017), 위의 글, 76면.
120) 김일중·변재욱·전수민·이주원(2017), 위의 글, 78면. ; Stephan, Andreas, The Bankruptcy Wildcard in Cartel Cases, *Journal of Business Law*, 2006, p.18.
121) 김일중·변재욱·전수민·이주원(2017), 위의 글, 81면.
122) 박세민, "비교법적 관점에서 본 공정거래법상 과징금의 억지력 강화방안", 경쟁법연구 제36권, 한국경쟁법학회, 2017, 255면.

(2) 부당한 공동행위 자진신고자 감면제도에 의한 금전 제재 약화 문제점

유원일 국회 의원실의 보도자료 분석에 의하면, 공정위가 1999년부터 2011년 8월까지 부당한 공동행위에 대해 부과한 과징금 중 자진신고자 감면제도 혜택을 받은 사건 비율은 36.9%, 감면된 과징금 규모는 당초 부과된 과징금의 62.9%라고 한다.[123] 이러한 자진신고자 감면제도의 영향으로 2008년 이후 2011년 8월까지 주요 대기업이 부당한 공동행위에 가담한 후 자진신고자 감면제도에 의해 과징금을 부과받은 비율은 당초 관련 매출액의 1% 내지 4% 수준이었던 것이 0.4% 내지 3%까지 낮아졌다고 한다.[124]

부당한 공동행위에 대해 법을 집행할 때에는 다른 제도와 상충되지 않도록 정교한 제도를 설계할 필요가 있다. 이때 자진신고자 감면제도는 중요하게 검토되어야 할 제도 중 하나이다. 많은 경쟁당국이 자진신고자 감면제도로 부당한 공동행위를 적발하고 있지만 이에 대해서는 법 위반 행위자를 이용하여 경쟁법 집행실적을 올리는 상황이 있다는 것을 비판하는 시각이 있다. 이에 자체 조사를 통해 적발률을 높여야 한다는 목소리가 있다. 하지만 자진신고자 감면제도가 부당한 공동행위 적발률은 높이고 공동행위 형성률은 감소시키는 데 효과적이라는 점은 부인하기 어려운 사실이다.[125] 1985년부터 2005년까지 미국에서의 사례를 분석한 실증연구를 보면, 1993년 미국에서 자진신고자 감면제도를 도입한 후 부당한 공동행위

---

123) 권수진·신영수·김호기·최문숙(2011), 앞의 글(주 107), 120-121면.[국회의원 김정, 보도자료(2011.9.22.), 재인용].; 2008년 기준 공정거래위원회가 부과한 과징금은 1,500억원인데 자진신고자 감면제도로 감면 내지 감경된 과징금은 1,763억원으로 확인된다.
124) 권수진·신영수·김호기·최문숙(2011), 앞의 글(주 107), 120-121면.[국회의원 유원일, 보도자료(2011.9.21.) 재인용].
125) 자진신고자 감면제도의 실증적 효과에 대해서는 다음 문헌을 참조.; 김현수·남재현, "카르텔 자진신고자 감면제도의 주요 쟁점과 효과 분석", 응용경제 제12권 제2호, 한국응용경제학회, 2010, 24면 이하.

적발률이 최소 60%에서 최대 72%까지 상승하였다고 한다.[126]

하지만 자진신고자 감면제도를 법 위반 적발 가능성을 높이는 수단으로만 활용한다면 오히려 제도의 역효과가 발생할 수 있다.[127] 대표적으로 자진신고자 감면제도가 과징금 부과를 면제하거나 감경하여 법 위반을 억지하는 차원으로 금전 제재 수준이 낮아진다는 한계점이 지적된다. 자진신고자 감면 사업자에 대해서는 고발을 면제해준다는 점도 법 위반 가담 사업자로 하여금 도덕적 해이를 하도록 부추기고 법을 위반하기 위한 회피 수단으로 악용될 수 있도록 한다는 문제점이 있다.[128]

(3) 부당한 공동행위에 대한 행정제재 시 제한적 억지의 문제점

이하에서는 본고에서 본격적으로 논의하고자 하는 중요 내용으로, 부당한 공동행위에 대한 공적 집행 중 행정제재의 효과성을 점검하고자 한다. 우선 공정위의 지속적인 행정제재에도 불구하고 대담하게 법 위반에 가담하는 사업자의 현황을 살펴본다. 1995년부터 2004년까지 부당한 공동행위로 적발되어 시정명령 이상의 행정제재를 받은 1,517개 사업자 중에서 2회이상 시정조치를 받은 사업자는 261개 업체(17%), 5회 이상 시정조치를 받은 사업자는 18개 업체(1%)로 파악된다.[129][130] 심지어 공정위가 행정제재

---

126) Nathan, Miller. H., Strategic Leniency and Cartel Enforcement, *American Economic Review* Vol.99 No 3, 2009, pp. 750-768.
127) Motta, Massimo & Polo, Michele, Leniency Programs and Cartel Prosecution, *In International Journal of Industrial Organization* Vol.21 No.3, 2003, pp.350-351.
128) 과거에는 고발 면제규정이 법적 근거 없이 관련 고시에만 근거한 채 법 위반 가담자에 대한 혜택을 확대하는 문제점이 있다고 지적받기도 하였지만 현재는 공정거래법에 관련 규정을 재정비하여 이 문제가 해소되었다.; 황철규(2009), 앞의 글, 96면.
129) 정중원(2006), 앞의 글, 29-30면.[황철규(2009), 앞의 글, 57면 재인용.].
130) 일각에서는 그룹에 소속된 계열회사들이 품목을 바꾸어가며 부당한 공동행위에 가담하는 사례도 확인된다. 태경그룹의 대표회사인 ㈜태경산업은 제지사업자가 발주한 중질산탄산칼슘에 대해, 계열회사인 ㈜태경케미컬은 조선 사업자와 자동차 제조사업자가 발주한 액화탄산가스에 대해, 또 다른 계열회사 ㈜태경BK는 철강 사업자

를 부과하는 기간에도 동일 사업자가 다양한 업계와 품목을 드나들며 법 위반에 가담하는 사례가 확인되었다. 그런가 하면 자진신고자 감면제도 혜택을 받은 법 위반 가담사업자가 일정 기간이 경과한 후 법 위반행위를 반복하거나 부당한 공동행위를 하면서 마치 이 행위가 비즈니스 달성 수단인 것처럼 인식하는 사례도 있다. 이러한 사례를 점검하면서 공정위의 공적 집행이 본연의 역할을 잘 감당하고 있는지에 대한 비판적 평가가 필요하다.

1) 육로 운송 및 항만하역 부당한 공동행위(입찰담합) 사례

부당한 공동행위로 인해 발생한 손해 중에서 산업계 전반에 걸쳐 여러 발주기업이 동시다발적 피해를 입은 사례가 있다. 육로 운송 및 항만하역에서 활동하고 있는 많은 운송사가 중공업계, 조선업계, 철강업계 기업을 대상으로 길게는 18년까지 부당한 공동행위에 가담하였다. 공정위에 의하여 과징금 부과를 받았음에도 다른 발주기업을 대상으로 법 위반행위에 재가담하거나 거래 품목을 변경하여 합의를 반복하였다.[131] 놀라운 대목은 법 위반 당사자가 거래당사자 간 역학 관계의 불균형을 언급하며 수요를 독점하는 발주기업이 합의에 관여했다고 주장하였다는 점이다. 공정위는 한국수력원자력의 발주와 삼성중공업의 발주 운송 및 하역 사건에서 발주기업의 입찰방식을 지적하고 과징금을 산정할 때 부당한 공동행위 가담자에 대한 책임감경 논리로 활용하였다. 피해자 기업이 부당한 공동행위를 하도록 조장하였다는 발언은 법 위반의 책임 회피를 위한 방어논리이자 일

가 발주한 망간합금철에 대해 합의에 가담하였다. 2019.5.22. 공정거래위원회 의결 2019-109.; 2022.8.10. 공정거래위원회 의결 제2022-207.; 2023.12.7. 공정거래위원회 의결 제2023-217호.

[131] 동국제강㈜, 대한제강㈜ 등은 1998년 고철 구매 담합으로 제재를 받은 후 2021년 또 다시 담합에 가담하였다. 2002.2.15. 공정거래위원회 의결 제2002-043호, 2022.7.8. 공정거래위원회 의결 제2022-164호 등.; 1998.11.25. 공정거래위원회 의결 제98-273호, 2021.1.18. 공정거래위원회 의결 제2021-016호.

방적 주장이다. 그럼에도 이러한 점이 과징금 산정의 책임감경 근거로 활용된 것은 우려가 된다.132)

[표 1] 철강업계 발주 철강재 운송·하역 용역 부당한 공동행위 가담 사례

발주 기업	품목	법 위반 가담사업자	공정위 의결번호
㈜포스코 (포항제철소)	철강재 항만하역	㈜동방, 씨제이대한통운㈜, 세방㈜, 대주기업㈜, ㈜소모홀딩스엔테크놀러지	공정위 의결 제2022-167
㈜포스코 (광양제철소)	철강재 항만하역	㈜동방, 씨제이대한통운㈜, 세방㈜, 대주기업㈜, ㈜소모홀딩스엔테크놀러지	공정위 의결 제2022-163
㈜포스코 (광양제철소)	철강 후판 운송	㈜동방, 서강기업㈜, ㈜동화	공정위 의결 제2022-036
㈜포스코 (포항제철소)	철강 코일 운송	㈜한진, ㈜동방, ㈜삼일, 해동기업㈜, 씨제이대한통운㈜, ㈜천일티엘에스, 천일정기화물자동차㈜	공정위 의결 제2020-315
㈜포스코 (광양제철소)	철강 코일 운송	세방㈜, 유성티엔에스㈜, ㈜로덱스 ㈜동방, 서강기업㈜, ㈜동진엘엔에스, ㈜대영통운	공정위 의결 제2020-070

[표 2] 중공업·조선업계 발주 중량물 운송·하역 용역 부당한 공동행위 가담 사례

발주기업	품목	법 위반 가담사업자	공정위 의결번호
두산엔진㈜	중량물운송	㈜세중, 세방㈜, ㈜동방	공정위 의결 제2021-271
삼성엔지니어링㈜	중량물운송	㈜동방, 세방㈜, ㈜케이티씨	공정위 의결 제2021-047
삼성중공업㈜	수입 강재 운송	㈜한진, 씨제이대한통운㈜, ㈜동방	공정위 의결 제2021-001
대우조선해양㈜	수입 형강 운송	씨제이대한통운㈜, ㈜인터지스, ㈜한진	공정위 의결 제2020-174
현대삼호중공업㈜	해상 크레인 붐 운송	㈜동방, 세방㈜, 씨제이대한통운㈜	공정위 의결 제2020-089

---

132) 졸고(2021), 앞의 글(주 21), 154면.; 공정거래위원회 2019.3.26. 의결, 제2019-071호.; 공정거래위원회 2021.1.5. 의결, 제201-001호.

2) 컨베이어벨트 및 자동차부품 부당한 공동행위 사례

공정위가 부당한 공동행위에 대한 행정제재를 부과하는 기간에도 같은 사업자가 대상 품목을 바꾸어 부당한 합의에 가담한 다른 사례를 보기로 한다. ㈜화승알앤에이와 ㈜디알비동일은 OEM 컨베이어벨트에 대한 부당한 공동행위 가담으로 2015년에 공정위로부터 시정명령과 과징금을 부과받았다. 그러나 2015년 3월부터 2019년 10월까지 베바스토코리아㈜가 발주한 자동차 선 루프씰 부당한 공동행위에도 가담하여 2022년 공정위가 또다시 시정명령과 과징금을 부과하였다. 이 업체들은 공정위의 이러한 행정제재가 이루어졌던 2015년과 2022년 이전인 2007년 6월부터 2018년 11월까지 현대기아자동차㈜가 발주한 자동차 부품 글래스런 사안에서도 부당한 합의에 참여하였다.133) 이와 같은 사례는 과징금 부과에 대한 의존도가 높은 우리나라의 행정 제재에 대한 효과성에 의구심을 갖게 한다.

3) 건설업계 부당한 공동행위 사례

건설 산업재 중 레미콘은 부당한 공동행위가 반복되는 품목이다. 레미콘은 제강사업자가 대형 건설사업자에게 직접 판매하거나 유통하며, 특히 굳지 않은 상태에서 운반이 필요한 품목이다. 레미콘은 제품 차별화가 곤란하고 가격 경쟁력이 중요하므로 부당한 공동행위 유인이 높다.134) 레미콘을 공급하는 법 위반 가담사업자들은 부당한 공동행위가 협상력과 의지로 극복할 수 있다는 인식으로 합의에 가담한다.135) 즉 관련 사업자들은 합의

---

133) 2017.7.27. 공정거래위원회 의결 제2017-243, 244, 245, 246, 255, 256 등.; 2022.11.08. 공정거래위원회 의결 제2022-269.; 2021.3.29. 공정거래위원회 의결 제2021-079.
134) 2022.2.24. 공정거래위원회 의결 제2022-057호 의결서 11-13면.
135) 2003.10.20. 공정거래위원회 의결 제2003-161호 의결서 4-8면.; "최근 레미콘사가 거대한 건설사를 상대로 담합에 성공, 결국 협상력 문제임 …(중략)… 담합 성공여부는 철저한 주인 정신에 입각한 협상력이 KEY……(후략)……".

가 전략적 비즈니스 목표 달성을 위한 중요한 수단이라고 여기며 법 위반에 가담한다.

4) 연마재 부당한 공동행위 사례

한국신동공업㈜과 서울쇼트공업㈜은 연마재와 관련한 부당한 공동행위에 가담한 후 자진신고자 감면제도 혜택을 받았다. 공정위는 2008년 이 사건을 처리하면서 이례적으로 자진신고 사업자를 보도자료로 공개하였다. 2022년 이 사업자들은 연마재의 부당한 공동행위에 재가담하여 공정위가 또다시 시정명령과 과징금 부과를 하였다. 당시 동일 사업자가 자진신고자 감면제도를 반복적으로 활용했는지는 분명하지 않지만 ㈜포스코 등 발주기업은 반복적으로 법 위반 피해를 받았다.[136) 법 위반 적발의 효율성을 높이기 위하여 도입된 자진신고자 감면제도를 사업자가 악용한 것으로 추정되는 이 사안은 행정제재가 지닌 공적 집행의 내재적 한계점을 보여준다.

2. 부당한 공동행위에 대한 형사제재의 한계

(1) 실체법적 측면에서 형사법 원칙과 조화 여부

부당한 공동행위에 대한 형사제재의 정당성은 억지 측면에서 논의된다. 공리주의 관점에서 보면 부당한 공동행위의 억지는 사회적 후생을 극대화하기 위한 것이고 이를 위하여 형사제재가 수단으로 활용되는 것이다.[137)

---

136) 공정거래위원회, "3개 쇼트 및 그릿트 담합건", 보도자료, 2008.12.9. <http://www.ftc.go.kr/www/selectReportUserView.do?key=10&rpttype=1&report_data_no=3409>; 공정거래위원회, "투사재 제조·판매 사업자 담합 제재", 보도자료, 2022.9.23. <http://www.ftc.go.kr/www/selectReportUserView.do?key=10&rpttype=1&report_data_no=9748>, 2023.8.28. 최종접속.
137) 조혜신(2019), 앞의 글(주 64), 268-278면.; Ducci, Francesco, Cartel Criminalization in Europe: Addressing Deterrence and Institutional Challenges, *Vanderbilt Journal of Transnational Law* Vol.51 No.1, 2018, pp.5-10.

부당한 공동행위에 대한 형사제재가 정당화되려면 실체법으로 봤을 때, 경쟁법상 부당한 공동행위를 실질적 불법성이 있는 범죄로서 형벌과 같이 다루어야 하는지, 형사법 원칙과 조화를 이루는지에 대한 선행적 검토가 필요하다.

1) 공정거래법상 부당한 공동행위에 대한 범죄화 인식

공정거래법상 부당한 공동행위를 범죄로 봐야 하는지 여부에 대한 인식 문제는 세계적으로 각국의 문화와 법질서에 따라 다양성을 띤다. 미국은 독점금지법 집행 초기부터 DOJ에 의한 카르텔 규제가 이루어졌으며 카르텔에 대한 형사제재 대상은 주로 외국 사업자에 한정되었다.138) 우리나라에서는 최근 공정거래법 전면 개정 및 전속고발권 폐지 논의과정에서 공정거래법상 도입된 형사처벌 규정이 과하다는 여론이 형성된 것으로 보인다.139) 부당한 공동행위로 인해 법을 위반했을 때 법원 실무적으로 자연인에 대해 자유형을 선고하는 것은 신중한 입장으로 집행유예나 벌금형 선고 비율이 높은 편이다.140) 공정위의 고발은 법 위반 중대성이나 사회적 파급 효과가 큰 경우에 제한적으로 이루어지므로 부당한 공동행위를 다른 형사범죄와 같이 취급하기 어렵다는 우리의 법 감정이 반영된 결과로 해석된

---

138) 조성국, "공정거래법상 전속고발제도에 관한 연구: 법 집행 적정성의 관점에서", 경쟁법연구 제39권, 한국경쟁법학회, 2017, 281-282면.
139) 이 논의 과정에서 가격담합, 공급제한, 시장분할, 입찰담합의 경성 카르텔에 대한 공정위 전속고발권을 폐지하도록 합의하였지만 국회에서 공정거래법 개정까지 이르지는 못했다.; 공정거래위원회, "공정거래법 전면개편 특별위원회 최종보고서", 2018, 11면.; 이와 유사한 시각은 다음 문헌을 참조. 강수진, "공정거래법상 형벌규정에 관한 소고: 공정거래범죄의 실체법, 절차법적 해석론을 중심으로", 준법경영 활성화를 위한 공정거래 형벌제도 개선방안 정책 세미나 자료집, 대검찰청·한국경쟁포럼·한국공정경쟁연합회, 2022, 52-53면.
140) 대법원 웹사이트상 사법통계 자료를 공정거래법 위반행위 중심으로 살펴본 결과 1990년부터 2018년까지 사건처리 건수 692건 중 집행유예 및 재산형 부과사안이 75.3%(521건)에 달하는 것으로 파악된다.

다.141) 현시점의 대한민국 법질서에서 부당한 공동행위는 미국과 같이 중죄에 버금가거나 형사법상 사기 등과 같은 유사한 범죄로 인정하지 않는 경향이 있는 것은 분명하다.142)

2) 공정거래법상 부당한 공동행위에 대한 위법성 판단기준

대법원은 "합의가 공정거래법상 부당한 공동행위에 해당하려면 합의의 존재로 곧바로 위법성이 인정되는 것이 아니라 합의의 경쟁제한성으로 판단하여야 하며, 부당하게 경쟁을 제한하는지는 관련 상품시장의 획정을 전제로 합의가 경쟁에 미치는 영향을 종합적으로 고려하여 개별적으로 판단하여야 한다"고 판시한다.143) 이처럼 공정거래법상 부당한 공동행위는 경쟁제한성을 고려하기는 하지만 합의자체를 처벌한다. 합의는 의사의 합치 또는 공동 범죄의 결의를 의미하는데 원칙적으로 의사의 합치만으로는 범죄를 구성하지 않는다. 형법에서는 구성요건적 실행행위의 개시가 이루어지는 실행의 착수 단계에 미수범의 성격을 인정한다.144) 실행 착수 전의 예비나 음모는 특별한 규정이 없는 한 벌하지 않는다(형법 제128조).

이처럼 형법과 공정거래법의 차이점으로 인해 부당한 공동행위에 대한 형사 처벌 구성요건이 독자적으로 수립되지 않거나 법원의 명확한 해석론이 정립되지 않으면 수범자의 예측 가능성을 저해할 수 있다.145) 법 위반 가담사업자는 부당한 공동행위를 했을 때 법 위반 행위유형에 따라 경쟁제

---

141) 이상윤(2019), 앞의 글(주 108), 198-199면.
142) OECD도 부당한 공동행위를 형사제재로 해결하는 노력에 대해 형사 집행의 효과성, 수범자의 수용성과 정당성을 확인하지 않고 일방적으로 추진할 때 법 집행에 어려움이 따른다고 언급한다. OECD, "Review of the Recommendation of the Council concerning Effective Action against Hard Core Cartels" (OECD/LEGAL/0294), 2019, op. cit., p.204, p.214.
143) 대법원 2014.2.27. 선고 2012도27794 판결.
144) 강수진(2022), 앞의 글, 58면.
145) 강우찬(2022), 앞의 글, 24면.

한성 유무를 명확히 판단하기 어려운 상황에 직면할 수 있는 것이다. 이러한 문제를 해결하기 위해서 영국은 부당한 공동행위에 대해 경쟁법상 행정제재만 시행해오다가 형사제재 도입이 필요하다고 인정되자 형사처벌 규정으로 독자적 구성요건을 신설하였다.146) 이러한 시도는 형사법 원칙에서 예외로 두고 있는 공정거래법상 부당한 공동행위에 대한 형사처벌 규정의 개선이 필요하다는 것을 상기시키는 참고자료가 될 수 있다. 즉 영국의 사례는 공정거래법상 부당한 공동행위에 형사제재가 적용되는 상황에서 위법성 판단기준 등 형사법에 정해진 일반원칙의 틀을 저해하지 않으면서 경쟁법 특유의 법 위반 판단의 독자성을 존중하는 규범적 기준이 필요함을 시사한다.

3) 공정거래법상 부당한 공동행위에 대한 형사제재 시 처벌 대상의 모호성

공정거래법상 부당한 공동행위는 "부당하게 경쟁을 제한하는…(중략)…행위를 할 것을 합의하거나 다른 사업자로 하여금 이를 하도록 하는" 것을 금지한다. '하도록'의 범위에 대해 공정위는 방조 또는 관여 행위까지 넓게 인정했으나 법원은 교사행위 또는 이에 준하는 행위로 좁게 해석하였다.147)

이와 관련하여 벤츠코리아 사건을 대표적으로 살펴본다. 이 사건에서는 메르세데스벤츠 코리아가 딜러들로 하여금 수리비에 대한 공임을 일률적으로 공동인상하도록 한 행위가 교사인지가 쟁점이 되었다. 공정위는 이를

---

146) 강우찬(2022), 위의 글, 같은 면.
147) 공정거래법 제40조 후단에 대한 공정거래위원회 및 법원의 입장 및 해석론을 검토한 문헌은 다음을 참조.; 최승재, "독점규제 및 공정거래에 관한 법률 제19조 후단의 '다른 사업자로 하여금 이를 행하도록 한'의 의미와 수직적 공동행위에 대한 검토", 인권과 정의 통권 제423호, 대한변호사협회, 2012, 114면.; 졸고(2021), 앞의 글(주 21), 159-163면.; 김하림, "공정거래법 제19조 제1항 후단의 적용 범위에 대한 고찰", 법학논고 제72호, 경북대학교 법학연구원, 2021, 344-347면.

부당한 공동행위 교사로 판단하고 시정명령 및 과징금을 부과하였다.148) 반면 대법원은 공정위 처분을 취소하였는데 벤츠코리아가 딜러사들에게 권장 공임을 제시한 행위는 사업상 이해관계와 다른 사업자 간에 벌어진 비즈니스 협상 과정으로 이해하는 것이 타당한 점, 또 벤츠코리아가 적극적으로 딜러사들에게 공임 인상을 교사할 만한 경제적 유인이 없었던 점을 근거로 들었다.149) 이러한 대법원 판결의 영향으로 향후에는 공정위도 법원과 같은 태도를 취할 것이다.

한편 형사법에서는 정범과 공범에 대한 처벌 수위가 차등적으로 적용되지만 공정거래법상 부당한 공동행위에 대한 형사처벌 규정(법 제124조)에서는 법 제40조 전단의 정범과 후단의 공범에 대한 형사제재를 일률적으로 적용하는 문제가 있다. 물론 현실에서는 교사범을 정범의 형에 의하여 처벌하는 경우(형법 제31조 제1항)에 한해 교사범을 정범과 동일 수준으로 처벌하기도 하지만 방조범은 정범과 다르게 취급하는 것이 일반적이다.150)

이와 관련하여 최근 공정거래법상 부당한 공동행위 유형으로 신설된 정보교환 합의 사안에서 쟁점이 될 수 있다. 정보교환 합의는 다른 부당한 공동행위 유형과 달리 사실적 행위의 성격이 강하다. 기업의 경영층이 정보교환 사실에 대해 임직원으로부터 사후 보고를 받는 경우 경영층 간에 합의가 성립하는가, 정범은 누구인가 등의 논란이 발생할 수 있다. 결국 기업의 일상적 비즈니스 영역에 대한 통제범위가 지나치게 넓어질 수 있으며 형사 위험성의 부담 범위가 확대될 가능성이 있다.151)

---

148) 공정거래위원회 2017.10.13. 의결 제2017-317호.
149) 대법원 2019. 3. 14. 선고 2018두59670 판결.
150) 권수진·신영수·김호기·최문숙(2011), 앞의 글(주 107), 233면.; 신동운, 『형법총론(제3판)』, 법문사, 2008, 549면.
151) 강우찬(2022), 앞의 글, 27면.

(2) 절차법적 측면에서 형벌규정에 대한 적법절차 준수 여부

1) 공정위의 고발 이전에 이루어지는 검찰의 최근 형사집행 동향

대법원은 "검찰이 공정위 고발에 앞서 수사하고 검찰의 요청에 따라 공정위가 고발하더라도 고발이 공소제기 전에 있는 이상 제기된 공소의 효력도 인정된다"고 판시한다. 이는 수사 개시 시점이 공정위 고발 전 또는 후인지를 불문하고 검찰의 공소 효력을 인정한다는 의미이다.[152] 하지만 전속고발권의 영향으로 검찰은 실무적으로 공정위 조사 후 공정위로부터 고발이 접수되면 수사에 착수하는 경향이 있다.

최근에는 공정위가 조사를 진행하고 있는 사안에 대해 검찰이 먼저 수사를 진행하고 공정위가 사후 고발하는 등의 새로운 흐름이 파악된다. 이러한 흐름은 2020년 DOJ와 한미 카르텔 형사 집행 협력에 관한 양해각서 체결, 2022년부터 시작된 DOJ와 한미 공정거래 형사 집행 워크숍, 2023년 5월 대검찰청 반부패부 산하 반독점 범죄를 지휘·감독하는 반부패 3과 신설[153] 등 부당한 공동행위에 대한 검찰의 강한 수사 의지와 밀접해 보인다. 나아가 2023년 11월 대검찰청은 특허청과 함께 기술 유출 피해액 산정 기준을 마련하기 위한 연구 용역을 발주하고 관련 세미나를 개최하기도 하였다.[154] 이 시도는 손해배상 소송에서도 문제가 되는 피해액 산정 문제를 극복하여 법 위반 억지를 달성하려는 시도로 해석된다.

① 관련 사건

2023년 4월 서울 중앙지방 검찰청 공정거래조사부는 가구업체들의 특판

---

152) 대법원 1995.3.10. 선고 94도337 판결.
153) 대검찰청, "대검찰청, 미국 법무부 반독점국과 공동으로 제3회 한미 공정거래 형사집행 워크숍 개최", 보도자료, 2024.2.26. <https://www.spo.go.kr/site/spo/ex/board/View.do?cbIdx=1403&bcIdx=1046545>, 2024.5.17. 최종방문.
154) 대검찰청·특허청, "대검찰청·특허청, 기술유출 피해액 산정기준 마련에 박차", 보도자료, 2023. 11.3. https://www.spo.go.kr/site/seoul/ex/board/View.do>, 2024.5.17. 최종방문.

가구판매와 관련된 부당한 공동행위 사건에 대해 8개 법인 및 14명의 임직원을 기소하였다고 보도자료를 공개하였다.155) 이 사건에서는 대검찰청 예규인 「카르텔 사건 형벌감면 및 수사절차에 관한 지침(이하 '카르텔 형벌감면제도')」156)에 근거하여 형벌감면 신청서를 접수한 검찰이 실무 관행보다 빠르게 수사에 착수하였다. 다시 말하면 이 사건에서는 검찰이 직접적인 수사를 어느 정도 완료한 후 공정위와 고발요청 범위를 협의하여 고발장을 접수하였다는 것이다.157) 보통 검찰이 고발을 요청할 때 공정위가 심의 절차를 거쳐서 고발 결정을 내리므로 절차적으로 신속한 고발이 이루어지기 어려운데 공정위는 이 사건에서 심의 절차가 아니라 심사관 전결로 고발을 결정하여158) 빠르게 고발하였다. 이 사건의 수사 기간은 11개월이 소요되었으며 공정거래법과 건설산업기본법 위반사항이 적용되었다.

최근 서울중앙지방법원은 이 사건으로 인해 기소된 가구업체에 대해 법 위반 경중에 따라 1억 원에서 법정 최고 금액인 2억 원의 벌금을 선고하는 한편 가구업체별 전·현직 임·직원 11명에게 각각 징역형의 집행유예를 선고하였다.159)

이와 유사하게 2023년 4월 광주 지방검찰청 반부패·강력수사부는 광주지역 교복 업체들의 부당한 공동행위 사건에 대해 법인 관련자 31명을 기소하였다고 공개하였다.160) 이 사건은 시민단체의 접수로 광주광역시 교육

---

155) 서울중앙지방검찰청, "2조 3천 억원 규모 아파트 빌트인 가구 입찰담합 수사결과", 보도자료, <https://www.spo.go.kr/site/seoul/ex/board/View.do>, 2024.5.17. 최종방문.
156) 대검찰청 예규 제1150호(2020.12.8. 제정), 본 내용에 대해서는 자세히 후술하겠다.
157) 지평, "[공정거래형사] 공정거래 형사사건 New Trend 분석", 법률신문 2024 로펌 컨수머 리포트, 2023.5.15. <https://www.lawtimes.co.kr/LawFirm-NewsLetter/187567>, 2024.5.17. 최종방문.
158) 공정거래위원회 회의 운영 및 사건절차 등에 관한 규칙 제61조 제3항 제5호.
159) 서울중앙지방법원 2024.6.4. 선고 2023고합318 판결.
160) 광주지방검찰청, "160억 원대 광주지역 교복 입찰담합 업체 운영자 31명 기소", 보도자료, <https://www.spo.go.kr/site/gwangju/ex/board/View.do>, 2024.5.17. 최종방문.

청이 조사를 의뢰하여 수사에 착수하였으며 약 2개월간의 검찰 수사를 통해 공정거래법상 부당한 공동행위 및 형법상 입찰방해죄가 적용되었다. 특판 가구 입찰담합 사건처럼 검찰이 직접 수사 개시 후 공정위가 고발하였다.

② 공정위 고발 없이 개시된 검찰 수사와 관련된 쟁점

법리적으로는 전속고발제도가 유지되더라도 입찰담합 사건은 형법상 입찰방해죄(법 제315조) 및 건설산업기본법(법 제95조)이 공정거래법과 함께 문제가 되는 경우가 많다. 이러한 이유로 검찰은 공정위 고발요청을 기다리지 않고 인지만으로 수사 개시를 할 수 있다. 하지만 공정위의 고발 없이 개시되는 검찰의 형사 집행 동향은 경성카르텔에 있어서는 전속고발권 폐지와 같은 효과를 초래하므로 우려가 크다. 이런 점에서 입법적으로 해결이 필요한 전속고발권 폐지에 대해 사실상의 전속고발권 폐지 효과를 달성하려는 시도는 비판의 대상이 된다.[161]

또한 최근 검찰의 새로운 형사 집행 동향 사안들을 보면 공정위 고발 전에 검찰이 수사를 개시하면서 공정위가 임의조사로 취득한 조사 자료를 제출하도록 하거나 공정위에 대한 압수수색을 통해 자료를 확보하는 모습이 파악된다.[162] 법원은 행정조사가 실질적으로 수사의 성격이거나 절차상 위법수집증거가 명백하지 않다면 행정조사로 수집된 자료가 형사 절차상의 증거로 활용되더라도 증거능력을 인정한다.[163]

하지만 공정위가 먼저 수집한 자료를 검찰로 이관하는 과정에 대해 피조사자가 해당 자료의 임의제출에 동의하였다고 보기는 어렵다. 따라서 임의

---

161) 류송·윤정근·나호연, "공정거래법의 형사적 집행절차의 주요 쟁점: 실무상 쟁점을 중심으로", 인권과 정의 통권 519호, 대한변호사협회, 2024, 75면.
162) 법무부·검찰, "檢, 공정위 고발 없이 LH 감리 입찰담합 대대적 압수수색", 법률신문 뉴스, 2023. 9.4. <https://www.lawtimes.co.kr/news/190882>, 2024.5.18. 최종방문.
163) 강수진, "행정조사로 취득한 증거와 위법 수집증거 배제 법칙", 형사소송 이론과 실무 제14권 1호, 한국형사소송법학회, 2022, 74면.

성을 전제로 수집된 증거자료의 적법성이 문제가 된다는 지적이 제기된다.164) 이와 관련하여 형사절차에서 절차적 방어권이 충분히 보장받지 못한 증거자료의 증명능력에 대해서는 유효성을 인정하되 증거가치를 낮게 평가하는 것이 타당하다는 주장이 있다.165)

2) 검찰의 독자적 형벌감면제도 도입의 문제점

검찰은 전속고발권 폐지 논의 이전부터 부당한 공동행위를 중대한 범죄로 인식하여 공정위 고발 이전에 빠르고 신속한 검찰의 강제 수사가 필요한 영역이라고 보았다. 이러한 시각을 반영하여 검찰은 대검철창 예규로 카르텔 형벌 감면제도를 제정하고 시행하였다. 카르텔 형벌 감면제도는 2021년 조달청에서 발주한 GRP 복합관 및 맨홀 입찰담합 사건에서 최초로 적용되었다. 이에 따라 카르텔 형벌 감면제도를 신청한 사업자에 대한 기소를 면제하였다.166)

카르텔 형벌 감면제도는 미국의 유죄인정 합의제도(Plea Agreement Bargaining)와 달리 사법협조자 면책제도(immunity) 성격을 띤다. 유죄인정 합의제도에서는 행위자 스스로 범행을 인정하고 검찰과 협상한 후 형량 감경 혜택을 받지만, 사법협조자 면책제도에서는 행위자가 본인 및 타인의 범행과 관련한 자진신고 자료를 제출하여 검찰의 수사에 협조하고 형사처벌을 면제받는 점에서 구별된다.167) 법 위반에 가담한 자는 카르텔 형벌 감면제도

---

164) 강우찬, "부당공동행위에 대한 형사법, 절차법 측면에서의 전면적 재고찰: 전속고발제도 일부 폐지 논의에 즈음한 비판적 검토, 법의 지배(rule of law)의 관점에서", 저스티스 통권 제176호, 한국법학원, 2020, 159면.; 윤병준, "토론문", 준법경영 활성화를 위한 공정거래 형벌제도 개선방안 정책 세미나 자료집, 대검찰청·한국경쟁포럼·한국공정경쟁연합회, 2022, 89-90면.
165) 류송·윤정근·나호연(2024), 앞의 글(주 161), 78면.
166) 서울중앙지방검찰청, "조달청 발주 GRP 복합관 및 맨홀 담합 사건 기소", 보도자료, 2021. 9.30. <https://www.spo.go.kr/site/seoul/ex/board/View.do?cbIdx=1403&bcIdx=1022266>, 2024. 5.20. 최종방문.

를 활용하여 검찰에 이를 신청한 후 검찰과 협상하여 수사에 협조하는 대가로 형량 감경의 혜택을 받는다. 즉 법 위반 가담사업자의 자진신고를 통하여 정보를 제공하고 수사에 협력하는 조건으로 형사처벌을 면제받거나 감경받는 방식으로 운영된다.

카르텔 형벌 감면제도는 공정위의 자진신고자 감면제도와는 근거 규정, 신청 자격, 신청 대상, 기소면제의 대상 등에서 여러 가지로 차이점이 있으며 구체적 내용은 다음 [표 3]과 같다.

[표 3] 공정위의 자진신고자 감면제도와 검찰의 카르텔 형벌 감면제도 비교[168]

구 분	공정위의 자진신고자 감면제도	검찰의 카르텔 형벌 감면제도
근거규정	공정거래법(법 제44조)	대검찰청 예규
신청자격	사업자	사업자 및 소속 임직원(개인)
신청대상	부당한 공동행위 전 행위유형	경성 카르텔 (가격합의, 공급제한, 지역분할, 입찰담합)
기소면제 대상	1, 2순위 신청자 모두 고발 면제에 의한 기소 면제	1순위 신청자 기소 면제 2순위 신청자 구형의 50% 면제
지위인정 불복	○ (취소소송)	해당없음

카르텔 형벌 감면제도는 부당한 공동행위에 대한 검찰의 적극적 수사 의지가 반영된 결과물이지만 다양한 논란의 중심에 서 있다.

첫째, 공정위와 검찰은 자진신고 정보를 상호 공유하지 않으므로 법 위반 가담 사업자나 소속 임직원은 공정위의 임의조사와 검찰의 강제조사에 각각 개별적으로 대응해야 하는 부담이 있다.[169] 이는 법 집행 차원에서

---

167) 두 제도에 대한 비교 분석은 다음 문헌을 참조.; 신영수, "카르텔 형사사건에 대한 미국의 유죄인정합의제도", 법학논총 제44권 4호, 단국대학교 법학연구소, 2020, 442면 이하.
168) 류송·윤정근·나호연(2024), 앞의 글(주 161), 80면.

공적 집행 간 상호 보완기능의 부족으로서 공적 집행의 비효율 문제를 초래한다. 이 문제를 해결하기 위하여 양 집행기관 간에 자진신고 정보를 유기적으로 상시 공유할 수 있는 시스템을 마련하는 등 대안이 필요하다는 시각이 있다.170) 이 관점은 법의 집행 효율성과 수범자의 예측가능성을 지원하는 차원에서 타당하다. 하지만 이러한 시스템이 정착되기 전까지는 두 제도가 개별적이며 독립적으로 운영되어 부당한 공동행위에 대한 법 집행에 혼선이 발생할 수 있다.

둘째, 공정위 자진신고와 검찰의 형벌감면 신청 순위가 충돌하는 경우 어떻게 처리하여야 할지가 실무상 중요한 쟁점이 될 수 있다. 나아가 두 제도 모두 조사나 수사 종결 단계에 이르러 수혜자가 확정되므로 종결 시점에 두 집행기관의 판단에 따라 순위가 역전될 가능성도 있다.171) 이는 수범자에게 상당한 혼선을 주어 예측가능성을 저해하며 효율적 공적 집행을 통한 법 위반 적발 수단이 본연의 역할을 하지 못하게 된다.

셋째, 2순위 자진신고자에 대한 형사제재 감경 혜택이 공정위의 자진신고 제도에만 반영되어 있으므로 형사 처벌면제를 기대한 법 위반 가담자의 기대가 몰각될 우려가 있다.172) 카르텔 형벌 감면제도에서는 2순위 자진신고자에 대한 기소를 면제하지 않고 구형을 50% 감경하므로 공적 집행에 대한 수범자의 신뢰성이 심각하게 훼손될 수 있다.

이상의 내용을 종합하면 검찰은 부당한 공동행위에 대한 실질적 법 위반

---

169) 윤병준(2022), 앞의 글, 88면.
170) 류송·윤정근·나호연(2024), 위의 글(주 161), 81면.; 공정위와 검찰 간 정보를 상시 공유하는 등 시스템 마련이 필요하다는 견해 중에서는 '범칙조사제도'의 도입이 필요하다는 시각도 있다. 윤병준(2022), 앞의 글, 91-92면.
171) 류송·윤정근·나호연(2024), 위의 글(주 161), 같은 면.
172) 이러한 실무상 문제점을 의식해서인지 법무부와 공정위는 2023년 대통령 업무보고에서 '공정거래사법협의회'개최를 정례화하겠다고 보고하였다. 이에 대한 내용은 다음 문헌을 참조; 전윤경, "공정거래법의 기존 공적 집행 체재의 한계 및 실효성 확보 방안", 형사법의 신동향 제53호, 대검찰청, 2016, 204면.

억지를 염두에 두고 형사 집행방식에 변화를 시도하고 있으나 이러한 법집행 동향은 우리 법체계에서 적법절차 측면에서 비판의 대상이 될 수 있다. 이러한 최근 검찰의 새로운 동향은 법 위반 억지를 통한 공적 집행 본연의 역할에 충실하고자 하는 점에서 긍정적 변화라고도 할 수 있다. 지금까지는 부당한 공동행위에 대한 형사제재가 소극적으로 이루어진다는 비판도 많았기 때문이다. 하지만 법적 근거가 불명확한 카르텔 형벌 감면제도는 피조사자의 절차적 방어권을 침해하여 공정거래 형사집행 절차상 적법절차 원칙의 구현에 걸림돌이 될 수 있다. 따라서 신중한 접근과 정교한 제도 개선이 필요하다는 결론에 도달한다.

제3절 공적 집행에 의한 부당한 공동행위의 억지에 관한 실증연구

Ⅰ. 공적 집행에 의한 부당한 공동행위 억지 확보 시 고려사항

1. 부당한 공동행위에 대한 '적발 가능성'

공적 집행에 의한 부당한 공동행위가 억지 달성에 기여한다는 점을 입증하려면 부당한 공동행위가 경쟁당국에 의하여 어느 정도 포착될 수 있는지가 중요한 요인이 될 수 있다.

이에 대해서 미국의 Bryant와 Eckard는 1961년부터 1988년까지 DOJ가 적발한 부당한 공동행위 사건들을 바탕으로[173] 부당한 공동행위에 대한 적발 가능성(The Probability of Getting Caught)에 대한 실증연구를 수행하였다. 이 연구에서는 적발 가능성과 적발을 위한 투자 비용은 비례하지만 부당한 공동행위의 가담 가능성과 투자 비용은 반비례한다는 점을 밝혔다. Bryant와 Eckard는 실증연구의 타당성 입증을 위하여 적발된 부당한 공동행위에 관한 정보를 토대로 부당한 공동행위 적발에 실패한 그룹을 추정하는 방식을 병행하여 연구를 수행하였다. 그 결과 연구 대상 기간 중 적발된 부당한 공동행위 평균 건수는 40건, 합의 가담 평균 기간은 6년, 실제 발생한 부당한 공동행위는 연 평균 7건으로 파악하였다. 결론적으로 Bryant와

---

[173] 관련 데이터는 Commerce Clearing House Trade Regulation Reports에서 발췌하였다.; Bryant, Peter G. & Eckard, Woodrow, Price-Fixing: The Probability of Getting Caught, *The Review of Economics and Statistics* Vol.73 No.3, 1991, p.532.

Eckard의 연구에서는 부당한 공동행위 적발 가능성이 평균 13% 내지 17%라는 수준이라는 것을 밝혔다.[174)]

EU에서는 Combe, Monnier, Legal이 1969년부터 2007년까지 EC가 포착한 부당한 공동행위 사안 713건 중 유죄가 확정되지 않은 90건의 사안을 샘플링하여 적발 가능성을 검토하였다.[175)] Combe, Monnier, Legal의 공동 연구에서는 부당한 공동행위의 발생, 소멸, 적발 가능성을 같은 수준에서 고려하였다는 점에서 Bryant와 Eckard 연구의 접근방식과 다소 차이가 있다.[176)] Combe, Monnier, Legal의 공동 연구결과 부당한 합의의 유지 기간은 평균 7년, 새로운 부당한 공동행위 발생 주기는 평균 6개월, 법 위반 적발 가능성은 평균 13%로 파악되었다.[177)]

2. 부당한 공동행위에 대한 '피해액 수준'

부당한 합의 결과가 반영된 경쟁이 없는 시장, 즉 부당한 합의가 있었던 시장에서의 가격은 시장 원리에 의한 경쟁가격에 대비해서 높다는 것이 중론이다. 따라서 부당한 공동행위에 대한 피해액 수준을 파악하는 것은 최소한의 법 집행이 요구되는 하한선을 제시한다는 의미가 있다. 이와 관련된 실증연구를 다음에서 살펴본다.

OECD는 2001년 기준으로 최근 5년간 15개 회원국에서 적발된 총 119건

---

174) Bryant, Peter G. & Eckard, Woodrow(1991), ibid, pp.532-536.
175) Combe, Emmanuel & Monnier, Constance & Legal, Renaud, Cartels: The Probability of Getting Caught in the European Union, *Cahiers de Recherche PRISM-Sorbonne*, 2008, p.11.
176) Bryant와 Eckard(1991) 연구에서는 부당한 공동행위로 포착되지 않은 데이터는 배제하고 유죄 확정 사안만 반영하였으므로 탐지된 부당한 공동행위의 순수한 적발 가능성만 고려하였다.; Combe, Emmanuel & Monnier, Constance & Legal, Renaud(2008), ibid, p.2.
177) Combe, Emmanuel & Monnier, Constance & Legal, Renaud(2008), ibid, p.21, p.24.

의 부당한 공동행위 중 14개 사건에 대해 집중적으로 분석하였다. 그 결과 부당한 공동행위로 인한 평균 피해 규모가 관련 매출액의 15% 내지 20%라는 결론을 도출하였다.178) 공정위도 부당한 공동행위로 인해 소비자가 입은 피해액을 OECD 기준에 따라 추정하였는데 2006년부터 2010년 7월까지의 소비자 피해액을 11조 4,603억원으로 보았다. 결과적으로 공정위가 부과한 과징금은 소비자가 입은 피해 추정액의 12%로 파악된다.179)180)

미국의 Connor교수는 674건의 부당한 공동행위 사건을 분석한 결과 부당한 공동행위로 인해 관련 매출액의 평균 23.5%, 최대 43.5%를 초과 가격으로 지불한다고 발표하였다.181) Cornor 교수의 연구는 부당한 공동행위 사건 데이터를 장기간에 걸쳐 시계열적으로 분석한 것으로 유사한 연구가 드물다는 점 때문에 부당한 공동행위 분석 연구에 가장 많이 활용된다.182)

---

178) 이에 대해서는 상당히 소수의 사건만으로 분석 조사한 결과로 우리나라에 직접 적용하기에 한계가 있다는 비판도 있다. 김차동(2020), 앞의 글(주 78), 364면.
179) 경제정의실천시민연합, "담합 과징금, 소비자 피해액의 12%에 불과", 보도자료, 2010.10.19, <http://ccej.or.kr/8458>, 2023.8.28. 최종 방문.; OECD, "Report on the Nature and Impact of Hard Core Cartels and Sanctions against Cartels under National Competition Laws", 2002, p.9.
180) 김차동(2020), 앞의 글(주 78), 366면.; 우리나라 군납유 입찰담합 손해배상청구사건에서 원심은 부당한 공동행위로 인한 피해액을 계약금액의 11%(810억원), 항소심은 계약금액의 28%(1,960억원)라고 추정하였다. 군납유 입찰담합 사건의 손해액 추정 관련 자세한 사항은 다음 문헌을 참조.; 이인권, "입찰담합으로 인한 손해액의 통계적 추정에 대한 고찰", 법경제학연구 제5권 1호, 2008, 58-61면.; 군납유 입찰담합 사건에 대해서는 제4장 제5절 III에서 자세히 다룬다.
181) Cornor, John M., Price-Fixing Overcharges: Legal and Economic Evidence, *Research in Law and Economics* Vol.22, 2007, p.100.(Table 9).
182) 김일중·변재욱·전수민·이주원(2017), 앞의 글, 368면.

3. 부당한 공동행위로 발생한 '사중손실'

(1) 부당한 공동행위로 인한 사중손실 의의 및 범위

'사중손실(Deadweight Loss)'이란 부당한 공동행위로 인해 한계 비용 대비 시장가격이 높게 설정되어 자원의 비효율적 배분상태에 놓이는 사회적 후생감소를 의미한다.[183] 사중손실은 경쟁제한행위의 대표적 해악 지표이다.[184] 경쟁제한행위로 법 위반 가담자가 얻은 이익이 독점 이윤이라면 부수적으로 발생한 사회적 비용이 사중손실이라고 할 수 있다. 구체적으로 보면 가격 인상에 따른 소비자의 구입 포기 비용, 생산성 저해 비용이 사중손실에 포함된다. 한편 독점 이윤은 가격 인상 시 독점 사업자에게 소득이 재분배되어 발생한 소비자 잉여 감소를 의미하는 것으로 사중손실과는 차이가 있다.[185]

(2) 부당한 공동행위로 인한 사중손실에 대한 접근방식 비교

1) 억지력 접근방식 (Deterrence Approach)

억지력 접근방식은 부당한 공동행위로 인해 사중손실이 발생했을 때 법 위반행위에 대해 제재하면서 사회적 비난의 의미로 과징금을 부과하여 준법 요구의 메시지를 전달한다는 입장이다. 후술하겠지만 이와 달리 내부화 접근방식에서는 과징금을 금지된 행위에 대한 제재나 처벌이 아닌 시장에서 허용되는 행위의 가격으로 인식한다.[186] 즉 법 위반 행위자가 얻은 이

---

[183] 김일중,『과잉 범죄화의 법경제학적 분석: 공정거래 분야를 중심으로』, 한국경제연구원, 2013, 476-477면.
[184] 김차동(2014), 앞의 글(주 15), 370면.
[185] 홍대식, "부당한 공동행위로 인한 소비자 피해액 규모의 측정에 관한 연구", 공정거래위원회 연구용역보고서, 2006, 20면.; 순수한 사중손실 이외에 독점이윤 취득을 위한 로비 활동 등 사회적 비용, 동태적 혁신 저해 등도 사중손실에 포함될 수 있다.; Viscusi, W. Kip., Harrington, Joseph E. & Vernon, Jr., John M. *Economics of Regulation and Antitrust*(4th ed.), MIT Press, 2005, pp.89-90.

익이 소비자의 피해 수준을 초과하는 경우 사중손실이 발생하였으므로 법위반 억지를 위해서 부당이득을 반환하는 등의 금지와 제재의 정당성을 인정하는 것이다. 과징금은 법 위반행위에 대한 도덕적 비난과 제재의 결과이므로 최적의 과징금은 법 위반행위 적발 가능성을 고려하여 부당이득을 초과하는 수준은 되어야 한다는 시각이다.[187]

억지력 접근방식에서는 사회적 비난 감정을 과징금 산정에 반영하므로 경쟁당국에 대한 과징금 부과 재량범위를 폭넓게 허용한다. 예컨대 관련매출액 일정 부분을 법 위반 가담자가 얻는 초과 이익으로 산정하고 사안별로 가중하거나 감경하는 간명한 산정방식을 취하는 경우를 들 수 있다.[188] 하지만 법 위반행위로 인한 부당이득으로서의 과징금을 무슨 이유로 정부가 환수하는지에 대한 명쾌한 답변을 내리지 못한다.[189]

국내 법학계에서는 일반적으로 부당한 공동행위로 인한 사중손실에 대해 억지력 접근방식으로 이해하는 것으로 보인다. 대법원도 과징금의 법적 성격을 부당이득 환수 및 행정제재라고 본다.[190]

2) 내부화 접근방식 (Internalization Approach)

내부화 접근방식은 Becker과 Landes등 해외 법경제학자가 주장하는 견해로 피해기준 과징금(Harm-Based Penalties)이라고도 불린다.[191] 내부화 접근방식에 의하면 최적 수준의 과징금은 법 위반행위가 사회에 초래한 피해액과 적발 가능성을 참작하여야 한다고 본다.[192]

---

186) 박세민(2017), 앞의 글(주 122), 230면.
187) Wils, Wouter P.J., Optimal Antitrust Fines: Theory and Practice, World Competition Vol.2 No.2, 2006, p.9.
188) Wils, Wouter P.J.(2006), ibid., pp.9-11.
189) 김남우, "현행 과징금 제도의 주요 쟁점과 그 해결방안", 경제법연구, 제10권 제2호, 한국경제법학회, 2010, 91면.
190) 대법원 2004.4.9. 선고 2001두 6197 판결; 대법원 2004.10.28.선고 2002두7456 등.
191) Wils, Wouter P.J.(2006), op,cit., pp.9-10.

경제학 관점에서 불법행위에 따른 손해를 외부효과라고 정의하는데, 쉽게 말해 특정인의 행동이 제3자에게 의도치 않은 손해를 초래하였음에도 재화의 교환이 없는 경우라고 할 수 있다. 내부화 접근방식에서는 부정적 외부효과(Negative Externality)를 극복하여 피해를 내부화(internalization)하기 위하여 과징금 제도가 중요한 역할을 한다고 본다. 즉 부당한 공동행위로 인한 사중손실은 부정적 외부효과를 내부화해야 하는 대상이라고 본다. 외부효과는 상호 간 대가의 수여가 없으며 시장 메커니즘의 경계 밖에서 일어나는 현상이다.193)

내부화 접근방식은 미국의 시카고학파가 이상적으로 삼는 경제적 효율성에 근거하여 사회적 후생 극대화가 필요하다는 입장과 유사하다.194) Posner는 같은 취지로 "경제적 관점에서 법 위반 가담자에 대한 효과적 억지를 위해서는 위반행위 중대성에 상응하도록 위반행위가 사회에 미친 비용과 동일한 수준을 법 위반 가담자에게 부담하도록 과징금을 산정하여야 한다"고 언급하였다.195)

내부화 접근방식에서는 비효율적 위반행위를 선별하여 억지하고 효율적 위반행위는 허용하여야 한다는 입장을 취한다. 다만 허용되는 효율적 위반행위의 선별과 계량화가 어려운 점이 지적된다. 하지만 이러한 어려움은 학계에서도 일반적으로 받아들여지고 있다.196)

---

192) Wils, Wouter P.J.(2006), ibid.
193) 이종인, 『불법행위법의 경제학(개정증보판)』, 한울아카데미, 2010, 22면, 166면.
194) 박세민(2017), 앞의 글(주 122), 228면.
195) Posner, Richard A.(2001), op. cit., p.267.
196) 김일중(2013), 앞의 책, 231면, 476-477면.

II. 공적 집행에 의한 부당한 공동행위의 억지에 관한 국내 연구

1. 김차동 교수가 수행한 실증연구의 전제사항

김차동 교수는 공적 집행의 억지력에 대한 연구를 수행하면서 부당한 공동행위로 인한 피해액과 사중손실을 합한 것이 사회적 피해 규모라고 보았다. 이는 시카고학파 또는 사중손실에 대한 내재화 접근방식을 따른 것이다. 또한 김차동 교수는 공적 집행에 의한 억지력 확보 시 고려되는 사항에 대한 앞서 본 실증연구를 근거로 하여 직접적 피해액은 관련 매출액의 15%로, 사중손실은 관련 매출액의 1/2인 7.5%[197)]로, 부당한 공동행위로 인한 사회적 피해액은 두 값의 합인 관련 매출액의 22.5%로, 적발 가능성은 15%로 전제하였다.[198)]

이처럼 김차동 교수는 연구 전제사항으로 관련 매출액을 대체적 대리변수(proxy)로 활용하였다. 통상적으로 법 위반사업자의 불법적 경제이익 박탈을 위한 제재 규모를 산정할 때 '관련 매출액×부과기준율'의 산식이 활용된다. 대리변수로 관련 매출액을 활용하는 방식[199)]은 관련 매출액이 추

---

197) Cowing과 Mueller는 Harberger의 사중손실 산식을 토대로 부당한 공동행위 가담사업자의 이윤 극대화를 위해서는 수요 중심의 독점가격 결정이 필요하다고 하면서 사중손실은 부당한 공동행위 가담사업자가 취득한 이익의 1/2라는 결론을 내렸다.; Cowing, Keith & Mueller, Dennis C., *The Social Costs of Monopoly Power*, The Economic Journal Vol.88, 1978, pp. 727-748.
198) 고발건수는 피고발사업자 수 기준으로 반영되었다.; 김차동(2014), 앞의 글(주 15), 376-377면.
199) 공정위는 2004년 과징금 제도개선을 위한 시행령을 개정하기 전까지는 '총매출액' 기준으로 기본과징금을 산정하였다. 김일중·변재욱·전수민·이주원(2017), 앞의 글, 36면.; 홍대식(2006), 앞의 글(주 185), 20-21면.; 홍대식, "부당한 공동행위에 대한 과징금 산정의 실무상 쟁점", 경쟁법연구 제32권, 한국경쟁법학회, 2015, 117면.

상적 지표이므로 타당하지 않다는 지적이 있으며[200] 실제 피해액에 가까운 대안이 필요하다는 비판도 있다.[201] 반면 관련 매출액을 대리변수로 사용하는 방식에 대해서 사중손실은 계량화하기 어려우므로 사회적 피해를 구성하는 중요한 요소로 부당이득 규모를 추정하여 현실적 대안을 선택한 것이 타당하다는 반론도 있다.[202] 관련 매출액을 대리변수로 사용하는 것은 다른 과징금 산정수단과 대비했을 때 논리적 척도이며 EU에서도 같은 방식을 활용하는 등 상당수 국가에서 국제적으로 선호된다는 주장도 유사한 맥락이다.[203]

대법원도 과징금 규모가 부당한 공동행위로 인한 독점이윤의 크기와 균형을 이루어야 한다는 입장[204]이므로 관련 매출액이라는 대리변수는 사중손실을 추정하는 적정한 지표로 보인다. OECD에서도 부당한 공동행위로 인한 소비자 피해를 구제하고 억지를 위해서라도 부당한 공동행위로 인한 피해 추정은 중요하지만 경제적 손해 추정치를 정확히 선별하는 것은 어렵다고 인정하고 있다.[205] 그러므로 관련 매출액을 대리변수로 활용한 점은 타당하다.

---

[200] 관련매출액 사용에 대한 반대 입장은 다음 문헌을 참조; 권오승 외 4인 "과징금제도 개선방안 연구", 공정거래위원회 연구용역보고서, 2003, 168-169면.; 허선, "공정위의 카르텔 규제성과와 향후 정책방향", 경쟁법연구 제12권 한국경쟁법학회, 2005, 23면.
[201] 황태희, "독점규제법 집행시스템의 개선방안", 저스티스 제123호, 한국법학원, 2011, 200면.; 황철규(2009), 앞의 글, 55-56면. 등.
[202] 홍대식(2015), 앞의 글(주 14), 114면.
[203] Connor, John, Cartel Fine Severity and the European Commission: 2007-2011, European Competition Law Review Vol.34, 2013, p.58.
[204] 대법원 2004.10.27. 선고 2002두6842 판결.
[205] OECD(2002), op. cit., p.6.

2. 김차동 교수가 검토한 공적 집행에 의한 제재 규모와 억지

김차동 교수는 2009년부터 2013년까지 공정위가 공개한 의결서를 토대로 부당한 공동행위의 사건별 피해액을 추정하고 공적 집행 억지의 한계점에 대한 실증연구를 수행하였다.

이 실증연구에서는 2012년을 기점으로 부당한 공동행위에 대한 행정처분 사건 중에서 과징금을 부과한 비율은 71.4%에서 82.1%로 증가하였고 과징금 부과 비율도 관련 매출액의 평균 1.4%에서 1.9%로 증가한 실적을 볼 때 공정위가 과징금제도를 활용하여 금전 제재의 강화를 시도한 것이라고 보았다. 형사 고발 건수는 3년 간 66개 사업자에서 2년 간 69개 사업자로 소폭 증가하였는데 김차동 교수는 2012년 대선 때 내건 민주화의 공약에 따른 영향으로 부당한 공동행위에 대한 처벌 빈도가 소폭 상승한 것으로 해석하였다.[206]

앞선 논의를 종합해 볼 때 경제적 효율성을 중시하는 합리적 사업자라면 각종 제재를 비용으로 인지하고 부당한 공동행위로 인한 단기적 이득에 대비해 부담해야 할 비용이 클 경우 부당한 공동행위에 가담하지 않을 것이다. 억지력만을 고려한 최대 제재 수준은 부당한 공동행위 적발 가능성의 역수에 부당한 공동행위로 인한 이득을 곱한 값으로 "$B(benefit) < S(sanction) \times P(probability)$"의 산식으로 표현될 수 있다. 법 위반 억지가 달성되려면 통상 P는 0보다 크므로 '$S>B/P$'의 산식으로 치환할 수 있고 '$1/P$'(적발 가능성의 역수)는 적발(징벌)승수라고 할 수 있다.[207]

위의 산식에 의한 최적 제재범위는 아래 [표 4]의 (a)로 표현된다. 만약

---

206) 김차동(2014), 앞의 글(주 15), 372면.
207) 김차동(2014), 앞의 글(주 15), 379면.; 적발(징벌)승수에 대한 자세한 내용은 다음 문헌을 참고.; Polinsky, A. Mitchell & Shavell, Steven, "Punitive Damages: An Economic Analysis", *Harvard Law Review* Vol.111 No.4, 1998, p.889.

사중손실을 최대로 반영한 내부화 접근방식을 적용하면 최적 제재범위는 제재나 응보 목적까지 고려하여야 하므로 [표 4]의 (b)로 표현된다. 김차동 교수는 적정 억지력 확보를 위해서는 부당한 공동행위로 인한 기대이익을 박탈하는 정도는 충족되어야 하므로 최소한 관련 매출액의 100% 정도의 제재는 반드시 필요하다고 주장한다. 왜냐하면 관련 매출액의 100%의 제재를 부당한 공동행위 가담사업자가 부담할 사중손실로 이해한다면 비난과 제재 목적을 염두에 둘 때 단적으로 과잉 억지라 보기는 어렵기 때문이다.[208]

하지만 김차동 교수는 부당한 공동행위로 발생한 사회적 피해에 대해 법 위반 가담자에게 책임을 비례적으로 부담하도록 하면 피해액의 1/2을 모두 전가할 당위성은 낮다고 보았다. 따라서 부당한 공동행위에 대한 최소한의 제재 수준은 관련 매출액의 100%는 되어야 하지만 관련 매출액의 150%를 초과하지 않는 범위에서 형성되면 충분하다는 결론을 내렸다. 경제적 효율을 고려했을 때 법 위반행위에 대한 제재 강도가 보장된다면 반드시 제재 등가성이 없더라도 응보적 정의는 실현되기 때문이다.[209] 김차동 교수는 이 관점에서 연구 대상기간 중 공정위의 공적 집행으로 인한 과징금 부과 실적은 관련 매출액의 2%로, 피해액에 대비했을 때 제재 수준으로는 부족하다고 비판하였다.[210]

[표 4] 김차동 교수의 연구결과에서 최대제재 범위 비교[211]

구분	최적 제재범위
(a) 관련매출액의 100%	100% = 15%(피해액) x 100/15
(b) 관련매출액의 150%	150% = 22.5%(피해액 15% + 사중손실 7.5%) x 100/15

---

208) 김차동(2014), 위의 글(주 15), 376-377면.
209) 반면 전통적 법학적 시각에 의하면 제재는 응보와 등가성(비례성) 원칙이 준수되어야 한다고 본다.; Murphy, Jeffrie G., "Does Kant Have a Theory of Punishment?", Columbia Law Review Vol.87 No.3, 1987, pp.530-532.
210) 김차동(2014), 앞의 글(주 15), 376-377면.
211) 김차동(2014), 위의 글(주 15), 379-381면.

앞서 살펴본 김차동 교수의 선행연구가 타당성이 있다는 것을 입증하기 위하여 김차동 교수의 연구에서 밝힌 대상기간 직후인 2014년부터 2022년까지 공정위의 부당한 공동행위에 대한 행정제재 운영실태를 추가로 살펴보았다. [표 5]에서 확인할 수 있듯이 2014년을 기점으로 부당한 공동행위에 대한 행정처분 사건 중에서 과징금을 부과한 비율은 평균 47.7%에서 62.6%로 상승하였고 과징금 부과율은 관련 매출액의 약 2%로 나타나 김차동 교수의 연구결과와 유사하게 나타났다.

과징금 부과 건수와 행정처분 사건 수에 대비하여 과징금 부과비율은 상승하였지만 사건별 평균 과징금 부과비율이 시계열별로 유사하게, 또 그다지 높지 않은 수준으로 나타난다는 점은 행정제재로 인한 억지가 유의미하지 않다는 것이다.[212] 해외 법제의 과징금 부과수준과 비교하면 이러한 점은 확실해진다. 분석 대상기간은 다르지만 2005년부터 2015년까지 부당한 공동행위에 대해 부과된 국내 과징금 기본부과율은 6.5%이며 실제부과율은 기본 부과율의 1/4인 2.5%이다. 반면 미국은 과징금 법정 부과율 상한이 20%인데 평균적인 실제 부과율이 18%로 나타나 한국의 과징금 기본부과율 및 실제부과율이 상대적으로 매우 낮다.[213]

이와 같은 과징금 부과 수준이 유지된다면 부당한 공동행위 가담 사업자들은 최소한의 부당이득만 과징금으로 납부할 것이므로 법 준수 유인이 상당히 낮다는 문제점이 있다. 심지어 재무 상황이 열악한 법 위반 사업자는 과징금조차 감경 받는 상황을 앞서 살펴보았다. 공정거래법의 전면 개정 이후 부당한 공동행위에 대한 과징금 상한이 '관련 매출액의 20%'로 상향되었지만 과징금 부과 기준율[214]이 획기적으로 상승되지 않는다면 과징금

---

212) 김차동(2014), 위의 글(주 15), 377면.; 권수진·신영수·김호기·최문숙(2011), 앞의 글(주 107), 117면.
213) 김일중·변재욱·전수민·이주원(2017), 앞의 글, 103면.
214) 과징금 부과 기준율을 결정하는 위반행위 중대성은 법 위반행위 유형에 따라 정해진 평가기준표에 따른 산정 점수를 반영하고 참작사항은 위반행위 내용 및 정도로 반영

부과에 의한 행정제재의 억지 효과는 크게 기대하기 어려울 것이다.

[표 5] 부당한 공동행위 관련 과징금 비율 변화 추이(금액단위, 백만원)

구 분	대상연도	행정처분 사건수 (건)	과징금 부과건수 (비율)	관련 매출액 (a)	부과과징금 (b)	과징금비율 (b)/(a)x100
김차동 교수연구	2009-2011	119	85 (71.4%)	146,366,128	2,130,078	1.4%
	2012-2013	56	46 (82.1%)	48,163,521	906,226	1.9%
	2009-2013 소계 (평균)	175 (35)	131 (74.9%)	194,529,649	3,036,304	(1.6%)
이후 기간 추가검토	2014	76	56 (73.7%)	54,526,463	769,428	1.4%
	2015	88	63 (71.6%)	11,652,360	504,919	4.3%
	2016	64	43 (67.1%)	55,506,790	756,040	1.4%
	2017	69	52 (75.4%)	124,991,544	229,439	1.8%
	2018	157	94 (59.9%)	16,936,590	237,950	1.9%
	2019	76	49 (64.5%)	4,653,972	73,762	1.4%
	2020	83	61 (73.5%)	11,622,306	149,387	1.6%
	2021	69	53 (76.8%)	25,704,188	426,889	1.3%
	2022	76	45 (59.2%)	30,666,255	745,088	1.7%
	2014-2022 소계 (평균)	758 (84)	516 (68.1%)	336,260,468	3,892,902	(1.2%)
-	누계 (평균)	1,039 (74)	650 (62.6%)	531,790,114	6,929,206	(1.3%)

되며 행위 유형별로 참작사항의 구성요소는 다르다.

제3장

경쟁법상 부당한 공동행위에 대한 기존의 법 집행방식 개선 필요성

제1절 경쟁법 집행방식의 개선 근거
: 법 집행이론 소개

I. 경제적 효율성을 토대로 한 법 집행이론

 이상에서 부당한 공동행위에 대한 공적 집행만으로는 법 위반행위를 억지하는데 한계가 있다는 것을 살펴보았는데, 그렇다면 이에 대한 보충적 대안을 모색해 볼 만하다. 다시 말해 행정제재와 형사제재를 통한 공적 집행만으로는 최적의 법 집행이 어렵다는 것을 인식할 필요가 있다는 것이다. 우리나라는 부당한 공동행위에 대해 공적 집행을 할 때 과징금 부과 제도를 빈번하게 활용하지만 과징금 부과 수준은 해외 경쟁당국과 비교할 때 높지 않다. 부당한 공동행위에 대한 형사제재도 일부 사안에만 적용되며 벌금형에서 그치는 경우가 많다. 아울러 검찰이 최근 부당한 공동행위 사건에서 보여준, 공정위 조사에 앞선 적극적 수사도 아직까지 보편적으로 나타나는 현상은 아니다.
 그렇다면 공적 집행이 갖는 편익과 효율성을 활용하면서 공적 집행의 부족한 점을 메꿀 수 있도록 민사상 사적 집행 방식을 병행한 법 집행의 최적화 방안이 유력한 방법론으로 고려될 수 있다. 공적 집행과 사적 집행을 결합한 최적의 법 집행을 위해서는 집행의 편익, 소요되는 비용, 자원의 양, 효율성 등을 종합적으로 고려한 현명한 접근이 필요하다. 법 집행이론과 관련된 다양한 모델이 있지만 경제적 효율성을 기초로 하여 '사회적후생 극대화(Maximization of Social Welfare)'를 목표로 두는 모델이 있다.[215] 이 모델에서는 법 위반 가담자의 법 위반으로 발생한 이득에서 피해자의 손해

---

215) 김차동(2014), 앞의 글(주 68), 256면.

를 빼고, 여기에 법 위반 적발을 위한 집행비용을 공제한 결과가 최대값이 되도록 고려한다. 즉 사회의 총 피해액 산정결과를 토대로 법 위반 가담자에 대한 제재 정도를 결정하고 법 위반 억지력을 확보한다는 시도로 집행으로 인한 직접적 효과보다는 최적 수준의 효율적 법 집행에 의의를 두고 법 집행 수준을 개선하는 방식이다.216)

이와 같이 경제적 효율성을 기반으로 한 '최적 억지이론(Optimal Deterrence Theory)'에서는 자신의 이익 극대화를 최우선으로 하는 합리적 인간의 행동을 전제로 한다. 이 이론에서는 법 위반으로 지불할 금전적 총량이 법 위반으로 얻는 한계 기대이익(Marginal Expected Benefit)보다 크면 억지가 가능하다고 설명한다.217) 따라서 법 위반 가담자의 기대이익과 법 위반 가담자에 대한 제재 수준을 산정하여 전자와 대비했을 때 후자가 더 적은 경우 억지는 달성하기 어려울 수 있다.218)

형사법 관점에서도 범법행위에 대한 처벌은 법 위반 가담자의 지불 비용을 정한 것으로 이해한다. 이 시각에서는 소비자 가격이 변동되면 소비자의 소비 패턴이 변화하듯이 법 위반 가담자도 범법 행위의 양을 조절하면서 법 위반 시 지불해야 할 비용을 염두에 둔다고 한다. 결국 법 위반 억지는 법 위반행위를 근절하는 장점도 있지만 법 위반 가담자에게 사회적 비용을 지불하도록 하여 사회적 이익을 향상시키는 중요한 역할을 할 수 있다. 이에 따라 범법행위에 대한 처벌을 할 때 금전 제재라는 수단을 활용하면 법 위반행위의 억지에 효과적이라는 논리가 타당성을 얻는다.219) "규모의 경제 등에 의해 소수 기업이 장악하는 경우 국내의 부당한 공동행위에

---

216) Shavell, Steven, The Optimal Structure of Law Enforcement, *The Journal of Law and Economics* Vol.36 No.1, 1993, p.261.
217) 주진열(2012), 앞의 글(주 79), 375면.
218) 홍대식(2015), 앞의 책, 355면.
219) 정기화, "효율적 법 집행 방안에 관한 연구", 규제연구 통권 제21호, 한국규제학회, 1997, 128면.; Shavell, Steven(1993), op. cit., p.257.

대한 제도 보완을 통하여 기업이 합의에 가담하면 치러야 할 기대비용을 높이는 것이 중요하다"220)는 견해 또한 최적 억지이론과 유사한 맥락으로 풀이된다.

이러한 접근방식은 과도한 응보나 제재가 반드시 이루어져야 한다는 것이 아니라 법 집행 효율성을 위하여 합리적 법 집행기준의 설계가 필요하다는 의미이다. 경제적 효율성에 기초한 법 집행이론을 활용하면 공적 집행은 억지를, 사적 집행은 배상 기능을 수행한다는 이분법적 접근과 관련된 발상을 전환할 수 있을 것이다. 경쟁법의 입법목적에 부합하는 부당한 공동행위의 억지를 위해서는 경제적 효율성을 토대로 법 집행수단을 어떤 조합으로 구성할지에 대해 실용적이며 전향적으로 검토할 필요가 있다.

다음 항에서는 최적의 법 집행이론을 기초로 하여 향후 법 집행방식의 타당성을 검증하고 효과적인 정책 설계방안에 대해 검토하기로 한다.

II. 최적의 법 집행이론을 통한 법 집행방식 개선방안 도출

1. 최적의 법 집행이론의 전제사항

(1) Becker의 최대 억지이론과 한계점

Becker는 범죄와 형벌에 관하여 법경제학적 시각에서 접근하였다. 법경제학적 시각에서는 법 위반 가담자가 어떤 유인으로 범법행위에 가담하며 어떤 법 집행방식이 법 위반 억지에 효과적인지에 대해 관심을 둔다.221)

---

220) 이봉의·남재현·조홍선, "끊이지 않는 담합, 해법은?", 집중토론, KDI 경제정보센터, 2012, 26면.
221) 김일중, "범죄와 형벌에 관한 법경제학적 일고", 법경제학연구 제9권 제1호, 한국법

이 시각을 근거로 Becker는 최적의 법 집행에 대한 이론적 토대를 마련하였다. Becker는 법 위반 가담자의 효용이 극대화되려면 법 위반 적발 가능성과 제재는 충분히 작고 법 위반으로 얻는 이익이 더 커야한다는 '기대효용(Expected Utility)'과 관련된 다음의 수식을 발표하였다.[222]

"기대 효용(EU) = 적발 가능성(p) × 법 위반행위 시 효용(U) × {법 위반행위이득(b) - 제재(f)}[223] + {1-적발 가능성(p)} × 법 위반행위 시 효용(U) × 법 위반행위 이득(b)"

Becker의 위 수식에서 표현된 법 위반 가담자의 기대효용 수식에서는 법 위반이 적발될 경우를 전제로 한 법 위반 가담자의 위험 선호도와 법 위반으로 얻게 되는 수익을 반영한 효용함수가 활용되었다. 이 효용함수에서는 법 위반에 대한 적발 가능성과 제재 크기가 증가할수록 법 위반 가능성이 낮아진다는 점을 설명한다.[224]

Becker는 '합리적 선택이론(Rational Choice Theory)'에 기초하여 법 위반행위를 설명한다. 즉 인간은 기본적으로 합리적 사고를 하므로 위험을 회피하는 성향을 가진 자는 위험을 선호하는 성향을 가진 자와 비교할 때 기대효용이 훨씬 커야 법 위반행위에 가담할 가능성이 높아진다는 것이다. 따라서 법 집행을 최적화하려면 법 위반 가담자들의 주관적 의식과 태도를 고려하여 제재 수준을 결정하는 것이 효과적일 수 있다.[225] 합리적 행위자

경제학회, 2012, 125면.
222) 김차동(2014), 앞의 글(주 68), 258면.; Becker, Gray. S(1968), op. cit., pp.169-217.
223) 법 위반행위 이득에서 제재를 공제한 값은 적발되어 처벌받은 후 남는 이득을 의미한다.
224) Becker는 이 효용함수를 사회손실함수(Social Loss Function)라고 표현하였다.; Becker, Gary S.(1968), op. cit., p.177-178.
225) Chu, C.Y. Cyrus & Jiang, Neville, Are Fine More Efficient than Imprisonment?, *Journal of Public Economics* Vol.51 No.3, 1993, pp.391-413.

라면 법 위반으로 인해 수반되는 비용의 부담을 꺼려할 것이므로 가급적 법 위반에 가담하지 않게 되므로 법 위반에 대한 예방이 가능해진다.[226) 즉 위험에 대한 행위자의 수용 경향성은 기대 효용을 판단할 수 있는 중요한 요소이므로 제재 수준 및 적발 가능성의 크기에 따라 법 위반행위자의 범법행위 가담여부가 결정된다고 볼 수 있다.[227)

결국 법 위반 적발 가능성이 높거나 제재의 규모가 상당한 경우 법 위반 가담자에게 범법행위 참여 유인을 감소시킬 수 있다. Ehrlich의 실증연구에서도 법 위반에 대한 적발 가능성과 제재 강도가 함께 증가하면 억지 효과가 상승하는 경향이 있다고 확인하였다.[228) 이 실증연구의 결과가 타당성을 얻으려면 전제사항으로 소위 경쟁당국 등을 일컫는 '사회 설계자(Social Planner)'에게 적발 가능성과 제재 수준을 조정할 수 있는 권한이 부여되어야 한다. 사회 설계자란 최적의 효율적 사회기능 작동을 위하여 법과 관련 제도 등을 설계하거나 집행하는 기관을 의미한다.[229) 경쟁법 차원에서 경쟁당국이 적발 가능성을 높이려면 투입 자원과 비용이 필요한데, 적발 가능성은 투입 예산에 비례한다. 쉽게 말해 법 위반 적발을 위한 예산 투자가 증가할수록 적발 가능성은 높아지는 반면, 적발 가능성의 경제적 효율성은 낮아진다.[230)

한편 경쟁당국이 금전 제재인 벌과금 강도를 상당한 규모로 상향시키면 적발 가능성에 필요한 소요 예산이 늘어나더라도 소요 예산 증가로 인한 영향이 크지 않을 수 있다. 바꾸어 말하면 법 위반에 대한 제재 수준이 충

---

226) Becker, Gary S.(1968), op. cit., p.183.
227) 김차동(2014), 앞의 글(주 68), 258면.
228) Ehrlich, Isaac, The Optimum Enforcement of Law and the Concept of Justice: A Positive Analysis, *International Review of Law and Economics* Vol.2 No.1, 1982, pp.3-21.
229) 김차동(2014), 앞의 글(주 68), 256면.
230) Garoupa, Nuno, The Theory of Optimal Law Enforcement, *Journal of Economic Survey* Vol.11 No.3, 1997, p.269.

분할 경우 모든 법 위반행위를 제재하는 방식을 취하면 억지 효율성을 떨어뜨릴 수 있다는 것이다. 따라서 Becker는 사회적 후생 극대화를 위하여 법 위반 적발 가능성에 소요되는 투자를 최소화하여 적발 가능성을 0에 수렴시키고 벌과금 부과 규모를 최대치로 산정하는 방식을 제안한다. Becker가 주장하는 최적의 법 집행은 최대 수준의 제재를 수반하는 것으로 볼 수 있다.[231] Becker의 주장을 요약하면 다음과 같이 정리할 수 있다. 최적의 법 집행을 위하여 사회의 총 피해액 산정결과를 토대로 법 위반 가담자에 대한 제재 강도를 결정하여 법 집행 시에 반영하면 법 위반 억지가 확보될 수 있다는 것이다.

Becker의 주장은 최적의 법 집행 이론의 초석을 다지는데 기여하였다. 하지만 법 위반 가담자의 자산이 충분하지 못하면 사회 설계자가 법 위반 행위자에게 최대치로 제재를 부과하더라도 금전 제재가 현실적으로 이루어질 수 없다는 문제점이 있다. 또한 Becker의 주장은 비례성 원칙, 이중처벌 금지원칙 등 헌법상 원리로 제약을 받는다는 점을 간과한다는 지적을 받는다.[232] 나아가 사회 설계자가 적발 가능성에 대한 투자를 아무리 최소화하더라도 현실적으로 적발 가능성이 0에 수렴할 가능성도 낮으므로 제재를 극대화하는 것이 최적 억지에 부합하는 것은 아니라고 해석할 수 있다.[233]

(2) Landes의 최적 억지이론

Becker의 최적의 법 집행 이론의 현실적 문제점을 극복하려면 집행 수준의 균형을 유지하여 적정한 집행 수위를 유지해야 한다는 관점이 유용할

---

231) 김차동(2014), 앞의 글(주 68), 258-262면.
232) Cameron, Samuel, The Economics of Crime Deterrence: A Survey of Theory and Evidence, Kyklos Vol.41 No.2, 1988, pp.301-323.
233) 김차동(2014), 앞의 글(주 68), 260-261면.

수 있다. Landes는 독점금지법 위반행위에 대한 최적의 억지이론을 조금 더 발전시켰다. Landes는 Becker의 억지 이론을 토대로 독점금지법 위반 가담자에게 부과되는 총 제재의 합은 법 위반으로 인한 순수한 피해의 크기를 적발 가능성 및 입증가능성의 곱으로 나눈 값과 같아야 한다고 보았다. 이를 반영하여 다음과 같은 법 위반 가담자에 대한 최적 제재 수준의 수식을 제안하였다.[234]

"최적 제재(The Optimal Penalty) = 피해(harms) / {법 위반 적발 가능성(Probability of Detection) × 입증가능성(Probability of Proof)}"

Landes는 위의 최적 제재 관련 수식을 활용할 경우 다음의 2가지 사항을 반드시 염두에 두어야 한다고 설명한다.

첫째, 독점금지법 위반행위에 가담한 사업자 및 개인에게 부과되는 금전 제재 규모는 합리적이어야 한다는 점이다. 둘째, 자유형을 벌과금이라는 금전 제재로 비교하여 환산할 수 있어야 한다는 점이다. 기본적으로 Landes의 최적 제재 모델에서는 금전 제재가 억지력을 계량적으로 측정할 수 있으므로 효과적 수단이며, 금전 제재는 억지에 적합한 최적 수준에 도달해야 한다고 본다. 또한 Landes는 사회 설계자가 금전 제재 강도를 높이더라도 실제 적발 가능성이 0에 수렴하기는 어렵고 통상 양수의 값(+)으로 나타나는 점, 또 금전 제재가 법 위반 가담자의 재정 상황에 의존하여야 하므로 최대 제재는 실현 가능성이 낮다는 점에서 Becker의 제재 극대화 방안의 문제점을 지적한다. 이를 토대로 볼 때 Landes가 주장한 최적의 제재 이론은 Becker 주장의 한계를 극복하기 위한 단초를 마련하였다는 데서 의의가 있다.

---

234) Landes, William. M, "Optimal Sanctions for Antitrust Violations", *University Chicago Law Review* Vol.50 No.2, 1983, p.653-654.

Landes의 최적의 법 집행이론에서는 법 위반 가담자에 대해 최대 제재 수준을 초과하면 과잉 억지가 되어 문제가 생길 수 있다는 시각을 전제로 한다. 최대 제재를 지향할 경우 효율적 행위까지 지나치게 규제하게 되므로 제재 소요비용에 상당한 투자가 필요할 수 있다. 따라서 최대 제재가 항상 최적의 제재를 의미하는 것은 아니라는 점에 주목할 필요가 있다.[235] 제재 시 수반되는 비용을 고려할 때 최적의 법 집행이 되는 최적의 제재란 법 위반으로 인한 총 피해액과 법 집행 총비용의 합계가 최저가 되는 수준의 제재이다.[236] 즉 제재 수준이 충분하다면 굳이 억지를 위하여 경미한 수준의 모든 법 위반행위를 제재해야 할 타당성은 높지 않다. 경쟁법에서 경쟁의 개념에 대해 완전 경쟁이 아니라 유효경쟁이면 충분하다는 입장이 있듯이[237] 최적의 법 위반 억지의 목표가 반드시 완전 억지를 충족해야 하는 것은 아니다.

　Landes의 연구결과를 토대로 살펴보면 법 위반 가담자에 대한 최적의 제재를 이행하여 최적의 법 집행을 하려면 어떤 집행수단 간 조화가 가장 효과적 방안인지에 대한 고민이 필요하다. 그렇다면 논의의 전제로 법 집행수단 간에 대체가능성이 있는지에 대한 검토가 선행되어야 한다. 따라서 이하에서는 최적의 법 집행을 위한 법 집행수단별 대체 가능성을 집행방식 유형별로 구분하여 살펴본다.

---

[235] Backhaus, Juergen G., Compensation of Private Losses: *The Evolution of Torts in European Business Law(Schulze, Reiner(ed.)*, European Law Publishers, 2011, p.190.
[236] 김차동(2020), 앞의 글(주 78), 381면.
[237] 경쟁은 완전경쟁이 아니라 유효경쟁 달성을 목표로 하면 족하다는 견해가 우세하다. 권오승·홍명수(2021), 앞의 책, 73면.; 단, 유효경쟁도 완전경쟁의 엄격성을 완화한 것으로 규범적으로 이론적 한계가 있다고 해석하는 견해도 있다. 신동권(2023), 앞의 책, 20면.

2. 최적의 법 집행을 위한 법 집행수단별 대체 가능성

(1) 사후 제재 간 대체성

법경제학에서는 사후 제재로서 공적 집행인 형사제재와 행정제재, 사적 집행인 민사제재 간 대체성을 긍정하며 금전 제재와 비 금전 제재 양자의 대체성도 인정한다.[238] 다만 벌금, 과징금 등의 금전 제재가 자유형과 비교할 때 비용 효율이 높다고 본다. 왜냐하면 자유형을 집행할 때에는 행정 운영비용이 별도로 소요되기 때문이다.[239] Becker의 주장에 대한 비판과 같이 벌과금은 법 위반 가담자의 자산 규모를 고려해야 하며 자산이 부족하면 비 금전 제재인 자유형 부과가 필요한 경우도 발생한다.[240] 따라서 최적의 법 집행을 위한 최적의 집행 수단 간 조합을 파악하기 위해서는 사후 제재 수단별로 대체성을 검토하는 과정이 선행되어야 한다.

Coffee는 벌금형과 자유형 간 대체성을 긍정한다. 자유형은 벌과금과 비교할 때 법 위반 가담자에게 상당히 위협적 영향을 줄 수 있기 때문이다.[241] 또한 사업자에게 상당한 규모의 벌과금을 부과하더라도 법인에 대해서는 자유형을 부과할 수 없어서 금전 제재만으로는 억지에 한계가 있다는 점에서도 자유형과 벌과금은 제재 수단으로서 대체가 가능하다는 입장을 취한다.[242]

Polinsky와 Shavell의 공동연구에서도 법 위반 가담자의 보유 자산은 한

---

238) 김차동(2014), 앞의 글(주 61), 457면.
239) Becker, Gray. S(1968), op. cit., pp.170-172.
240) Shavell, Steven(1993), op. cit., p.258.
241) Coffee, John. C., Corporate Crime and Punishment: A Non-Chicago View of the Economics of Criminal Sanctions, American Criminal Law Review Vol.17 No.4, 1980, p. 410.
242) Coffee, John. C., No Soul to Damn, No Body to Kick: An Unscandalized Inquiry into the Problem of Corporate Punishment, Michigan Law Review Vol.79 No.3, 1981, p.393.

정적이므로 금전 제재를 하더라도 효과가 제한적일 수 있지만 자유형의 한계 비용이 크지 않다면 벌금형을 자유형으로 전환할 수 있어 최적의 법 집행이 가능하다고 본다.243) 이 주장은 벌금형과 자유형 간 대체성이 있다는 점을 전제로 한다는 점에서 Coffee의 연구와 맥을 같이 한다.

반면 Posner는 화이트칼라 범죄의 유형에서만 상당한 규모의 벌과금 부과가 자유형과 대비해서 효과적이라는 입장을 밝히며 자유형과 벌과금 간의 대등한 대체 가능성을 부정한다.244) Posner는 법 위반 가담자의 재정 상황으로 벌과금을 부담하지 못하는 경우에만 자유형이 효과적인 점, 벌과금과 자유형 간 치환비율이 불완전한 점 때문에 자유형과 벌과금 간의 전면 대체성을 인정할 수 없다고 주장한다.245)

(2) 공적 집행 및 사적 집행 간 대체성에 대한 판례의 입장

공적 집행과 사적 집행은 침해된 권리를 사후적 법 집행 수단으로 구제하는 점에서 같은 맥락이지만 집행의 주체나 집행의 방식에 있어서는 차이점이 있다.

우리나라 헌법재판소와 대법원은 동일한 사후 제재라 하더라도 집행수단의 목적성이 유사하면 상호 간 보완성이 있다고 한다. 하지만 집행 수단별로 전면적 대체는 어렵다는 입장을 취한다. 이러한 태도는 법적 제재별로 독자성을 강조하는 동시에 법 집행 방식별로 목적이 다양하다는 것을 인정하는 시각이다. 제재 수단별 특성을 살펴보면 민사제재는 손해의 공평한 분담을, 행정제재는 공익의 실현을, 형사제재는 국가의 형벌권 행사를 위한 집행으로서 고유한 성격이 있음을 알 수 있다.246)

---

243) Polinsky, A. Mitchell & Shavell, Steven, The Optimal Use Fines and Imprisonment, Journal of Public Economics Vol.24 No.1, 1982, pp.89-99.
244) Posner, Richard A.(2001), op. cit., p.271.
245) Posner, Richard A., Optimal Sentence for White-Collar Crime, American Criminal Law Review Vol.17 No.4, 1980, p.410.

또한 헌법재판소와 대법원은 이중처벌금지원칙을 형사처벌에 한하여 제한적으로 인정하므로 형벌·과징금, 행정형벌, 행정질서벌인 과태료를 중복 부과하더라도 이중처벌금지원칙에 반하지 않는다는 입장이다.247)

헌법재판소와 대법원의 태도는 집행방식의 고유성을 존중한다는 장점이 있으나 각종 제재는 그 방식이 다양한 것일 뿐 공통적으로 억지에 목적이 있다는 점을 간과하는 측면이 있다.248) 예컨대 부당한 공동행위에 대한 과징금 부과(행정제재) 및 징벌적 손해배상(민사제재)이 동시에 부과되어 기업이 파산한 경우 다양한 집행수단이 동시에 활용되어 억지가 달성된 것인데, 이 경우 각 집행수단의 대체성을 부정한다면 현실적으로 법 위반 억지 달성이 곤란해지는 문제가 발생할 수 있다.249)

(3) 공적 집행 및 사적 집행 간 대체성에 대한 견해의 대립

1) 사적 집행 강화를 통한 최적의 법 집행 : Becker와 Stigler

최적의 법 집행이론의 단초를 제공한 Becker와 Stigler는 공적 집행만으로 최적의 법 집행 달성이 어렵다고 지적하면서 사적 집행의 강화가 필요하다고 주장한다. Becker와 Stigler는 관련 경제분석 결과를 근거로 제시하면서 집행 또한 경쟁의 관점에서 접근하여야 한다는 입장을 취한다. 어느 누구나 법 집행자가 될 수 있으므로 사인에게도 법 집행의 기여도에 따라 인센티브를 제공하면 법 집행 효율을 높일 수 있고, 이를 통해 공적 집행이 사적으로 유용될 수 있는 위험성을 줄일 수 있다는 논리이다.250) 즉 사인

---

246) 김차동(2014), 앞의 글(주 61), 457면.
247) 헌법재판소 2005.3.31. 선고 2003헌바12 결정.; 대법원 2004.10.28. 선고 2002두7456 판결.
248) 김차동(2014), 앞의 글(주 68), 264면.
249) 김차동(2014), 위의 글(주 68), 263면.
250) Becker, Gary S. & Stigler, George J., Law Enforcement, Malfeasance, and Compensation of Enforcers, *The Journal of Legal Studies* Vol.3 No.1, 1974, p.1, p.5, p.14.; 과거 영국에서 유사한 배상제도와 법 집행방식이 이루어진 사례가 있지

에 대해 사적 집행에 참여하도록 배상을 제공하는 유인책을 시행할 경우 공적 집행의 폐해인 과소 집행 문제를 해결할 수 있는 장점도 있다.251)

2) 공적 집행 강화를 통한 최적의 법 집행 : Landes와 Posner

Landes와 Posner는 Becker와 Stigler의 주장에 대해 아직까지 사적 집행의 효과성이 검증되지 않았고 무리하게 사적 집행을 강화하면 과잉 집행이 발생할 수 있다는 문제를 제기한다.252)

Landes와 Posner는 법 위반행위를 줄이기 위해서는 법 위반으로 인한 효용성과 법 위반으로 인한 부과 비용을 비교할 때 후자가 더 커야 억지가 달성될 수 있으므로 이를 위해서 적발 가능성을 높이거나 제재 강도를 대폭 상승시켜야 한다고 주장한다. 즉 최적의 법 집행 체계를 설계하려면 최적의 법 집행 기대비용을 달성하도록 적발 가능성을 낮추는 대신 제재 수준을 높이거나 또는 적발 가능성을 높이고 제재 수준을 낮추는 방식 중 효율적 방안을 선택하여야 한다는 것이다.253)

그렇다면 공적 집행을 통한 최적의 법 집행 체계를 설계하는 방안이 적정한지 살펴볼 필요가 있다.

첫째, 적발 가능성에 대한 현실적 조정 가능성 측면을 검토한다. 공적 집행의 경우 사회 설계자가 법 위반 적발 투자비용을 가감하여 적발 가능성을 조정할 수 있지만 사적 집행에서는 법 위반 적발 가능성을 임의로 조정

만 19세기 이후 공적 집행 보편화로 이러한 인센티브 사례는 점차 축소되었다. 자세한 내용은 다음을 참조.; Friedman, David D., Making Sense of English Law Enforcement in the Eighteenth Century, *University of Chicago Law School Roundtable* Vol.2 No.2, 1995, pp.475-505.
251) Becker, Gary S. & Stigler, George J.,(1974), ibid, pp.13-15.
252) Landes, William M. & Posner, Richard A., The Private Enforcement of Law, *The Journal of Legal Studies* Vol.4 No.1, 1975, pp.1-2.
253) Landes, William M. & Posner, Richard A.,(1975), ibid, pp.6-13.

하기 어렵다는 것이 중론이다. 그렇다면 사적 집행에서는 적발 가능성을 조정하는 방식이 아니라 제재 수준을 높이는 방식을 고려하여야 할 것이다.254)

둘째, 제재 수준에 대한 조정 가능성에 대해 살펴본다. 제재 수준을 높이더라도 법 위반 가담자의 재정 상황에 따라 제재 효과가 좌우된다는 점은 공적 집행과 사적 집행에 모두 해당하는 사항이다. 다만 공적 집행의 경우 법 위반 가담자의 재정 여건상 벌과금 부과가 어려울 경우 이를 자유형으로 전환하여 집행할 수 있는 유익함이 있다. 즉 최적의 법 집행체계 설계방안에 있어서 공적 집행이 사적 집행과 대비했을 때 선택지가 넓다는 장점이 확인된다. 그러나 벌금형을 자유형으로 치환할 경우 단순 벌과금 부과와 비교할 때 많은 비용이 소요되므로 경제적 효율성이 낮다는 한계점은 극복되어야 한다.

3) 공적·사적 집행 시 비용 적정성을 고려한 최적의 법 집행 : Shavell

Shavell은 집행 방식의 효과성을 검증하려면 공적 집행과 사적 집행에서 소요되는 비용의 적정성 검토를 통해 최적의 법 집행방안을 도출하여야 한다는 견해를 제시한다. 집행 소요비용은 크게 '정보 비용'과 '정보를 활용하여 법 위반 가담자를 적발하고 제재하는 비용'으로 구성되는데, 정보를 수집하고 관리하는 정보 비용 크기를 중심으로 비용의 적정성 판단이 필요하다는 것이 Shavell의 주장이다.255)

공정위가 부당한 공동행위를 적발하기 위하여 공공기관들의 입찰 정보를 일괄 수집하여 입찰담합의 징후를 파악하는 정보 관리시스템을 사례로 살펴보겠다. 공적 집행에 의해 중앙에서 집중적으로 정보관리를 하는 시스템은 규모의 경제 달성이 가능하다는 장점이 있지만 정보 수집을 위한 초

---

254) Landes, William M. & Posner, Richard A.,(1975), ibid, p.23.
255) 김차동(2014), 앞의 글(주 15), 384-385면; 김차동(2014), 앞의 글(주 61), 456면, 463면.

기 투자에 비용이 많이 든다. 반대로 법 위반 피해자나 시장 구성원이 자연스럽게 법 위반 가담자에 대한 정보를 쉽게 취득할 수 있는 경우라면 별도의 정보 비용을 투입하거나 투자할 필요가 없으므로 사적 집행이 정보 비용상 경제성을 발휘한다.256)

부당한 공동행위를 적발할 때 공정위가 관리하는 입찰담합의 징후를 포착하는 중앙 집중적 정보관리 시스템이 사인들에 의한 정보 취득 가능성과 비교할 때 비용이 절감될 수 있고 효율적이라는 의견이 우세하다. 하지만 시장의 거래당사자인 사인들은 시장 구성원으로서 경쟁당국보다 빠르게 시장의 상황을 파악할 수 있다는 점에서 정보 접근 차원에서는 유리한 입지에 있다. 아울러 범법행위에 대한 결정적 증거를 포착하는데 사인에 의한 현장 밀착형 모니터링 체계가 정보 비용의 절감과 효율성이 있다는 점을 인정하여야 한다. 따라서 공적 집행과 사적 집행에서 운영되는 정보 시스템의 소요 비용을 절대 비교하는 방식은 타당성이 낮을 수 있다.

이러한 관점은 경쟁을 촉진하기 위하여 보편적 경쟁법 집행방식과 다른 방식으로 시장이 작동되도록 하는 '경쟁 주창활동(Competition Advocacy)257)'과도 관련이 있다. 예를 들어 영국의 시장 조사제도는 경쟁당국에 의한 일방적 공적 집행에서 더 나아가 경쟁당국이 시장 구성원의 협조를 받아 경쟁제한성이 있는 시장을 면밀히 조사하고 최적의 법 집행을 지향하는 방식이라고 평가된다. 이는 부당한 공동행위에 대한 효율적인 규율 방식으로 이해할 수 있다.258) '공정거래 자율준수프로그램(Compliance Program, 이하 '공정거래 CP')'도 이와 유사한 맥락으로 이해할 수 있다.259)

---

256) Shavell, Steven(1993), op. cit., p.258.; 김차동(2014), 위의 글(주 15), 385면.
257) Advocacy Working Group, Advocacy and Competition Policy Report, ICN, 2002, p.25, <https://www.internationalcompetitionnetwork.org/wp-content/uploads/2018/09/AWG_AdvocacyReport2002.pdf>, 2023.10.24. 최종방문.; 경쟁주창활동에 대한 자세한 논의는 제5장 제2절 I에서 다룬다.
258) 졸고(2021), 앞의 글(주 21), 181-183면.

제2절 부당한 공동행위 억지를 위한 사적 집행의 활용 필요성

I. 부당한 공동행위 억지를 위한 사적 집행의 의미

시장에서의 자유롭고 공정한 경쟁을 보호하고자 하는 경쟁법은 계약 정의를 위한 기초로서 민사법을 보완하는 역할을 담당한다. 경쟁법은 민사법상 소유권 등에 대해 절대적으로 법익 보호를 목적으로 하는 것은 아니며 자유롭고 공정한 시장경제 질서를 유지하고자 한다.[260)]

독일의 한 지방법원은 비타민 국제 카르텔사건에서 부당한 공동행위 피해사업자의 손해배상청구를 기각하였다.[261)] 위 법원은 "침해된 규범이 일정한 범위에 있는 자의 보호를 포함하고 해당 법익에 대한 일정한 가해행위를 규제하여야 함을 전제하면서, 부당한 공동행위에 가담한 사업자가 다른 사업자의 시장 진입을 의도적으로 좌절시킬 경우에 이르지 않았다면 시장전반에 가격인상 효과가 있더라도" 이 경우의 손해배상책임은 부정하여야 한다고 판시하였다.[262)]

위 법원의 판시내용은 법 위반행위의 '의도'에 따라 경쟁법상 보호법익을 엄격히 해석하였다는 비판을 받는다. EU에서도 부당한 공동행위로 불이익을 받은 자 누구에게나 손해배상청구권을 인정하고 있는데 위 판례는

---

259) 김차동(2014), 앞의 글(주 61), 465면.
260) 홍대식, "불공정 거래행위와 공서양속", 비교사법 제14권 제1호, 한국비교사법학회, 2007, 113- 114면.
261) LG Mainz, WuW/E DE-R 1349 Vitaminpreise Mainz.
262) Alexander, Schadensersatz und Abschöpfung im Lauterkeits-und Kartellrecht, 2010, S. 370.

이 취지에도 배치된다.263) 다만 이 판례는 민사법상 손해배상책임이 사회적 과제를 달성하기 위한 역할을 한다는 점에 초점을 둔 것으로 해석하는 시각이 있다.264) 다시 말해 공정거래법 위반으로 발생한 민사법상 손해배상책임은 공익적 목적과 사인의 보호를 이분법적으로 구분하기가 쉽지 않다는 점에 주목한 것이다.

따라서 부당한 공동행위를 억지하려는 차원에서 이루어지는 손해배상청구소송 등 사적 집행은 피해자에 대한 손해를 배상하는 것을 목적으로 하면서도 건전한 시장 거래질서 형성을 방해한 법 위반 가담자들에 대한 경고 메시지를 전달하여 법 위반을 예방하고 금지시키는 의미도 포함하는 것이다.

Ⅱ. 부당한 공동행위 억지를 위한 사적 집행의 역할

1. 한정된 시장경제 자원의 효율적 활용

공적 집행은 공공의 이익에 적합한 결정을 한다는 기대가 있어서 사적인 목적으로 활용될 위험성이 적다. 하지만 공적 집행은 현행 자원으로 집행이 필요한 모든 범위를 포섭하기는 어렵다는 한계가 있다. 경쟁당국의 한정된 자원과 인력을 부당한 공동행위 규율에만 배정할 수는 없기에 사적 집행을 통하여 사인에게 이러한 역할을 분산한다면 집행 자원이 풍부해져 공적 집행을 보완할 수 있다. 이러한 방식은 경쟁법 입법목적을 달성하기 위한 구조적 대안으로 평가된다.265) 집행의 역할을 사적 집행에 분산시킨

---

263) 김상중, "민사법에 의한 경쟁법규의 관철: 민법과 경쟁법의 상호보완이라는 관점에서", 재산법연구 제34권 4호, 한국재산법학회, 2018, 14면.
264) 김상중(2018), 위의 글(주 263), 15면.

경쟁당국은 정부 주도의 강력한 처리가 필요한 사건, 사인의 정보력에 한계가 있는 사안 등에 총력을 다하여 공적 집행의 효율성을 높일 수 있다. 사인에 의한 사적 집행은 경쟁당국에 가해지는 정치적 압력, 로비, 업무 해태를 보완할 수 있다는 부수적인 장점도 있다.266)

2. 시장구성원에 대한 간접적 책무 부여

사적 집행 강화는 부당한 공동행위의 피해자에게 시장 파수꾼으로서의 감시역할267)을 부여하여 부당한 공동행위 예방에 도움이 될 수 있다. 부당한 공동행위는 경쟁당국이 아닌 시장의 고객, 직원, 경쟁사업자가 적발하는 경우가 많고 시장구성원은 이와 관련된 시장 생태계를 가장 잘 이해한다. 7개 제강사의 부당한 공동행위 사건에서도 철강사 직원이 합의 사실에 대한 정보를 제보하여 부당한 공동행위를 밝혀야 하는 공정위의 법 위반 조사에 상당히 많은 기여를 하였다.268) 공정위가 부당한 공동행위를 조사할 때 실무적으로 피해사업자도 참고인 조사에 응하게 된다. 피해사업자는 거래당사자로서 해당 사건에 대한 정보나 시장 구조에 대한 이해도가 상당하므로 시장의 거래질서를 확립하는 데에 있어 공적 집행을 보완하는 간접적인 역할을 수행할 수 있다. 자진신고자 감면제도, 공익제보자 포상금 지급

---

265) 곽상현, "공정거래법의 집행과 금지청구제도: 미국의 판례 및 도입과 관련된 쟁점을 중심으로" 법조 통권 제607호, 법조협회, 2007, 96면.
266) Stephenson, Matthew C., Public Regulation of Private Enforcement: The Case for Expanding the Role of Administrative Agencies, *Virginia Law Review* Vol.91, No.1, 2005, pp.109-110.
267) 이봉의·남재현·조홍선, 앞의 글, 26면.
268) 김남수, "경쟁법 집행과 사적 집행의 활성화 방안 연구", 한국소비자원 정책 연구보고서, 2009, 64-65면.; 공정거래위원회, "고철 가격담합 신고 철강사 직원, 포상금 20억 받는다" 관련 해명자료, 2021.2.19., <http://www.ftc.go.kr/www/selectReportUserVieew.do?key=11&rpttype=2&report_data_no=8967>, 2023.2.2. 최종접속.

에서 더 나아가 시장에서 활동하고 있는 사인들에게 시장 감시 역할을 맡긴다면 공적 집행의 효율성을 질적으로나 양적으로 개선할 수 있다.

3. 법 집행체계 상호 보완을 통한 최적의 법 집행

미국 독점금지법 체제에서도 사적 집행이 공적 집행을 점검하고 체크하는 것이 유익하다고 본다. 미국 연방대법원은 독점금지법을 효과적으로 시행하는 데 있어 억지와 배상의 2가지 목표가 모두 중요하다고 강조해 왔다.269) Posner는 경쟁법 시스템의 궁극적 목표는 법 위반 예방과 억지에 있고 부수적 목표는 피해자 배상에 있다고 보았다. 하지만 Posner는 법 집행 제도를 엄격히 양분화 할 것이 아니라 두 집행방식 모두를 종합 평가하여 적정 수준의 법 집행 효과를 높여야 한다고 주장하였다.270)

미국에서는 독점금지법상 배액 배상제도는 물론 미국이 지닌 고유의 소송 문화나 사회적 분위기 등 소송을 통해서 사적 집행을 강화하기 위한 기반이 갖추어져 있다. 우리나라는 미국과 상황이 다르지만 공적 기관이 특정한 행위유형을 규제하는 데 역량을 집중하면 법원이 규제 기관의 결정에 반대하지 않는 한 사적 집행도 활성화될 수 있다는 견해가 제기된다.271) 이 주장은 잘 설계된 공적 집행시스템으로 억지가 발휘된다면 부수적 효과로 손해배상 등 사적 집행도 활발해질 수 있다는 취지이다.

---

269) Crane, Daniel A, *The Institutional Structure of Antitrust of Antitrust Enforcement*, Oxford University Press, 2011, p.45.; Perma-Life Mufflers, Incs. v. Onternational Parts Co., 392 US 134, 139, 1968.
270) Posner, Richard A.(2001), op. cit., p.266.
271) Gerber, David J.(이동률 역)(2014), 앞의 책, 190-191면.

Ⅲ. 경제적 효율성 측면에서 사적 집행의 유용성

1. 사적 집행의 경제적 효율성에 대한 견해 대립

사적 집행의 경제적 효율성에 대해서는 관점에 따라 견해가 나뉜다.

경쟁법을 집행할 때 최적의 법 집행이론을 바탕으로 경제적 효율성을 중요하게 보는 관점에서는 사적 집행의 본연의 목적이 억지에 있다고 본다. 최적 억지 달성에 사적 집행이 경제성과 효율성을 발휘한다는 것이다. 이 입장에 의하면 법 위반 가담사업자들에게 법 위반행위가 발생하지 않도록 경고하며 수범자에게 주의해야 할 기준을 제시하므로 사적 집행이 경제적 효율성이 있는 억지 수단으로 이해되는 것이다.[272] 이처럼 법경제학 시각에서는 사적 집행의 경제적 효율성을 긍정적으로 평가한다.

사적 집행의 경제적 효율성을 비판하는 견해는 다음과 같다. Georgetown 연구에서는 독점금지법 위반에 따른 손해배상소송이 연방법령상 다른 사건과 비교할 때 소송기간이 3배 이상 장기화되는 문제점을 지적하였다.[273] Hovencamp 등도 미국에서 사적 소송의 점유 비율이 90%에 육박하자 사적 이익에 의한 소송이 남발한다며 3배의 배상 소송에 대해 비판을 하였다.[274]

---

272) 성공적으로 이루어진 사적 소송의 많은 사례들은 다음을 참조.; Jones, Clifford A., *Private Enforcement of Antitrust Law-in the EU, UK and USA*, Oxford University Press, 2005, p.83.; Salop, Steven C. & White, Lawrence J., Economic Analysis of Private Antitrust Litigation, *Journal of Reprints for Antitrust Law and Economics* Vol.26, No.1, 1996, p.1009.

273) "The Georgetown study found that the average time for the termination of all cases was 24.9 months, with a media of 16.6 months." ; Georgetown 연구의 실증연구 결과에 대해서는 제3장 제3절 Ⅱ에서 자세히 다루기로 한다.

274) Jones, Clifford A.(2005), op. cit., pp.80-81.; Hovenkamp, Herbert(2011), op. cit., p.652.

2. 사적 집행의 경제적 효율성에 대한 근거

(1) 사적 집행의 유연성과 개별성

공적 집행은 규제 목적을 달성하기 위하여 특정한 행위를 일률적으로 강제하므로 획일적이다. 반면 손해배상청구로 대표되는 사적 집행은 법원이 각 사건마다 다양한 사실관계에 근거하여 손해 발생여부와 손해의 크기를 판단하므로 구체적이며 현실적이다.275) 부당한 공동행위를 예방하기 위하여 사업자에게 요구되는 법 인식이나 주의에 요구되는 비용 등은 범법행위 가담자에 따라 편차가 크게 나타나므로 획일적으로 공적 집행을 할 때 비효율을 초래한다. 예를 들면 법 위반 위험성에 대해 감수 성향을 가진 자와 합리적 사고를 하는 중립적 성향을 가진 자에 대한 주의 비용의 규모는 차이가 크다.

하지만 경쟁제한성이 높은 부당한 공동행위에 대해 실손해의 초과 배상 즉, 사적 집행 방식을 활용한다면 행정 규제가 요구하는 기준 이상으로 주의와 억지를 기대할 수 있다.276) 이 관점에서 손해배상제도 등의 사적 집행은 공적 집행의 보충원리 차원에서 유익하다.

(2) 법 위반사항 적발에 소요되는 정보 비용 관점에서 사적 집행의 경제성

부당한 공동행위는 효율적인 법 집행에 영향을 주는 변수 중에서 법 위반 가담자가 얻는 이익과 법 위반으로 인한 손실이 모두 큰 법 위반유형에 해당한다. 이 유형은 피해액에 대한 정확한 파악이 어렵다는 것이 중론으

---

275) 미국 법원은 제조물 책임법리에서 소비 제품의 안전성을 위하여 행정규제를 기본적 기준으로 간주하고 불법행위책임법리의 보완장치로 활용한다.; Susan, Rose. A, *Rethinking the Progress in Agenda: the Reform of the American Regulatory State*, Free Press, 1992, pp.119-129.
276) 이종인(2010), 앞의 책, 171면, 173면.

로 상당한 법 집행비용을 필요로 한다. 부당한 공동행위로 인해 피해가 발생했을 때 자진신고자 감면제도를 활용하면 법 집행비용을 줄일 수 있지만 결국 과징금이 감경되거나 손해배상 규모가 제한되어 억지 효과는 반감될 수 있다. 이를 극복하기 위한 방안으로 부당한 공동행위 피해자가 적극적으로 시장 상황을 모니터링하고 법 위반에 대한 신고포상을 할 수 있도록 제도를 활용한다면 공적 집행이 주도하는 제재 비용을 감축할 수 있다. 그 결과 자진신고자 감면제도에 대한 의존도 줄일 수 있다.[277] 이처럼 중앙집중적 정보관리 시스템이 주로 활용되는 부당한 공동행위 분야에서 관련 시장의 법 위반 피해자나 이해관계자가 능동적으로 감시활동을 한다면 경쟁당국에 의한 정보 비용 투자와 노력을 덜어준다는 장점이 있다. 이를 통해 볼 수 있듯 경제적 효율성 관점에서 정보 비용의 부담을 사인에게 분배한다면 억지 측면에서 사적 집행이 매우 유용한 수단이 된다.

(3) 사적 집행의 규범적 기능

최근 규범적 관점에서도 공정거래법상 손해배상책임과 같은 민사법의 수단이 사적 집행으로서 경쟁법의 보호법익 달성을 담보한다는 논의가 주목받는다. 이는 억지 관점에서 사적 집행이 공적 집행의 흠결을 메꿀 수 있다는 점을 강조한 것이다.[278] 경쟁법의 입법목적이 공적 영역에 집중되어 있지만 시장질서 회복은 물론 시장 참가자를 보호해야 할 때에도 엄격한 분리가 어려울 때가 있다. 이때 손해배상제도 등 사적 집행은 공적 집행의 보완재로서 시장 참가자를 보호하는 기능을 수행한다.[279] "공적 집행과 사적 집행은 취지와 목적이 다름과 동시에 보완적"이라고 보는 견해도 유사한 맥락이다.[280] 이처럼 부당한 공동행위는 공적 집행에 의한 규제와 함께

---

277) 정기화(1997), 앞의 글(주 219), 145면.
278) Jang, Hye-Lim(2009), op. cit., pp.38-40.
279) 김상중(2015), 앞의 글(주 87), 120면.

훼손된 경쟁질서의 빠른 회복, 피해자 구제가 함께 요구된다. 따라서 경쟁 기능과 시장질서의 회복을 위해서는 규범적 차원에서 사적 집행이 기능을 수행하여야 한다.281)

---

280) 이선희(2013), 앞의 책, 78면.
281) 조성국(2015), 앞의 책, 465면.

제3절 사적 집행에 의한 부당한 공동행위의 억지에 관한 실증연구

Ⅰ. 사적 집행의 억지효과에 대한 실증연구
  : Lande와 Davis

1. 실증연구 결과 요약

Lande와 Davis는 1990년부터 2007년까지 독점금지법상 40개 사건을 분석하여 사적 집행의 효용성에 대한 실증연구를 수행하였다.[282] 2011년에는 2008년의 선행 연구결과를 토대로 사적 집행과 공적 집행의 억지 효과를 비교한 연구결과를 추가로 공개하였다.[283] 이후 Lande와 Davis는 기존의 선행연구들을 바탕으로 하여 2002년부터 2011년까지의 20개 독점금지법상 사건을 집중적으로 분석하고 사적 집행의 성과에 대한 후속 연구결과를 발표하였다.[284] 이어서 2013년에는 기존의 연구로 누적된 총 60개의 사적 집행 사건을 심층적으로 분석하고 독점금지법상 사적 집행 억지에 대한 종합 실증연구 결과를 공개하였다.[285]

---

[282] Lande, Robert H. & Davis, Joshua P., Benefits from Private Antitrust Enforcement: An Analysis of Forty Cases, *University of San Francisco Law Review* Vol.42 No.4, 2008.

[283] Lande, Robert H. & Davis, Joshua P., Comparative Deterrence from Private Enforcement and Criminal Enforcement of the U.S. Antitrust Laws, *Brigham Young University Law Review* Vol.2, 2011.

[284] Lande, Robert H. & Davis, Joshua P., Summaries of Twenty Cases of Successful Private Antitrust Enforcement, *University of San Francisco Law Paper* No. 2013-1, 2013.

[285] Lande, Robert H. & Davis, Joshua P., Towards an Empirical and Theoretical

2. 선행 실증연구 : 2008년, 2011년

(1) 선행 실증연구 결과 및 이에 대한 평가

Lande와 Davis는 2008년 연구에서 1990년부터 2007년까지 유효하고 의미가 있다고 평가되는 대규모 사건 중 성공적 사적 집행 사례 40건을 샘플링하여 검토하였다.[286] 이 사건들을 분석한 결과 동일한 기간 중 40건의 사건에서 사적 집행으로 인한 배상 금액이 공적 집행으로 인한 벌과금 부과 금액과 비교했을 때 총량이 더 크다는 점을 입증하였다. 공적 집행으로 부과된 벌과금은 미화 40억 달러[287]로 파악되었으며 사적 집행에 의한 배상금은 공적 집행 벌과금의 4배(미화 160억 달러) 이상이라는 점을 실증 데이터로 제시하면서[288] 금전 제재 측면에서 사적 집행의 억지력 수준이 공적 집행과 대비했을 때 더 높다는 점을 강조하였다.[289] Lande와 Davis는 이 연구결과로 독점금지법상 사적 집행이 경쟁제한행위에 대해 강력한 금전 제재를 부과하여 최적의 억지에 중요한 기능을 할 수 있다는 점을 입증하였으며 이는 학계에서 긍정적 평가를 받았다.[290]

Assessment of Private Antitrust Enforcement, *Seattle University Law Review* Vol.36, No.3, 2013.
286) Lande, Robert H. & Davis, Joshua P.(2008), op. cit., p.889.
287) 공적 집행으로 기업과 개인에게 부과된 벌과금의 합을 의미한다. Lande, Robert H. & Davis, Joshua P.(2008), ibid, pp.893-895.
288) 공적 집행 벌과금 부과가 사적 집행으로 인한 배상보다 이른 시점에 발생하는 경향이 있어 현재 시점의 가치에 맞게 조정하여야 하는 점을 인정하면서도 결과에서는 유의미한 차이가 없을 것이라는 점을 강조하였다. Lande, Robert H. & Davis, Joshua P.(2008), ibid, pp.891-895.
289) 40개 사건 중 32개 사건에서 사건의 직접적인 피해자에게 배상이 이루어졌다. Lande, Robert H. & Davis, Joshua P.(2008), ibid, pp.895-900.
290) Lande, Robert H. & Davis, Joshua P.(2008), ibid, p.893.

(2) 선행 실증연구 결과에 대한 비판과 반론

Lande와 Davis의 연구는 종전의 중론을 깨뜨리는 시도로 많은 이목을 끌었지만[291] 이들의 주장에 대한 미국 법조계와 학계의 비판적 입장도 상당하였다. Lande와 Davis의 연구 결과에 대해 비평가들은, 사적 집행은 공적 집행과 대비했을 때 혁신적이지 않고 공적 집행이 다져둔 경로를 그대로 따르는 수준이라고 언급하면서 사적 집행의 독자적 역할에 대해 폄하하였다.[292] 미국에서 독점금지법상의 소소한 소송들이 지속적으로 제기되고 있는 현상이 원고의 협상력 강화 수단으로 활용되는 부적절한 측면이 있다고 지적하는 견해는 기존부터 제기되어 왔다.[293]

Lande와 Davis는 미국의 법조계와 학계에서 사적 집행의 고유한 독자적 역할을 인정하지 않는 것은 문제가 있다고 반박하였다. 이 반론은 사적 집행이 독점금지법 위반행위의 적발에 중요한 단서를 제공하는 선도적 역할을 하였음을 강조한 것이다. Lande와 Davis의 선행연구에 포함된 40건의 사건 중 40%가 공적 집행 후속형이 아닌 단독형 소송이었고, 부당한 공동행위 사건에서 부당한 합의의 증거가 공적 집행이 아닌 사적 소송에서 먼저 발견되었다는 점에서 이 주장은 설득력이 있다.[294]

한편 Lande와 Davis는 검토대상인 40건의 사건에서 사적 집행으로 인한

---

[291] Lande, Robert H. & Davis, Joshua P.(2013), op. cit., pp.1270-1271.
[292] Werden, Gregory J. & Hammond, Scott D. & Barnett, Belinda A., Deterrence and Detection of Cartels: Using All the Tools and Sanctions, *The antitrust Bulletin : the Journal of American and Foreign Antitrust and Trade Regulation* Vol.56, 2011, pp.227-233.; 이 문헌에서의 Lande와 Davis의 연구 결과에 대한 자세한 비판은 후술하기로 한다.
[293] Hovenkamp, Herbert(2005), op. cit., p.59.
[294] 대표적으로 구연산 카르텔 사건에서는 DOJ가 공적 집행 조사를 할 때는 규명되지 않았던 법 위반 가담자들의 부당한 합의가 사적 소송 법률대리인이 제공한 결정적 증거를 계기로 DOJ의 조사에 기여한 사례가 있다.; Lande, Robert H. & Davis, Joshua P.,(2011), op. cit., p.237-241, p.346.

배상 규모와 공적 집행으로 인한 제재 규모를 비교하면서 순수한 벌과금만 포함하고 자유형을 환산에서 제외한 것이 문제로 지적될 수 있음을 인지하였다. 자유형을 금전 제재로 계량화하여 환산하거나 객관적으로 비교하는 것은 매우 어려운 문제이다. Gallo도 벌과금과 자유형 간 억지의 정량적 비교가 어려운 점을 인정하면서도 해당 수치를 임의적으로 환산한 Lande와 Davis의 연구결과에 의문을 제기하였다.295)

Lande와 Davis는 자유형을 금전 제재로 환산할 경우 환산 기준의 적정성이 명확하지 않다는 점을 인정하였지만 결국 자유형을 벌금형으로 환산한 연구 결과를 추가로 제시하였다.296) 1990년 이후 DOJ에 의해 독점금지법 위반으로 형사 기소가 된 사안으로는 누적 428.6년의 자유형이 부과되었는데297) 물가 상승분을 고려할 때 자유형은 미화로 연 5백만 달러의 벌금과 대등하다는 전제를 두었다.298) 이 전제를 적용하여 1990년대 이래 DOJ의 공적 집행으로 인한 벌과금과 자유형 환산금을 합산하면 공적 집행으로 인한 금전적 제재 규모는 미화 연 64억 달러임을 밝혔다. 나아가 사적 집행은 경쟁제한행위 억지에서 DOJ의 집행에 대비했을 때보다 효과적이었으며 경쟁제한행위를 시정하는 유일한 방법일 수 있다고 주장하였다.299) 이 결과는 앞서 선행연구에서 밝힌 사적 집행으로 인한 배상금 미화 160억 달러와

---

295) Gallo, Joseph C. & Dau-Schmidt, Kenneth G. & Craycraft, Joseph & Parker, Charles, Depart-ment of Justice Antitrust Enforcement 1955-1997 : *An Empirical Study*, Review of Industrial Organization Vol.17 No.1, 2000, p.128.
296) Lande, Robert H. & Davis, Joshua P.(2008), op. cit., p.895
297) Lande, Robert H. & Davis, Joshua P.(2008), ibid, p.915(Table 12 infra Appendix I.)
298) Marvel, Netter, Robinson의 1988년 공동 연구결과에서는 1987년 물가를 기초로 반독점법 위반 사건에서 1달 간의 자유형을 금전 제재로 환산했을 때 2.5100만 달러 수준으로 치환될 수 있다고 보면서 2008년 기준으로 재환산하면 6,100만 달러로 계산된다고 한다.; Marvel, Howard. & Netter, Jeffry M & Robinson, Anthony M. Price Fixing and Civil Damages: An Economic Analysis, *Stanford Law Review* Vol.40 No.3, 1988, p.573.
299) Lande, Robert H. & Davis, Joshua P.(2008), op. cit., pp.896-897.

비교할 때 턱없이 낮은 금액이다. 다시 말해 Lande와 Davis의 연구결과는 자유형을 금전형으로 환산하여 합산한 공적 집행의 금전 제재 수준이 사적 집행으로 인한 배상금 규모와 비교할 때 상당히 낮으므로 공적 집행으로 인한 억지가 사적 집행으로 인한 억지보다 효과가 낮다는 점을 확인시켜주고 있다.

3. 후속 실증연구 : 2013년

(1) 후속 실증연구 결과

Lande와 Davis는 2008년에 40개 독점금지법 위반 사건을 분석하여 사적 집행의 효용성을 확인한 후 20개 사건을 추가로 검토하여 1990년부터 2011년까지 60개 사건에서 사적 집행의 유효성과 억지 효과를 입증하였다.[300] Lande와 Davis의 종합 연구에 의하면 1990년부터 2011년까지 독점금지법상 경쟁제한행위를 청구원인으로 한 사적 집행 배상규모는 미화 350억 달러이지만[301] 공적 집행에 의한 벌과금 규모는 사적 집행 배상금의 50%에도 미치지 못한다는 실증 자료를 공개하였다.[302]

(2) 후속 실증연구 결과에 대한 구체적 근거

주지하듯이 어떤 경우에도 완벽하거나 무결한 소송제도는 기대하기 어렵다. 소송이 적정한지를 판단할 경우 무게 중심은 소송에서의 오류 빈도를 최소화하고 소송 목적에 부합하는 정책 방향 설정에 초점을 두어야 한다.[303] Lande와 Davis의 많은 연구사례에서 보면 사적 소송이 확정되기 전

---

300) Lande, Robert H. & Davis, Joshua P.(2013), op. cit., p.1271.
301) Lande, Robert H. & Davis, Joshua P.(2013), ibid, pp.1273-1274, p.1290.
302) Lande, Robert H. & Davis, Joshua P.(2013), ibid, p.1278.
303) Fisher, Alan A. & Lande, Robert H., Efficiency Considerations in Merger Enforcement, *California Law Review* Vol.71 No.6, 1983, p.1670.

에 당사자 간의 화해를 통해 결과적으로는 소송 배상금액에 준하는 화해금액을 원고가 배상받게 된 점, 법원도 사적 소송을 성공으로 이끌어 낸 법률대리인 비용 전액을 인정한 점 등을 볼 때 사적 집행이 금전 제재로 유용한 기능을 담당하는 것으로 이해할 수 있다.[304]

Lande와 Davis의 연구결과 외국기업이 피고인 경우 배상금을 부담한 사안은 2008년 연구사례 40건 중 12건이었다. 2011년 연구사례 20건 중에서는 외국기업이 피고가 되었을 때 배상금을 부담한 실적이 사적 집행으로 인한 총 배상금의 6%(미화 488백만 달러)로 확인된다.[305] 부당한 공동행위에 대해서는 많은 경쟁당국들이 역외적용을 근거로 활발한 법 집행을 하지만 경쟁당국 간의 공조 없이 외국사업자에 대해 법 위반 조사를 이행하거나 소송 당사자로 참여시키는 것은 쉽지 않다. 그럼에도 불구하고 외국기업의 피고에 대해 상당한 사적 소송 배상금을 부담하도록 한 것은 사적 소송이 해외 시장 당사자들에게도 위협적 수단이 될 수 있으며 법 위반 억지에 효과적으로 작동한다는 점을 보여준다.

(3) 후속 실증연구 결과에 대한 Werden, Hammond, Barnett의 비판

Werden, Hammond, Barnett(이하 'WHB')는 Antitrust Bulletin기고에서 Lande와 Davis의 연구 결과에 대해 다양한 시각에서 비판적 견해를 제시하였다.[306] Lande와 Davis는 WHB의 비판에 대해 반박하였다. 이하에서 관련 내용을 살펴본다.

첫째, 자유형을 금전 제재로 환산했을 때 미래상실 이익을 고려했는지

---

304) 사적 집행을 성공적으로 이끌어 낸 법률 대리인의 역할과 평가에 대해서는 다음을 참조.; Lande, Robert H. & Davis, Joshua P.(2008), op. cit., pp.903-904.
305) 이후 추가된 연구사례 20건에서 외국 사업자에게 지급된 사적 집행 배상금은 약 6,600억 원에 달한다.; Lande, Robert H. & Davis, Joshua P.(2013), op. cit., p.1288.
306) Werden, Gregory J. & Hammond, Scott D. & Barnett, Belinda A.(2011), op. cit., pp.227-233.

여부에 대한 비판이다. 자유형을 벌과금에 준하는 금전 제재로 명확히 계량화하는 것은 불가능하다. 그럼에도 Lande와 Davis는 일정한 환산기준과 물가지수를 고려하여 자유형을 벌과금에 준하여 정량적으로 환산하였다. 그러나 WHB는 Lande와 Davis가 자유형을 금전 제재로 환산할 때 자유형으로 인한 범법행위자들의 미래 상실이익을 반영하지 않았다는 점을 지적하였다.[307]

이 지적에 대해 Lande와 Davis는 부당한 공동행위에 가담한 자연인이 석방 후 기업에 다시 복귀하여 지속적으로 경제 활동을 하는 사례를 들면서 범법행위자의 미래 상실이익은 크지 않고 연구결과에 결정적 영향을 미치지 않는다고 반박하였다. 기업의 구성원인 자연인이 조직을 위하여 부당한 공동행위 가담자로 지목되어 희생하면(소위 'Took a Bulliet for the Team'을 말함) 그 대가로 금전적 인센티브나 승진으로 배상받는 사례가 있다.[308] Lande와 Davis는 WHB의 주장이 설득력을 얻으려면 법 위반에 가담한 자연인이 석방된 후 사회 지위에 변화가 있거나 급여가 삭감된 사례가 있는지 입증하여야 한다고 반론을 제기하였다.[309]

나아가 Lande와 Davis는 법 위반 억지를 위해서는 사적 집행 강화와 함께 유죄 인정 합의제도에서 법 위반 가담자가 복역한 후 동일업계에 재취업하는 것을 금지시키는 조항을 포함하여야 한다고 주장하였다.[310] 2016년 공정위도 부당한 공동행위 가담자에 대한 승진 제한 등 기업의 자발적 제재를 통해 법 위반 근절이 필요하다는 입장을 발표하였다. 이러한 시도는 행정제재만으로는 자연인에 대한 부당한 공동행위 근절에 한계가 있으므로 법 위반 가담 사업자가 내부 인사에서 제재를 받는 행위가 동반되어야

---

307) Werden, Gregory J. & Hammond, Scott D. & Barnett, Belinda A.(2011), ibid, p.229.
308) Connor, John M. & Lande, Robert H., Cartels as Rational Business Strategy: Crime Pay, Cardozo Law Review Vol.34, No.2, 2012, pp.440-442.
309) Lande, Robert H. & Davis, Joshua P.(2013), op. cit., p.1298.
310) Lande, Robert H. & Davis, Joshua P.(2013), ibid, p.1298.

한다는 점을 강조한 것이다.311) 기업이 적극적으로 확립된 컴플라이언스 기준을 세우고 실천하지 않는다면 법 위반에 가담하여 유죄 처벌을 받은 자연인이 기업에 공로를 세운 것으로 인정되어 혜택을 받는 관행312)이 계속될 것이다.

둘째, 최적 억지 모델을 설계할 때 부당한 공동행위 가담자의 위험성 수용 경향성을 적절히 반영했는지에 대한 비판이다.

WHB는 부당한 공동행위 가담자에 대한 위험 중립성을 전제로 설계된 Lande와 Davis의 최적 억지모델을 비판하였다.313) 이에 대해 Lande와 Davis는 법 위반 가담자들은 합리적 수준의 사인과 비교할 때 통상적으로 벌과금, 해고, 평판 저하, 미래 일실수익 감소 측면에서 위험을 감수하는 경향성(Risk Taking)이 있다는 것을 WHB가 간과했다고 반박하였다.314)

합리적 사고를 가진 사인은 경쟁제한행위로 얻는 금전적 이득과 비교하여 법 위반으로 인해 부담할 금전 제재 비용이 매우 적은 경우에만 법 위반에 가담할 가능성이 높다. 하지만 위험을 감수하는 경향성이 있는 자는 합리적 사고를 가진 사인과 비교할 때 위험을 감수하고 부당한 공동행위에 가담 할 확률이 더 높다. 이처럼 법 위반행위에 가담하는 자들은 합리적 사고를 하는 평균인과 비교할 때 법 위반 위험을 수용하는 경향성이 있다는 점은 주지하여야 한다. 따라서 합리적 사고를 하는 평균인을 기준으로 억지 모델을 설계했다는 Lande와 Davis의 연구전제는 타당성이 있다.

---

311) 최훈길, "공정위, 담합 가담자에 페널티 부과 추진", 이데일리 기사, 2016.1.31. <https://www.edaily.co.kr/news/read?newsId=01699046612523296&mediaCodeNo=257>, 2023.8.15. 최종접속.
312) 임영규, "LG전자 조성진 부회장 담합 처벌이력 있는데, 승진? 논란", 뉴스브라이트 기사, 2016. 12. 21, <http://www.newsbrite.net/news/articleView.html?idxno=11114>, 2023.8.15. 최종접속.
313) Werden, Gregory J. & Hammond, Scott D. & Barnett, Belinda A.(2011), op. cit., pp.229-230.
314) Lande, Robert H. & Davis, Joshua P.(2013), op. cit., p.1298.

셋째, 독점금지법 위반행위에 대해 집행을 할 때 공적 집행을 담당하는 DOJ의 법 집행 성과를 인정하지 않는다는 점에 대한 비판이다.

WHB는 독점금지법 위반행위에 대한 공적 집행에서 DOJ의 공로가 인정되어야 한다고 언급하면서[315] Lande와 Davis가 공적 집행의 성과를 간과한다는 점을 지적하였다.[316] Lande와 Davis는 이 연구의 목적은 공적 집행의 역할과 성과를 비판하려는 것이 아니며 사적 집행과 공적 집행이 공공의 이익을 증진한다는 목표를 향하여 조화롭게 작동해야 한다는 점을 강조한 것이라고 설명하였다. 즉 경쟁법 집행체계에서 부당한 공동행위가 최적 억지에 도달하려면 공적 집행과 사적 집행 간에 대립적 관계가 아니라 상호 보완적 방법을 설계해야 한다는 것이다.[317] Lande와 Davis의 주장은 사적 집행으로 인한 억지를 실증적으로 입증하면서도 집행체계 간의 상호 호혜성에 기초하여 균형 있는 시각을 제시하였다. Lande와 Davis는 공적 집행의 성과가 미흡하였다는 점을 비판한 것이 아니라 그 동안 간과되어 오던 사적 집행이 금전 제재 수단으로서 법 위반 억지 확보에 중요하다는 점을 강조한 것이다.

한편 자진신고자 감면제도와 사적 집행으로 인한 억지 효과의 관계에 대해서도 논쟁이 지속되었다. 공적 집행을 지지하는 WHB도 공적 집행의 효과성을 높이는 자진신고자 감면제도가 사적 소송에서의 배상책임을 제한한다는 점은 인정하였다.[318] 왜냐하면 기업들이 자진신고자 감면제도에 참여하면 배액 배상에 제한을 두므로 배상해야 할 범위가 제한되기 때문이다.[319] 이 관점에서 Lande와 Davis는 공적 집행의 자진신고자 감면제도가

---

315) Werden, Gregory J. & Hammond, Scott D. & Barnett, Belinda A.(2011), op. cit., p.231.
316) Werden, Gregory J. & Hammond, Scott D. & Barnett, Belinda A.(2011), ibid, p.228.
317) Lande, Robert H. & Davis, Joshua P.(2013), op. cit., p.1304.
318) Werden, Gregory J. & Hammond, Scott D. & Barnett, Belinda A.(2011), op. cit., p.233.

금전 제재 억지를 제한할 수 있지만 사적 집행은 그렇지 않다고 하였다. 이러한 점에도 불구하고 Lande와 Davis는 공적 집행과 사적 집행이 공생관계라는 점은 분명하다고 밝혔다.320)

II. 사적 집행의 억지효과에 대한 기타 실증연구

1. 독점금지법상 사적 집행의 억지효과에 대한 Georgetown 연구

셔먼법에서는 독점금지법 위반에 의해 피해를 받은 사람들을 배상하기 위하여 사적 소송 제기 권한을 인정한다.321) Georgetown 연구에서는 1973년부터 1983년까지 5개 연방구역에서 제기된 2,357건의 독점금지법 위반 사건을 분석하여 사적 집행의 억지 효과를 검토하였다. 연구 결과 사적 집행이 갖는 장점과 사적 집행의 공적 집행에 대한 지원 역할을 실증적으로 입증하였다.322) 이 연구에서 검토된 사건들은 미국 전역에서 제기된 독점금지법 위반 소송사건의 1/6에 달한다. 사건 대부분이 부당한 가격 합의 사안이었는데 주목할 점은 해당 사건 중 화해로 소송이 종결된 비율이 70% 이상이라는 점이다.323)

Lande와 Davis의 실증연구에서도 부당한 공동행위를 적발할 때 손해배상 소송 이전에 합의금을 지불하고 소송을 종료하는 경우를 확인할 수 있

---

319) Crane, Daniel A.(2011), op. cit., pp.181-182.
320) Lande, Robert H. & Davis, Joshua P.(2013), op. cit., p.1300.
321) Jones, Clifford A.(2005), op. cit., p.20.
322) Georgetown Study of Private Antitrust Litigation, Georgetown Conference on Antitrust Litigation (1985)
323) 이선희, "카르텔의 자진신고에 의한 책임감경제도와 손해배상청구소송의 상호관계에 대한 연구", 성균관법학 제25권 1호, 성균관대학교 법학연구원, 2013, 38면.

었다. 이 경향은 벌과금 및 소송으로 인해 법 위반 사업자가 부담할 금전 제재가 과도해질 것을 두려워하여 화해로서 금전 배상을 종결하려는 의도가 반영된 것이다.324) 소송을 할 경우 원고는 피고에게 3배 배상의 위험성을 부과하여 원고의 교섭력을 강화할 수 있는데 화해 또한 이와 유사한 효과를 발휘한다.325) 즉 소송까지 이르지 않더라도 화해가 중요한 사적 집행수단이자 금전 제재로 작동하며 억지에 효과가 있다는 점을 확인할 수 있다.

2. Schantl과 Wagenhofer의 공적·사적 집행체계 간 상호작용에 의한 억지효과 연구

Schantl와 Wagenhofer의 실증연구는 경쟁법의 사적 집행 억지에 대해 직접 다룬 사례는 아니다. 이 연구는 공적 집행과 사적 집행이 전략적으로 상호 작용하는 경우에 재무상 허위 보고가 억지될 수 있음을 보여준다. 허위 재무보고의 징표는 표면적으로 노출되기까지 상당한 시간이 소요되는 경향이 있다.326) 그런데 공적 집행 및 사적 집행체계가 유기적으로 작동되면 허위 재무보고가 더 빠르고 효과적으로 억지될 수 있다는 것이다.327) 다시 말해 사적 집행을 배제한 채 공적 집행만 이행될 경우 허위 보고의 증거가 뒤늦게 발견될 수 있지만 공적 집행과 사적 집행 양자의 기능이 상호 전략적으로 동시에 작동되면 재무 허위보고 발견에 효율적일 수 있다는 것이다.328)

---

324) 이선희(2013), 위의 글(주 323), 38면.
325) 이선희(2013), 위의 글(주 323), 43면.
326) Schantl, Stefan F. & Wagenhofer, Alfred, Deterrence of Financial Misreporting When Public and Private Enforcement Strategically Interact, In Journal of Accounting and Economics Vol 70 No.1, 2020, p.2, p.33.
327) 이 입장은 다음 선행연구에서도 확인할 수 있다.; Jackson, Howell E. & Roe, Mark J., Public and Private Enforcement of Securities Laws: Resource-Based Evidence, In Journal of Financial Economic Vol.93, No.2, 2009.

이 연구에서 Schantl와 Wagenhofer는 공적 집행과 사적 집행 간 상호 보완성 및 호혜성의 근거로 다음을 든다.

첫째, 사적 소송이 추진되는 경우 기업의 전략적 의사결정 과정에서 투자자가 사용하는 정보에 의존하게 된다. 이때 공적 집행 결과와 관련된 정보, 예컨대 허위 재무보고로 인한 금융당국의 경고나 제재 이력이 중요한 정보가 될 수 있다. 따라서 공적 집행에 의한 제재 정보가 알려지면 허위 재무정보에 대해 의사결정자는 물론 투자자도 문제점을 알아채고 이에 대한 후속 작업으로 소송 제기 등 사적 집행에 참여할 유인이 높아진다. 그 결과 허위 재무보고나 데이터 조작 등의 부정행위가 효과적으로 방지될 수 있다.[329]

둘째, 사적 집행이 강화되면 재무 허위보고나 과실이 드러나 공적 집행 조사에도 기여할 수 있다. 공적 집행은 단지 기술적 수단이 아니라 집행자의 전략적 의사결정의 결과물이다. 금융당국 담당자 등 공적 집행 수행자는 무리한 법 집행으로 인한 감사 지적을 두려워하여 소극적으로 법 집행을 하는 경향이 있다. 이 경우 사적 집행은 공적 집행의 한계점을 보완해줄 수 있다. 사적 소송을 강화하면 오보와 과실이 자주 노출되고 금융당국 등의 공적 집행관도 이를 인지하게 되면 공적 조사의 유인이 향상된다. 이처럼 사적 집행은 재무 허위보고를 억지하기 위한 법 집행자의 집행 부담도 줄여준다.[330]

Schantl와 Wagenhofer의 연구는 재무 분야에서 허위보고 예방을 위한 사적 집행 측면을 다루었으나 경쟁법상 사적 집행 억지에도 시사점을 준다. 특히 공적 집행 단독의 역할 수행만으로는 최적 억지력 발휘에 한계가 있으므로 사적 집행이 보충적 역할을 할 수 있다는 점에 주목할 필요가 있다.

---

[328] Schantl, Stefan F. & Wagenhofer, Alfred(2020), op. cit., pp.32-33.
[329] Schantl, Stefan F. & Wagenhofer, Alfred(2020), ibid, p.1, p.34.
[330] Schantl, Stefan F. & Wagenhofer, Alfred(2020), ibid, p.2, p.34.

부당한 공동행위 사안이 발생했을 때 경쟁당국은 자진신고자 감면제도에 의존하여 법 위반을 적발하고 있지만 이 방식만으로는 법 위반 억지에 한계가 있다. 이를 보충하기 위하여 시장에서의 발주기업 등 거래당사자에게 능동적으로 시장 감시역할을 부여하면 경쟁당국의 부당한 공동행위에 대한 법 위반을 적발할 수 있는 가능성이 향상될 수 있다. Schantl와 Wagenhofer의 연구결과는 경쟁법 분야에서도 공적 집행과 사적 집행체계 간에 시너지 효과가 발생할 수 있다는 점을 보여준다.

3. Pavillion의 EU 소비자법상 사적 집행의 억지효과 연구

EU의 소비자법은 소비자 뉴딜 정책상 사적 집행의 억지력을 부정하는 입장을 취한다. 공적 집행은 효과성, 비례성, 억지력 3대 원칙준수가 요구되지만 사적 집행에서는 이를 고려하지 않는다.[331] Pavillon은 이에 대한 비판적 관점에서 네덜란드 법원 사례를 중심으로 하여 EU의 소비자법상 사적 집행의 억지력에 대해 실증연구를 수행하였다. 이 연구에서는 네덜란드의 8개 지방법원을 대상으로 43개 설문을 실시하였고 6개 법원에서 브레인스토밍 세션을 열었으며 사건에 대해 심층적으로 토론하였다.[332]

Pavillon은 사적 집행의 억지 효과에 대해 집중적으로 검토하였으며 결론적으로 네덜란드 지방법원이 EU 소비자법의 집행자로서 사적 집행의 억지에 기여하고 있음을 확인하였다. 네덜란드 지방법원은 공적 집행에서 요구하는 효과성, 비례성, 억지력을 충족시키도록 민사제재를 활용하여 EU의 소비자법을 집행하고 있었던 것이다.[333] 이를 근거로 공적 집행과 사적 집

---

331) Case C-367/15, ECLI:EU:C:2017:36, OTK, ECJ (17, Dec. 2015)
332) <https://doi.org/10.17026/dans-zqj-64su.>, 2023.8.15. 최종방문.
333) Pavillon, Charlotte, Private Enforcement as a Deterrence Tool: A Blind Spot in the Omnibus-Directive, *European Review of Private Law* Vol.27, No.6, 2019, pp.1313-1314.

행 간 억지는 결이 다르지만 사적 집행으로 인해 법 위반 억지를 달성했을 때 소비자 권리 보호에 중요한 수단이 될 수 있다는 점이 확인된다.334) 이 사례도 경쟁법상 사적 집행의 억지 기능에 중요한 참고가 될 수 있다.

Ⅲ. 사적 집행의 억지 효과에 대한 해외 실증연구가 우리나라 법제에 주는 시사점

지금까지 최적의 법 집행 이론에 근거하여 적정한 제재란 법 집행 효율성이 높고 비용이 적게 소요되는 수단과 방법을 찾아 최적의 조합을 구성하는 것임을 검토하였다. 이를 위해서는 사적 집행이 공적 집행을 보완하거나 대체하는 시도가 최적의 법 집행에 효과적인지 검증이 필요한데 사적 집행이 억지에 기여한다는 점은 해외의 연구 사례로 살펴보았다. 미국과 같이 소송 문화가 활성화된 관할권에서는 사적 집행이 법 위반 억지에 충실한 역할을 하고 있다는 것을 확인할 수 있었다.

공적 집행도 나름의 집행 효율에 중요한 역할이 있지만 이에 전적으로 의존하는 방식은 최적의 법 집행 달성에 한계를 보여준다. 우리나라에서는 "공정거래법 위반행위와 관련된 단독형 손해배상청구가 드물다는 사실로 비추어 볼 때 사적 집행은 공적 집행과 별개로 독자적 예방기능을 담당하기 무리가 있다"는 비판이 있다.335) 그러나 민법과 달리 공정거래법상 3배의 배상제도가 도입되었다는 점을 고려할 때 위 견해가 공적 집행 보완재로 억지 가능성을 전면 부정한 면은 아쉬움이 있다.336) 최적의 법 집행 억지 관점에서 사적 집행은 유용하며 비용 절감과 집행 효율성에 기여할 수

---

334) Pavillon, Charlott(2019), ibid, p.1308.
335) 서정(2019), 앞의 글(주 9), 6면.; 윤성윤·강일(2012), 앞의 글(주 13), 99면 등.
336) 이선희(2013), 앞의 책, 73면.; 정병덕(2019), 앞의 글(주 14), 390면.

있다는 점을 고려하여야 한다. 특히 정보를 수집하고 관리하는 소위 정보비용 차원에서 공적 집행이 언제나 경제성과 효율성을 발휘하는 지에 대한 비판적 고찰이 필요하다.

그러나 사적 소송이 활성화된 미국의 실증연구 사례를 우리나라에 직접 적용하는 것은 현실 적합성이 낮을 것이다. 미국과 우리나라의 이질적 법 문화와 법 집행 실태의 차이점을 분명히 인식하여야 한다. 우리나라는 억지를 담당하는 금전 제재가 공적 집행인 과징금 부과로 실현된다고 보지만 미국에서는 사적 집행인 손해배상제도가 그 기능을 담당한다. 또한 우리나라에서는 사적 소송 사례가 드물지만 미국은 사적 소송 비율이 압도적으로 높아 양 법제를 단순 비교하기는 어렵다.

즉 공정거래법상 사적 집행에 대한 논의를 할 때 우리나라의 법체계에서 정합성 문제를 고려하지 않으면 이질적인 타 입법례가 우리나라 법제에 녹아들 수 없다.[337] 공법, 사법으로 나뉘는 우리나라의 이분법적 구조상 공법 영역인 공정거래법에서 사적 집행을 한다는 개념이 낯설 수는 있다. 우리나라에서 사적 집행이 저조한 문제를 해소하는데 있어서 "심리적 장벽 제거(Eliminating Psychological Barriers)"가 유일한 해결책은 아닐 수 있다는 시각도 있다. 미국에서도 사적 소송이 활성화되기까지 반세기가 소요되었는데 우리나라에서 사적 집행이 갑자기 활성화되는 것을 기대하는 것은 비현실적이기 때문이다.[338] 각국의 입법례에 따라 문화, 사회, 법적 환경과 수범자의 인식이 다르다는 점을 분명히 고려하여야 한다. 셔먼법 창시자인 Sherman 의원은 사인도 정부와 마찬가지로 "셔먼법 집행자(Private Attorneys General) 역할을 해야 한다"고 했으나[339] 우리나라가 미국과 같은 사적 집

---

337) 홍대식(2015), 앞의 책, 352면.
338) Jang, Hye-Lim(2009), op. cit., pp.65-67.
339) Crane, Daniel A(2011), op. cit., pp.50-51.; Associated Indusrties v. Ickes, 134 F.2d 694, 704 (2d Cir. 1943).

행 체계를 갖추었다고 해석하기는 어렵다.

  그러나 공적 집행과 사적 집행이 긴밀하게 보완해야 한다는 구조를 전제하지 않고서는 부당한 공동행위 억지에 한계가 있다. 손해배상을 통한 억지 달성이 가능하다면 우리나라 체제에 맞는 맞춤형의 사적 집행 강화 방식을 발굴하여 제도를 보완해 나가야 한다. 그렇다고 해서 공정위에 의한 단독적 공적 집행이 법 위반 억지에 한계가 있다는 사실만으로 사적 집행을 강화하여야 한다는 논리도 타당하지 않다. 우리나라 법제에 적합한 맞춤형 제도 설계방안을 고려할 필요성이 있다. 반드시 소송으로 해결하는 방안이 아니더라도 우리나라 법제가 수용할 수 있는 사적 집행의 범위를 새롭게 정의하고 해당 사적 집행이 부당한 공동행위 억지에 어떤 기여를 할 수 있을지 검토가 필요하다. 이를 위한 전제로 다음 장에서는 사적 집행을 대표하는 손해배상제도 일반론, 징벌적 손해배상제도, 경쟁법상 손해배상제도에 대해 해외 입법례를 비교법으로 자세히 검토한다.

제4장

손해배상제도 일반론과 징벌적 손해배상제도, 경쟁법상 손해배상제도의 입법례 비교 검토

제1절 각국 입법례에 대한 비교법 검토의 실익 및 범위

각국의 입법례는 국가별 법질서, 수범자의 규범에 대한 인식, 각종 제도와 문화의 총체적 산물이다. 입법자는 이 사항들을 종합적으로 고려하여 정책적으로 판단하여 입법례를 형성하므로 국가마다 다양한 입법례를 갖추게 된다. 부당한 공동행위의 억지력 확보를 위하여 사적 집행이 기능할 수 있다는 점을 살펴본 바, 선진 입법례와의 비교 검토는 우리나라 법제에 부합하는 정교한 제도를 설계할 때 유익한 과정이 될 수 있다. 따라서 다음 절 이하에서는 사적 집행 강화에 착안점이 될 수 있는 입법례와 우리나라 법제의 상황을 비교한다. 제3장에서 살펴본 최적의 법 집행이론에 따라 최적의 제재가 이루어지려면 적발 가능성을 높이는 방식보다는 금전 제재 수위를 강화하는 방안이 효율적임을 확인하였다. 그렇다면 금전 제재 강화에 유익한 수단인 손해배상제도 그 중에서도 징벌적 손해배상제도에 대한 입법례의 비교가 중요한 참고사항이 될 수 있다.

논의의 전제로 각국의 손해배상제도 일반론에 대한 현황을 간단히 살펴본 후 징벌적 손해배상제도에 대해 검토한다. 이 과정을 거쳐 경쟁법상 손해배상제도를 비교 분석하고 제도 개선방안을 끌어내고자 한다. 손해배상제도는 다양한 쟁점을 포함하고 있어서 이를 모두 다루기는 어렵다. 따라서 본고의 연구 내용과 관련성이 높은 쟁점에 한정하여 논의의 범위를 정한다. 즉 법 위반 억지를 위해서는 사적 집행을 통한 금전 제재의 수위를 상향하는 것이 매우 중요하므로 손해액을 산정할 때 쟁점이 될 수 있는 사항 예컨대 원고의 입증책임 수준, 손해액 인정제도, 원고의 증거에 대한 접근권 강화, 외국에서 승인된 징벌적 손해배상제도의 허용 등을 집중적으로 검토한다.

다음 절 이하에서는 비교 관할권으로 미국, EU, 일본의 입법례를 검토한다. EU는 다른 입법례와 달리 EU의 정책과 각 회원국이 수용하는 방식이 다양하다. 따라서 대륙법계 국가 대표로 독일 및 프랑스의 입법례를 함께 살펴본다. 마지막으로 우리나라의 손해배상제도와 관련된 쟁점을 살펴보고 의미 있는 제도 개선을 위한 시사점을 도출하겠다.

제2절 미국

Ⅰ. 손해배상제도 일반론

미국의 손해배상제도는 전보배상을 고수하므로 실제 발생한 손해 외에 불확정적 손실[340]이나 판결 전 이자가 포함되지 않는다.[341] 따라서 피해자가 입은 손해를 모두 배상하기에 어려움이 있다. 이러한 불충분한 제도를 보완하고자 미국에서는 징벌적 손해배상제도나 배액 배상제도 등 초과 배상이 인정된다. 통상은 동일한 불법행위에 대해 국가 주도의 형사제재와 피해자의 사법적 청구권으로서 민사제재를 동시에 수반한다. 그런데 미국 불법행위법에서는 손해의 전보와 함께 행위자에 대한 처벌이나 억지를 불법행위로 인한 손해배상제도에 편입시키는 특징이 있다.[342]

미국은 전 세계적으로 소송이 매우 활발하게 이루어지는 국가이다. 미국의 손해배상제도 일반론에 대해 이해하기 위해서는 제도의 기초가 되는 '소송을 통한 규제이론(Regulation by Litigation)'을 살펴볼 필요성이 있다. 소송을 통한 규제이론은 손해배상이나 가처분 등 민사소송이 정부의 규제를 대체하거나 보완하는 현상을 의미한다.[343]

검찰총장이 국민의 보건 법익이 침해당한다는 것을 근거로 담배회사에

---

340) "미국의 독점금지법 위반으로 인한 손해배상청구권은 비용 증가로 인한 손해(overcharge)만을 대상으로 하고 매출, 이윤 감소로 인한 손해(lost volume)는 대상으로 하지 않는다는 법리가 확립되어 있다."; 이동진(2014), 위의 글(주 12), 222-223면.
341) 김대선(2014), 앞의 글(주 14), 256면.
342) Restatement (Second) of Tort §901(c) (1979).
343) '소송'을 통한 규제라는 용어 사용을 위해서는 기존에 이해하던 행정규제의 주체나 방식을 확대해 이해할 필요성이 있다. 규제의 자세한 개념은 다음을 참조.; 박재윤, 『독일 공법상 국가 임무론과 보장국가론』, 경인문화사, 2018, 254-258면.

손해배상소송을 제기한 후 화해를 도출하는 사례 또는 시민단체와 소비자가 자동차 회사의 배기가스 배출에 대한 손해배상소송을 제기하는 사례가 우리에게 각인된 미국의 소송과 관련된 이미지이다. 이처럼 미국에서는 '사인'의 소송을 이용해 입법자가 규제 수단으로 활용하거나 제재를 위한 수단으로 사용하는 경우가 자주 목도된다. 즉 손해배상제도는 정부 규제가 필요한 분야에서 집행 수단으로서 기능하므로 억지 기능과 밀접한 연관성이 있다고 풀이된다.[344)]

미국의 정치학자 Kagan은 소송을 통한 규제이론의 사상적 배경을 '당사자주의적 법률주의(Adversarial[345)] Legalism)'로 설명한다. 유럽의 '관료주의적 법률주의(Bureaucratic Legalism)[346)]'에 대응하는 개념인 당사자주의적 법률주의에서는 변호사 주도의 소송으로 분쟁을 해결하는 방식이다. 다시 말해 미국에서는 국가 거버넌스를 주도하는 중앙 집중적 관료제도를 소송이 기능적으로 대체한다.[347)]

미국에서의 소송을 통한 규제는 2가지 유형으로 구분된다. 첫째, 행정청이 직접 소송을 제기하는 유형으로 앞서 언급한 것 중에서 담배회사에 대해 검찰총장이 소송제기를 한 사안이 그러하다.[348)] 이 유형은 소송이 규칙

---

344) 박재윤, "행정법에 있어서 사인의 소송 및 집행의 역할(I)", 행정법 연구 제57호 행정법이론실무학회, 2019, 26면.
345) 'adversarial'은 일반적으로 '당사자주의적' 소송 형태로 이해되지만 미국의 법 문화를 추상적으로 이미지화한다는 점에서 '대립적'이라는 용어를 쓰기도 한다.; 박재윤(2019), 위의 글(주 344), 28면.
346) Kagan은 관료주의적 법률주의의 예외에 해당하는 당사자주의적 법률주의가 미국 법문화상 나타나는 독특한 현상으로 치부될 수 있다는 점을 인정하면서 유럽이 이를 받아들일 것이라고 보지 않았으나 최소한 가능성은 열어두었다고 한다. 관련 내용은 다음의 문헌을 참조.; Kagan, Robert A., Should Europe Worry about Adversarial Legalism?, *Oxford Journal of Legal Studies* Vol.17, No.2, 1997.
347) Kagan(1997), op. cit., pp.167-168.
348) 우리나라에서도 2014년 건강보험공단이 진료비 부담 증가에 대한 전보적 손해배상을 청구한 사례가 있으며 미국에서의 담배 소송과 구조적으로 유사하다.; 조성우,

제정이나 입법적 대체효과를 가져오므로 절차가 간명하다는 장점이 있다. 그러나 원칙적으로 해당 절차를 밟았을 때 필요한 통제과정을 회피할 수 있다는 한계가 지적된다.349) 둘째, 입법자가 인센티브를 제공하는 방법을 통하여 사인을 소송에 참여하도록 유도하는 유형이 있다. 앞서 언급한 것 중에서 시민단체와 소비자에 의해 제기된 자동차 배기가스 손해배상 소송 사안이 대표적이다. 이 유형에서는 민사법이 집행 및 규제 관점에서 중요한 역할을 한다고 본다. 다만 이러한 사적 소송이 정치적 차원에서 너무 남용되는 현상이 발생하자 이를 억지하기 위하여 인위적으로 정부가 소송 빈도 등을 조정하기도 한다는 비판이 있다.350)351)

II. 징벌적 손해배상제도

1. 보통법상 징벌적 손해배상제도의 연혁과 개념

고대 사회의 함무라비 법전에서는 징벌적 손해배상에 대한 추정 규정이 발견된다.352) '징벌적 손해배상(Punitive Damages)'은 가해자가 악의적 또

"건보공단 담배소송 분수령 맞았다", 헬스포커스 뉴스기사, 2017.4.28. <http://www.healthfocus.co.kr/news/articleView.html? idxno=70593>, 2024.5.21. 최종방문.
349) 담배 소송 사례를 예로 들면, 담배에 소비세를 부과하는 규제로 인해 소비자에게 비용 부담이 전가된다는 한계점도 있다. 경쟁법적 관점에서는 담배 회사에 시장 점유율을 보장하는 경쟁제한 효과가 발생할 우려가 있다.; Hau, Wolfgang, *Alexandra Lahav: In Praise of Litigation*, Köln: Wolters Kluwer, 2017, p.34-41.
350) Viscusi, W. Kip(Ed.), *Regulation through Litigation*, 2002, p.10.[박재윤(2019), 앞의 글(주 344), 35면 재인용].
351) 이 유형은 사인이 공익을 대표하는 집행자로서의 역할을 하기 위하여 국가가 사적 소송을 장려하는 차원하므로 징벌적(배액) 배상 또는 원고의 변호사 비용 보전이 정당성을 가질 수 있다.; 박재윤(2019), 위의 글(주 344), 38면.
352) Schlueter, Linda L., *Punitive Damages*, LexisNexis 2005, §1.1.

는 의도적으로 불법행위를 한 경우 가해자를 제재하여 유사한 행위를 억지하고자 하는 것으로 피해자의 현실적 손해에 부가적 손해를 인정하는 손해배상이다.353) 징벌적 손해배상제도는 1784년 미국의 Genay v Norris 사건354)을 시작으로 민사법상 집행 수단으로 활용되고 있다.355)

미국법학원(American Legal Institute)이 불법행위에 대해 1979년에 정리한 『리스테이트먼트(Restatement Second of Torts)』에서는 전보적 또는 명목적 손해배상과 달리 무자비한 행위에 가담한 자를 징벌하고 추후 유사한 행위를 억지하기 위하여 징벌적 손해배상이 인정된다고 규정한다.356)

보통법에 근거한 징벌적 손해배상은 민사상 손해배상청구로 이어지며 피해자의 손해가 아니라 가해자의 법 위반행위에 대한 부당성에 방점을 둔다.357) 즉 징벌적 손해배상은 공익적 차원에서 행위자에 대한 처벌, 보복, 유사 행위 재발 억지를 주된 목적으로 한다.358) Day v. Woodworth 사건에서는 징벌적 손해배상이 처벌 기능을 갖는다고 명시적으로 인정하면서 미국법상 징벌적 손해배상은 민사 요소로서의 배상 및 형사 요소로서의 처벌이라는 양립성을 갖는 것으로 평가되고 있다.359)

---

353) 이점인, "징벌적 손해배상제도의 도입 필요성과 가능성에 대한 일고찰", 동아법학 제18호, 동아대학교 법학연구소, 2006, 188면.
354) Genay v Norris, 1 Bay 6, 1 S.C.L. 6(1784).; 이 사건은 의사가 피해자에게 최음제를 다량 투입하여 피해자가 장기간 통증으로 고통받은 사안이다.
355) 김차동(2023), 앞의 글(주 14), 84면.
356) 구체적으로 살펴보면 실질적 악의를 Evil Motive로, 암묵적 악의를 Reckless Indifference라고 하며 적어도 둘 중 한 가지에 대한 주장과 입증을 요구한다.; Restatement(Second) of Torts §908 (1979).
357) Owen, David G., A Punitive Damages Overview: Functions, Problems and Reform, *Villanova Law Review* Vol.39 No.2, 1994, pp.364-365.
358) State Farm Mut, Ins. Co. v. Campbell, 538 U.S. 408, 416(2003).
359) Rustad, Michael & Koenig, Thomas, "The Historical Continuity of Punitive Damages Awards: Reforming the Tort Reformers", *American University Law Review* Vol.42 No.4, 1993, pp. 1294-1297.

이후 연방대법원은 선례구속원칙에 의하여 징벌적 손해배상법리를 인정한다는 입장을 지지하였다. Milwaukee & St. P.R. Co. v. Arms 사건에서 연방대법원 Davis 대법관은 "일반원칙으로 원고가 전보배상에 한정하여 구제를 받더라도 일부 사안에서 징벌적 손해배상이 허용될 수 있다는 법리가 확립된 이상 이를 변경할 수 없다(too well settled now to be shaken)"고 언급하였다.[360]

2. 보통법상 징벌적 손해배상제도의 성립요건

징벌적 손해배상은 불법행위 요소가 없는 순수한 채무불이행 등 계약법 위반에는 적용되지 않는다.[361] 가해자를 처벌하기 위한 목적이 있으므로 성립요건은 행위자 중심으로 정해진다. 징벌적 손해배상의 성립요건은 '원인이 되는 사건이 존재하고 실제 손해가 발생하며 가해자의 비난 가능한 행위일 것'을 요한다.[362]

징벌적 손해배상이 인정되는 가해자의 행위 양상은 차이가 있지만 비행, 계획적 행위, 무분별한 행위, 악의성, 중과실 등의 양태로 나타난다.[363] 따라서 단순한 법 위반 또는 중대한 과실만으로는 징벌적 손해배상의 성립요건으로 부족하며 법 위반행위 결과를 의식적으로 간과한 정도의 악의적 행위나 부주의가 요구된다.[364]

보통법상 징벌적 손해배상제도의 성립요건에는 미달하지만 손해의 입증

---

360) Milwaukee & St. P.R. Co. v. Arms, 91 U.S. 489, 492 (1875).
361) American Jurisprudence 2d § 568, 569, 570
362) South Port Marine, LLC v. Gulf Oil Ltd. Partnership, 234 F.3d 58(1st Cir. 2000).
363) American Jurisprudence 2d § 571.
364) Cohen v. Allendale Coca-Cola Bottling Co. 사건에서는 피고가 법규를 인지하고 법을 위반했으나 악의적 수준이 아니므로 징벌적 손해배상을 부정하였다.; Cohen v. Allendale Coca-Cola Bottling Co. 291 S.C. 35(S.C.App.,1986).

이 극히 어렵거나 사실상의 불이익이 미미한 경우에는 명목상 손해배상이 인정된다. 그러나 명목상 손해배상은 가해자가 악의를 지니고 있었다는 증거를 요구하거나 처벌을 목적으로 하지 않으므로 징벌적 손해배상제도와는 본질적으로 차이가 있다.365)

3. 보통법상 징벌적 손해배상제도의 기능

(1) 제재 및 징벌 기능

판례에서는 공동체에 가해진 불법행위 가담자를 제재하고 징벌하는 것이 징벌적 손해배상제도의 본질적 기능이라고 판시한다.366) 즉 판례는 징벌적 손해배상을 통하여 불법행위자는 이득을 박탈할 필요성이 있으며 타인의 권리는 존중받을 가치가 있다는 점을 확인하였다. 이에 따라 불법행위 가담자가 타인에 대한 권리를 침해하여 이득을 얻은 것은 자유를 빼앗은 행위로 보고 원상회복을 초과한 배상을 인정하는 것이다.367) 연방대법원도 악의가 있거나 비난 가능성이 극심한 행위에 대해 징벌적 손해배상제도를 적용하는 것은 연방 수정헌법 제14조에 위반하지 않는다는 입장을 지니고 있다.368)

(2) 법 위반 억지 기능

법 위반 억지 기능은 가해자의 행위를 교정하고 사회 구성원들에게 모범적 본보기를 보여주어 불법행위 재발을 방지하는 것에 목적이 있다.369) 징

---

365) Restatement(Second) of Torts §620, §907 (1979).
366) Allman v, Bird, 186 Kan. 802, 353 P.2d 216(1960).
367) Owen, David G., Punitive Damages in Products Liability Litigation, *Michigan Law Review* Vol.74, No.7, 1976, pp.375-376.
368) Gertz v. Robert Welch, Inc., 418 U.S. 323, 350 (1974).
369) Owen, David G.(1976), op. cit., p.1281.

벌적 손해배상제도의 억지 기능에 대해서는 대립적인 견해가 있다. 긍정적인 입장은 공동체가 법 위반행위를 승인하지 않는다는 메시지를 전달하면 공동체의 행위 기준을 확인하는 규범적 역할 때문에 억지가 달성된다는 시각이다.370) 이 입장은 억지가 징벌적 손해배상의 본질적 기능임에 주목한다. 주의의 환기를 통하여 불법행위를 위축시키면 예방기능이 발현된다는 것이다.371)372) 반면 부정적인 입장은 형사법과 민사법을 철저히 이원화하여 이해하므로 징벌을 통한 억지를 형사법 영역으로 본다.373)

4. 보통법상 징벌적 손해배상제도에 대한 법경제학적 접근

(1) 최적의 법 집행이론과 징벌적 손해배상제도와의 관계

징벌적 손해배상에 대한 법경제학적 이론의 근거는 앞서 본 최적의 법 집행이론이 지배적이다. 법경제학 관점에서는 징벌적 손해배상제도의 사회적 후생 및 효율성 증진 효과를 인정하므로 사인이 징벌적 손해배상제도를 활용한다면 가장 경제성 있는 효율적 선택을 할 것이라고 본다. 이처럼 징벌적 손해배상에 대한 법경제학적 접근에서는 억지 달성에 징벌적 손해배상이 필요한 이유와 함께 이를 가장 효율적으로 활용하는 방식은 무엇인지에 관심을 둔다.374)

이른바 '핸드 공식(Hand Fomula)375)' 또는 Posner 판사의 불법행위 이

---

370) Owen, David G.(1976), ibid, pp.374-375.
371) Owen, David G.(1976), ibid, p.363.
372) 불법행위 가해자에게 소를 제기하는 유인을 제공하면 법치주의가 강화되므로 억지와 밀접한 관계가 있다는 시각도 억지 기능 긍정설과 유사한 맥락이다.; Owen, David G.(1994), ibid, pp.380-381.; St. LukeEvangelical Lutheran Church, Inc., v. Smith, 586 A.2d. 35(Md. 1990).
373) Schlueter, Linda L.,(2005), op. cit., §2.2.
374) Polinsky, A. Mitchell & Shavell, Steven(1998), op. cit., pp.870-876, pp.896-900.
375) United States v. Carroll Towing 사안에서 Hand 판사가 법적 주의의무 위반여부를

론376)을 통하여 최적의 법 집행과 징벌적 손해배상제도와의 관계를 살펴보겠다.377) 이 논리에 따르면 가해자에게 실제 손해액 또는 초과 손해배상액이 부과되어야 억지가 달성될 수 있다고 한다. 불법행위로 인해 가해자가 부담하여야 할 손해배상 규모가 실손해보다 적다면 가해자가 위반행위를 할 때 주의를 간과하여 법 위반에 가담하게 되며 결국은 억지 달성이 곤란해진다. 다시 말하면 가해자의 불법행위로 인해 피해자의 손해가 발생할 텐데 관련 비용을 가해자에게 귀속시킨다면 불법행위를 차단할 가능성이 있다는 것이다. 이러한 관점과 달리 징벌적 손해배상제도의 제재 및 징벌적 측면에서는 가해자의 반사회적 행위 처벌 자체에 집중하며 손해배상액을 반드시 피해자의 손해액 기준으로 산출해야 한다는 논리로 귀결되지 않는다.378)

(2) 최적의 법 집행이론에 따른 징벌적 손해배상액 산정방식

징벌적 손해배상액을 산정할 때 표준에 의한 일률적 방식과 사안별 개별적 방식을 활용할 수 있는데 이에 대해서는 견해가 나뉜다. Polinsky와 Shavell은 최적의 징벌적 손해배상액 산정 시 최적의 법 집행이론에서 적발 승수에 의한 제재라는 일률적 방식이 유용하다고 주장한다. 이 방식은 배상 규모를 사전에 충분히 예상할 수 있으므로 수범자에게 예측 가능성을 제공할 수 있기 때문이다.379) 반면 Miceli는 징벌적 손해배상액을 사안별로 개별 산정하는 방식이 억지 달성 차원에서 장점이 크다고 주장한다.380)

결정한 점에서 유래하였다.; United States v. Carroll Towing, 159 F. 2d 168, at 173-174(2d Cir. 1947).
376) Posner, Richard A., A Theory of Negligence, *The Journal of Legal Studies* Vol.1 No.1, 1972, pp.32-36.
377) 이에 대한 자세한 설명은 다음 문헌을 참조.; 김정환, 『징벌적 손해배상의 적정한 운영방안에 관한 연구』, 사법정책연구원, 2019, 21-22면.
378) Klink v. Combs, 28 Wis. 2d 65, 135 N.W. 2d 789, 1965.
379) Polinsky, A. Mitchell & Shavell, Steven(1998), op. cit., p.872.

법 위반 억지만을 고려한다면 징벌적 손해배상제도를 상당히 과도하게 인정하는 것이 유리할 수도 있다. 하지만 연방대법원은 판례를 통하여 상당히 과도한 징벌적 손해배상의 위헌성을 인정하였다. BMW 사건을 예로 들면 연방대법원은 전보배상액에 대비했을 때 500배나 많은 손해배상액을 부과하는 것은 미국 수정헌법 제14조 적법절차 규정에 반한다고 판단하여 하급심에서 배상액을 절반으로 감축하였다.381) 이 판결 이후 연방대법원은 징벌적 손해배상액을 산정할 때 가해자에 대한 비난 정도, 실손해와 징벌적 손해배상액 간의 비율, 유사한 사례에서의 민·형사적 제재와 징벌적 배상액 등을 고려해야 한다는 기준을 제시하였다.382) 생각건대 최적의 법 집행을 위하여 징벌적 손해배상제도를 활용하는 것은 최대의 제재가 아니라 경제적 효율성에 기반한 최적의 제재를 위한 것이다. 이 관점에서 보면 징벌적 손해배상액을 산정할 때 합리적 기준점과 고려사항이 필요하므로 연방대법원의 판단은 타당해 보인다. 이하에서는 최적의 법 집행이론에 따라 징벌적 손해배상액을 산정할 때 고려사항은 무엇인지에 대해 살펴본다.

(3) 최적의 법 집행이론에 따른 징벌적 손해배상액 산정 시 고려사항
1) 가해자에 대한 비난 가능성

가해자에 대한 비난 가능성을 고려하여 징벌적 손해배상액을 산정하는 방식은 최적의 억지 차원에서 적절하지 않다는 시각이 있다.383) 최적의 징벌적 손해배상액 산정 관점에서 보면 가해자에 대한 주관적 또는 도덕적

---

380) Miceli, Thomas. J., & Stone, Michael. P., The Determinants of States-Level Caps on Punitive Damages: Theory and Evidence", *Contemporary Economic Policy* Vol.31 No.1, 2013, pp.115-116.
381) BMW of North America v. Gore, 517 U.S. 559 (1996).
382) J.K v. Peters, 2011 WI App 149, 337 Wis. 2d 504, 808 N.W.2d 141 (Ct. App. 2011).
383) Galligan Jr., Thomas. C., Augmented Awards: The Efficient Evolution of Punitive Damages, *Louisiana Law Review* Vol.51 No.1, 1990, pp.62-64.

비난 가능성은 사회적 주의 수준을 끌어내는 것과 무관하다는 지적도 위와 유사한 입장이다.384)

반면 사회적으로 불법적인 이득을 취하는 행위 대부분이 대체로 높은 비난을 받을 가능성이 있으며, 징벌적 배상 필요성과 비난 가능성 간에 비례성이 있다는 점은 경험적으로도 타당하다. 그러므로 가해자에 대한 비난 가능성은 징벌적 손해배상액을 산정할 때 중요한 고려사항이라는 비판적 시각도 있다.385)

2) 가해자의 재산 상태

징벌적 손해배상액을 산정할 때 가해자의 재산 상태를 현실적으로 고려하지 않을 수 없고 많은 판례에서도 이를 인정한다. 실무상 과징금 규모를 결정하거나 전보적 손해배상액을 산정할 때에도 가해자의 재산 상태를 고려해야 한다. 최적의 억지 관점에서는 가해자의 재산 상태를 중요하게 염두에 두지 않는 것이 타당하다는 견해가 있다. 가해자가 위험에 대해 중립적 태도로 행위를 했다면 이는 본인의 재산 상태를 염두에 두지 않았으므로 징벌적 손해배상액을 산정할 때에도 고려 요소로 볼 필요가 없다는 것이 타당하지만386) 가해자가 위험에 대해 기피적 태도로 행위를 했을 때에는 재산 상태를 염두에 둘 필요가 있다는 것이다. 가해자의 재산 규모가 클수록 재산의 한계효용도 감소하므로 가해자의 재산 상태는 궁극적으로 징벌적 손해배상액을 산정할 때 고려해야 한다는 입장으로 이해할 수 있다.387)

---

384) Polinsky, A. Mitchell & Shavell, Steven(1998), op. cit., p.870-876.
385) Polinsky, A. Mitchell & Shavell, Steven(1998), ibid, pp.775-776.
386) Abraham, Kenneth. S., & Jeffries Jr., John. C., Punitive Damages and the Rule of Law: The Role of Defendant's Wealth, *The Journal of Legal Studies* Vol.18 No.2, 1989, pp.415.
387) Polinsky, A. Mitchell & Shavell, Steven(1998), op. cit., p.776

3) 가해자의 취득 이익규모

징벌적 손해배상액을 산정할 때 가해자가 취득한 이익을 공제하여야 한다는 입장이 많은 판례에서 확인된다.[388] 최적의 억지 관점에서는 실제로 발생한 손해가 가해자가 얻은 이익보다 적은 경우라면 이를 징벌적 손해배상액을 산정할 때 고려하지 않는 것이 타당하다. 경제적 효율성 관점에서도 이를 제재 대상으로 고려하면 과잉 억지가 초래되는 문제점이 있다.[389]

(4) 최적의 법 집행이론에 따른 징벌적 손해배상제도의 억지효과 실증연구

징벌적 손해배상제도의 억지 효과에 대한 검증을 하기 위하여 실증연구들이 진행되었다. 그러나 실증연구 결과에 대해서는 통계적 유효성 때문에 억지 효과가 분명하지 않다는 지적이 있다.[390] 최적의 법 집행이론에 따른 징벌적 손해배상제도의 억지효과에 대한 실증연구의 효용성에 대해서는 이처럼 지적이 있지만 대표적 사례로 Cohen과 Harbacek의 징벌적 손해배상액 산정결과에 대한 연구를 살펴보겠다. 이 연구에서는 징벌적 손해배상액의 중간값이 미화 64,000달러인데 실제로 연구에서 검토된 사건의 50% 이상에서 징벌적 손해배상액은 미화 100만 달러 미만인 것으로 파악되었다. 미화 100만 달러 이상이 되는 고액의 손해배상액이 결정된 사안은 전체 사건의 14% 이하에 불과하여, 징벌적 손해배상제도로 인해 고액 배상에 따른 소 제기를 남용할 가능성은 높지 않은 것으로 파악되었다.[391]

---

388) Pacific Mut. Life Ins. Co. v. Haslip, 499 U.S. 1 (1991); Green Oil Co. v. Hornsby, 539 So. 2d 218, 223(Ala, 1989).
389) Polinsky, A. Mitchell & Shavell, Steven(1998), op. cit., p.919.
390) Sharkey, Catherine M., Economic Analysis of Punitive Damages: Theory, Empirics, and Doctrine, *New York University Law and Economics Working Paper*, 2012, p.499.
391) Cohen, Thomas. H., & Harbacek, Kyle, Punitive Damages Awards in State Court, 2005, U. S. Department of Justice Special Report, 2011, pp.5-6.

Cohen과 Harbacek의 연구는 징벌적 손해배상액과 전보적 손해배상액 간의 상관성을 보여주므로 손해배상 규모의 예측이 가능하다.392)393) 또한 이 연구에서 징벌적 손해배상액이 부과된 사안은 전체 사건의 5% 이하인 점, 징벌적 손해배상액이 인정된 사안의 76%는 전보적 손해배상액의 3배 이하로서 적정한 수준이다.394) 이에 비추어 볼 때 징벌적 손해배상제도가 최적의 법 집행이론과 배치되는 것은 아니라는 점을 알 수 있다.

III. 독점금지법상 3배의 손해배상제도

1. 독점금지법상 3배의 손해배상제도의 근거

독점금지법상 손해배상제도는 대표적인 성문법상의 배액 배상제도(Statutory Multiple Damages)이다. 성문법상 배액 배상제도는 연방이나 주 성문법에 실손해의 배수로 규정된 법정 손해배상을 뜻한다.395) 연방법에서는 배액 배상을 규정하는 법률이 다수 있으며 보통법상 징벌적 손해배상을 허용하지 않는 주에서도 성문법상의 배액 배상을 인정하는 경우가 보편적

---

392) Cohen, Thomas. H., & Harbacek, Kyle(2011), ibid., p.5.
393) 징벌적 손해배상이 화해로 분쟁 해결을 유도하는 '그림자 효과(Shadow Effect)'가 있는지 직접 다룬 연구는 없지만 일부 연구에서 징벌적 손해배상이 화해 촉진에 영향을 미친다는 결론이 확인된다.; Koenig, Thomas, The Shadow Effect of Punitive Damages on Settlements, *Wisconsin Law Review* Vol.1998 No.1, 1998, p.193.; 이에 대한 비판적 견해는 Sharkey, Catherine M.(2012), op. cit., p.503
394) Cohen, Thomas. H., & Harbacek, Kyle(2011), op. cit., p.5.; 다만 미화 100만 달러 이상 징벌적 손해배상에서는 이와 같은 상관관계를 확인하기 어렵다는 주장도 있다.; Viscusi, Kip. W., The Blockbuster Punitive Damages Awards, Emory Law Journal Vol.53 No.3, 2004, p.1405.
395) American Jurisprudence 2d § 632; 김차동(2012), 앞의 글(주 14), 184면.

이다.396) 징벌적 손해배상제도는 배심원단의 재량으로 배상금액이 결정되지만 성문법상 배액 배상은 법 위반행위에 대해 필요적으로 부과되는 경우가 많다.397) 성문법상 배액 배상은 손해배상액 산정 규모의 예측이 가능하고 법원이 배상액을 산정하는 재량에 대한 부담을 감경시키는 장점이 있다. 하지만 가해자가 손해배상 규모를 예측할 수 있는 점은 불법행위 억지가 위축된다는 단점으로도 작용한다.398)

미국의 연방 독점금지법인 「클레이튼법(Clayton Act)」에서는, 원칙적으로 독점금지법 위반행위로 손해를 입은 자는 소송을 통하여 손해액의 3배액은 물론 변호사 비용을 포함한 관련 소송비용을 청구할 수 있도록 규정한다. 즉 징벌적 손해배상과 달리 법률 위반 사실을 인정했을 때 법률에 의한 배액 배상이 강제로 부과된다.399) 예외적으로 법률에 따라 3배의 손해배상이 면제되는 경우로 부당한 공동행위에 대해 자진신고자 감면 혜택을 인정받은 사업자는 1배의 배상책임만 부담한다.400)

---

396) Shapiro, Stephen J., Overcoming Under-Compensation and Under-Deterrence in International Tort Cases: Are Statutory Multiple Damages the Best Remedy?, *Mercer Law Review* Vol.62 No.2, 2011, p.480.
397) 김태선(2010), 앞의 글(주 14), 256-259면.; 정혜련, "미국법상 징벌적 손해배상의 운용과 경제·상거래적 효과에 대한 고찰 : 연방대법원과 법경제학의 접근방식을 중심으로", 안암법학 제53권, 안암법학회, 2017, 181면.
398) Shapiro, Stephen J.(2011), op. cit., p.476
399) 15 U.S.C.§15(a); Shapiro, Stephen J.(2011), ibid, pp.476-484.; Jones, Clifford A.(2005), op. cit., p.8.
400) 「독점금지 형사처벌 강화 및 개혁에 관한 법률」(Antitrust Criminal Penalty Enhancement and Reform Act of 2004), §213(a).; 한시적인 규정으로 2010년 의회에서 2020년 6월까지 유효하도록 인정하였다.; 김용상, "미국 경쟁법의 3배 손해배상 제도", 경쟁저널 제170호, 한국공정경쟁연합회, 2013, 107면.; 기타 「전국적 협력 연구 및 생산에 관한 법률 (National Cooperative Research and Production Act)」은 15 U.S.C. §4303(a), 「수출무역회사법 (Export Trading Company Act)」은 15 U.S.C. §4016(b)(1)에 의해 1배의 배상이 인정된다.

2. 독점금지법상 3배의 손해배상제도의 목적

1960년 이후 독점금지법상 3배의 배상제도가 적용된 사안은 미국 독점금지법 위반 소송의 95% 이상을 차지한다.[401] 이처럼 독점금지법 위반행위에 대해 미국은 사적 집행에 대한 의존도가 매우 높다.[402] 이러한 현상은 미국의 독점금지법 집행 역사와 연관이 있다. 독점금지법 시행 당시 미국에서는 법 위반행위에 대해 벌과금 및 형사제재가 가능했음에도 공적 집행을 위한 예산을 배정하지 않았다. 미국에서는 3배의 배상제도라는 사적 집행이 공적 집행의 대체재로 기능하는 한편[403] 사적 집행이 공적 집행의 억지의 공백을 메꾸는 역할을 했다고 해석하였다.[404] 이는 앞서 살펴봤던 것으로, 미국의 손해배상제도 일반론에서 나타났던 소송에 의한 규제이론이 확장된 것으로 풀이된다.

클레이튼법상 3배의 손해배상은 다양한 목적성과 관련되어 있다. 2002년 연방 독점금지법에서 현대화위원회법이 제정된 후 산하 위원회(대통령, 상·하원의장 등 12명)에서는 독점금지법 전반에 대해 검토를 하고 결과보고서를 제출하였다. 해당 보고서에는 독점금지법상 3배 배상의 목적을 자세히 담고 있다. 독점금지법상 3배의 손해배상제도는 첫째, 경쟁제한 행위 억지, 즉 경쟁제한행위로 인해 얻게 되는 이익을 박탈하기 위한 목적을 중점적으로 고려한다. 둘째, 독점금지법 위반 가담자에 대한 처벌 및 억지를

---

401) Hovenkamp, Herbert(2011), op. cit., p.652.
402) Hodges, Christopher, New Modes of Redress for Consumers: ADR and Regulation, *Oxford Legal Studies Research Paper* No.57, 2012, p.2.
403) Baker, Donald I. Revisiting History :What Have We Learned About Private Antitrust Enforcement That We Would Recommend To *Loyola Consumer Law Review* Vol.16 No.4, 2004, p.382.; 이소영, "공정거래법의 사적 집행에 관한 민사법적 고찰", 법학박사 학위논문, 서울대학교, 2019, 115면.
404) Wils, Wouter P.J. The Relationship between Public Antitrust Enforcement and Private Actions for Damages, *World Competition* Vol.32 No.1, 2009, p.17.

통하여 향후에 법 위반을 예방하기 위한 법 준수 가이드로서 기능하는 점이 있다. 셋째, 경쟁제한행위로 얻은 부당이득을 독점금지법 위반 가담자로부터 환수하는 목적을 염두에 둔다. 넷째, 피해자에게 사적 집행 유인을 제공하여 피해자에 대한 완전한 전보배상 달성을 목적으로 한다.[405)406)]

3. 독점금지법상 3배의 배상제도의 주요 쟁점

(1) 독점금지법상 손해배상액의 산정

1) 독점금지법상 손해배상액 입증수준

미국의 판례에서는 독점금지법상 원고의 손해액 산정 근거인 사실관계 및 손해 발생 자체에 대해서는 명확한 입증이 필요하다고 보지만 구체적 손해의 범위와 손해액에 대해서는 완벽한 입증을 요구하지 않는다.[407)] 그러나 독점금지법상 손해배상액이 충분히 인정되려면 원고는 피고의 법 위반행위에 대해 손해배상을 청구할 때 피고의 독점금지법 위반행위가 없었을 경우를 가상으로 설정하고 손해를 계량화하여야 한다. 원고는 가상 상황과 실제 상황에서의 경험의 차이, 즉 손해가 독점금지법 위반행위를 원인으로 발생하였다는 것을 설득력 있게 주장하여야 한다.[408)] 연방대법원은 Bigelow v. RKO Radio Pictures 판결에서 독점금지법 위반으로 인한 손해

---

405) Antitrust Modernization Commission, Report and Recommendation, 2007, pp.45-46.
406) 이후 2007년 미국 독점금지현대화위원회(Antitrust Modernization Commission) 보고서에도 독점금지법상 3배의 손해배상제도의 법적성격을 밝히고 있다. 독점금지법상 3배의 손해배상제도는 다른 배액 배상제도와 다른 징벌적 손해배상제도와 궤를 같이한다고 해석하면서 법 위반 억지, 처벌, 이익 환수, 배상, 사적 구제 유인 제공 등 종합적 역할을 담당한다는 의견을 제시한다.; ABA Antitrust Section Monograph No.13, Treble-Damages Remedy, 1986, pp.16-21.
407) Hovenkamp, Herbert(2011), op. cit., pp. 668-669.
408) 권영관, "반독점법 손해산정 방법론 조사분석연구", KOFAIR보고서, 한국공정거래조정원, 2016, 34-35면.

액 입증기준을 제시하였다. 손해액 입증에 대한 구체적 기준은 "배심원이 정당하고 합리적 추정(Just and Reasonable Estimation)을 할 수 있는 수준의 증거"의 수준에 도달하여야 한다는 점이다.409) 이를 토대로 볼 때 연방대법원은 독점금지법 위반을 청구원인으로 한 손해배상소송에서 손해액 산정에 대한 입증기준을 매우 엄격하게 적용한 것은 아니다.410)

2) 독점금지법상 손해배상액의 산정방법

독점금지법상 부당한 공동행위로 인해 손해액을 산정해야 할 때 부당한 공동행위가 발생하지 않았더라면 형성되었을 가상적 상황을 구축하기 위하여 경제분석을 활용하는 경우가 많다. 경제학자와 회계·통계 전문가가 수집한 자료를 통하여 경제학적 가설을 검토하고 관련 감정 의견을 경제증거(Economic Evidence)로서 법원에 제출한다.411)

경제분석에 의한 손해액 추정은 크게 '일실이익 산정방식'과 '초과가격 손해 산정방식' 2가지가 있다. 전자는 부당한 공동행위를 했을 때 생산량을 조절하여 매출 감소 피해를 받는 경우 피해를 본 원재료 공급업자의 손해액을 산정할 때 주로 활용된다. 후자는 부당한 공동행위 피해가 없었다면 피해자가 지불했을 가상의 구입가격과 법 위반으로 실제로 지불한 초과가격 간의 차액을 손해액으로 보는 방식이다. 미국은 클레이튼법상 3배 배상의 전 단계에서 실손해액을 결정할 때 통상적으로 초과가격 손해 산정방식을 따른다.412) 다음 항에서는 초과가격 손해 산정방식의 유형에 대해 살펴본다.

---

409) Bigelow v. RKO Radio Pictures, 327 U.S. 251(1946).
410) 이선희(2013), 앞의 책, 127면.
411) 주진열, "공정거래소송에 있어 경제적 증거평가에 대한 일고찰", 경쟁법연구 제19권, 한국경쟁법학회, 2009, 159면.
412) 이선희(2013), 앞의 책, 218-221면.: Hovenkamp, Herbert(2005), op. cit., note 8, pp.670-671.

① 전후 비교법(before-during-after method)

전후 비교법은 기본적으로 원고의 가상 경험을 대리변수로 사용하는 방식이다. 즉 피고의 위법행위로 인해 원고에게 손해가 발생하기 전 다른 시장에 참가한 원고가 실제 겪었던 경험치를 피고의 법 위반으로 인한 원고의 실제 손해 상황에 적용하는 것이다.[413]

이와 관련된 예시로 전후 비교법을 차용한 'Bigelow v. RKO Radio Pictures' 판결을 살펴보기로 한다. 1심 법원은 원고가 제시한 전후 비교법과 후술한 표준시장비교법을 수용해 손해액을 미화 12만 달러로 결정하고 3배의 배상을 명하는 판결을 하였다. 연방 항소법원에서는 배심원단이 전후 비교법을 채택하였지만[414] 위법한 영화 필름 배급이 없었을 경우 원고의 수입액이 경제분석 방법론으로 명확히 입증되지 않았으므로 손해액의 적절한 산정을 지지하지 않는 증거라고 결론을 내렸다.[415] 하지만 연방대법원은 원심과는 다른 결정을 내렸다. 손해액 배상이 수학적으로 매우 정확할 필요는 없지만 억측에 기초하지 않고 제출된 증거에 근거하여 정당하고 합리적으로 추산된 것이면 충분히 믿을 만하다는 점을 들면서 원심판결을 파기하였다.[416]

② 표준시장 비교법(yardstick method)

표준시장 비교법은 피고의 위법행위로 인해 영향을 받지 않은 비교 대상의 시장에서 원고 또는 다른 기업의 경험을 가상 상황의 대리변수로 사용하는 방식이다. 즉 비교 대상이 되는 시장에서의 원고 또는 다른 기업의 실

---

413) 권영관(2016), 앞의 글, 39-40면.
414) 원고가 개봉영화 상영을 했던 1933~1937년 기간과 공모 성립 및 실행 후 원고의 노력에도 개봉영화 상영이 배제된 5년의 공모기간을 비교했는데 원고의 이익감소분은 미화 125,659달러였다.; 김윤정 외 4인(2019), 앞의 글, 36면.
415) Bigelow v. RKO Radio Pictures, 150 F.2d 877(7th Cir. 1945).
416) Bigelow v. RKO Radio Pictures, 327 U.S. 251(1946).

제 경험을 표준시장으로 사용하는 접근법으로, 신생기업 등이 전후 비교법을 활용하지 못할 때 대안으로 이용된다.417)

③ 이중차분법(Difference in Difference Method)

이중차분법은 부당한 공동행위가 발생하는 기간 전 또는 후의 시장 간 차이, 부당한 공동행위가 발생한 시장과 표준시장 간에 존재할 수 있는 구조적 차이를 제거하고 오로지 부당한 합의로 인한 부분만을 순수하게 분리하는 방식이다. 부당한 공동행위와 무관한 다른 변화 요소들은 비교 대상 시점과 시장들에 유사하게 영향을 끼쳤다는 가정에 의존하는 특성이 있다.418) 하지만 이론과 달리 현실적으로 부당한 합의로 인한 부분만을 명확히 구별하는 것은 매우 어려운 문제이다.

④ 회귀분석법(Regression Analysis)

회귀분석법은 변수 간 상관관계를 파악하여 한 가지 또는 그 이상의 설명(독립)변수로부터 특정 종속변수 값을 예측하는 통계학적 경제분석 방식이다. 부당한 공동행위 외에 가격 형성요인을 분리하는 기법으로 이중차분법 등과 결합하여 사용할 수 있다. 회귀분석법은 다른 경제분석 방식과 비교할 때 신뢰도 수준이 높다고 평가되므로 신뢰성이 확립된 방법론이라고 알려져 있다. 다만 이 분석법은 법관이 데이터 오류 등을 발견하기 어렵다는 부분이 단점으로 지적된다.419)

---

417) 권영관(2016), 앞의 글, 42면.
418) 권영준, "공정거래법상 가격담합사건에 있어서 손해배상액 산정", 경제규제와 법 제7권 2호, 서울대학교 공익산업법센터, 2008, 176면.
419) City of Tuscaloosa v. Harcros Chemicals Inc., 158 F.3d 548(11th Cir. 1998).; 권영준(2008), 위의 글, 78면.

3) 독점금지법상 손해배상액 인정을 위한 자료제공 원칙

「미국 연방 민사소송규칙(Federal Rules of Civil Procedure)」에서 인정하는 증거개시(discovery)는 소송 당사자들이 법원의 명령을 기다리지 않고 정보를 공유하는 제도로, 소송을 진행할 때 실체적 진실을 발견하기 위한 중요한 수단이다. 미국에서 증거개시제도를 활용할 때 특히 국제 카르텔은 원고의 배상액 산정과정에서 유리할 수 있지만 자진신고감면제도 자료의 비밀이 보장이 되지 않으면 자진신고 유인이 감소하기 때문에 경쟁당국의 적발비용이 증가될 수 있다.[420] 미국은 이에 대한 대응방안으로 사전에 유죄인정합의를 유도하고 자진신고 사건이 소송으로 연계되지 않도록 자진신고협조자 진술 내용을 증거로 활용하지 않는다.[421] 다만 손해배상소송에서 원고가 증거를 수집하는 데 곤란을 겪을 때 자진신고자의 진술서면 자료를 민사소송에서 원용하는 경우가 있어 이 점은 증거개시제도의 내재적 한계로 지적될 수 있다.

(2) 독점금지법상 손해배상액 산정 시 법원의 규범적 통제
1) 증거능력

경제적 증거능력은 '증거 채택기준'이라고도 한다. 증거능력은 독점금지법상 부당한 공동행위로 인한 손해배상소송에서 제출된 경제적 증거를 법원이 손해액 산정자료로 채택할 수 있는지와 관련된 쟁점이다.[422] 미국에서 증거능력에 대한 판단기준은 'Fryer 기준(보편적 승인설, General Acceptance)'에서 'Daubert 기준'으로 변경되었다.

---

420) 이황·김경욱·하명호(2009), 앞의 글(주 91), 331면.
421) 이황·김경욱·하명호, "경쟁법 집행의 정점과 과제 : 미국 증거개시절차로부터 카르텔 자진신고자 보호의 필요성과 방안 II", 경쟁법연구 제22권, 한국경쟁법학회, 2010, 364면.
422) 이선희(2013), 앞의 책, 251-252면

Fryer 기준이란, 과학적 증거는 보편적으로 승인되어야 하므로 법원은 증거에 기초한 일반적 승인 유무만 판정하면 되고 이론 등의 타당성 심리나 신뢰성에 대한 판정까지 할 필요는 없다는 입장이다. 즉 법원이 증거를 채택할 때에는 형식적 측면만을 고려하면 충분하다는 시각이다.[423] 이는 내용적 가치판단 전의 절차적 통제 과정으로 이해된다.

이와 달리 Daubert 기준은 법원이 증거를 채택할 때 실질적으로 규범적 판단이 필요하다는 시각이다. 연방대법원은 Daubert v. Merrell Dow Pharmaceuticals, Inc. 판결[424]에서 전문가 증언에 대한 심사기준을 증거 관련성과 신뢰성에 있다고 판시하면서 배심원이 부적절한 과학적 증거에 속지 않으려면 법원 스스로 낮은 신뢰도 부분을 증거능력으로 배척할 수 있어야 한다고 하였다. 이 사건을 계기로 전문가 집단에서 일반적으로 승인된 기준이 아니더라도 전문가의 판단기준을 법원이 완화하여 적용할 수 있다는 방침을 선언하게 되었다.[425]

Daubert 기준의 중요성이 부각되면서 미국은 2000년「연방증거법(Federal Rules Evidence)」제702조를 개정하여 전문가인 증인이 증언할 수 있는 요건[426]과 전문가 증언을 허용할 수 있는 내용을 포함하였다.[427] 또한 전문

---

423) 이규호, "민사소송법상 과학적 증거", 비교사법 제14권 3호, 한국비교사법학회, 2007, 202면.
424) 이 사건은 멀미약을 복용한 임산부가 장애아를 출산하여 제조물책임법이 문제가 되었다.; Daubert v. Merrell Dow Pharmaceuticals, Inc., 509 U.S. 579(1993).
425) Hovencamp 교수는 법원이 Daubert 기준을 수용하지 않게 되면 일반인인 배심원이 익숙하지 않은 전문가 증언으로 배심에 참여하여야 하는 위험성이 있다고 지적하였다.; Hovenkamp, Herbert(2005), op. cit., pp.79-90.
426) (a) the expert's scientific, technical, or other specialized knowledge will help the trier of fact to understand the evidence or to determine a fact in issue; (b) the testimony is based on sufficient facts or data; (c) the testimony is the product of reliable principles and methods; and (d) the expert has reliably applied the principles and methods to the facts of the case.
427) Committee Notes on Rules 2000 Amendment, p.400.

가 진술의 각하 신청 절차가 신설되었다. 전문가 진술의 각하 신청 절차는 원고가 산정한 손해액의 타당성을 피고가 Daubert Motion으로 배제하기 위하여 신청할 때 법원이 손해액 산정방식을 수용할지 여부를 결정하는 것이다. 즉 법원이 전문가의 진술에 대해 '결론'이 아닌 '방법론'에 대해 관심을 두는 과정이라 할 수 있다.[428] 이러한 시도는 법원이 경제적 증거에 대해 증거 적정성 여부를 형식적으로 판단하지 않고 실질적으로 판단할 수 있도록 하는 것으로, 둘 중에서 취사선택할 수 있는 규범적 통제가 이루어진 것이다. 판례법상 Daubert 기준 및 연방증거법 규정은 전문가 집단에서의 보편적 승인 사안이 아니더라도 증거로 허용될 수 있는 유연성이 있으며, 신뢰성에 대한 다양한 요소를 두어 법원으로 하여금 전문가 증언, 경제적 증거에 대한 엄격한 통제역할을 부여한 것으로 평가된다.[429]

2) 증명력

경제적 증거에 대한 증명력은 '증거에 대한 가치판단'이라고 한다. 독점금지법상 부당한 공동행위로 인한 손해배상소송에서 제출된 경제적 증거를 법원이 평가하면서, 증거 적격을 어느 수준까지 수용하여 손해액을 산정할 것인지와 관련된 쟁점이다.[430] 법원이 전문가 등의 증언이나 증거를 증거능력으로 채택하더라도 증명력을 인정하지 않는다면 궁극적으로 원고의 손해액 산정 기준으로 수용할 수 없다. 만약 증명력 기준을 통과하더라도 법원은 관련 증거에 대해 실체적 차원의 정교한 평가를 해야 하는데 이때 어느 범위까지 허용할 것인지 한계를 다루는 쟁점이다.[431]

---

428) Hovenkamp, Herbert(2005), op. cit., p.644.
429) Hovenkamp, Herbert(2005), ibid, note 8 pp.84-85; 이선희(2013), 앞의 책, 254면, 260면.
430) 이선희(2013), 위의 책, 251-252면.
431) 이선희(2013), 위의 책, 264-265면.

제3절 EU와 소속 회원국

Ⅰ. EU

1. EU의 손해배상제도 일반론

앞서 미국의 입법례에서 손해배상제도 일반론의 토대가 되는 소송에 의한 규제이론을 살펴보았다. 미국식 접근법에서는 공권력 규제가 필요한 분야에서 사인의 소송이 정부 규제의 대안으로 활용된다. 독점금지법을 예로 들면, 미국은 독점금지법을 집행하는 데 있어 상당수가 사인에 의한 소송 방식으로 이루어진다. 보통법에 연원을 둔 징벌적 손해배상제도 역시 정부 규제가 필요한 분야에서 집행 수단으로서 기능을 담당한다.

반면 EU의 접근법에서 사인의 소송은 입법자가 제도 활성화를 의도적으로 염두에 두고 임의적으로 설계하였다는 점에서 미국식 접근과는 결이 다르다. 예를 들어 경쟁법 위반을 청구원인으로 하여 손해배상제도를 활용하는 경우 외관은 사인에 의한 소송이지만, 실질은 입법자의 규제 효과가 스며들어 있는 것이다.[432]

EU는 미국식 접근법, 즉 소송을 규제 제도로 활용하는 방식에서 아이디어를 얻어 의도적으로 손해배상제도를 발전시키고 있다. 단순히 EU의 통합을 위하여 제도 변화를 꾀하거나 통합적인 법 규범 체계를 보강하는 차원이 아니라 근본적으로 손해배상제도 등 사법적 제도를 활용하여 민사법을 규제법으로 이해하는 방식이라고 할 수 있다.[433]

---

432) 박재윤(2019), 앞의 글(주 344), 31-34면.
433) 이러한 유럽식 접근은 민사법과 공법상 규제 전반에 걸쳐 학술 분야를 통합적 사고로 확대하는 장점도 있다.; 박재윤, "유럽법과 공법의 관점에서 본 징벌적 손해배상

이와 관련하여 민사법을 실정법상 시장을 조정하는 중요한 도구로 인지하여 시장 구성원 개인에 대한 보호에서 더 나아가 시장 자체를 보호해야 한다는 시각이 있다. 이 견해에서는, 민사법이 전통적으로 사인 간 이해관계의 조정 기능이라는 본연의 임무에 충실하지만, 시장과 거래 생태계 보호라는 공공의 이익을 위해서 경쟁 정책적 집행 수단으로서의 역할이 확대될 수 있다고 본다. 따라서 EU는 행위규범 집행을 위한 시민(사인)의 규범에 민사상 손해배상제도를 접목시키고 이를 전략적으로 활용한다.[434]

손해배상제도에 대한 이해에 있어 미국식 접근법과 EU의 접근법은 방식에서 다소 차이가 있지만 소송 등의 민사법을 규제법의 일종으로 활용하여 사적 집행을 강화시키는 수단으로 활용한다는 점에서 맥락을 같이 한다.[435] 즉 접근방식은 다르지만 미국과 EU의 손해배상제도에 대한 인식과 사고는 같은 방향을 향하고 있다. 무엇보다 EU의 접근방식은 공법과 사법 영역의 조화와 상호 보완성을 중요하게 여기므로 사법적 손해배상지침 등 민사법상의 수단을 효과적 공적 집행에 유연하게 활용하도록 한다는 점에서 우리나라 법제에 미치는 영향력과 시사점이 매우 크다.[436]

2. EU의 징벌적 손해배상제도

EU 공동체는 실질적인 통합을 위하여 사회, 경제, 법적 통합을 적극적으로 시도하였다. 그 일환으로 법률 분야에서 '사법의 통일화(Unification of Private Law)'가 진행되었다.[437] 불법행위법 분야에서도 통일화 작업이 이

제: 행정법에 있어서 사인의 소송 및 집행의 역할(II)", 경제규제와 법 제14권 1호, 서울대학교 법학연구소, 2021, 87면.
434) Dörte Poelzig, Normdurchsetzung durch Privatrecht, 2012,S.593 ff.
435) 박재윤(2021), 앞의 글(주 433), 88-89면.
436) 박재윤(2021), 위의 글(주 433), 88면.
437) 박영복, 『EU사법(I)』, 한국외국어대학교 출판부, 2009, 292면.

루어졌으며 불법행위법 유럽위원회(European Group on Tort Law, 이하 'EGTL')를 통해 2005년 유럽의 불법행위법 원칙(Principles of European Tort Law, 이하 'PETL')[438]과 2006년 유럽의 손해배상법 원칙(Principles of Europena Law. Non-Contractual Liability Arising out of Damage Caused to Another, 이하 'PEL Liab.Dam')이 마련되었다.[439] EU 차원에서의 징벌적 손해배상제도 인정 여부를 정면으로 다룬 국내 연구는 드물지만 PETL과 PEL Liab.Dam의 기본원리를 살펴보는 것은 EU 차원의 징벌적 손해배상제도에 대한 사상적 배경을 간접적으로 파악하는 계기가 될 것이다.

PETL과 PEL Liab.Dam은 불법행위법 기본원리를 손해 전보에 두고 있으며 공통적으로 억지와 제재 기능을 인정하는 영미법상 징벌적 손해배상제도는 전면 허용하지 않는다.[440] PETL은 손해배상의 주된 목적을 보상에 그치지 않고 법 위반을 예방하거나 억지하는 것이라고 선언한다. 하지만 손해배상의 범위가 통상 손실(normal loss)로 제한되어 초과 손해는 배상할 필요가 없게 되므로 억지 달성이 가능할 지에 대해 지적을 받는다. 법경제학적으로 손해배상액이 증가하고 불법행위로 인한 책임 부담이 커져야 법 위반에 가담할 유인이 적어지고 이를 통해 곧 법 위반 억지가 가능하다. 하지만 손해배상과 관련된 EU의 사상에서는 초과 배상 자체가 부정되므로 법 위반 예방 기능이 실질적으로 발현되기 어렵다는 비판이 있다.[441]

---

[438] European Group on Tort Law, Principles of European Tort Law, <http://www.egtl.org/>, 2024. 6. 11. 최종방문.
[439] 송오식, "EU 불법행위법 통일 논의와 동아시아에서의 통일 모색", 재산법연구 제26권 3호, 한국재산법학회, 2010, 175면.
[440] 송오식(2010), 위의 글(주 439), 177면.
[441] 박영복(2004), 앞의 책, 300-301면.

3. EU 경쟁법상 손해배상제도의 발전

(1) 2014년 이전 EU의 경쟁법상 손해배상제도 개선 시도

EU의 사상에 따라 초과적 손해배상이 부정되는 것은 경쟁법 위반으로 인한 피해자 구제에도 어려움을 가져왔다. 이러한 여론을 반영하여 EC는 경쟁법상의 손해배상제도 발전을 위하여 점진적인 노력을 기울였다. 2004년 EC는 법 집행 최적화를 위한 경쟁법상 손해배상 촉진 방안을 도출하기 위하여 연구용역을 수행하였다. 이에 이해관계자 의견을 수렴하고 개선방안 마련에 고심하였다.[442]

그 결과 2005년 EC는 『EC 경쟁법 위반에 의한 손해배상소송에 관한 녹서(Green Paper on Damages Actions for Breach of EC Antitrust Rules, 이하 '녹서')』를 발표하였다. 녹서에서는 카르텔과 관련하여 손해액에 대한 배액 배상 또는 징벌적 배상 가능성, 손해액을 산정할 때의 판결 전 이자 포함 여부와 계산방식 등 손해액과 관련된 내용을 다루었다. 녹서에 대한 많은 논평에서는 손해액에 관한 범위를 폭넓게 이해해야 한다는 것과 손실에 대한 완전한 배상이 필요한 점을 지적하였지만, 녹서에서는 손해배상제도는 배상 수단으로 간주되어야 한다고 지적하면서 징벌적인 사항이나 배액 배상에는 부정적 입장을 보였다.[443]

이후 2008년 4월 EC는 『EC 경쟁법 위반에 의한 손해배상소송에 관한 백서(White Paper on Damages Actions for the Breach of the EC Antitrust Rules 이하 '백서')』를 발표하였다. 백서에서는 '완전하게 손해배상 받을 권리(Right to Full Compensation)'라는 정책을 입안하였다. 2005년 녹서에서

---

442) Clark, Emily & Hughes, Mat & Wirth, David , Study on the Condition of Claims for Damages in Case of Infringement of EC Antitrust Rules: Analysis of Economic Models for the Calculation of Damages, Ashurst, 2004.
443) 홍대식(2015), 앞의 글(주 14), 87-88면

다른 징벌적 손해배상의 손해액 부분은 백서 '2.5. 손해액'에 대응되는데 녹서와 달리 백서에서는 징벌적 손해배상의 내용이 전면 배제되었다. EU의 이념에서는 경쟁법상의 손해배상소송 체계가 유럽식 접근방법을 따라야 한다는 분위기였기 때문에 배액 배상에 대해서는 여전히 부정적인 입장이었다.444)

CJEU는 Manfredi 판결을 인용하면서 경쟁법 위반으로 발생한 손해의 정의에 대해 언급하였다. 경쟁법상 카르텔 위반으로 피해자가 배상받아야 하는 피해의 범위에는 카르텔로 인한 가격 인상에 따른 실제 손실, 판매액의 감소 결과 발생한 이익의 손실, 판결 전 이자 등을 포함해야 한다는 것이다.445) 이 판결은 손해배상의 목적이라 할 수 있는 완전한 전보배상의 입장을 반영하고 있다.

이와 같이 EU의 정서에서는 일반 불법행위상 손해배상원칙으로 전보배상을 고수하였고 카르텔 사건에서는 손해 산정과 계량화에 어려움이 있어 실제로 손해배상소송은 활성화되지 못하는 상황이었다. 녹서와 백서의 발간 후에 EU는 손해를 계량적으로 측정하는데 따르는 어려움을 해소하고자 손해 계량화를 위한 비구속적이며 실용적인 지침을 추가로 마련하였다.446) 그 결과 EC는 2009년 12월 『EU 경쟁법상 손해 계량화: 법원을 위한 비구속적 지침(Quantifying Antitrust Damages: Towards non-binfing Guidance for Court(2000), 이하 'Oxera 보고서'』을 발표하였다. 이 보고서에서는 손해 계량화와 관련해서 EU의 국가 관할권별로 다양한 법적 접근방식을 소개하고 실증적 사례를 풍부하게 제공하여 손해배상소송을 할 때 정량화하는 방안을 참고할 수 있도록 하였다.447)

---

444) 홍대식(2015), 위의 글(주 14), 95면.; 녹서에 배액 배상 도입이 논의되었으나 백서에 반영되지 않았다.
445) Joint Cases C-295-298/04, Manfredi, [2006] ECR I-6619.
446) 이선희(2013), 앞의 책, 85면.
447) <https://data.europa.eu/doi/10.2763/36577>, 2023. 9. 29. 최종방문.

(2) 2014년 이후 EU의 경쟁법상 손해배상제도 활성화 노력

1) 2014년 경쟁법상 손해배상청구소송에 관한 지침 제정
: Directive(EU)/2014/104

EC는 2003년 이후 다양한 손해배상 제도의 개선과 집중적 검토의 성과물로 『2014년 경쟁법상 손해배상청구소송에 관한 지침(Directive on Antitrust Damages Actions, 이하 'Directive(EU)/2014/104')』을 제정하였다. 이 지침의 시행으로 인해 회원국들에게는 2016년 12월까지 법적 체계 개선과 실행 의무에 대한 부담이 지워졌다.[448][449] 2017년 2월 MLex 보고서에 의하면 7개국이 기한 내에 Directive(EU)/2014/104의 내용대로 입법을 마쳤다고 한다. 이후 2017년 9월 EC 홈페이지에서는 독일 등 23개 회원국이 Directive(EU)/2014/ 104를 수용하였다고 밝혔다.[450]

Directive(EU)/2014/104는 기본적으로 경쟁제한행위에 대한 과징금 부과

---

[448] EU의 법 규범은 법적성격에 따라 회원국에 대한 구속력에 차이가 있다. 'Regulation (규칙)'은 발효됨과 동시에 EU 모든 회원국들의 자체 입법 없이 회원국들에 자동적으로 적용된다. 'Directive(지침)'는 지침의 목적 달성을 위하여 회원국이 정해진 기간인 통상 2년 내에 회원국의 법체계에 반영하여야 하지만 운영방식은 회원국 재량이 존중된다. EC는 해당 지침이 목적 달성에 반영되었는지 감독하는 한편 미 준수 회원국을 제재할 수 있다. 'Recommendation(권고)'는 회원국을 직접 구속하지 않으므로 회원국이 준수에 대한 의무를 부담하지 않는다. <http://ec.europa.eu/info/law-making-process/types-eu-law_en.>, 2024.5.2. 최종방문.

[449] EC는 Directive에 대한 '공식적 통지 서한(Letter of Formal Notice)'을 송부하여 지침에 대한 수용을 촉구할 수 있고 회원국의 관련 답변이 미흡할 경우 다음 단계로 '합리적 의견서(Reasoned Opinion)'를 발송할 수 있다. 이처럼 EC는 회원국들의 지침 이행여부에 대해 지속적으로 모니터링 및 감독 역할을 수행한다.; 이세인, "유럽 경쟁법상 손해배상청구제도의 개편 동향과 그 시사점", 법제연구 제53호, 한국법제연구원, 2017, 533-534면.

[450] MLex는 경쟁법, 지식재산권법, 개인정보보호법 관련 정보를 제공하는 학술용 데이터베이스를 의미한다. <http://www.mlex.com>, 2024.5.20. 최종방문.; European Commission, Actions for Damages: Directive on Antitrust Damage Actions, <http://ec.europa.eu/competition/antitrust/actionsdamages/directive_en.html> (Sep. 27, 2017), 2024.5.20. 최종방문.

등 공적 집행만으로는 억지에 한계가 있으므로 사적 제재가 필요하다는 취지가 반영된 것이다.451) 즉 공적 집행이 작동하는 기반에서 사적 집행을 추가하여 피해자에 대한 완전한 배상을 지원하고 억지를 달성한다는 정책적 목적을 반영한 것이다.452) 이 지침에서 다룬 손해의 범위는 녹서, 백서와 동일하였으며 징벌적 손해배상과 배액 배상은 여전히 인정하지 않았다.453) 다만 손해배상청구 소송에서 손해액 입증을 용이하도록 하기 위하여 증거 접근권한을 강화하였다. 소송당사자가 주장을 입증하거나 방어하기 위하여 증거자료가 필요할 때 법원이 정보공개명령(disclosure)을454) 내릴 수 있고 경쟁당국 및 이해당사자는 이러한 법원의 명령을 준수하여야 한다. 다만 자진신고 진술서(Leniency Statements) 및 화해동의 제출(Settlement Submissions)은 어떤 경우에도 당사자나 제3자에게 명령하여 공개할 수 없도록 하였다.455) 나아가 손해액 산정이 불가능하거나 사실상 어려운 경우에 법원으로 하여금 손해액 평가 권한을 인정하도록 하고 카르텔은 손해 발생이 추정되도록 하였다. 즉 카르텔로 인해 손해가 초래된다고 추정(presumption)되면 위반자는 추정을 반박하는 권리를 갖게 된다. 또한 경쟁당국이 법원의 손해액 산정을 지원할 수 있도록 하였으므로 회원국은 손해배상소송절차에서 경쟁당국이 국내 법원이 손해의 규모를 결정할 때 도움을 주도록 하였다.456)

2) Directive(EU)/2014/104에 대한 평가

Directive(EU)/2014/104 제정 후 EU에서 손해배상소송이 갑자기 증가한

---

451) 김윤정 외 4인(2019), 앞의 글, 144-146면.
452) 김윤정 외 4인(2019), 앞의 글, 146-147면.
453) Directive(EU)/2014/104 Preamble(§3) 완전배상 권리.
454) Directive(EU)/2014/104 Preamble(§5) 증거의 공개.
455) Directive(EU)/2014/104 Preamble(§6) 경쟁당국의 파일에 포함된 증거의 공개.
456) Directive(EU)/2014/104 Preamble(§17) 손해의 계량화.

것은 아니지만 다음의 정책적 고려가 반영되었다며 긍정적으로 평가하는 시각이 있다.

첫째, Courage Ltd. and Bernhard Crehan 판결(이하, 'Courage 판결')을 계기로 EU의 경쟁법 위반이 청구원인이 된 경우 회원국도 손해배상제도라는 사적 집행을 적극적으로 활용할 수 있게 되었다는 점이다.[457] Courage 판결에서는 CJEU가 "개인이 경쟁제한 또는 왜곡에 책임이 있는 행위로 초래된 손실에 대해 손해배상소송을 할 수 없다면 경쟁법 입법목적에 반하는 것"이라고 판시하였다.[458] 그러나 현실적으로는 EU 회원국별로 카르텔을 청구원인으로 하여 손해배상청구 소송을 하는 것에는 어려움이 있다는 여론이 높았다. 정책적 이상과 현실 간의 격차를 메우기가 쉽지 않았기 때문이다.[459]

둘째, Directive(EU)/2014/104 제정의 중요한 배경은 회원국 간에 발생하는 법 제도와 절차의 다양성이 소송 이해관계자들에게 기울어진 운동장을 제공할 수 있었기 때문이다. 즉 EU 회원국 간에서 벌어지는 사적 집행의 상향 평준화를 위해서 표준 방침의 신설이 절실했던 것이다.[460] 따라서 EC는 Directive(EU)/2014/104의 제정을 계기로 사적 집행이 경쟁을 보장하는 중요한 수단으로서 효과적으로 작동하며, 회원국 간의 격차를 메울 것으로 기대하였다.[461]

셋째, Directive(EU)/2014/104는 경쟁당국에 의한 공적 집행이 주력이 되는 EU의 경쟁법 체계 질서를 훼손하지 않고 사적 집행을 보충적 지원 수

---

457) 박재윤(2021), 앞의 글(주 433), 84면.
458) Courage Ltd. and Bernhard Crehan, Case C-453/99, ECLI:EU:C:2001:46; 이 판결에서 소 제기 원고적격에 제한을 두지 않았으므로 간접구매자의 손해배상청구권을 긍정하는 것으로 해석하는 입장이 있다.; 이선희(2013), 앞의 글, 76면.
459) 이세인(2017), 앞의 글(주 449), 526면.
460) 박재윤(2021), 앞의 글(주 433), 84면.
461) Jang, Hye-Lim(2009), op. cit., p.80.; "This gap is generated by the perceived inability of public enforcement to deal with all worthy cases."

단으로 기능하도록 하였다. 쉽게 말해 사적 집행은 EU 경쟁법상의 중요한 도구로 작동하도록 공적 집행과 건강한 긴장관계를 유지하면서 공적 집행의 역할과 공로를 지지하는 역할을 담당하였던 것이다.[462]

이와 같이 Directive(EU)/2014/104에 대해 많은 장점이 거론되었지만 결점도 지적되었다. Directive(EU)/2014/104 시행 후 EU에서의 경쟁법상 손해배상소송이 증가한 것은 고무적이지만 경쟁법 위반 손해배상소송에서 Directive(EU)/2014/104가 아니라 민사상 불법행위에 대해 민사절차 규정을 적용한 사례가 다수였다는 것이다.[463]

나아가 이미 Directive(EU)/2014/104을 시행하는 회원국도 있었고, 회원국별로 법체계가 상이하므로[464] 이 지침이 모든 회원국에게 경쟁적 환경을 조성하도록 할지 의문이라는 우려도 있었다.[465] 예컨대 영국은 징벌적 손해배상제도를 인정하지만 이 지침에서는 징벌적 조치 또는 배액 배상을 허용하지 않으므로 회원국의 상황과 지침 내용이 충돌되는 사례라고 할 수 있다.[466]

3) Directive(EU)/2014/104의 영향도 검토 결과

EC가 발간한 Directive(EU)/2014/104에 대한 영향도 검토 보고서에 따르면 EC 회원국의 경쟁법 위반을 청구원인으로 한 손해배상소송이 2014년 13개 회원국을 기준으로 했을 때 50건이었던 것이 2019년 239건까지 파격

---

462) Dunne, Niamh, Courage and Compromise: the Directive on Antitrust Damages, *European Law Review* Vol.40 No.4, 2015, pp.581-583.
463) 박세환, "온라인 검색광고 중개플랫폼의 시장지배적지위 남용행위 규제: EU 구글 AdSense 사건을 중심으로", 상사법연구 제40권 1호, 한국상사법학회, 2021, 289면.
464) Parcu, Pier Luigi & Monti, Giorgio & Botta, Marco, Private Enforcement of EU Competition Law: The Impact of the Damages Directive, Elgar, 2018, p.10.
465) Dunne, Niamh(2015), op. cit., p.583.
466) Dunne, Niamh(2015), ibid, p.584.

적으로 증가하였다고 한다.467) 이 결과를 통하여 경쟁법 위반행위에 대해 피해자들은 사적 집행을 활용하여 스스로 권리 의식을 신장시켰다고 해석할 수 있다. 하지만 EC는 이에 대해 지침 시행기간이 누적되어야 유의미한 경향이 있다며 신중한 입장이다.468) 그럼에도 이 지침은 EU 경쟁법 체계에서 손해배상소송을 촉진하고 공적 집행 체계와 조화로움을 추구한다는 점에서 매우 중요한 참고자료가 되고 있다.469)

(3) EU의 경쟁법상 손해배상액 인정을 위한 자료제공 원칙

EU는 2006년 자진신고자 감면제도와 관련된 고시를 개정하면서 자진신고 참여자의 증거가 민사소송이나 미국 증거개시제도에 활용되지 않도록 마커제도(Marker System) 및 기업진술제도(Corporate Statement)를 도입하였다.470) 2008년 백서에서는 법 위반 가담 사업자가 자진신고 감면 신청을 한 후 행정제재 책임을 면제받은 경우에 민사소송 책임범위를 제한하는 가능성을 고려하였다. 자진신고 신청자를 민사소송으로부터 보호하기 위한 방안, 예컨대 연대책임 배제조항 검토는 가해자로 하여금 피해자에 대한 배상책임 범위를 예측해주기 위한 가능성을 지원하기 위한 것이다.471) 이 보호 수단이 없다면 다른 국가 손해배상청구소송에 자진신고 자료가 입증

---

467) European Commission, Commission Staff Working Document on the implementation of Directive(EU)2014/104/ of the European Parliament and of the Council of 26 Nov. 2014 on certain rules governing actions for damages under national law for infringements of the competition law provisions of the Member States and of the European Union, 2020. 12. 14, p.4.
468) European Commission, Commission Staff Working Document(2020), op. cit., p.3.
469) Dunne, Niamh(2015), op. cit., p.593.
470) 이선희(2013), 앞의 글, 51면.; 마커제도에 대해서는 다음 문헌을 참조.; 손영화, "EU에서의 리니언시 제도에 관한 연구", 경쟁저널 제152호, 한국공정경쟁연합회, 2010, 23면.; 기업진술제도에 대해서는 다음을 참조.; Commission Notice on Non-Imposition or Reduction of Fines in Cartel Cases. [2006] OJ C 298/11, p. 21.
471) White Paper(2008), op. cit., p.10.

자료로 활용될 수 있고 경쟁당국에 자진신고를 하지 않거나 법 위반 가담자가 조사에 비협조적일 가능성이 있다.472)

이와 같이 자진신고자 감면제도와 자료제출명령 제도는 사적 집행 지원을 위한 손해 입증과 공적 집행 효율성을 위한 적발 가능성 측면에서 이해충돌적 성격이 있다. 원칙적으로는 경쟁법상 공적 집행 절차에서 민사상 손해배상청구를 할 때 법원은 구속되지 않고 독립적이다.473) 따라서 자진신고자 감면제도에 대한 자료 비공개로 인해 피해자의 손해액 입증이 어려울 경우 손해액 크기에 영향을 미칠 수 있는지가 중요한 쟁점이 된다. 자진신고자 감면제도와 손해배상 입증에 따른 충분한 손해배상액 인정 간의 충돌 문제는 법적 타협을 요구한다.474) 자진신고자 감면제도는 공적 집행 효율을 위하여 신고협조자에게 혜택을 주는 것인데 공적 영역이 법 위반 피해자의 손해배상청구 등 사적 영역에 영향을 미치는 것이 정당한지는 별개의 논점이기 때문이다.

---

472) 이황·김경욱·하명호(2009), 앞의 글(주 91), 331면.; 다만 이 입장에서도 공공기관의 정보공개에 관한 법률상 정보공개청구가 있는 경우 공개되어야 할 여지는 있다.; 이황·김경욱·하명호(2009), 위의 글(주 91), 334-338면.
473) Assimakis, Komninos P., EC Private Antitrust Enforcement: Decentralised Application of EC Competition Law by National Courts, *Oxford and Portland/Oregon, Hart Publishing*, 2008, p.20.
474) Buccirossi, Paolo & Marvao, Catarina & Spagnolo, Giancarlo "Leniency and Damages-Where Is the Conflict?", *The Journal of Legal Studies* Vol.49 No.2, 2020, p.336.

II. 독일

1. 손해배상제도 일반론

독일의 「손해배상법(Schadensersatzrecht)」은 피해자의 손해를 타인에게 전가하기 위한 규범으로 '책임법(Haftungsrecht)'과 '협의의 손해법(Schadensrecht)'을 포함한다. 손해배상법은 책임법과 용어를 혼용하여 사용하며, 개념적으로는 사회적 접촉으로 발생되는 재산적, 비재산적 침해의 분담원리를 정하기 위한 법적 패러다임이다.[475]

「독일 민법(Bügerliches Gesetzbuch, 이하 'BGB')」에서는 완전 배상주의 원칙을 고수한다. 완전 배상이란 가해행위 이전 상태로 복귀시키고 회복시키는 것을 전제로 한 전보를 의미한다. 독일 민법은 법적 인과관계 있는 모든 손해를 배상하므로 완전 배상주의를 취한다.[476] 따라서 독일에서는 손해 전보를 손해배상법의 목적으로 이해하며 배분적 정의가 아닌 교정적 정의를 지지한다. 손해배상책임은 이해당사자 간에 초래된 불법행위를 교정하기 위한 목적일 뿐 불행의 전가를 염두에 두는 것은 아니다.[477]

독일 민법에서는 손해의 개념을 확정할 때 관련 상황을 포섭하기 어렵다는 인식이 있어서 손해의 개념을 구체화하지 않았다. 다만 손해를 법익 침해로 발생한 재산적 손해 및 비재산적 손해로 분류하고 재산적 손해는 대체 가능성과 양도 가능성을 가진 물질적 이익에 대한 손실로 본다.[478]

---

475) Schafer/Ott, Lehrbuch der Okonomischen Analyse des Zivilrechts, 2. Aufl., 1995, S. 98f.
476) Lange/Schiemann, Schadensersatz3., neubearbeitete Aufl, 2003, S. 10f.
477) Larenz/Canaris, Lehrbuch des Schuldrechts, 2. Band. BesondereTeil, Zwieter Halbband 13. Aufl. 1994, §75 I, S. 352-354.; 박동진, "손해배상법의 지도원리와 기능", 비교사법 제11권 제4호, 한국비교사법학회, 2004, 301면.
478) Lange/Schiemann(2003), op. cit., S. 26f.

이에 따라 독일에서는 손해의 크기를 산정할 때 손해 여부와 손해 범위의 산정을 구분하지 않고 재산 상태의 차액을 산술적으로 계산한다. 이를 통상 차액설이라고 한다. 차액설에 의한 손해 산정방식은 법적 질서에 대한 가치 평가나 규범적 접근과는 거리가 멀다.[479] 이러한 접근으로 인해 차액설은 손해 전보의 범위를 넘어선 배액 배상이나 징벌적 배상을 인정하지 않는다.[480] 차액설은 손해의 계량화에 유익하다는 장점이 있지만 손해 항목의 개별적인 고려 방식과 비교할 때 사실심 법원에 재량권을 부여하므로 손해 크기에 대한 자의적 판단 가능성이 있으며 손해 개념을 탈 이데올로기화한다는 단점이 지적된다.[481]

2. 징벌적 손해배상제도

1900년 시행된 독일 민법전에서는 민사 및 형사책임 준별원칙에 따라 형벌적 성격을 띠는 징벌적 손해배상의 이념을 인정하지 않는다.[482] 독일 민사법상 기본원리에서 완전 배상주의를 취하는 점에서도 징벌적 손해배상제도는 부정된다.[483] 나아가 징벌적 손해배상액 귀속의 주체 문제, 징벌적 손해액 산정의 어려움, 남소 가능성 등이 징벌적 손해배상제도를 부정하는 근거로 제시된다.[484] 이러한 입장은 미국에서 인정된 징벌적 손해배

---

479) Lange/Schiemann(2003), op. cit., S.10.; 김상중(2017), 앞의 책,, 153면.
480) Dreier, Kompensation und Prävention, 2002, S. 28-29.
481) Lange/Hagen, Wandlungen des Schadensersatzrechts, 1987, S. 49f.
482) Behr, Collens, Punitive Damages in American and German Law-Tendencies Towards Approxi- mation of Apparently Irreconcilable Concepts, *Chicago-Kent Law Review* Vol.78, 2003, p.128.
483) Jansen, Nils & Rademacher, Lukas, Punitive Damages in Germany, : in Punitive Damages: Common Law and Civil Law Perspectives, 2009, p.75-76, p.85.
484) "징벌적 손해배상제의 법리와 도입 가능성 I", 한국법제연구원 워크샵 자료, 2007, 146-148면.

상제도 사안에 대해 독일 연방대법원에서는 공서양속 위반을 근거로 미국에서의 징벌적 손해배상제도의 승인이나 집행을 허용하지 않았다는 점에서 분명히 확인할 수 있다. 독일 연방대법원은 불법행위에 대한 법적 효과로 독일 법제는 전보배상만 인정하는 점과 징벌은 사법적 성격에 해당하지 않는다는 점을 근거로 해외에서 인정된 징벌적 손해배상제도의 승인을 부정하였다.[485]

하지만 독일에서 징벌적 손해배상 관련 논의가 전혀 없는 것은 아니다. 실제 입법례로 실현되지는 않았으나 위자료, 인격권 침해 등의 분야에서 전통적 전보배상원칙을 깨뜨리는 손해배상 검토 사례가 확인된다. 이러한 사유로 독일 법제에서도 법 위반 가담자에 대한 억지를 염두에 둔 형태의 손해배상제도가 허용된다고 해석하는 견해가 있다.[486] 일각에서는 징벌적 손해배상제도와 유사해 보이는 이런 사례들을 독일의 '예방적 손해배상'으로 이해하는 시각도 있다. 이 견해에서는 가해자로 하여금 전보배상 이상 초과되는 부분에 대해 배액 배상 책임을 지도록 하여 피해자의 초과 배상이 타당성을 얻는다고 설명한다.[487] 그러나 판례에서는 정신적 고통이나 인격권 침해에 대한 억지나 처벌은 손해배상제도에서의 만족적 측면에 불과하다고 보아서 초과 배상을 부정하는 입장을 취한다.[488]

결론적으로 독일에서는 정신적 손해에 대한 위자료나 인격권 침해에서 초과 배상을 인정하는 것은 규범적 이익을 보호하려는 상징적 의미를 갖는 것으로 풀이된다.[489] 나아가 형벌은 국가가 독점권을 가지며 법질서를 위

---

485) BGHZ 118, S. 312ff., 338, 343 (4. 6. 1992).; 한국법제연구원 워크샵 자료(2007), 앞의 글, 146면.
486) Behr, Collens(2003), op. cit., p.130.
487) 최우진, "피해구제 강화의 관점에서 본 증액배상 산정", 사법 통권 제56호, 사법발전재단, 2021, 394면.; Gehard Wagner, "Neue Perspektive im Schadensersatzrecht- Kommerzialisierung, Strafschadensersatz, Kolletivschaden", in: Gutachten A zum 66. Deutschen Juristentag, Stuttgart(2006), A 82ff., 98f.
488) BGH, in: NJW 1992, p.3096 ff(3013).

한 경고적 의미가 있어서 위자료를 산정할 때 징벌적 취지의 손해배상이 간접적으로 고려될 여지가 있지만 이것이 곧 손해배상의 일반원칙으로 승인되었다고 해석하기는 어렵다.490) 즉 독일 법제에서는 실손해를 초과하여 징벌적 기능을 인정하는 손해배상제도에 대해서 부정적 견해가 지배적이라고 할 수 있다.491)

3. 경쟁제한방지법상 손해배상제도

2017년 독일은 경쟁제한방지법 9차 개정을 할 때 Directive(EU)/2014/104를 수용하였다. 독일 경쟁법은 Directive(EU)/2014/104의 내용을 법제화함에 따라 기존 판례로 존재하던 법리를 체계적으로 정비하였다.492)

Directive(EU)/2014/104를 독일 법제에 이식한 내용 중 주목할 대목은 증거 개시에 관한 부분이다. 영미법계에서는 광범위한 증거 개시 절차를 운영하지만 대륙법계 국가인 독일에서 법원의 명령을 통하여 증거를 적극적으로 수집하는 것은 보편적이지 않다. 그러나 독일 경쟁법의 9차 개정 당시에 Directive(EU)/ 2014/104를 보다 전폭적으로 수용하면서 경쟁법상 손해배상청구소송에서 소의 성립과 항변의 성립에 필요한 모든 증거를 개시하도록 전향적으로 개편하였다. 경쟁제한행위로 인해 손해가 발생될 염려가 있는 잠재적 원고에게 본안 소송을 제기하기 전에 오직 증거 개시만을 목적으로 별도의 소송을 제기할 수 있도록 하였다. 다만 법 위반 가담자는

---

489) 김현수·윤용석·권순현·장다혜, 『징벌적 손해배상제도에 관한 입법평가』, 입법평가연구; 12-24- 22, 한국법제연구원, 2012, 50면.
490) 한국법제연구원 워크샵 자료(2007), 앞의 글, 147면.
491) Lange/Schiemann(2003), op. cit., S. 12f.
492) Gottlieb, Cleary, "Germany implements the EU Antitrust Damages Directive," Alert Memo- randum, (2017), <https://www.clearygottlieb.com/~/media/cgsh/files/publicaion-pdfs/alert-memos/ alert-memo-201732.pdf>, 2024.6.9. 최종방문.

피소를 당한 경우에만 제한적으로 증거 개시를 신청할 수 있다.[493] 증거 개시 신청 당사자에게는 증거 개시에 요구되는 합리적 비용을 부담하도록 하여 과다한 증거 개시 신청을 제한하는 장치를 마련하였다. 이 부분은 Directive(EU)/2014/104에는 없는, 보다 진보적 사항을 독일 경쟁법에서 반영한 것이다.[494]

독일 법원은 Pfleiderer v. Bundeskartellamt 판결[495]에서 자진신고자 감면제도로 제출된 자료를 민사소송 원고에게 공개하는 것이 EU법에 합치하는 것인지 ECJ에 해석을 의뢰하였다. ECJ는 이에 대해, EU법은 민사소송 원고에게 자진신고자 감면제도에 의한 자료공개 접근권을 막지 않으며 개별적 사건 정황에 의해 판단해야 한다고 보았다. 하지만 민사상 배상에 의한 이익 및 효율적 카르텔 규율 이익을 위한 자진신고자 감면제도를 보호하는데 있어 양자간의 균형이 필요하다고 언급하였다.[496]

---

493) 증거 개시 범위는 3가지 유형으로 분류하여 자진신고자 감면제도 관련 자료 등은 개시 명령 대상에서 제외하였다. 증거 개시 범위는 법원이 관련성, 비례성, 기밀 필요성 등을 종합적으로 고려하여 판단한다고 한다.; 이세인(2017), 앞의 글(주 449), 537면.
494) Gottlieb, Cleary(2017), op. cit., p.2.
495) Case C-360/09, Pfleiderer v. Bundeskartellamt, ECLI:EU:C:2011:389 (June 14, 2011).; 이 사안은 '개별 사례에 의한 판단(Case by Case Test)' 법리를 확인한 것이라는 비판이 있다.; Camesasca, Peter D. & Vandenbussche, Julie & Grelier, Laurie-Anne & 김희은, "EU의 카르텔 단속과 리니언시 프로그램, 한국 공정위 절차와의 비교: 협력에 대한 보너스 또는 손해배상의 로드맵?", 경쟁저널 제163호, 한국공정경쟁연합회, 2012, 41면.
496) Case C-536/11, Bundeswettbewerbsbehörde v. DonauChemie, ECLI:EU:C:2013:366 (June 6, 2013).; 관련 판례에 대한 분석은 다음 참조.; Buccirossi, Paolo & Marvao, Catarina & Spagnolo, Giancarlo(2020), op. cit., p.341.

III. 프랑스

1. 손해배상제도 일반론

프랑스 민법(Code Civil)에서의 손해배상은 손해배상의무 이행과 밀접한 연관성이 있다. 프랑스 민법에서는 채권자에게 지급되어야 할 손해배상은 일반적으로 채권자가 입은 손실과 상실한 이익으로 한다는 점을 명문화하고 있다(법 제1231-2조). 아울러 계약으로 인한 채무의 불이행 시 당사자가 손해배상금 명목으로 일정한 금액을 지급하도록 약정한 경우에는 이보다 많거나 적은 금액을 상대방에게 지급할 수 없다고 규정한다(법 제1231-5조 제1항). 프랑스 민법의 이러한 태도로 볼 때 손해배상은 곧 전보배상을 의미하며 징벌적 성격과 상호 충돌되는 개념으로 이해될 수 있다.[497] 이러한 프랑스 법제에 따르면 완전 배상원칙에서는 오직 손해만을 배상 대상으로 한다. 이를 통해 가해자의 과책의 정도가 손해배상 시에는 고려되지 않으며 오직 피해자의 객관적 상황만이 고려된다는 점을 알 수 있다.[498]

프랑스 대법원(破棄院, Cour de cassation)은 손해배상청구 소송에서 손해액을 산정할 때 근거나 사유를 밝히지 않는다. 손해를 평가한 후 배상액을 산정하는 것은 하급심 법원의 재량이기 때문이다. 대법원은 오직 완전 배상원칙에 위반될 경우만 하급심 법원의 판결을 파기한다. 또한 프랑스 법제에서는 정형적 손해배상액을 사용할 수 없으며 원칙적으로 원고의 실제 손해 기준으로 손해 산정이 요구된다.[499] 이 점으로 볼 때 프랑스에서는 후술할 일본이나 우리나라와 달리 사실상 손해액 산정이 어려울 때 예외적

---

[497] Robert, Saint-Esteben, Pour ou contre les dommages et interets punitifs, Petites affiches, 20 jan. 2005, n° 14, p.53.
[498] Robert, Saint-Esteben(2005), ibid, p.53.
[499] Borghetti, Jean-Sébastien, Punitive Damages in France : in Punitive Damages: Common Law and Civil Law Perspectives, 2009, pp.62-63.

으로 인정되는 손해액 인정제도를 도입하지 않은 것으로 보인다.

다만 프랑스 법원은 개별적 입법을 적용할 때 손해전보 원칙의 예외를 반영하고 있다. 지식재산권을 침해했을 때 손해배상액 산정에서 가해자가 취득한 이익을 피해자가 환수하도록 하는 것이 대표적 사례이다.500) 나아가 금전적 계량화가 곤란한 비재산적 손해나 경제에 영향을 미치는 손해배상에서는 사실심 법원의 재량권 명목으로 제재 성격의 손해배상을 허용하는 경우가 있다. 그럼에도 불구하고 이러한 사례는 프랑스의 전보배상 원칙에 대한 매우 예외적 현상이다.501)

2. 징벌적 손해배상제도

(1) 프랑스에서의 징벌적 손해배상제도 인정 여부

프랑스 민법전에서는 징벌적 손해배상제도의 인정 또는 부정에 대해 직접적으로 규정하지 않는다. 하지만 프랑스 대법원은 일관된 입장으로 완전배상원칙을 고수한다. 이는 원고가 입은 손해를 배상해야 하며 그 이상 또는 이하가 되는 것을 금지한다는 입장이다. 쉽게 말하면 프랑스 민법에서의 손해배상은 완전 배상을 지향하므로 원칙적으로 징벌적 손해배상이 부정된다는 것이다.502) 예외적으로 측정이 어려운 정신적 또는 비재산적 손해503)가 발생했을 때 징벌성을 인정하는 듯한 사례도 보이나 어느 수준이

---

500) 2007년 10월 법 기준 제2007-1544호에 따라 저작권 분야는 지적재산법 제L-331-1-3조에서, 특허권 분야는 동법 제L-615-17조에서 같은 취지를 두었다.; 박수곤, "프랑스법에서의 징벌적 손해배상제도의 도입필요성에 관한 논의의 전개", 재산법연구 제32권 2호, 한국재산법학회, 2015, 186면.
501) Viney, Geneviève & Jourdain, Patrice & Carval, Suzanne(2010), op. cit., p.24. [박수곤(2015), 위의 글(주 500), 186면. 재인용]
502) 프랑스 민법 실무상 비재산적 손해배상에 대한 보완적, 보충적 기능을 다룬 문헌은 다음을 참조.; 최우진(2021), 앞의 글(주 487), 493면.
503) Borghetti, Jean-Sébastien(2009), op. cit., p.55.

징벌적인지 파악이 불가능하여 이를 징벌적 손해배상이라고 보기는 어렵다.504)

그렇지만 프랑스 법제에서도 징벌적 조치 또는 배액 배상에 준하는 유사한 제도가 언급된다. 프랑스 학계에서는 민사책임에 대한 손해배상의 기능에 용어 그대로의 손해를 배상하는 것 외에 소위 미국식 징벌적 손해배상처럼 억지나 처벌 기능을 인정할 수 있다는 논의가 있다. 이른바 '사적 처벌(peine privée)' 기능을 담당하는 제도의 사례로 위약벌 조항(clauses pénales)505), 이행 강제금(astreinte)506), 민사벌 등이 거론된다.507)

(2) 프랑스 학계의 징벌적 손해배상제도 도입 논쟁

프랑스에서는 몇 십년 간 지속적으로 징벌적 손해배상제도에 대한 도입 논의가 이루어졌다. 실무적으로 해결해야 할 난제들 때문에 프랑스 민법에 징벌적 손해배상제도는 입법화되지 않았고 향후에도 입법 가능성도 높지 않다는 평가가 지배적이다. 그러나 2005년 프랑스 민법전 채권분야, 2009년 프랑스 민법전의 책임법 분야 개정 시안에서의 징벌적 손해배상제도 도입과 관련한 논의를 살펴보는 것은 대륙법계 원칙과 충돌하는 징벌적 손해

---

504) Borghetti, Jean-Sébastien(2009), ibid, pp.66-67.
505) 위약금 조항은 채무불이행 시 채무자가 지급 할 손해배상금을 계약당사자가 미리 예정해 둔 약정으로 이는 손해배상금을 대체한다. 즉, 당사자 합의에 의한 손해배상금은 손해배상액 산정에 대한 법원의 판단을 대체한다. 이에 대해 자세히 소개한 국내 문헌은 다음을 참조.; 박수곤(2015), 앞의 글(주 500), 173-174면.
506) 간접강제로서 이행강제금은 채권자체에 대한 강제이행은 아니며 채무불이행에 의한 손해배상제도와 완전히 별개이다.; 박수곤(2015), 위의 글(주 500), 170-173면.; 이행 강제금(astreinte)이 미국식 징벌적 손해배상제도와 법리 구성은 다르지만 실질적으로 유사한 결과를 도출한다는 입장은 다음 문헌을 참조.; Viney, Geneviève & Jourdain, Patrice & Carval, Suzanne, Traite de droit civil, Les effets de la responsabilite, 3e ed., L.G.D.J., 2010, n° 6-5.[박수곤(2015), 위의 글(주 500), 173면 재인용].
507) 박재윤(2021), 앞의 글(주 433), 80면.

배상제도를 활용해야 한다는 사회적 기대와 요구사항을 확인하였던 흔적으로 검토할 가치가 있다.

1) 2005년 프랑스 채권법 개정 시안

영미식 징벌적 손해배상 도입을 예정한 2005년 9월 프랑스 채권법 개정 시안(이하 '2005년 개정 시안')은 Catala 교수 주도의 이른바 '아방 프로젝트(Avant projet de réforme du droit des obligations)'의 결과물이다. 2005년 개정 시안 제1371조는 경제적 이득을 창출하는 책임을 야기한 자에게 법원이 징벌적 손해배상을 명할 수 있고 법원은 그 사유를 명시하여야 한다는 내용을 담고 있다. 아울러 징벌적 손해배상이 보험으로 처리될 수 없음을 규정한다.[508] 이 규정은 캐나다 퀘벡 주의 신 민법전을 계수한 것이다.[509]

2005년 개정 시안은 손해의 전보라는 손해배상법의 기본원칙을 준수하면서도 예외적으로 과책을 인정할 때는 다중적 손해배상을 인정하는 것이 가능하다는 점, 특정한 원칙이 부적절한 결과를 초래할 때에는 적용 배제 규정이 필요하다는 점 등을 들어 징벌적 손해배상제도 도입의 찬성론을 입법안에 반영한 것이다. 프랑스 대법원도 징벌적 손해배상을 인정한 외국 판결이 국제 공서에 반하지 않는 한 프랑스 법 체계에서 외국 판결의 집행이 가능하다고 판시하였다.[510] 이 또한 징벌적 손해배상제도 도입의 찬성론에 입각한 입장으로 보인다. 반면 징벌적 손해배상제도 도입을 반대하는 입장에서는 법원이 이미 보상적 손해배상을 관대하게 인정하고 있다는 점, 비난 가능성은 민사제재가 아니라 형사 또는 행정제재로 추구되어야 한다는 점, 민사 책임에 형사적 요소를 반영하는 시도는 형사책임과 혼동을 준다는 점 등을 지적하였다.[511] 이처럼 징벌적 손해배상제도에 대한 비판적

---

508) 박수곤(2015), 앞의 글(주 500), 185면.
509) Borghetti, Jean-Sébastien(2009), op. cit., pp.69-71.
510) 박수곤(2015), 앞의 글(주 500), 185면

입장에서는 민사책임이 형벌과 친할 수 없다는 것을 전제로 하여, 경제적 이익을 창출하는 책임 있는 가해자에 대한 제재는 부당이득청구권을 활용할 수 있다고 주장하기도 한다.512)

2) 2009년 프랑스 책임법 개정 시안

2009년 10월 프랑스 책임법 개정 시안(이하 '2009년 개정 시안')은 Terré 교수 주도로 검토되었는데 Catala 교수의 검토안과 명확한 시각 차이가 있다. 2009년 개정 시안 제54조는 가해자가 고의성을 가지고 경제적 이익을 창출했을 때 법원은 특별한 이유를 설시하고 피해자가 입은 손해에 대한 배상이 아니라 가해자의 취득수익금을 손해배상으로 명할 수 있다고 규정한다.513) 이 대목은 Catala 교수의 검토안과 유사한 맥락으로 볼 수 있다. 하지만 "피고의 취득수익금을 손해배상으로 명한다"는 점에서 과책적 손해배상이 아니라 '반환적(restitutoires)' 손해배상으로 제재를 시도하였다는 점에서 Terré 교수의 검토안은 2005년 개정 시안과 다른 견해라고 해석될 수 있다.514) 다시 말해 2009년 개정 시안은 피해자에게 일반적 손해배상청구권과 가해자의 취득 이익 반환청구권을 선택하도록 하였다는 점에서 중요한 의미가 있다. 또한 원고가 보상적 손해배상 명목으로 지급받을 수 있던 초과 금액을 책임보험으로 배상받을 수 없다는 것을 명시한 점은 2005년 개정 시안과 같은 내용인데, 반환적 손해배상금을 보험금으로 지급하도록

---

511) Borghetti, Jean-Sébastien(2009), op. cit., p.71.
512) 이러한 입법례는 스위스, 독일에서 활용하고 있다.; Werro, Franz., La tentation des dommages et interets punitifs en droit suisse des medias, in Etudes a la memoire de Christian LPOYADE-DESCHAMPS, P.U.B., 2003, p.745 et s.
513) 박수곤(2015), 앞의 글(주 500), 188면.; 長野史寬, "賠償額算定規定の立法論に向けた論点整理", 不法行爲法の立法的課題, 現代不法行爲法研究會 編, New Business Law(別冊, 155), 商事法務, 2015, 185頁.
514) 박수곤(2015), 앞의 글(주 500), 189면.

할 경우 제재 기능이 몰각되거나 도덕적 해태를 초래할 수 있다는 우려에서 비롯한 것이다.515)

한편 2009년 개정 시안 제68조와 제69조에서는 손해가 고의에 의한 과책으로 발생한 경우 특별한 규정이 없는 한 정신적 손해배상청구가 가능하며 법원이 특별한 이유를 설시하면 징벌적 손해배상을 명할 수 있다고 규정한다.516) 정신적 손해에 대한 징벌적 손해배상을 허용한 것은 정신적 손해의 계량화가 어렵다는 현실적 문제를 해결하기 위한 노력으로 보인다. 더불어 징벌적 손해배상을 법원이 명할 경우 사실심 법원의 지나친 재량권 행사를 차단하기 위한 안전장치로서 법원으로 하여금 그 사유를 명시하도록 한 점도 주목된다.517)

(3) 프랑스 학계의 징벌적 손해배상에 대한 경쟁법상 적용 논의

프랑스 학계에서는 징벌적 손해배상이 예외적으로 적용될 수 있는 분야로 '경쟁법(droit de la concurrence)'에 대해 논의가 이루어진다. 이 논의에서는 경쟁법상 카르텔로 인해 피해를 입은 자는 경제적 피해 발생 사실이 확실하지만 카르텔이 없었을 가상시장을 가정하여 손해를 입증하는 것이 어려우므로 통상의 손해배상과 달리 취급할 타당성이 높다고 강조한다.518) 즉 경쟁법에 징벌적 손해배상제도를 적용했을 때 일반적 손해배상 제도상으

---

515) 영국에서는 징벌적 손해배상을 보험으로 대체가능성을 열어두고 있는데 이는 경제 활동으로 인한 위험성이 보험으로 해결할 정도로 고의적 사고를 빈번히 일삼는 자는 업계에서 자연스럽게 도태되는 논리에 입각한 것으로 볼 수 있다.; 박수곤(2015), 위의 글(주 500), 189면.; 손해의 보험으로 대체 가능성이 반드시 도덕적 해이를 초래하는 것은 아니라는 점과 관련된 영국의 상황에 대해서는 다음 문헌을 참조.; Wilcox, W., Punitive Damages in England, :in Punitive Damages: Common Law and Civil Law Perspectives, 2009, p.7.
516) 박수곤(2015), 앞의 글(주 500), 188-189면.
517) 박수곤(2015), 위의 글(주 500), 191면.
518) Robert, Saint-Esteben(2005), op. cit., p.54.

로 '확실하고 직접적인 손해'에는 포섭하기 어렵지만 '경제적 손해'(dommage a l'economie)'로 손해를 인정할 수 있다는 논리이다.[519]

한편 경쟁법상의 징벌적 손해배상은 사적 강제로서 집행 효율을 높이는 수단이 된다. 경쟁법 위반 피해자가 입은 손해 크기에 대비해 소송에 소요되는 변호사 비용 등이 상당하더라도 실제 손해보다 더 많은 배상을 받는다면 피해자는 경쟁제한행위를 모니터링하고 신고할 유인이 있다. 따라서 시장에서 피해자가 능동적으로 사적 검찰관 역할을 수행하여 사적 집행이 활성화되면 결국 공적 집행 효율 촉진에도 기여할 수 있다는 장점이 있다.[520]

이러한 장점에도 불구하고 프랑스 경쟁법제에 징벌적 손해배상제도를 도입할 때는 몇 가지 문제점이 지적된다. 우선 징벌적 손해배상은 '사익'(interet prive)과 '공익'(interet public) 간에 혼동을 초래한다. 경쟁법 위반 가담자에 대해 사적 소송을 제기하는 것은 별론으로 하더라도 사적 화해로 인해 분쟁이 종결되면 공익 목적의 행정 처분행위를 사인의 손해배상 소송으로 대체하도록 하는 것이 타당한지 논란이 될 수 있다.[521] 나아가 손해배상 자체의 내재적 한계로 인해 입증이 곤란한 사안을 해소하고자 징벌적 손해배상제도를 활용하는 것은 타당하지 않다는 문제도 지적된다.[522] 마지막으로 의도치 않은 부메랑 효과, 즉 손해배상액의 과도함 때문에 역설적으로 법원이 원고의 증명력을 인정할 때 엄격하고 보수적인 태도를 취하면 오히려 손해배상 인정이 더욱 어려워질 수 있다는 점이 있다.[523]

---

519) Robert, Saint-Esteben(2005), ibid, p.58.
520) Robert, Saint-Esteben(2005), ibid, p.63.
521) Robert, Saint-Esteben(2005), ibid, p.64.
522) Robert, Saint-Esteben(2005), ibid, p.67.
523) Robert, Saint-Esteben(2005), ibid, p.68.

3. 상법상 경쟁제한행위에 대한 손해배상제도

(1) 프랑스의 Directive(EU)/2014/104 입법화 내용

프랑스는 2017년에 Directive(EU)/2014/104 이행을 위하여 프랑스 경쟁법 조문을 담고 있는 상법(Livre Ⅳ: Titre Ⅷ)에 경쟁제한행위에 대한 손해배상제도 내용을 입법화하였다. 이 조치로 프랑스 법원은 카르텔 등 경쟁법에서의 경쟁제한행위에 대해 손해배상을 명할 수 있으며 해당 계약조항을 사법적으로 무효화하는 역할을 담당하게 되었다.[524] 프랑스 법무부는 2017년 상법전에 Directive(EU)/2014/104을 이식한 상세한 법 개정결과를 공개하였는데, 향후 소송 활성화에 기여할 수 있을지 귀추가 주목되고 있다.[525]

프랑스 상법전에 반영된 Directive(EU)/2014/104의 주요 규정은 다음과 같다.[526] 경쟁제한적 관행으로 인해 손해배상청구소송을 할 때 책임의 조건으로 TFEU 제101조 및 제102조 위반행위를 소송 대상으로 한다(L481-1조). 원고가 입은 손해는 위반행위가 없었을 경우의 가상가격과 지급가격 간의 차액, 직·간접적으로 확대 발생한 이익 손실을 포함한다(L481-5조). 카르텔은 반대 증거가 제시될 때까지 카르텔로 인해 피해가 발생한 것으로 추정한다(L481-7조). 손해배상 규모는 손해의 확실성 및 현실성에 영향을 미칠 수 있는 모든 상황뿐 아니라 합리적으로 예측 가능한 변화를 고려한다(L481-8조).

한편 사건의 기록에 명시된 자료의 제공이 타당할 경우 프랑스 법원은

---

524) 박세환(2021), 앞의 글(주 463), 291면.
525) Oronnance n°2017-303, 9 mars 2017, relative aux actions en dommages et intérêts du fait des pratiques anticoncurrentielles.
526) 관련 규정 원문과 번역본은 다음을 참조; '프랑스 상법전(Code de commerce)'(2024. 1.1 개정 기준), <https://world.moleg.go.kr/web/wli/lgslInfoReadPage.do?A=A&searchType=all&searchText=%25EC%2583%2581%25EB%25B2%2595&searchPageRowCnt=10&searchNtnlCls =4&searchNtnl=FR&pageIndex=1&CTS_SEQ=38125&AST_SEQ=105>, 2024.5.22. 최종방문.

EC와 국내외 경쟁당국에 자료의 제공을 명령할 수 있으나 자료의 제공 대상에 자진신고자 관련 녹취록은 제외한다(L483-4~11조). 경쟁제한행위로 손해가 발생한 청구인이 경쟁법상의 손해배상소송을 제기하는 경우 절차는 민사소송법 규정에 의한다. 이 신청에 대해 법원에서 인용 여부를 결정할 때 법원은 당사자들과 제3자의 정당한 이익을 고려하여 인용 여부를 판단하도록 한다(L483-1조).

(2) Directive(EU)/2014/104 도입 후 프랑스에서의 손해배상청구 사례

Directive(EU)/2014/104를 프랑스 법제에 반영하였음에도 초기에는 프랑스의 실정법 지위에 큰 변화가 없어 Directive(EU)/2014/104 이전의 판례가 유효한 경우도 확인된다.[527] 그러나 2018년 이후에는 프랑스에서 경쟁법 위반과 관련된 시효, 관할권, 증거 접근문제 등에 대한 다양한 하급심 판례가 집적되었다.[528] 이러한 현상으로 경쟁제한행위로 인한 손해배상제도에 대해 프랑스 법제에 분명한 인식의 변화가 일어났음을 추정할 수 있다.

EC는 2019년 구글 Adsense 사건에 대해 시장지배적 지위남용행위 결정을 내리면서, 구글의 행위로 인해 피해를 받은 법인이나 사인이 구글을 상대로 손해배상청구소송을 할 가능성이 높을 것이라고 전망하였다.[529] EC의 전망대로 프랑스에서 구글을 상대로 TFEU 제102조와 프랑스 민법상 불법행위책임에 대한 손해배상청구(이하 'LeGuide 소송'[530]) 사례가 발생한

---

527) Rafael Amaro et Jean François Laborde, 「La réparation des préjudices causés par les pratiques anticoncurrentielles」, Concurrences, 2019, pp.5-6.
528) 2019년 연구에 의하면 해당 기간 중 관련 판례가 18개 확인된다.; Amaro, Rafael, Le contentieux de la réparation des pratiques anticoncurrentielles (sept. 2018-juin 2019), Concurrence, n°3, 2019, p.230 et s.
529) European Commission, Press Release, 'Antitrust: Commission fines Google €1.49 billion for abusive practices in online advertising', 20 march 2019.
530) 엄밀히 말하면 LeGuide 소송은 2019년 EC의 결정과 함께 2017년 구글 검색 비교쇼

점은 매우 고무적이다. 피해를 보았다고 주장하는 소송당사자 LeGuide는 파리에 본사를 둔 프랑스 전자상거래 전문기업으로 인터넷 가격비교 사이트 운영사업자였다. LeGuide 소송은 부당한 공동행위를 청구원인으로 한 손해배상소송은 아니며, 손해배상책임과 배상액 인정을 정면으로 다룬 사례도 아니다. 하지만 Directive(EU)/2014/104을 입법화한 프랑스에서 제기된 사적 소송이므로 중요한 의미가 있고 경쟁법상 시사점을 검토할 필요성이 높다.

LeGuide 소송에서는 국제 관할권이 주된 쟁점으로 다루어졌다.[531] 이 사건에서 파리 상사법원은 LeGuide가 프랑스에서 피해를 보았으므로 파리 상사법원이 적법한 관할권을 갖는다고 판단하였다. 구글은 원심의 결정에 불복했으나[532] 2020년 1월, 파리 항소법원은 관할권에 대한 파리 상사법원의 판단이 정당하다고 판시하였다. 파리 항소법원은 관할권 유무를 결정할 때 손해가 "피해자가 침해를 입은 관련 시장"에서 실현되는데 만약 그 침해가 인터넷상에서 발생한 경우라면 사이트가 도달하는 국가가 아니라 사이트가 운영되는 국가가 관할권을 갖는다"는 점을 분명히 확인하였다. 실체법적 차원에서 프랑스 법원은 구글의 경쟁법 위반행위로 손해가 발생하였다고 명확히 판단하지는 않았다. 관련 EC 결정의 적정성에 대해서는 다툼이 있었으므로 프랑스 법원이 EC 결정에 대한 확정판결 이전에 먼저 관

핑 사건에 대한 EC의 결정사항도 청구대상에 포함되었다.; European Commission, Press Release, "Antitrust: Commission takes further steps in investigations alleging Google's comparison shopping and advertising-related practices breach EU rules" (14 Jul. 2016).

531) 카르텔에 대한 손해배상청구소송에서 국제관할권이 문제된 EU 판례는 다음을 참조: CJUE, 21 mai 2015, aff. C-352/13(과산화수소 및 과붕산나트륨에 대한 부당한 합의 사건).

532) 구글은 2017년 구글 쇼핑사건에 대한 CJEU의 최종 판결이 나오기 등 손해배상청구소송 판결을 유예해달라고 요청하여 파리 상사법원이 이를 수용하였다. 그러나 결국 구글은 관할권에 대한 원심 법원의 판결을 수용하지 않았다고 한다.

련 사안의 위법성 여부를 판단하기는 어렵기 때문이다.533)

　무엇보다 LeGuide 소송은 EU는 물론 우리나라 등의 대륙법계 국가에서 경쟁법 위반행위에 대한 손해배상소송에 참여하는 것이 소극적이라는 편견을 깨고 EU 경쟁당국의 결정 이후 최종 법원 판결이 나오기 전에 회원국이 손해배상소송을 제기하였다는 점에서 사적 집행이 활성화의 디딤돌이 될 것이라는 평가가 있다는 점을 알 수 있다.534)

---

533) 박세환(2021), 앞의 글(주 463), 295-296면.
534) 법원의 판결 내용에 대해서는 다음 문헌을 참고하였다.; 박세환(2021), 위의 글(주 463), 292- 293면.

제4절 일본

Ⅰ. 손해배상제도 일반론

일본 민법에서는 손해배상의 원칙으로 금전 배상 및 실손해 배상을 취한다. 일본의 판례와 통설은 민사법과 형사법 책임의 준별원칙에 따라 손해배상법의 목적을 전보에 한정하므로 실제 손해를 초과하는 배상을 인정하지 않는다.535)

손해의 인식에 대해 일본의 학계에서는 주로 구체적·현실적 손해설과 차액설을 혼용하여 이해한다.536) 구체적·현실적 손해설은 차액설의 한계를 극복하려는 입장이다. 이 견해에서는 피해자에게 책임 원인이 된 사실관계가 없었을 경우 가정할 수 있는 상황에서의 재산과 현재 재산과의 차액을 손해라고 정의한다.537) 구체적·현실적 손해설은 손해 발생과의 인과관계를 검토한 후 손해에 대해 금전적으로 평가하는 것이 이질적임에도 차액설로 인해 더욱 복합적으로 논한다는 문제가 있다는 것을 지적한다.538)

한편 히라이요시오(平井宜雄) 교수는 독일의 차액설이 일본에서는 효용성이 낮다고 비판하며 그 대안으로 손해 사실설을 주장한다. 이 주장에 의하면 손해가 금전적으로 배상되는 것에서 나아가 손해 사실에 대한 판단, 즉 손해를 금전적으로 평가하는 단계가 필요하다고 본다. 손해에 대해 평가하기 위하여 법원이 손해액을 결정하고 배상 규모를 산정하는 재량권 허

---

535) 我妻榮, 『我妻有泉コンメンタール民法(總則·物權·債權)』, 2008, 1284-1285頁. [김현수·윤용석·권순현·장다혜(2012), 앞의 글, 55면 재인용].
536) 奧田昌道, 『編集: 新版註釋民法(10)Ⅱ, 債權(1) §§ 415-426』, 有斐閣, 2011, 262頁.(北川/潮見 執筆).
537) 淡路剛久, 鶴岡灯油訴訟最高裁判決と損害賠償責任, ジュリスト No. 953, 1990, 45-49頁.
538) 이선희(2012), 앞의 글(주 13), 209-210면.

용에 합리성을 부여한다.539) 손해를 규범적, 가치 지향적 관점에서 바라보며 차액설의 한계를 극복한 점에서 일본에서는 유의미한 견해로 평가받는다.540)

이처럼 일본에서 손해에 대한 관점이 변화하는 움직임은 있지만 차액설에 준하여 전보배상을 원칙으로 삼는 것이 통설이며 손해배상제도가 억지나 제재 기능과 친밀하지는 않다는 점을 알 수 있다.541)

II. 징벌적 손해배상제도

일본에서는 피해자가 전보배상 이상의 이득을 취하는 것에 반감적 정서를 갖는다. 고의적 침해행위나 지적재산권 침해를 통한 이윤 추구 등 일부 행위 유형에서는 전보적 금전 배상이 불충분하다는 점을 인정하지만 징벌적 손해배상제도를 비롯하여 제재 성격을 띤 위자료는 손해배상제도의 본질에 반한다고 본다.542)

일본 최고재판소도 징벌적 손해배상을 인정한 외국법원의 집행판결 요청을 수용하지 않았다. 최고재판소는 외국 판결이 승인되려면 일본에서의 공공질서 또는 선량한 풍속에 반하지 않아야 하는데, 미국에서 인정된 징벌적 손해배상제도는 가해자 제재 및 억지에 목적을 두기 때문에 일본법상의 손해배상제도와 본질적 차이가 있음을 강조하였다.543)

---

539) 平井宜雄, 『損害賠償法の理論』, 東京大學出版會, 1971, 139-141頁.
540) 新版註釋民法(10)II, 前揭書, 262頁.(北川/潮見 執筆).
541) 김현수·윤용석·권순현·장다혜(2012), 앞의 글, 56면.
542) 亀井尚也, "損害賠償の抑止·制裁の機能をめぐって", 法と政治 第65卷4号, 2015, 125頁.; 廣峰正子, "原状回復と損害の規範的評価", 立命館法学 2015年5·6号, 2015, 655頁.
543) 東京地判(1987.5.18.) 判時 1231号 5頁, 東京高判(1988.3.11.) 判時 1271号 3頁.; 亀井尚也(2015), 前揭書, 126頁.; 이에 대해서 일본 민법상 간접강제제도를 예로 들며 징벌

하지만 비난가능성이 높은 침해행위로 인해 회복이 어려운 손해가 발생했을 때 실손해 배상으로는 손해배상의 목적 달성에 어려움이 있고 합당한 손해액 산정이 어렵다는 점은 일본에서도 공감대가 형성되어 있다.544) 이러한 인식을 반영하여 1990년 이후 대중매체에 의한 인격권 침해, 가해자의 악성이 높은 조직범죄 등을 원인으로 한 손해배상청구에서 법원은 억지 측면의 위자료 청구를 인정하였다.545) 그러나 위자료를 인정한 판례에서도 일본의 손해배상제도는 원상회복과 손해전보에 주안점을 두고 있어, 장래의 법 위반에 대한 억지나 예방을 목적으로 하지는 않는다고 밝히며 위자료의 제재적 성격은 부정하였다.546) 1999년 일본 사법제도개혁심의위원회에서도 징벌적 손해배상제도 도입의 필요성이 논의되었으나 결과적으로 일본은 법체계상 민사법과 형사법의 준별원칙을 강조하면서, 징벌적 손해배상제도 도입은 향후 과제로 남기기로 하였다.547)

적 손해배상제도를 인정하는 것이 민사법 및 형사법 준별원칙에 반하지 않는다는 반론이 있다. 관련 내용은 다음 문헌을 참조.; 윤태영, "최근 일본에서의 징벌적 손해배상의 도입에 대한 논의", 입법평가 회의자료집 14, 한국법제연구원, 2012, 9-11면. [김현수·윤용석·권순현·장다혜(2012), 앞의 글, 56면 재인용].
544) 廣峰正子(2015), 前揭書, 680頁.
545) 大阪地判 平成11年6月9日 家裁月報 51卷11号 153頁.; 東京地判 平成5年7月13日 判夕 835号 184頁.; 横浜地判 平成 7年7月10日 判夕 885号 134頁.; 大阪地判 平成11年6月9日 家裁月報 51卷11号 153頁.; 東京地判 平成5年7月13日 判夕 835号 184頁.; 横浜地判 平成 7年7月10日 判夕 885号 134頁.
546) 김현수·윤용석·권순현·장다혜(2012), 앞의 글, 58면.
547) 「司法制度改革審議会意見書-21世紀の日本を支える司法制度」 平成 13年6月12日.[김현수·윤용석·권순현·장다혜(2012), 앞의 글, 58-59면 재인용].

Ⅲ. 사적독점금지법상 손해배상제도

1. 일본 민법과 사적독점금지법상 손해배상제도의 비교

일본의 사적독점금지법 제25조에서는 사적독점, 부당한 거래제한, 불공정거래행위를 원인으로 한 손해로 피해를 입은 자에게 손해배상청구권을 인정한다.548) 사적독점금지법상 손해배상책임은 무과실 책임을 원칙으로 하며 공정취인위원회의 확정심결 전치주의를 채택하였다. 이 점은 우리나라의 2004년 공정거래법 개정 이전의 내용과 유사하다.549) 사적독점금지법상 손해배상제도 규정을 도입할 때 미국의 독점금지법상 3배의 배상제도가 모델이 되었다고 하지만 실손해 배상원칙을 고수하던 일본에서는 이를 거부하였다고 한다.550)

실무상으로는 사적독점금지법과 민법상 손해배상청구권을 모두 인정하며 양 청구권은 경합한다고 보는 것이 일반적 시각이다. 다만 사적독점금지법상 규정은 피해자의 손해 전보를 쉽게 하려는 민법에 대한 특별규정이라는 해석이 중론이다.551) 이러한 해석은 일본이 불법행위책임에 기초하여 사적독점금지법상 손해배상제도를 민사상 구제수단이라고 이해하였음을

---

548) 사적독점금지법 제25조 (무과실손해배상책임) ① 제3조, 제6조 또는 제19조의 규정에 위반하는 행위를 한 사업자(제6조 규정에 위반하는 행위를 한 사업자의 경우에는 그 국제적 협정 또는 국제적 계약에서 부당한 거래제한을 하거나 불공정한 거래방법을 스스로 사용한 사업자에 한함) 및 제8조 규정에 위반하는 행위를 한 사업자단체는 피해자에 대해 손해배상책임을 진다. ② 사업자 및 사업자단체는 고의 또는 과실이 없었음을 증명하여 전항에서 규정하는 책임을 면할 수 없다.
549) 이소영(2019), 앞의 글, 122면.
550) 김두진, "공정거래법 집행제도의 개선방안", 연구보고 02-03, 한국법제연구원, 2003, 128-129면.
551) 最高裁判所判決(1972.11.16.) 民集 26卷 9号 1573頁.; 最高裁判所判決(1988.12.8.) 民集 43卷 11号 1259頁. 等.

시사한다.552)

다만 관행적으로는 사적독점금지법보다는 민법에 기한 손해배상청구소송 사례가 더 많다고 한다. 그 이유는 원고가 손해 여부나 손해액과의 인과관계를 증명하기 어려운 점, 또 확정심결 전치주의의 영향으로 민법상 청구가 용이한 점 등이 거론된다.553)

2. 사적독점금지법상 손해액 인정제도

(1) 사적독점금지법상 손해액 인정제도의 운영현황

앞에서 살펴보았듯이 일본에서도 원고의 손해액 입증 문제는 해결이 어려운 숙제로 여겨진다. 이를 해결하기 위하여 손해배상제도연구회에서는 사적독점금지법에 대한 손해액을 산정할 때 독자적 추정규정 도입 필요성이 논의되었다. 그러나, 1998년부터 시행된 일본의 민사소송법 제248조554)에 따라 손해액 인정이 가능하게 되자 사적독점금지법상 별도의 손해액 추정 규정은 도입되지 않았다.555)

이후 일본의 사적독점금지법에서는 손해액의 추정이나 인정 규정을 두지 않고 민사소송법 제248조에 근거하여 손해액을 인정해오고 있다. 일본의 민사소송법상 손해액 인정제도는 사적독점금지법상 부당한 거래제한 사건에서 활발하게 활용된다. 손해액 인정제도를 적용하는 것은 자유 심증주의 하에 증명도를 경감한다는 의미이다.556) 특히 입찰담합 사건에서 손

---

552) 이소영(2019), 앞의 글, 122면.
553) 확정심결 전치주의의 영향으로 위법성에 대해서는 원고가 입증책임을 지지 않는다.; 김두진(2003), 앞의 글(주 550), 131-132면.
554) 민사소송법 제248조(손해액의 인정)손해가 발생하였음이 인정되는 경우 손해의 성질상 그 액수를 입증하기가 극히 곤란한 때에는 법원은 구두변론의 전 취지 및 증거조사결과에 근거하여 상당한 손해액을 인정할 수 있다.
555) 김두진(2003), 앞의 글(주 550), 131-132면.
556) 김태진, "M&A 계약 위반과 손해: 손해액 산정과 민사소송법 제202조의2의 활용어

해액 인정제도가 활발하게 활용되면서 손해액 입증이 곤란한 경우에는 원고에게 상당한 수준의 손해액 입증 경감 혜택을 부여하게 되었다.557)

부당한 거래제한 사건에서 손해액 인정제도가 적용될 경우 이론상으로는 부당한 거래제한 직전의 가격을 합의가 없었을 때의 예상 구입가격으로 추인하고, 실제 구입가격과 예상 구입가격 간의 차액을 손해액으로 볼 수 있다. 이 부분에 대해 사실상의 추정이 가능하려면 피고의 합의 시점부터 원고의 재화 구매 시점까지 가격 형성에 대내외의 변동요인이 없다는 것을 원고가 직접 입증하여야 한다. 그러나 이에 대한 입증은 현실적으로 불가능하여 결국 법원이 재량으로 손해액을 인정하게 된다.558) 이처럼 손해액 인정제도는 원고에게 손해액 입증 부담을 줄여주는 장점이 있지만 법원 재량으로 손해액이 결정되므로 손해액 인정 근거가 불분명한 경우에는 그 적정성을 검증할 수 없다는 것이 문제점으로 지적된다.559)

일본 최고재판소는 채석권 침해 불법행위를 청구원인으로 한 손해배상청구 사건에서 손해액 입증이 곤란한 경우에는 민사소송법 제248조를 적용하여 손해액을 산정할 수 있었음에도 청구를 기각한 원심판결에 대해 비판하였다560). 손해의 성질상 손해액 입증이 매우 곤란하다면 민사소송법 제248조를 의무에 가깝게 활용해야 한다는 근거로 이 사례가 거론된다.561)

이 판결은 일반화하기 어려운 판례라고 평가된다. 하지만 "불법행위에 기한 손해배상청구소송에서 원고에게 손해가 발생한 점이 인정되는 경우 손해액 입증이 극히 곤란하더라도 민사소송법 제248조에 의하여 상당한 손

부", 외법논집 제42권 1호, 한국외국어대학교 법학연구소, 2018, 70면.
557) 奈良地判 平成11年 10月 20日 判例タイムズ1041号 182頁.; 鳥取地判 平成12年 3月 28日 公正取引委員会審決集 46巻 673頁 等.
558) 淡路剛久(1990), 前揭書, 42頁.
559) 淡路剛久(1990), 前揭書, 98頁.
560) 最判 平成20年 6月 10日 判タ1316号 142頁.
561) 權敬殷, "独禁法上の損害賠償請求訴訟における損害額認定制度の活用:日本と韓国の比較を中心にして", 橘法学 第14巻, 2015, 736頁.; 김윤정 외 4인(2019), 앞의 글, 193면.

해액이 인정되어야 한다"는 점을 일반 법리로 인정할 수 있다는 반론도 있다.562) 이 견해는 손해액 입증이 어려운 경우에는 손해액 인정제도를 적극적으로 활용하여 법원이 손해액 인정이 가능한 사안을 간과하지 않아야 한다는 것을 강조한 것이다.

(2) 일본 민사소송법상 손해액 인정제도에 대한 견해의 대립

일본에서는 쯔루오카 등유사건(鶴岡灯油事件)을 계기로 손해배상청구를 할 때 손해액을 입증하는 데 따르는 어려움을 해소하고자 민사소송법 제248조를 도입하였다.563) 일본의 민사소송법 제248조가 시행된 후 지식재산권 분야 등 개별법에도 손해액 인정제도가 도입되었다. 후술하겠으나 우리나라는 이와 반대로 지식재산권 법제와 공정거래법에서 손해액 인정제도가 도입된 후 민사소송법상 일반조항으로 손해액 인정 규정이 신설되었다.564)

일본의 민사소송법상 손해액 인정제도의 법적성격에 대해서는 견해가 대립된다. (i) 증명도 경감설에 의하면 손해액 인정은 사실 증명과 같이 증거에 의한 사실인정 대상이 되지만 손해액을 인정해줌으로써 사실인정에서 적용하는 고도의 개연성을 완화한다는 입장이다.565) (ii) 재량 평가설에 의하면 손해 입증의 기초 사실에 대해서는 원칙적으로 증명도가 필요하지만 손해액 인정과정에서 법원의 재량 평가566)를 허용한다는 입장이다.567)

---

562) 김태진(2018), 앞의 글(주 556), 72면.
563) 김윤정 외 4인(2019), 앞의 글, 192면.
564) 김태진(2018), 앞의 글(주 556), 65면.
565) 法務省民事局参事官室, 『一問一答新民事訴訟法』, 商事法務研究会, 1996, 287.[加藤新太郎, "訴訟理論研究会―民訴法248条による相当な損害額の認定", 判例タイムズ No. 1343, 2015, 61頁. 재인용].
566) 여기서 뜻하는 재량이란 소송법상 권능과 실체법상 권능을 모두 포괄하는 광의의 재량이다. 이에 대한 설명은 다음을 참조.; 최우진(2021), 앞의 글(주 487), 437면.
567) 김태진(2018), 앞의 글(주 556), 68면.

어느 견해에 따르던지 민사소송법 제248조는 법원의 재량에 의한 손해액 평가가 허용되므로 경험칙, 공평의 견지에 비추어 합리적이어야 한다는 엄격성을 전제로 한다.568) 최고재판소는 재량 판단설에 가까운 입장을 취하면서569) 사안의 성질상 손해 액수 증명이 매우 곤란한 사정이 있는지의 여부는 손해의 객관적 성질이 아닌 개별 사안의 특수성을 고려해야 한다고 보았다.570)

일본의 민사소송법상 손해액 인정제도는 손해 발생 사실 그 자체는 인정되지만 손해 입증이 어려운 경우에 제한하여 적용되므로 손해 발생에 대한 분쟁이 있는 경우는 적용 대상이 아니다. 따라서 손해 발생 자체가 당사자 간 분쟁 대상이 되는 사안에서는 원고가 입증을 하기 어려워하는 문제에 대해서 큰 도움을 주지는 못한다는 한계가 있다.571)

(3) 사적독점금지법상 손해액 인정제도의 적용사례

일본에서는 민사소송법 제248조에 의해 손해액을 인정할 때 계약금액의 일부를 손해액으로 인정하는 사례가 확인되고 있다. 다음의 몇 가지 사례를 살펴본다.

쓰레기 소각장 건설공사 입찰담합 사건에서는 공정취인위원회가 조사를 개시한 후 합의에 가담한 사업자의 평균 낙찰률이 90.1%로 나타나 합의 기간과 비교할 때 6.5% 감소한 사실이 있었다. 합의 가담 사업자의 평균 낙찰률 96.6%와 합의 비가담 사업자의 평균 낙찰률 89.8%의 격차가 6.8%인 점을 고려하여 법원은 손해액을 계약금액의 6%로 인정하였다.572)

하치오지시(八王子市)가 발주한 토목공사 입찰담합으로 인한 손해배상청

---

568) 権敬殷(2015), 前揭書, 712-713頁.
569) 最三小判 平成18年 1月 24日; 最三小判 平成20年 6月 10日.
570) 苗村博子, "企業の損害と民訴法248条の活用", 判例タイムズ 第1299號, 2009, 44頁.
571) 権敬殷(2015), 前揭書, 726頁.
572) 大阪高判 平成19年 10月 30日 判例タイムズ1265, 190頁.

구 사안에서도 도쿄 지방법원은 손해액 인정제도에 따라 공사도급 계약금액의 5%를 손해액으로 인정하였다. 공정한 경쟁을 통한 낙찰가격은 합의가 없었을 경우에는 입찰 당시 정세, 입찰 참여사의 재정 여건, 입찰참여자 수 등 복잡한 요인이 얽혀서 가상가격이 형성되므로 공정한 경쟁으로 낙찰되는 가격을 구체적 증거로 인정하기 어렵다고 하였다. 법원은 이 점을 근거로 손해액을 인정하였다. 이 사건은 발주처의 손해 발생 자체는 인정되나 손해 성질상 금액 입증이 지극히 곤란한 경우에 해당하여 민사소송법 제248조에 따라 구두변론의 전체 취지 및 증거조사의 결과에 따라 상당한 손해액을 인정한 사안이다.[573]

한편 일본 공정취인위원회가 의뢰하여 독점금지법위원회가 2003년에 발표한 보고서에서는 최근 5년 간의 부당한 거래제한에 의한 피해액 추정치가 검토되었다. 이 보고서에서는 공정취인위원회가 심사를 개시한 후 나타난 낙찰률 감소치를 바탕으로 손해액을 추정하는 방식을 활용하였는데 법원이 인정한 평균 손해액은 20.97%라고 밝혔다.[574]

프랜차이즈 가맹계약과 관련된 손해배상청구 사건에서도 도쿄 고등법원은 "손해액 산정이 곤란한 상황임에도 피고에 대해 손해배상의무를 부담시키는 이상 당해 손해액 산정에 있어서 상호 양보적이며 절제된 규모로 인정하여야 하는 점"을 언급하여 손해액 인정제도를 적용하였다.[575] 이러한 법원의 태도는 손해를 입증하기 어려워하는 원고의 엄격한 입증책임 부담을 완화하되 손해배상액을 인정할 때 소송당사자가 수용할 수 있는 수준에서 법원이 재량권을 행사하는 것이 중요하다는 것을 강조한 것이다.

---

573) 東京地方裁判所 平成18年 11月24日 판결 平成14(行ウ)230.
574) 独占禁止法研究会, 独占禁止法研究会報告書-別紙資料, 6. 最近５年間の主要なカルテルによる損害, 平成15年 10月, 10頁.
575) 東京高等裁判所 平成25年 8月 30日 判決言渡 平成21年(ワ).

제5절 우리나라

Ⅰ. 손해배상제도 일반론

1. 손해배상제도의 기본 원칙

우리나라의 민법 제750조 이하 민사상 불법행위법은 사전 규범으로 작용하는 계약과 달리 손해 발생 후 사후적 분쟁해결을 위한 규범이다.576) 우리나라의 판례와 학설은 손해배상 지도원리를 실천적 관점에서 '손해의 공평, 타당한 분담'으로 이해한다. 손해의 공평한 분담이란 손해 전보과정에서 손익상계, 과실상계, 책임제한을 통하여 손해액을 산정한다는 의미이다. 즉 손해를 야기시키는 사건이 없었다면 발생하지 않았을 상태를 회복하고 이해관계를 합리적으로 조율하는 것으로 손해배상법을 정의 실현의 수단으로 보는 관점이다.577)

우리 민법은 독일과 달리 제한적 배상주의를 취한다.578) 손해배상 전보가 실현되려면 손해 파악과 손해액 산정이 법 위반 전후의 재산 차이로 비교 가능하여야 한다.579) 이를 위하여 우리나라에서는 손해와 손해 범위에

---

576) 2019년 사법연감 통계에 의하면 총 1,037,397건의 민사 본안사건 중 손해배상 사건의 비중은 약 16%로 가장 높은 비중을 차지한다.
577) 대법원 2014. 1. 16. 선고 2011다 108057 판결 등.; 김차동, "손해배상의 범위 중 책임제한의 원리: 대법원 2007. 10. 25. 선고 2006다16758 판결과 관련하여", 법학논총 제27권 1호, 한양대학교 법학연구소, 2010.; 박동진(2004), 앞의 글(주 477), 295-296면.
578) 대법원도 "손해배상제도는 피해자의 구체적 현실의 손해 전보를 목적으로 한다"고 판시한다.; 대법원 1997. 7. 22. 선고 95다6991판결 등.
579) 김상중, "손해배상법에 대한 몇 가지 단상",『계약과 책임(하경효 교수 정년기념 문헌집)』, 박영사, 2017, 170면.

대해 차액설을 취한다. 통설과 판례에 근거를 둔 차액설에서는 손해 여부와 손해 범위를 구별하지 않고 재산 상태의 차액만 계산한다. 차액설은 손해를 재산상태 차액이라는 정량적 관점에서 판단하므로 가치중립적이며 명확하다. 또한 피해자의 침해된 법익이 수치화되므로 침해 법익으로 인한 추상적 손해액을 파악하고 피해자 재산상태의 변동을 포착하여 후속의 이익 상실도 고려할 수 있는 장점이 있다.[580] 하지만 여기에는 정신적 손해가 배제되며 가정적 인과관계에서 배상책임을 보장할 수 없어 피해자에게 불리하다는 점은 단점으로 평가된다.[581]

우리나라의 불법행위법에서는 민사법과 형사법이 이원적으로 구분된다. 불법행위에 의한 손해배상책임은 민사책임으로서 근대 이후에는 형사책임과 별개의 영역으로 이해된다. 민사책임과 형사책임 준별원칙에 따라 우리 민법은 손해배상제도의 핵심이 불법행위에 대한 전보 기능에 있다고 이해한다.[582] 양 책임은 발생요건이 다르므로 동일한 위법행위에 있어 양자 모두에게 책임이 생길 수도 있지만 하나의 책임만 생길 수도 있고, 제도상으로 분리된 민사재판 및 형사재판에 따라 달라질 수도 있다.[583]

2. 손해배상청구를 위한 불법행위 성립요건

(1) 가해자의 고의 또는 과실에 의한 행위

불법행위가 성립하려면 가해자의 고의 또는 과실에 의한 행위가 있어야 하는데 이는 원고에게 증명책임이 있다.[584] 고의가 성립할 경우에는 결과

---

580) 김상중, "지식재산권 침해로 인한 손해배상책임: 손해배상법의 현대적 발전 경향의 관점에서", 재산법연구 제31권 제3호, 한국재산법학회, 2014, 270면.; 곽윤직(1995), 앞의 책, 468면(지원림 집필 부분).; 김상중(2020), 앞의 글(주 11), 207면.
581) 서광민(2004), 앞의 글(주 11), 129-130면.
582) 곽윤직, 『민법주해[XVIII]』, 박영사, 2005, 16-25면(김성태 집필 부분).
583) 송덕수(2021), 앞의 책, 513면.

발생이라는 사실 인식이 요구된다. 학설과 판례에서는 위법성 인식에 대해서 부정설을 취한다.[585] 민사책임에서 과실은 경과실을 의미하며 불법행위에서 과실은 보통인·평균인의 주의력을 기준으로 한 추상적 과실을 뜻한다는 것이 통설과 판례의 입장이다. '불법행위 능력'이라고도 하는 책임능력은 불법행위 성립인정을 전제로 한 면책사유로 가해자가 책임능력이 없다는 것을 주장하고 증명하여야 한다.[586] 우리나라에서는 독일과 마찬가지로 고의와 과실에 따른 과책 크기에 의한 책임 비례원칙이 적용되지 않는다.[587]

(2) 가해행위의 위법성

불법행위가 성립하려면 가해행위가 위법하여야 한다. 민법 제750조는 위법성을 정당한 사유 없이 타인의 권리나 법익을 침해하는 것으로 본다. 위법성 본질에 대한 통설은 실정법 및 선량한 풍속, 기타 사회 질서를 기준으로 실질적으로 판단해야 한다는 '실질적 위법론'이다.[588]

(3) 손해의 발생

불법행위의 성립요건으로는 위법한 가해행위에 의한 손해가 발생하여야 한다. 우리 민법에서는 손해의 개념 정의가 없으며 대부분 다른 입법례도 상황은 유사하다.[589] 다수설과 판례에서는 손해 파악에 대해 차액설을 취

---

584) 대법원 2019. 11. 28 선고 2016다233538 판결 등.
585) 곽윤직, 『채권법각론(제6판)』, 박영사, 2003, 388면.; 대법원 2002. 7. 12 선고 2001다46440 판결.
586) 곽윤직(2003), 위의 책, 390면, 394면.; 대법원 2001. 1. 19 선고 2000다12532 판결.
587) 이지윤, "민법상 징벌적 요소에 관한 연구", 법학박사 학위논문, 성균관대학교, 2010, 20면.
588) 위법성 판단대상을 객관적으로 결정해야 한다는 '객관적 위법론' 시각에서 보는 입장도 있다.; 곽윤직(2003), 앞의 책, 399면.
589) 김상중(2020), 앞의 글(주 11), 201면.

한다는 점은 앞서 살펴보았다.590)

(4) 가해행위와 손해 발생 간 인과관계

가해행위에 의해 손해가 발생했을 때 양 자의 인과관계가 요구된다.591) 우리나라의 학설과 판례는 손해배상책임 성립 및 손해배상범위를 결정할 때 상당인과관계론의 입장을 지지한다.592) 상당인과관계론에 대해서는 상당인과관계에 포섭할 수 없는 요인을 고려하여 가해자의 우연한 사정으로 손해배상 범위가 축소된다는 문제점이 지적되기도 한다.593)

인과관계가 있는 손해라도 배상이 인정되지 않을 수 있는데, 손해배상범위의 확정은 손해 인정 다음 단계에서 결정되는 논점이기 때문이다.594) 대법원에서도 손해 발생이 추정되더라도 증거가 없어서 손해 크기를 확정할 수 없다면 손해배상청구를 인용할 수 없다는 입장이다.595) 손해 발생 사건에서는 합리적인 배상 범위 조정을 위하여 과실상계(민법 제396조), 손익상계, 공평 원칙에 의한 책임제한을 인정한다.596) 이것은 피해자가 손해배상책임 발생 원인이 없었을 때보다 더 큰 이익을 얻는 불합리함을 방지하기 위한 것이다. 특히 손익상계에 대해서는 손해배상 이득 금지원칙을 확인했

---

590) 가해행위가 없던 경우 피해자의 가정적 재산과 가해행위로 인한 현재의 재산상태 간 차이를 손해로 이해한다. 곽윤직, 『민법주해[IX]』, 박영사, 1995, 465면(지원림 집필 부분).; 대법원 1992. 6. 23. 선고 91다33070 전원합의체 판결 등.
591) 송덕수, 『채권법 각론(제5판)』, 박영사, 2021, 542면.
592) 곽윤직(2003), 앞의 책, 409면(지원림 집필 부분); 대법원 2007. 7. 13. 선고 2005다21821판결.
593) 이는 가해자의 위법행위가 있었지만 피해자의 노력에 기초한 이익은 피해자가 보유해야 한다는 시각이다.; 이소은, "손익상계에서 공제되어야 할 이익에 관한 연구", 비교사법 제28권 제1호, 한국비교사법학회, 2021, 290면 이하.
594) 송덕수(2021), 앞의 책, 546면.
595) 손해 발생여부 및 손해 크기에 대한 증명책임도 피해자인 원고가 부담한다.; 대법원 1960. 7. 28. 선고 4292민상961 판결., 대법원 2019. 11. 28. 선고 2016다233538 판결.
596) 박동진(2004), 앞의 글(주 477), 301-302면.

다는 해석도 있다.597)

Ⅱ. 징벌적 손해배상제도

1. 우리나라의 징벌적 손해배상제도 도입 논의

(1) 징벌적 손해배상제도 도입 배경

우리나라에서는 일반 불법행위에 대해서 민사상 불법행위에 대한 손해배상책임을 활용하지만, 다수의 피해자가 발생했을 때 구제가 어렵다는 점, 배상 규모가 충분하지 않아 배상 실효성이 낮다는 점, 악의(惡意)적598) 불법행위는 일반 불법행위와 달리 취급되어야 한다는 점 때문에 징벌적 손해배상제도 도입이 필요하다는 목소리가 높아졌다. 징벌적 손해배상제도는 시민 재해로 인해 많은 사상자를 초래한 세월호 사건, 남양유업의 대리점 상품 구입 강제 사건 등 사회적 차원의 문제 해결 수단으로서 도입이 논의되었다.599)

특히 우리나라는 공적 집행에 대한 의존도가 높은 구조였으나 국가에 대한 신뢰가 하락하면서 미국식 징벌적 민사소송을 통한 규제 등 사적 집행 강화의 필요성이 지지받고 있다. 물론 비교법적 검토는 하나의 참고사항일 뿐이므로 여기에 구속되어 우리나라도 동일하게 운영해야 할 필요는 없다. 하지만 주목할 대목은 우리나라에서도 미국 입법례에서 살펴본 소송을 통한 규제의 모습을 침습하고 있다는 점이다. 물론 미국처럼 정부가 주도하

---

597) 이지윤(2010), 앞의 글, 119면.; 이소은(2021), 앞의 글(주 593), 277면.
598) 민사상 불법행위 책임상 고의 또는 과실의 귀책사유를 요하는데, 악의란 어떤 사정을 알고 있다는 것이다. 즉 악성이 드러난 의사로서 피해자에게 피해를 입힐 목적으로 불법행위를 한 경우를 뜻한다.
599) 황성광·이훈종(2023), 앞의 글(주 14), 163면.

여 대규모 소송을 제기하고 합의로 종결이 되면 새로운 규제를 도입하는 방식은 우리의 법 감정상 수용이 어렵다. 이 방식은 주로 입법자가 개별 법률을 통해 인센티브를 제공하고 사인이 소송에 참여하도록 유인하는 것이다. 관점을 전환하면, 입법자가 제도 활성화를 의도적으로 염두에 두고 임의로 사인의 소송을 설계하는 방식, 즉 EU식 접근이 우리나라 법제와 닮은 것으로 보인다.

주지하였듯 우리나라는 독일, 프랑스, 일본과 같은 대륙법계 국가로 불법행위법과 손해배상 원리에서 전보배상을 고수한다. 따라서 보통법계에 근원을 둔 징벌적 손해배상제도가 우리나라 법제와 충돌되지 않고 스며들 수 있을지에 대한 우려가 많았다. 또한 민사법과 형사법의 책임을 분명히 구분하는 체계에서 형벌적 요소가 가미된 징벌적 손해배상제도를 민사법 영역에 포섭하는 것은 법체계 정합론상 바람직하지 않다는 우려도 많았다. 법 문화상으로도 사회적 차원의 문제 해결이 필요한 사안은 입법부나 정부의 입법 제안과정을 통하여 법을 제·개정하고 집행을 주도하는 것 또한 국가 본연의 역할이라고 인식한다. 그럼에도 불구하고 우리나라의 징벌적 손해배상제도 도입에 대한 논의는 현행 국가가 주도하는 규제 방식이 사회적 흐름이나 여론을 충분히 만족시키지 못한다는 문제의식에서 시작되었다.[600] 징벌적 손해배상제도라는 새로운 접근이 사회적 문제를 해결하고 법 위반을 억지해주기를 기대한다고 이해하는 것이 실무 감각과 국민 법 정서에 부합한다.

(2) 징벌적 손해배상제도의 개별 법률상 도입현황

우리나라의 징벌적 손해배상제도는 2011년 「하도급 거래 공정화에 관한 법률, 이하 '하도급법'」 도입을 시작으로 2022년 「중대재해 처벌 등에 관한

---

600) 박재윤(2019), 앞의 글(주 344), 27면.

법률, 이하 '중대재해처벌법' 등, 2023년 기준으로 24개 특별법[601]이 제정되었고 30여개 법 위반행위에 대해 배액 배상방식[602]으로 시행되고 있다. 주로 정보의 불균형으로 피해의 입증이 곤란한 분야, 소액 다수의 피해자가 발생하는 분야, 현행 손해배상제도나 과징금 부과만으로 부당이득 환수에 한계가 있는 분야에 집중되어 있다. 일반법 규정이 아닌 특별법으로 반영한 방식은 사안에 따라 개별적이고 구체적으로 판단하는 것이 합리적이며 더 타당하다는 기대가 있었기 때문으로 추정된다.

그러나 특별법을 통한 징벌적 손해배상제도 운영은 바람직하지 않다는 비판도 있다. 특별법은 일관성이 낮은 개별법 규정으로 국민 법 감정에 혼선을 줄 수 있고 법 실효성 관점에서 통일성을 저해할 수 있어서 신중한 도입이 필요하다는 문제점이 지적된다.[603] 개별 법률을 촘촘히 설계하는

---

601) 하도급거래 공정화에 관한 법률, 기간제 및 단시간근로자 보호 등에 관한 법률, 파견근로자 보호 등에 관한 법률, 대리점거래의 공정화에 관한 법률, 개인정보보호법, 신용정보의 이용 및 보호에 관한 법률, 가맹사업거래의 공정화에 관한 법률, 제조물책임법, 공익신고자 보호법, 대규모유통업에서의 거래 공정화에 관한 법률, 독점규제 및 공정거래에 관한 법률, 환경보건법, 축산 계열화사업에 관한 법률, 대·중소기업 상생협력 촉진에 관한 법률, 특허법, 부정경쟁방지 및 영업비밀보호에 관한 법률, 산업기술의 유출방지 및 보호에 관한 법률, 상표법, 디자인보호법, 자동차관리법, 환경보건법, 중대재해 처벌 등에 관한 법률, 남녀고용평등과 일 가정 양립 지원에 관한 법률, 식물신품종 보호법이다.
602) 징벌적 손해배상제도와 배액 배상제도의 차이점에 대해 일각에서는 징벌적 손해배상제도는 과거에 대한 처벌과 미래에 대한 억지에 방점을 두고, 배액 배상제도는 현재 시점 법의 적정한 집행, 즉 불완전 집행 또는 집행 오류를 시정하기 위한 제도라고 이해한다. 즉 손해배상 소요비용이 제재 회피비용 대비 크다면 불법행위 가담 가능성이 높아지므로 불완전집행이나 집행오류에 의한 사회적 비용을 상쇄할 목적으로 배액 배상 제도가 활용된다는 입장이다.; 신영수(2017), 앞의 글, 50면.; 이 연구에서는 양자간 다소 차이점이 있음을 인정하지만 해외 입법례와 비교 시 일관된 용어 사용을 위하여 우리나라의 증액 배상제도를 징벌적 손해배상제도라고 기술하였다. 헌법재판소 결정에서도 개인정보보호법상 배액 배상을 '징벌적 손해배상'이라고 칭하였다. 헌법재판소 2015. 12. 23. 선고 2013헌바68, 2014헌마449(병합).
603) 박영도, "특별법 입법체계 개선방안", 연구용역보고서, 한국법제연구원, 2012, 29면.

것이 과연 징벌적 손해배상의 도입 필요성을 야기한 근본적 문제에 대한 해결책이 될 수 있겠냐는 우려도 이와 궤를 같이한다. 그럼에도 불구하고 우리나라에서 징벌적 손해배상제도에 대해 일반 조항을 두지 않고 특별 규정 방식을 채택한 것은 민사상 손해배상의 기본원칙을 훼손하지 않으면서 특수한 입법의 목적 달성을 염두에 둔 것이다. 해외 입법례의 이질적 제도를 도입하면서 우리 일반법 체계에 접목시키는 입법 과정은 매우 조심스럽고 신중한 작업이기 때문이다.

(3) 징벌적 손해배상제도의 기능 및 법적성격

비교법 검토를 보더라도 징벌적 손해배상이나 배액 배상제도의 증액 배상이 피해구제 강화에 기여한다는 점은 반론의 여지가 없다.[604] 그렇다면 우리나라의 징벌적 손해배상제도는 손해의 충분한 배상 외에 실질적으로 어떤 기능을 담당하는가?

우선 억지와 예방 기능을 살펴보겠다. 징벌적 손해배상제도에 대해 하급심 판결은 "가해자에게 특히 고의의 주관적 악사정이 있는 경우 보상적 손해배상에 덧붙여서 위법행위에 대한 징벌과 동종행위의 억지를 주목적으로 과해지는 손해배상으로 커먼로상 인정되는 구제 방법"이라고 판시한다.[605] 이 판결은 징벌적 손해배상제도의 억지 기능을 강조한 것이다. 이론상 가해행위자에게 손해 범위를 초과하는 불이익이 부과된다는 신호는 억지를 발휘할 수 있다. 비교법으로 보아도 징벌적 손해배상제도는 억지와 예방을 담당한다고 볼 수 있으므로 우리나라가 도입한 배액 배상방식 취지와 조화를 이룬다.

---

604) 최우진(2021), 앞의 글(주 487), 379면, 386면.; 김상중, "손해배상책임과 위법행위의 억제: 법원의 불법행위 유형별 적정한 위자료 산정 방안을 계기로 한 손해배상 법리의 현대적 발전의 관점에서", 사법 제43호, 사법발전재단, 2018, 62면.
605) 서울지법 동부지원 1995. 2. 10. 선고 93가합19069 판결.

공정거래법상 3배의 배상제도를 사례로 살펴보겠다. 공정거래법상 손해배상제도가 상당한 주관적 의도를 고려하므로 법적 성격이 징벌적 손해배상제도에 가깝다고 주장하는 시각이 있지만[606] 성립요건에서 고의와 중과실 외에 경과실 책임도 부과하는 점, 일반 손해배상청구요건 외에 다른 추가요건을 요구하지 않는 점에서 징벌적 성격과 차이가 있다.[607] 또한 공정거래법상 배액 배상이 인정되는 부당한 공동행위나 보복행위가 과연 응보와 속죄를 염두에 둔 범죄적 행위로 다루어지는지 의문이 있다.

따라서 우리나라의 징벌적 손해배상제도는 형벌 성격과 무관하다는 점이 설득력을 얻는다.[608] 처벌 기능은 매우 제한적으로 형사법 내지 공법 영역에서 다루는 것이 바람직하다는 견해[609]도 유사한 맥락이다. 기업의 보편적 경제활동을 전면 범죄화하는 시도를 경계하고자 공정거래법상 전속고발권을 인정하고 있는데 이 또한 공정거래법 위반행위에 대한 지나친 형벌화를 지양하려는 접근이다. 쉽게 말해 형벌적 기능을 민사화하는 시도와 비교해 봤을 때 민사적 기능을 형벌화하는 접근은 우리에게 상당한 거부감을 준다는 것이다.

비교법적 입법례 검토와 제도 도입배경 등을 종합하여 이상의 내용을 결론지으려고 한다. 우리나라의 징벌적 손해배상제도는 커먼로상의 응보와 처벌을 염두에 준 전형적 징벌적 손해배상 성격에 편입시키기 어렵지만 기

---

[606] 이소영(2019), 앞의 글, 181-182면.; 공정거래법상 3배 배상액 산정 시 '고의 또는 손해 발생의 우려를 인식한 정도(제1호)', '위법행위로 인해 사업자 또는 사업자단체가 취득한 경제적 이익(제3호)'을 고려하는 점에서 행위자의 악성과 주관적 의도를 염두에 둔다는 시각이다.
[607] 김태선(2014), 앞의 글(주 14), 266면.; 정병덕(2019), 앞의 글(주 14), 385면.
[608] 공정거래법상 배액 배상 산정 사안은 아니지만 서울행정법원은 기간제 및 단시간근로자보호 등에 관한 법률상 1.1배의 배액 배상금 지급판정을 한 것이 비례원칙을 위반하였거나 재량권을 일탈, 남용한 위법에 해당하지 않는다고 판시하였다.; 서울행정법원 2018.8.30, 2018다230038 판결.
[609] 김태선(2014), 앞의 글(주 14), 268면.

능적으로 전보배상을 초월한 과잉 배상을 염두에 두며 예방을 지향하므로 일정 부분은 법 위반 억지 기능을 수행한다고 볼 수 있다.

(4) 징벌적 손해배상 시 손해의 초과 배상에 대한 정당성

우리나라의 징벌적 손해배상제도가 징벌적 성격을 갖지 않더라도 실손해를 넘는 이득의 취득이 정당한지는 별개의 논점이다. 다만 우리나라에서는 주로 과잉 배상보다는 과소 배상이 이뤄진다고 지적되고 있어 사실상 초과 배상 문제는 현실성이 낮다.

우리나라의 징벌적 손해배상제도에서 초과 손해배상에 대한 정당성의 근거는 사적 집행을 활성화하기 위하여 소 제기자로 하여금 소송에 참여하도록 유인하는 차원이다.610) 최적의 법 집행 관점에서도 형사제재나 행정제재 중심의 공적 집행만으로는 효율성이 떨어지므로 배액 배상은 소 제기 유인을 위한 합리성이 있다. 또한 징벌적 손해배상제도가 도입된 공정거래법, 하도급법 등을 예로 들면 입법목적을 일반 민사법과 달리 사인 간 관계에 국한하는 것이 아니라 시장 경쟁질서 촉진, 사회적 약자의 보호와 불평등 완화 등 광범위한 영역을 포섭하므로 전보배상 원칙의 예외로 고려하는 것은 설득력이 있다.

2. 징벌적 손해배상제도에 대한 평가와 사례

비교법으로 이질적 제도를 이식하는 것은 해당 제도에서 기초하고 있는 법체계의 전통과 문화, 법 감정을 종합적으로 이해하고 수범자의 공감대를 형성할 필요가 있다. 이를 전제하지 않는다면 해외 입법례는 국내 법제에 자연스럽게 녹아들지 않고 부작용을 양산한다. 이 관점에서 우리는 미국식

---

610) 장재옥·이은옥, "징벌적 손해배상 개념의 수용가능성", 법학문헌집, 제39집 제3호, 중앙대학교 법학연구원, 2015, 104면.

소송 문화에서 비롯된 징벌적 손해배상제도의 정합성을 고민하며 관심을 기울였지만 학계는 그다지 후하게 평가하지 않는 것으로 보인다.

2011년 징벌적 손해배상제도를 최초로 도입한 후 13년이 경과했으나 징벌적 손해배상이 적용된 판례의 수와 청구 인용률은 매우 낮으며 그나마 대부분이 하도급법 사안이다. 하도급법을 기준으로 살펴보면 2011년부터 2015년까지 3배의 배상소송이 제기된 것은 1건에 불과하다.[611] 이처럼 징벌적 손해배상제도가 명목상으로만 유지되고 있는 원인으로는 소송 자체가 갖는 내재적 한계, 사안별 특수성, 징벌적 손해배상금의 범위에 대한 적정성 판단과 해석의 어려움 등이 거론된다.[612]

징벌적 손해배상제도가 인정된 하급심 판례를 살펴보겠다.

2017년 하도급법상 부당한 대금 결정행위로 인한 손해배상책임이 인정된 사안에서 원심은 손해의 2배에 해당하는 금액을 인정했으나 항소심과 대법원은 1.5배 배상을 인정하였다.[613] 이 사건에서는 결과적으로 민사법상 전보배상과 비교할 때 당초 배상받았어야 할 1배 금액의 50%만 추가로 인정을 받았다. 이 정도 배상 수준으로는 당초 특별법이 의도한 피해자 구제와 법 위반 억지가 달성될 수 있을지 의문이다. 특히 이 사건의 항소심은 손해배상청구와 무관하게 병합청구된 공사대금청구 미지급에 대한 손해액 확정에도 3배의 배상액 산정을 결부시켰다. 이에 대해서는 과도한 사실심 재량권을 행사했다는 비판이 있다.[614]

---

611) 김차동, "하도급법상 징벌적 손해배상의 법 집행상 문제점과 그 실효성 제고방안", 법학논총 제33권 4호 한양대학교 법학연구소, 2016, 208면, 226-229면.
612) 이동우, "[특집] 집단소송제와 징벌적 손해배상제도", 참여연대, 월간참여사회 (2017.10.), 2023. 3. 3. <https://www.peoplepower21.org/magazine/1528704.>, 2024.5.24. 최종방문.
613) 수원지방법원 성남지원 2017.7.19. 선고 2016가합202844; 서울고등법원 2018.4.5. 선고 2017나2059193판결; 대법원 2018.8.30. 선고 2018다23008 판결.
614) 최우진, "손해배상산정에 관한 사실심 법원의 재량: 재량의 규준 및 한계를 중심으로", 법학박사 학위논문, 고려대학교, 2018, 277면.

한편 배액 배상이 적용되지 않고 오히려 당초 원고가 주장한 금액보다 낮은 수준으로 손해배상액을 인정한 사례도 있다. 2019년 혈액백 공급에 대한 부당한 공동행위로 인한 손해배상책임 사건에서 원고인 대한적십자사는 20억원의 손해 발생을 주장하였다. 혈액백이라는 공공재에 대한 부당한 합의는 다른 부당한 공동행위 사안과 대비했을 때 더욱 엄중한 제재가 필요하다고 보고 공정위도 이례적으로 매우 중대한 법 위반행위로 보아 관련 매출액의 9%의 과징금 부과기준율을 적용하였다.[615] 그러나 원심판결은 원고의 입찰제도가 경쟁제한성이 있다는 점을 책임감경사유로 인정하여 원고가 주장한 손해액의 60%로 배상금을 제한하였다.[616]

공적 집행 제재 수위가 높다고 하여 충분한 손해배상금이 인정되어야 하는 것은 아니다. 하지만 3배의 배상 규정에도 불구하고 사실심 법원의 재량으로 판례상 책임감경을 폭넓게 허용한 점은 3배의 배상제도의 취지를 몰각시킬 수 있다.

3. 외국 재판에서 인정된 징벌적 손해배상 관련 쟁점

(1) 외국 재판에서 인정된 징벌적 손해배상 판결의 우리나라 법제상 수용가능성

국내에서 3배의 배상 등을 명문화한 법률들이 등장하면서 외국 재판에서 인정된 징벌적 손해배상 판결을 우리나라 법제가 어느 수준까지 허용할 수 있는지가 쟁점이 된다. 우리 민사소송법 규정에서는 "손해배상 관련 확

---

615) 2019. 9. 19. 공정거래위원회 의결 제2019-235호.
616) "법원, 혈액백 담합은 부당행위, 대한적십자사에 12억 배상해야", 파이낼셜 뉴스기사, 2023. 6. 1. <https://www.fnnews.com/news/202306011802231617>; 이 사안은 시기적으로 손해배상청구원인의 위법성을 결정한 공정위 전원회의 심의 종결시점이 2019년 6월이고 공정거래법상 3배의 배상제도가 시행된 2019년 9월 손해배상이 청구된 점을 미루어 짐작컨대 3배의 배상 적용을 염두에 두고 진행된 것으로 보인다.

정 재판 등이 대한민국 법률 또는 대한민국이 체결한 국제 조약의 기본질서에 현저히 반하는 결과를 초래하는 경우 해당 확정 재판 등의 전부 또는 일부를 승인할 수 없다"고 규정한다(법 제217조의2). 이 규정은 2005년에 채택된「국제재판 관할 합의에 관한 협약(Convention of on Choice of Court Agreements, 이하 '관할합의협약')」제11조의 영향을 받아 법제화한 것이다.[617]

또한 2019년 7월 채택되어 최종 의정서가 서명된「민사 또는 상사에서 외국재판의 승인 혹은 집행에 관한 협약(Hague Convention on the Recognition and Enforce- ment of Foreign Judgments in Civil or Commercial Matters, 이하 '헤이그 재판협약')」에서도 같은 내용을 담고 있다. 헤이그 재판협약에서는 전보배상 범위를 초과한 징벌적 손해배상이 포함된 재판은 한도 내에서 승인이나 집행이 거절될 수 있고(제10조 제1항), 승인국 법원은 재판국 법원이 명한 손해배상 재판 소송비용과 지출여부, 범위를 고려하여야 한다고 규정한다(제10조 제2항). 즉 외국 재판에서 인정된 징벌적 손해배상 판결을 수용할 수 없다는 원칙은 고수하지만 전부에 대해 즉시 승인·집행이 거부되는 것이 아니라는 것이다.[618] 헤이그 재판협약에서의 이 규정은 영미법계에서 활발히 활용되는 징벌적 손해배상제도에 대한 분명한 입장을 담았다는 점에서 의미가 있다.[619]

앞서 언급한 민사소송법 제217조의2, 헤이그 재판협약 제10조, 관할합의

---

[617] 이규호, "외국판결의 승인·집행에 관한 2014년 개정 민사소송법·민사집행법의 의의 및 향후 전망", 민사소송 제19권 1호, 2015, 123면.
[618] 2019년 헤이그 재판협약 관련 내용은 다음 문헌을 참조.; 석광현, "2019년 헤이그 재판협약의 주요 내용과 간접관할권 규정", 국제사법연구 제26권 2호, 국제사법연구, 2020.; 이 규정은 2017년 제출된 헤이그 재판협약 수정안에서도 같은 내용을 포함하였다.; 정홍식, "헤이그 국제사법회의의 외국재판의 승인 및 집행에 관한 협약: 2017년 2월 협약 수정안 소개", 국제거래법연구 제26권 2호, 국제거래법학회, 2017, 30면.
[619] 한충수, "헤이그 재판협약과 민사소송법 개정 논의의 필요성: 관할규정의 현대화 및 국제화를 지향하며", 인권과 정의 통권 제493호, 대한변호사협회, 2020, 493면.

협약 제11조의 내용은 외국에서 재판상 징벌적 손해배상을 인정하지 않는다는 것을 확인한 것이라는 견해가 있다.[620] 하지만 외국의 징벌적 손해배상에 대해 전면적으로 승인 거부를 한 것은 아니라는 평가가 있다. 그 이유는 다음과 같다.[621]

첫째, 승인국 법원이 외국 재판의 초과적 손해배상[622]을 인용하는 것 자체로 외국 재판 전부를 거부할 수 없는 효과가 있다. 쉽게 말해 외국의 초과적 손해배상 판결 중 최소한 전보 범위에서는 승인·집행이 이루어져야 한다는 의미이다. 하지만 실무상으로 전보배상과 이를 초과한 배상을 명쾌하게 구분하기가 어렵다.[623] 이 점은 승인국 법원의 판단과 해석으로 남게 된다.[624]

둘째, 외국의 초과적 손해배상 판결에 대해 재판국 법원이 인용한 손해배상이 소송비용을 전보하는지, 또 그 범위가 어디까지인지 고려한다는 점 자체가 재판을 승인·집행하는 것을 전제로 한 것이기 때문이다. 그러나 영미법계 징벌적 손해배상소송에서 문제가 되는 비용 중에는 변호사 보수가 상당한 비중을 차지하는데 이 항목까지 포함할 것인지에 대한 해석은 명확하지 않다.[625]

---

620) 한충수(2020), 앞의 글(주 619), 493면.
621) 정홍식(2017), 앞의 글(주 618), 30면.
622) 징벌적 손해배상과 미국의 1914년 Clayton Act(제4조)에 의해 인정되는 3배 손해배상이 대표적 사례이다.
623) Bonomi, Andrea "Courage or Caution? A Critical Overview of The Hague Preliminary Draft on Judgments", *Yearbook of Private International Law* Vol.17, 2015/2016, pp. 27-28.; 이와 함께 1개의 청구권에 기한 재판을 분할하여 일정 금액 한도로 부분적 승인이 가능한지 여부는 불분명하다. 정홍식(2017), 앞의 글(주 618), 30면.
624) 정홍식(2017), 위의 글(주 618), 같은 면.
625) 정홍식(2017), 위의 글(주 618), 31면.

(2) 외국 재판에서 승인된 징벌적 손해배상이 공서에 반하는지 여부

우리나라에서는 2014년 민사소송법을 개정할 때 외국 재판의 승인 요건으로 "그 확정 재판 등의 내용 및 소송절차에 비추어 그 확정 재판 등의 승인이 대한민국의 선량한 풍속이나 그 밖의 사회질서에 어긋나지 아니할 것"이라고 명시하였다(법 제217조 제1항 3호).626) 그렇다면 과도한 전보배상을 담은 외국 재판을 거절하기 위한 공서에 반하는 경우가 무엇인지에 대해서 논의가 필요하다. 우리나라에서도 개별 법률로 인정하는 3배의 손해배상을 외국 판결이라고 하여 적용하지 못할 이유가 있는가? 이에 대한 답변을 위하여 공서양속에 반하는 경우와 관련된 쟁점을 검토한다.

첫째, 민사소송법이 규정하는 '공서'의 범위를 살펴보겠다. 민법 제103조에는 국내적 공서와 동일하다는 입장이 있지만 다수의 견해는 국제적 공서라고 본다.627) 국제적 공서는 국내적 공서와 대비했을 때보다 좁은 개념이다. 국제적 공서에 대해 심사를 할 때 국내 사정과 국제 거래질서까지 종합하여 고려하여야 한다.628) 외국의 재판결과는 해당 국가의 법질서가 반영된 결과로 존중할 필요가 있다. 또한 공서의 범위를 국내 공서로 인정할 경우 사실상 외국 재판 승인이 무의미해질 우려가 있다.629) 따라서 다수의 견해가 타당하다.

---

626) 민사소송법 제217조의2 신설 관련 비판점, 해당 조항 신설 전후 손해배상을 명한 외국 재판의 승인에 관한 판례의 변화 등을 고찰한 문헌은 다음을 참조; 석광현, "손해배상을 명한 외국재판의 승인과 집행: 2014년 민사소송법 개정과 그에 따른 판례의 변화를 중심으로", 국제사법연구 제23권 2호, 한국국제사법학회, 2017.
627) 金容漢, "外國判決承認의 法理", 『民事法과 環境法의 諸問題: 松幹安二濬博士華甲紀念』, 博英社, 1986, 930면.[박재경, "우리법상 배액 배상의 도입이 징벌적 손해배상을 명한 외국재판의 승인집행에 미치는 영향: 대법원 2022.3.11. 선고 2018다231550 판결의 평석을 중심으로", 통상법률 통권 제161호, 법무부, 2023, 42면 재인용; 재인용 문헌에 대해서는 후술한다.]
628) 강수미, "징벌적 손해배상을 명한 외국 판결의 승인집행에 관한 고찰", 민사소송 제12권 2호, 한국민사소송법학회, 2008, 129면.
629) 박재경(2023), 앞의 글(주 627), 43면.

둘째, 공서양속에 반하는 외국 재판의 승인·집행의 필요 여부에 대한 대립적인 견해를 살펴본다. (i) 외국 재판의 승인·집행이 필요하다는 견해에서는 국내에서 3배의 손해배상이 다양한 개별법에서 허용되므로 외국의 확정재판이 설사 우리 개별법에 없는 영역이더라도 그 재판의 승인은 우리 법질서에 어긋나지 않아 공서양속을 해하는 경우로 볼 수 없다고 한다.630) 반면 (ii) 외국 재판의 승인·집행이 불필요하다는 견해에서는 우리나라 법제에서 3배의 손해배상을 인정한 영역이 아니라면 외국 재판에서의 3배 배상을 허용할 경우 국내 법률 질서에 현저히 반할 수 있다고 본다.631)

이에 대해서는 국제 분쟁을 해결하는 주요 수단으로 중재와 관련된 공서양속 위반의 정의를 참고할 수 있다. 중재법에서는 "중재판정의 승인 또는 집행이 대한민국의 선량한 풍속이나 그 밖의 사회 질서에 위배되는 경우 취소 및 승인집행 거부사유가 된다"고 규정한다(법 제36조). 이 규정에 대해 판례는 외국 중재의 집행에 대한 가부를 판단할 때 "국제거래 안정이라는 국제적 특성을 고려하여 국제상사중재판정에 관하여 우리나라의 공서양속에 위반함을 이유로 집행을 거부하는 것은 제한적으로 해석하여야 한다"고 판시하였다.632)

우리나라 법제에서 3배의 배상제도가 도입되는 상황은 전보배상에 한계가 있어 초과 배상이 필요하고 억지 기능도 부가되어야 한다는 사회적 요구가 반영된 것이다. 또한 우리나라 법제상 징벌적 손해배상제도를 촉진시키려고 하면서 외국 판결의 초과 배상을 전면 허용하지 않는 보수적 태도는 바람직하지 않다. 따라서 외국 재판의 승인·집행에 대해 필요하다는 학설이 타당하며 현실 지향적이라고 생각한다.

---

630) 석광현(2017), 앞의 글(주 626), 12면.
631) 이규호(2015), 앞의 글(주 617), 132-133면.
632) 대법원 1990. 4. 10. 선고 89다카20252 판결 등.

Ⅲ. 공정거래법상 3배의 손해배상제도

1. 민법과 공정거래법상 손해배상제도의 비교

(1) 양 법제의 손해배상청구 요건

공정거래법상 부당한 공동행위에 대해 손해배상을 청구할 때 고의 또는 과실 입증책임이 전환되는 것 외의 다른 요건은 민사법상 불법행위책임과 같다. 이하에서 살펴본다.

첫째, 법 위반행위에서 사업자 또는 사업자단체가 공동으로 부당한 공동행위에 합의하여야 한다. 공정거래법 위반행위가 성립하려면 독자적 위법성 판단이 필요한데 부당한 공동행위는 경쟁제한성과 부당성이 인정되어야 한다. 합의가 실행되지 않더라도 법 위반은 성립하나 손해배상에서는 합의를 실행하지 않았을 때 위자료는 별론으로 하고 재산상 손해는 인정되지 않는다는 것이 판례의 입장이다.[633]

둘째, 가해행위의 고의나 과실에 대한 항변으로 사업자 등은 고의나 과실이 없음을 입증하여 면책받을 수 있다. 그러나 공정위에 의하여 법 위반행위가 인정되면 법 위반 사업자의 고의나 과실이 부정되는 경우는 드물다.[634]

셋째, 민법과 달리 위법성 요건은 규정이 없지만 경쟁제한성이 민법상 불법행위 위법성 요건에 해당하므로 위법성에 대한 주장 및 입증은 요구되지 않는다는 해석이 일반적이다.[635] 법 위반에 가담한 사업자의 공정거래법 위반행위 입증은 소제기와 함께 공정위의 신고와 조사가 병행된 경우가 보편적이므로 법원이 변론기일 추정을 통하여 공정위 처분과 사건기록을

---

633) 이선희(2013), 앞의 책, 101면
634) 김용덕 편집대표, 『채권각칙 Ⅵ』, 한국사법행정학회(2022), 295면(정재훈 집필 부분).
635) 이선희(2013), 앞의 책, 109면

통하여 판단한다.

넷째, 법 위반행위와 인과관계가 있는 손해가 발생하고 원고는 손해 발생 사실을 증명해야 한다. 이러한 이유로 법 위반행위가 있더라도 원고에게 손해가 없거나 손해 증명이 곤란한 경우 손해배상을 청구할 수 없다. 부당한 공동행위로 인해 가격이 인상했을 때 인과관계에 있는 손해 입증이 어렵다는 점이 부당한 공동행위로 인한 손해배상의 특수한 점이다. 우리나라 법원은 미국의 입법례와 달리 인과관계의 증명 수준을 높게 설정하는 것으로 평가된다.[636]

(2) 양 법제의 손해 인정범위 비교

부당한 공동행위로 인한 손해배상청구에서 손해의 개념은 민법상의 통설 및 판례인 차액설을 따른다. 손해 인정 범위에는 기존 이익이 상실되는 적극적 손해 및 미래에 얻을 가능성이 있는 소극적 손해가 포함된다.[637] 대법원은 부당한 공동행위로 인한 손해배상청구에서도 민법처럼 손해 발생과 손해범위 산정단계 모두 상당인과관계론으로 해결한다.[638] 환경오염, 의료분쟁과 같이 증명하는 데에 있어 고도의 전문성을 요하는 불법행위에서는 입증책임을 경감하고자 개연성설, 간접반증이론 등이 논의되는데 이는 책임 성립(발생)적 인과관계에 대한 내용이다.

부당한 공동행위로 인한 손해배상청구에서도 증명에 난점이 있으므로 책임 성립(발생)적 인과관계에 대한 원고 입증을 완화해야 한다는 견해가 있다.[639] 부당한 공동행위로 인해 물품 가격이 인상된 경우 위반행위에 대

---

[636] 이선희(2013), 위의 책, 116-117면; 김용덕 편집대표(2022), 앞의 책, 296-297면(정재훈 집필 부분).; 대법원 2011.7.28. 선고 2010다18850 판결.(대법원 1996.11.8. 선고 96다27889 판결 등을 인용).
[637] 대법원 1992.6.23. 선고 91다33070 전원합의체 판결, 대법원 1998.7.10. 선고 96다38971 판결 등.
[638] 대법원 2011. 7. 28. 선고 2010다18850 판결.; 이선희(2013), 앞의 책, 148면.

한 책임 귀속범위가 어디까지인지 정하는 문제가 손해배상의 범위인데, 부당한 공동행위로 가격을 인상하게 된 계기, 과정, 가격 인상 요소 분석 등의 자료는 가해자인 피고에게 집중되어 있음에도 피해자인 원고가 입증책임을 부담해야 하는 어려움이 있기 때문이다.640) 다만 이 견해도 가격 인상이 부당한 공동행위와는 무관하여 법 위반행위와 손해 간에 책임 성립(발생)적 인과관계 자체가 성립될 수 없다는 것이 쟁점이 될 경우에는 근본적 해결책이 되지 못하는 한계가 있다.641)

(3) 공정거래법상 3배의 손해배상액 인정의 예외사항

민법상 손해배상제도에서는 실손해에 대한 전보배상을 원칙으로 하지만 공정거래법상 손해배상제도는 3배의 배상까지 배액 배상을 인정한다. 3배 배상책임의 예외로 자진신고자에 대해서는 실손해액에 대한 배상책임을 규정한다(법 제109조 4항). 이 예외규정이 없다면 자진신고자가 면제받은 과징금 액수와 대비했을 때 더 많은 액수의 손해배상책임을 부담하게 되므로 부당한 공동행위가 적발되기 어렵다는 점이 고려된 입법 규정이라고 할 수 있다.

자진신고자에 대해 책임범위를 제한하는 것은 공정거래법상 경쟁제한성이 높은 부당한 공동행위에 대해 효과적인 적발을 하기 위한 불가피한 조치이다.642) 다른 사업자와 민법 제760조에 의해 공동불법행위를 했다는 책임이 성립되었을 때 자진신고자는 3배의 배상이 아닌 피해자의 실손해 범위에서 연대책임을 부담한다. 판례에서는 법 위반 사업자들이 민법 제760조에 의해 공동불법행위책임을 지는데 해당 책임의 법적성격은 부진정연

---

639) 이선희(2013), 위의 책, 153-155면.
640) 홍대식, "공정거래법상 손해배상청구: 실무의 관점에서", 경영법률 제13권 2호, 한국경영법률학회, 2003, 265면.; 김용덕 편집대표(2022), 앞의 책, 297면(정재훈 집필 부분).
641) 이선희(2013), 앞의 책, 189-190면.
642) 정병덕(2019), 앞의 글(주 14), 391면

대책임으로 보아 과책의 정도에 따라 구상권 행사도 가능하다고 판시한다.643) 다만 이 판례는 부진정연대책임 일반 법리를 설시한 경우로 구상권을 행사할 때는 손해배상책임 범위를 제한한 당초의 취지가 몰각될 우려가 있다. 따라서 이 경우에는 구상권 행사에 대한 제한 필요성이 고려되어야 한다.

과거 우리나라는 자진신고자에 대해 과징금을 감면해줄 때 형사고발이 면제되었으나, 민사상 손해배상에서 자진신고의 증거가 소송증거로 활용될 경우 자진신고자는 감면 내지 감경받는 과징금 규모를 상회하는 민사상 손해배상금을 부담해야 하는 구조적 문제가 있었다. 최근에 개정된 공정거래법의 시행으로 부당한 공동행위에 대한 자진신고 자료는 손해배상소송 자료제출 명령대상에서 제외되면서 이러한 문제가 해소되었다.644) 자진신고자 감면제도는 법 위반행위의 적발을 쉽게 하여 제재 실효성을 확보하는 취지로서 해당 제도를 사문화할 수 없는 불가피한 정책적 결정에서 비롯되었다. 반면 자진신고 자료의 공개가 필요하다는 입장에서는 손해배상의 활성화 차원에서 원고에게 자료를 공개하는 것은 공익상 필요한 절차로 해석한다.645)

2. 사실심 법원의 손해액 인정에 대한 규범적 통제

(1) 손해액 인정 시 사실심 법원의 역할

손해액을 산정할 때 필수 과정으로 인식되는 경제분석 결과에 대한 규범

---

643) 대법원 1999. 2. 26. 선고 98다52469 판결.
644) 공정거래위원회 사건처리절차에서 생성된 진술서면이 대부분이다.; 이황·김경욱·하명호(2009), 앞의 글(주 91), 331면, 333면.
645) 이선희(2013), 앞의 책, 60면.; 법원 소송과정에서 공정거래위원회의 자료제출의무가 있으므로 자연스럽게 자진신고 자료가 공개될 수 있다는 유시한 견해는 다음을 참조.; 권오승, 『독점규제법 30년』, 법문사, 2011, 309면(서정 변호사 집필부분).

적 통제와 관련하여 우리나라에서는 미국의 Daubert 판결과 유사한 기준을 찾기 어렵다. 다만 형사판결에서는 과학적 증거의 증거능력, 증명력 판단기준을 다룬다. Daubert 기준 및 연방증거법 규정과 같이 법관이 적정한 손해액을 산정하려면 경제적 증거의 형식적, 절차적 평가를 하는 것으로는 충분하지 않고 실체적, 내용적 평가를 하여야 한다. 즉 손해액 산정의 감정결과에 대해서는 법원이 단순 방법론 심사를 할 것이 아니라 합리적 방식에 따른 내용 통제를 할 수 있어야 한다.646) 후술할 군납유류 입찰담합 사건에서처럼 경제적 증거는 전제사항과 대리변수에 따라 편차가 크게 나타나므로 법원의 규범적 통제가 매우 중요하다.647) 이를 위하여 2007년 민사소송법 제164조의2 내지 8을 도입하여 전문지식이 필요한 사건에서 외부 전문가를 소송절차에 참여시켜 전문성을 보완하도록 하였다.648) 하지만 전문가의 시각에 따라서 다양한 견해가 있을 수 있으므로 전문심리위원으로 지정된 경제전문가의 의견이 언제나 법관에게 합리적 판단을 유도하는 것은 아니다.649)

(2) 군납유 입찰담합 사건 검토
1) 군납유 입찰담합 사건의 개요

공정위는 2000년 10월 에스케이, 엘지칼텍스, 에스오일, 현대정유, 인천정유 등 5개 정유사가 1998년부터 2000년까지 기간 중 군납유 구매입찰시

---

646) 이선희(2013), 위의 책, 279면.
647) 법원의 규범적 통제를 강조하는 견해는 다음 문헌을 참조.; 주진열(2012), 앞의 글(주 13), 184면 이하.
648) 이선희(2013), 앞의 책, 285면.; 미국에서도 연방증거법 제706조는 판사에게 중립적 전문가 선임 권한을 부여한다. 주진열(2012), 앞의 글(주 13), 188-191면.
649) 이선희(2012), 앞의 글(주 13), 689면.; 미국에서도 독점금지법상 소송에서의 경제분석증거 실태조사 및 개선방안을 논의한 보고서가 미국변호사협회(ABA)에 의해 검토되었다.; Baker, Jonathan B. & Howard, Morse, M., Final report of Economic Evidence Task Force, ABA, 2006, p.9.

부당하게 합의한 사건에 대해 총 1,901억 원의 과징금을 부과하고 조사에 협조하지 않은 일부 정유사들은 검찰에 고발하였다. 일부 정유사들은 공정위 처분에 이의를 제기하여 공정위가 2001년에 과징금을 1,211억 원으로 감경하였다.650) 이 사건에서 공정위가 검찰에 고발을 하면서 검찰의 기소로 인해 형사소송 및 국방부의 손해배상청구에 의한 민사소송도 진행되었다. 2001년 2월 발주처인 국방부 방위사업청은 5개 정유사에 대해, 합의 기간인 3년 간 군납유류가격과 경쟁이 없었던 시장에서 가격의 차액인 총 1,584억 원을 민사상 손해배상액으로 청구하였다. 이 사건에서 손해액 산정을 위하여 중회귀분석에 의한 이중차분법이라는 고도의 경제분석이 최초로 도입되었으며, 감정인, 원고 및 피고 측 경제학자들 사이에서 첨예한 논쟁이 있었다. 경제분석 결과는 제1심과 항소심 재판부의 판단이 달랐으며 대법원의 파기환송 후 환송심 법원의 화해 권고결정에 따라 쌍방이 이의제기를 하지 않음으로써 사건이 종결되었다.651)

2) 군납유 입찰담합 사건의 손해배상 관련 쟁점
① 군납유 입찰담합 사건에서 손해액 산정 입증정도

이 사건의 판례에서 손해의 범위는 민법상 통설 및 판례인 차액설을 취하였고 손해의 범위에 대해서는 상당인과관계설을 확인하였다.652) 손해액은 가상경쟁가격 형성요인에 기초하여 추정하는데, 주로 경제적 증거를 활

---

650) 2000.10.17. 공정거래위원회 의결, 제2000-158호.; 2001.2.28. 공정거래위원회 재결, 제2001-010호.
651) 이 사건은 최초 제소시점인 2001년부터 12년이 경과한 시점에 종결되었다. 전성훈, 『공정거래 사건과 경제분석』, 박영사, 2020, 286면.
652) 본 사건은 1심 소제기 당시 공정거래법상 손해배상책임이 무과실책임이었는데 본건은 공정거래법이 아닌 민법에 의하여 손해배상청구 소송이 제기되었다.; "불법행위와 손해 사이에 자연적 또는 사실적 인과관계 존재만으로는 부족하고 이념적 또는 법률적 인과관계로서 상당인과관계가 있어야 한다"고 판시한다.; 대법원 2011.7.28. 선고 2010다18850 판결.(대법원 1996.11.8. 선고 96다27889 판결 등을 인용).

용하면서 어느 수준까지 손해액 입증을 요구하는지가 문제가 되었다.653)

이 사건에서 1심 및 항소심 판결은, 미국 연방대법원 판결과 같이 합리적 방법으로 손해액이 정당하게 추정되었다면 다소 부정확하더라도 원고 청구를 기각하지 않고 용인한다는 입장을 취하였다. 대법원은 "불법행위를 원인으로 한 손해배상청구에서 손해의 범위에 관한 증명책임이 피해자에게 있으므로 부당한 공동행위 전후에 있어서 특정 상품의 가격 형성에 영향을 미치는 요인들이 변동 없이 유지되는지 다툴 경우 합의 종료 후의 가격 기준으로 부당한 공동행위 당시 가상 경쟁가격을 산정하여야 한다고 주장하는 피해자가 증명책임을 부담한다"고 판시하여654) 입증책임의 엄격성을 요구하였다.

② 군납유 입찰담합 사건에서 경제적 증거 활용 및 법원의 역할

우리나라는 미국의 입법례에서와 같이 부당한 공동행위 사건에서 계량경제학적 모델을 활용하여 가상 경쟁가격을 산정한다. 이 경우 감정인 채택비용이 원고에게 부담이 될 수 있다.655) 교복 담합사건에서 계량경제학적 분석 없이 구입가격의 일정 비율을 손해액으로 인정했던 전례가 있으나656) 다수의 판결은 손해액 산정을 위한 경제분석을 필요로 한다.657)

부당한 공동행위로 인한 가격 인상분은 합의된 가격과 합의가 없었을 경우의 가격 차이를 뜻한다. 손해액은 합의로 인한 가격 인상분에 실제 구매

---

653) 이선희(2013), 앞의 책, 197-198면.
654) 대법원 2011.7.28. 선고 2010다18850 판결.
655) 이정아(2018), 앞의 글(주 13), 370면.; 김윤정 외 4인(2019), 앞의 글, 121면.
656) 이 사건은 소액 다수 피해자가 소비자임을 참작하여 계량 통계학적 기법을 적용하기가 곤란한 점이 고려된 것으로 보인다.; 서울고등법원 2007.6.27. 선고 2005나109365 판결.
657) 서정(2013), 앞의 글(주 9), 170면.; 홍대식·김현종, "공정거래법 위반으로 인한 손해배상소송에서 손해액 산정 및 조사·확정 기준에 관한 연구", 한국공정거래조정원 법·경제분석그룹(LEG) 연구보고서, 2013, 84면.

량을 곱한 값이다. 합의 가격은 합의 상황에서의 실제 가격이지만 합의가 없었을 경우 가격은 경쟁을 전제로 한 가상적 경쟁가격이다. 가상적 경쟁가격은 추정에 의하여 산정된다.[658] 이 사건은 원고의 청구액이 거액이라서 감정이 미치는 영향이 컸던 사안인데 손해배상액에 대한 경제분석 결과 산정된 손해액 추정 규모의 편차가 매우 심했다. 경제분석 방법과 전제에 따라 산정된 손해액 추정 금액은 다음 [표 6]과 같다.

[표 6] 군납유 입찰담합사건에서 경제분석 방법에 따른 손해액 추정규모

구분		경제분석 방법	손해액 추정(억원)	비고
1심	원고	표준시장 비교법 (MOPS가격 비교)	1,584	-
	피고	중회귀계량분석에 의한 이중차분법	302	-
	감정인단	중회귀계량분석에 의한 이중차분법	1,140→1,120[659]	재 산정 결과
	법원	이중차분법 재적용	810	양측 입장 절충
항소심		표준시장 비교법 (MOPS가격 비교)	1,309	
대법원		(MOPS 가격비교의 한계점 제시)	-	항소심판결 미 지지

이 사건에서 주목할 점은 법원이 경제분석 감정결과를 그대로 수용하지 않고 감정의 토대가 된 경제적 분석방법을 수용하지 않거나 감정결과 일부를 수정하기도 하였다는 점이다. 대법원은 항소심의 손해액 산정이 위법하다고 하여 원심판결을 파기하였다. 원심판결과 대법원판결을 비교하더라도 표준시장비교법 채택여부가 달랐다.

항소심 법원은 1심 법원이 채택한 회귀분석에 의한 이중차분법을 배척하고 표준시장비교법을 채택하였다. 표준시장으로는 싱가포르 현물시장을

---

658) 전성훈(2020), 앞의 책, 289면.
659) 피고 측 문제제기로 재판부는 감정인단에게 보완을 요구하여 재산정 손해액을 제시했으나 피고측이 제기한 문제에 대해 명백한 자료처리 오류 등 외에는 사실상 크게 변화가 없어 피고측 반발이 컸다고 한다.

채택하고 해당 시장가격인 MOPS 기준가격을 보완한 MOPS기준의 보정가격을 가상 경쟁가격으로 보았다. 그럼에도 불구하고 같은 방식으로 경제분석을 했던 피고와 감정인단 간의 손해액 추정 규모에서도 4배의 차이가 있었다. 이는 계량경제 모형에 포함된 설명변수, 추정 방법의 차이 때문이었다.660) 항소심 재판부는 "계량 경제학상 중회귀분석을 통한 손해액 산정방법이 그 자체로 과학적이지만 경제적 논증에 대한 규범적 통제의 어려움이나 각 모형에 의하여 추정된 손해액 편차가 매우 큰 점, 우리나라 손해배상제도가 3배의 배상원칙을 인정하지 아니한 점 등에서 계량 경제학상 중회귀분석을 통한 손해액 산정방법을 채택하는 데에 제약이 있다"고 판시하였다.661)

그러나 대법원은 "담합 기간 동안 국내 군납유류 시장은 과점 체제 시장이어서 완전 경쟁시장에 가까운 싱가포르 현물시장과 동일한 시장으로 볼 수 없다"고 설시하여 손해배상액을 다시 산정하라는 판결을 내렸다. 대법원은, 원심이 2001년 이후 부당한 합의가 없었던 기간 동안 MOPS 기준가격과 국방부 군납유류의 낙찰가격 사이에 편차 간 상관관계가 높게 나타난

---

660) 항소심 재판부는 "1심 법원은 경제적 논증에 대한 규범적 통제를 위해서 결과적으로 전문감정인단의 판단 내용에 대해 실체적, 내용적 통제에까지 나아갔는 바", 과연 그것이 "합리적인 규범적 판단이라고 자신하기 어렵다"든지 "또 다른 경제학적인 방법의 도움 없이는 파악하기 어렵다"든지 "적법성 여부를 다시 경제학적으로 논증하여야 한다면 끝없는 순환논리에 처하게 되어 소송경제에 반한다"든지 "현실을 단순화한 경제학적 모델에 있어 끝없는 공방이 가능하다"든지 하는 회의를 드러내고 있다.; 서울고등법원 2009.12.30. 선고 2007나25157 판결, 33-34면.
661) 개정법 이전 공정거래법상 3배의 배상이 도입되지 않은 상황이라 항소심 재판부는 "미국과 달리 실손해배상을 전제로 억지기능보다 배상적 성격이 강한 우리법상의 손해배상 제도" 하에서는 "계량경제학적 손해액 산정 도입시 종국적으로 손해배상액의 입증책임을 부담하는 원고의 입증노력에 대해 피고 측이 경제전문가를 동원하여 손해액의 감액을 위한 방향으로 경제학적인 논증을 펼칠 경우, 이른바 불확실성의 혜택(benefit of doubt)이 피고에게 돌아가 필연적으로 과소배상의 위험이 존재함을 부인할 수 없다"고 보았다.; 서울고등법원 2009.12.30. 선고 2007나25157 판결, 36-37면.

것을 근거로 MOPS 기준가격을 가상 경쟁가격으로 판단한 점이 문제라고 지적했다. 즉 대법원은 부당한 합의가 있었거나 없었던 기간의 군납유류 가격 형성에 영향을 미치는 요인이 다름에도 이를 고려하지 않은 점을 비판하였다.662)

파기 환송심 재판부는 가상적 경쟁가격 추정에 입각한 정확한 손해액 산정에 어려움을 겪게 되자 결국 양측에 화해를 권고하였다. 2013년 7월 마침내 양측은 1심 재판부가 산정한 손해액 810억 원에 13여 년의 법정 연이율(5%)을 합산한 1,355억 원 수준의 손해배상액 결정 화해를 수용하였다.663)

③ 군납유 입찰담합 사건에 대한 의의 및 평가

1심 판결 후 항소심 재판부가 중회귀분석에 의한 이중차분법을 배척하고 표준시장 비교법을 채택하면서 손해액을 산정할 때 경제분석의 중요성이 위협받는 상황에 이르렀으나 대법원은 경제학적 논리의 정당성을 인정하였다. 1심 판결의 의의는 재판부가 감정 경제분석에 대해 합리적 재량을 발휘한 것이다. 다양한 경제분석 기법에 대해 제1심 재판부가 최선을 다하여 이해하려고 노력하고 상식에 기반한 판단을 내려 감정분석 기본 모형을 수정하면서 손해액을 산정하였다. 감정인단의 전문성을 인정하면서도 원고와 피고의 주장도 합리적 수준에서 수용하는 태도를 보였다. 또한 1심 법원은 경제분석 결과에 대해 통계적 유의성이 결여되었다고 보고 적극적으로 경제분석 결과를 평가하였다.664) 이러한 시도는 부당한 공동행위의 효과를 보여주는 통계가 유의미하지 않다는 사유로 정당한 손해액을 거부하는 경우를 차단하였다는 점에서 긍정적 평가를 받는다.665)

---

662) 대법원 2011.7.28. 선고 2010다18850 판결.
663) 서울고등법원 2111나62825 사건검색 결과를 반영한 것이다.
664) 실제로는 명백한 오류가 있는 경제분석 결과를 법원이 통제하지 못하여 비판을 받는 경우도 있다는 것을 간과할 수 없다.; 주진열(2012), 앞의 글(주 13), 189면.
665) 전성훈(2020), 앞의 책, 315-317면.

대법원은 판결요지에서 손해액 범위에 대해 상당인과관계설을 확인하였는데666) 이는 사실상 경제학의 중회귀분석 방법론 취지에 부합하는 태도이다. 이 사건에서 대법원이 손해액 산정의 기본원칙을 천명한 것은 포스코 판결에서 시장지배적지위남용의 위법성 판단이 기본적으로 경쟁제한효과에 입각한다는 원칙을 선언한 것과 비견될 수 있다는 평가도 있다.667)

(3) 공정거래법상 손해액 인정제도
1) 손해액 인정제도의 도입 배경

우리나라는 2004년 공정거래법을 개정하여 손해액 인정규정을 도입하였다. 손해액 인정제도란 공정거래법 위반행위로 인해 손해 발생은 인정되나 손해액 입증을 위하여 필요한 사실의 성질상 입증이 극히 곤란한 경우 법원이 변론 취지와 증거조사 결과에 기초하여 상당한 손해액을 인정할 수 있는 제도이다. 다만 이 규정은 자유 심증주의668)에서 증거에 기한 사실인정 원칙을 변경한 것은 아니다.669) 이 규정은 2016년 민사소송법상 일반규

---

666) "가상적 경쟁가격은 담합행위가 발생한 당해 시장의 다른 가격 형성 요인을 그대로 유지한 상태에서 담합행위로 인한 가격상승분만을 제외한 방식으로 산정해야 한다.... 상품의 가격 형성상의 특성, 경제조건, 시장구조, 거래조건 및 그 밖의 경제적 요인의 변동 내용 및 정도를 분석하여 그러한 변동 요인이 담합행위 후의 가격 형성에 미친 영향을 제외하여 가상 경쟁가격을 산정함으로써 담합행위와 무관한 가격 형성 요인으로 인한 가격변동분이 손해의 범위에 포함되지 않도록 하여야 한다."
667) 대법원 포스코 판결의 의의는 다음을 참조.; 전성훈(2020), 앞의 책, 163-167면.
668) 민사소송법 제202조(자유심증주의) 법원은 변론 전체의 취지와 증거조사의 결과를 참작하여 자유로운 심증으로 사회정의와 형평의 이념에 입각하여 논리와 경험의 법칙에 따라 사실 주장이 진실한지 아닌지를 판단한다. 자유심증주의를 처음 입법화한 프랑스는 법관의 주관적 확신에 따라 사실인정을 하였으므로 민사소송과 형사소송에서 똑같은 증명도 기준을 설정하였다. 다만 이후 일본에서는 제2차 세계대전 이후 미국의 영향으로 민사소송에서의 증명도 기준을 형사소송 대비 완화하도 객관화하는 경향으로 변화하였다.; 김차동, "민사소송에서의 증명도 기준의 개선에 관한 연구", 법조 제68권 3호, 법조협회, 2019, 82면.; 三木浩一, "民事訴訟における證明度)," 法學研究 83卷 1号, 2010, 23頁.

정으로 도입되기 전 특허법(제128조 제6항), 디자인보호법(제115조 제6항), 저작권법(제126조), 상표법(제110조 제6항) 등에서 이미 도입된 상태였다.

공정거래법상의 손해액 인정제도는 '손해액을 입증하는 과정에서 필요한 사실을 입증하는 것이 해당 사실의 성질상 극히 곤란한 경우'에 적용되므로 손해액 입증을 위한 경제분석이 복잡하고 시간과 비용이 소요되는 사정만으로 적용되지는 않는다.670) 이러한 입법적 구비에도 불구하고 공정거래법상 손해액 인정제도는 실무상 활용되지 못하는 경우가 많아서 특허법상의 동일 규정이 손해배상 산정에서 빈번하게 적용되는 모습과 대조적이라는 지적이 있다.671)

부당한 공동행위로 인한 손해배상소송에서 합의 후에 가격 인상이 있었지만 원재료 가격 인상 등 다른 요인 때문에 법 위반행위가 없었더라도 가격 인상이 불가피한 경우를 살펴보겠다. 가격 인상 폭은 합의 외의 가격 인상 요인으로만 결정되었다는 것을 피고가 다투어서 책임 단계에서 손해 발생이 분명히 밝혀지지 않는다면, 본 규정은 피해자의 입증 곤란에 구제책이 되지 못한다.672) 손해액 인정제도가 적용되려면 '손해액 입증을 위하여 필요한 사실을 입증하는 것이 해당 사실의 성질상 극히 곤란한 경우'를 요구하는데, 대법원이 이를 엄격히 축소한다는 비판적 견해도 있다.673) '손해

---

669) 이 점은 일본 민사소송법상 손해액 인정제도와 같다.; 이선희, "독점규제법 위반으로 인한 손해배상소송에서 손해액 산정과 손해액 인정제도", 경쟁법연구 제26권, 한국경쟁법학회, 2012, 239면.; 김태진(2018), 앞의 글(주 556), 70면.
670) 판례는 "공정거래법상 손해액 인정 규정이 인과관계 입증책임까지 완화하는 취지는 아니므로 불법행위책임 일반원칙에 따라 원고가 위법행위 및 손해 발생 사이의 인과관계를 입증해야 한다"고 판시한다.; 서울중앙지법 2009.6.11. 선고 2007가합90505 판결: 마이크로소프트사의 끼워팔기로 인한 시장지배적 지위 남용행위 사안으로 책임 성립적 인과관계가 문제되어 청구가 기각된 사례이다.
671) 정재훈, "공정거래사건 손해배상소송에서 법원의 판단 경향과 손해액 산정방식", 공정거래사건 손해배상소송 관련 판례 분석, 한국법제연구원 제1차 워크숍 자료집, 2019, 9면.
672) 이선희(2013), 앞의 책, 208면

액 입증을 위하여 필요한 사실을 입증하는 것이 해당 사실의 성질상 극히 곤란한 경우'가 어떤 수준인지에 대해서도 일반화하기 어려워 수범자의 예측 가능성 차원에서도 문제의 지적이 가능하다.

군납유류 입찰담합 사건에서도 경제분석 결과에 대한 치열한 논쟁 끝에 화해로 종결되었는데, 이러한 문제점을 염두에 두고 후술하게 될 경우 담합사건에서는 전향적으로 손해액 인정제도를 적용한 것으로 보인다.[674]

이처럼 손해액 인정제도가 활성화되려면 너무 많은 요인을 감정에 반영하는 법원의 방식에 개선이 필요하다는 지적이 있다. 그러나 민사소송법상에서도 인정되는 손해액 인정제도는 감정이 어렵거나 그 결과를 신뢰하기 어려울 경우에 적용되는데 이 경우 사실심 법원의 재량 판단으로 손해액을 산정할 수 있다는 우려도 제기된다. 이러한 우려를 불식시키려면 법관이 손해액을 인정할 때 고려한 항목들을 명확하고 충분한 근거와 함께 제시할 필요성도 있다. 즉 손해액 인정제도의 간명화를 위하여 적용이 용이하도록 무한정으로 제도를 확대하는 것은 우려가 된다.

2) 민사소송법상 손해액 인정제도와의 비교

민사소송법상 손해액 인정제도(법 제202조의2)에서는 "손해가 발생한 사실은 인정되나 구체적 손해의 액수를 증명하는 것이 사안의 성질상 매우 어려운 경우 법원은 변론 전체의 취지와 증거조사의 결과에 의해 인정되는

---

673) 이은우(2017), 앞의 글(주 15), 27면.
674) 공정거래법상 손해액 인정제도는 손해액 산정의 경제적 효율성을 고려한 제도이지만 운영사례가 많지는 않다. 손해액 인정제도를 적용한 하급심 판례는 일부 확인된다. 금융 자동화기기 교체가격 합의에 대한 피해자의 손해배상청구 사건에서 계량분석결과가 도출되었는데 법원이 변수 통제의 타당성, 자료 적합성을 참작하여 손해배상액을 산정하였다. 서울고등법원 2020.1.16. 선고 2017나2010358 판결.; 발수제 공구 건설공사 입찰담합 사건에 대한 손해배상청구 소송도 유사하다. 서울지방법원 2020.7.10. 선고 2015가합542056 판결.; 이 사건은 서울고등법원 2020나2028595 사건으로 항소심이 계속 진행중이다.

모든 사정을 종합하여 상당하다고 인정되는 금액을 손해배상 액수로 정할 수 있다"고 규정한다. 이 내용은 공정거래법상 손해액 인정제도와 같다. 다만 민사소송법 제202조의2가 도입된 지 오래되지 않아서 관련 연구와 인정 실적은 많지 않다.675) 방만하게 이 조항이 운영될 경우 자의적 결과와 부당한 결론으로 매듭지어질 수 있다는 우려 때문인 것으로 보인다.676)

우리 판례는 종전부터 "손해 발생은 인정되나 손해액 산정의 근거가 될 간접 사실을 탐색하여 손해액을 판단하는 것은 손해의 공평 타당한 분담의 손해배상제도에 부합한다"고 보았으므로 민사소송법상 손해액 인정제도 조항(법 제202조의 2)은 종전의 판례 법리를 명문화한 것으로 볼 수 있다. 다만 종전의 판례와 민사소송법 제202조의2 조항의 법리는 전적으로 법관에게 자유재량을 허용하는 취지는 아니며 증명도를 경감한 것이라 해석할 수 있다.677) 민사소송법상 손해액 인정제도를 도입한 후에도 기존 판례 입장은 유지되고 있어 이러한 해석이 가능하다.678)

정리하자면 민사소송법상 손해액 인정제도 조항은 공정거래법상 손해액 인정제도가 갖는 특성과 내재적 한계를 공통적으로 갖는다. 즉 법원은 손해액에 대한 증명이 없다는 이유로 즉각적으로 청구 기각을 할 것이 아니라 소송에서 적법하게 현출된 전후 사정을 참작하여 규범적 차원에서 손해액을 확정해야 한다. 일본 최고재판소도 손해액 산정에 대한 일본 민사소송법 제248조를 적용하는 것이 법원의 의무라고 하였다. 이처럼 민사소송

---

675) 김경욱, "증명 곤란한 상당한 손해배상액의 인정", 민사소송 제20권 2호, 한국민사소송법학회, 2016, 67-103면.; 권혁재, "변론 전체의 취지에 의한 손해배상액의 결정", 법조 통권 제660권, 법조협회, 2011, 112-154면.
676) 김태진(2018), 앞의 글(주 556), 60면.
677) 김태진(2018), 위의 글(주 556), 63면.; 손해액의 증명이 곤란한 경우에 자유로운 심증으로 재판할 수 있다는 취지라고 설명한 문헌은 다음을 참조.; 이시윤, 『신민사소송법(제8판)』, 박영사, 2014, 518면.; 재량을 허용하는 취지라고 설명한 문헌은 다음을 참조.; 이시윤·이상은, 『민사소송법(제11판)』, 박영사, 2017, 536면.
678) 대법원 2017.9.26. 선고 2014다27425 판결.

법과 공정거래법상 손해액 인정제도 활용은 사실심 법원의 신중하면서도 적극적인 재량 판단이 판례로 누적되어야 결실을 거둘 수 있을 것이다.

3) 손해액 인정제도의 적용 사례 : 경유 담합 사건
① 사건의 사실관계 및 법원 판결 요지

SK에너지 등 4개 정유사가 경유 가격의 안정적 운용을 합의하여 결과적으로 원유가 인상이 리터당 20원에 그쳤으나 해당 정유사들은 유류 판매단가를 리터당 40원 내지 70원 인상하였다. 공정위는 가격 합의로 인한 부당한 공동행위를 적발하여 정유사들에 대해 시정조치를 내리고 과징금을 부과하였다.679)

정유사로부터 경유를 구입한 트럭 등의 운전기사인 원고들은 손해배상 청구를 제기하였다. 1심에서는 원고의 경유 구입 내역 중 부당한 공동행위 참여사로부터 경유를 구입한 사실과 경유량이 산정되어야 하는데, 합의로 인한 손해액을 계산하기 위한 기초자료로 채택할 수 없다고 판시하였다. 항소심에서도 원고들이 자료를 추가 제출했으나 원고들의 경유 구매 사실이 입증되지 못하였다고 판단하여 원고들의 손해 발생 사실을 배척하였다. 즉 항소심 법원은 손해액 증명이 곤란한 경우가 아니므로 舊 공정거래법 제57조가 적용되지 않는 사안으로 판단하였다.680) 반면 대법원은 과세 정보자료, 주유소협회 자료만을 제출한 원고들에 대해 경질유를 구매한 사실만 인정되며 '경유' 구매 사실이 인정되지 않아도 그들이 화물트럭, 레미콘 등의 운행자로서 상식적으로 그들이 구입한 경질유는 모두 경유라고 보는 것이 합리적이라고 판단하였다. 이러한 논리로 대법원은 원고의 '손해' 발생을 인정하고 손해액 산정에 舊 공정거래법 제57조가 적용되는 사안이라

---

679) 공정거래위원회 2007.4.11. 의결 제2007-232호 2006서카4707.
680) 서울중앙지방법원 2012.11.9. 선고 2007가합114265 판결.; 서울고등법원 2014.10.24. 선고 2012나99336 판결.; 이정아(2018), 앞의 글(주 13), 353-354면.

고 보았다. 판시내용은 다음과 같다.

> "손해 발생은 인정되나 그 손해액을 증명하기 위하여 필요한 사실을 증명하는 것이 해당 사실의 성질상 극히 곤란한 경우에는 증명도·심증도를 경감함으로써 ...(중략)... 손해액 산정의 근거가 되는 간접사실들의 탐색에 최선의 노력을 다해야 하고 탐색해 낸 간접사실들을 합리적으로 평가하여 객관적으로 수긍할 수 있는 손해액을 산정하여야 한다. ...(중략)... 법원은 손해액에 관한 당사자의 주장과 증명이 미흡하더라도 적극적으로 석명권을 행사하여 증명을 촉구하여야 하고, 경우에 따라서는 직권으로라도 손해액을 심리·판단하여야 한다."[681]

대법원은 손해액 산정에서 감정 결과가 다르더라도 이는 경쟁기간에 대한 판단에서 차이가 있었을 뿐 원심의 감정 결과가 경험칙에 반하거나 합리성이 없는 등 현저한 잘못이 없다면 수용한다는 입장이다. 대법원의 태도에 대해, 손해액 입증은 원칙적으로 입증책임에 따라야 하고 고도의 개연성에 대한 확신은 아니어도 상당한 정도의 합리성, 객관성은 인정되어야 하므로 舊 공정거래법 제57조는 입증책임 한계에서 적용된다고 해석하는 입장이 있다.[682] 즉 대법원의 태도가 손해액 입증 증명도를 완화한 것이며 입증책임을 전환한 것은 아니라는 시각이다. 손해액 인정제도가 손해액 입증 수준을 완화한 면은 있으나 미국이나 일본의 입법례와 비교할 때 여전히 다소 고양된 수준의 입증을 필요로 하는 것으로 보여 대법원의 태도에 다소 아쉬움이 있다.

② 대법원 판결의 의의 및 한계

경유 담합 사건에 대한 대법원 판결이 주는 시사점과 한계점을 이하에서

---

681) 대법원 2016.11.24. 선고 2014다81511 판결.
682) 대법원 2018.10.12. 선고 2016다243115 판결.; 이정아(2018), 앞의 글(주 13), 352면.

검토한다.

첫째, 이 판결은 舊 공정거래법 제57조의 손해액을 입증하기 위하여 필요한 사실을 입증하는 것이 해당 사실의 성질상 극히 곤란한 경우에 '증명할 수 있는 자료 수집이 불가능한 경우'를 포함시켰다는 해석이 있다.683) 부당한 공동행위 사건은 손해액 입증책임이 원고에게 있지만 입증 가능한 자료는 상당수가 조사기관인 공정위나 피고에 집중되어 있기 때문에 실무상 난점을 고려한 법원의 태도는 손해액 인정제도를 원용하려는 시도이다.

둘째, 이 판결은 손해액 인정제도를 적용하면서 "그 손해액을 입증하기 위하여 필요한 사실을 입증하는 것이 해당 사실의 성질상 극히 곤란한 경우"가 어떤 경우인지 기준을 제시하였다는 평가가 있다. 다만 법원이 기준을 제시한 후에도 손해액 인정제도의 적용사례가 드문 것은 '해당 사실의 성질상 입증이 곤란한 경우'의 기준을 일반화하는 데 어려움이 있다는 견해도 있다.684)

하지만 손해액 입증에 필요한 '사실의 입증이 해당 사실의 성질상 극히 곤란한 경우'의 일반화된 해석이 어렵다는 점은 사안별로 법원이 판단할 수밖에 없다는 논리이다. 그런데 손해액 인정제도가 적용된 판례가 드물다는 점은 법원이 스스로 제시한 기준이 상당히 보수적이었음을 시사한다. 만약 위의 해석에 대한 일반화가 실제로 어렵다면 결국 이는 손해액 인정제도의 내재적 한계일 것이다.

셋째, 대법원은 손해액 산정방법을 열거하면서 "계량 경제학적 손해방법에 한하지 않는다"고 명시하였다. 계량 경제학적인 분석으로 부당한 공동행위로 인한 손해액을 산정하는 것이 대세인 상황에서 비용과 시간이 소요

---

683) 이원석(2017), 앞의 글(주 12), 463면.; 이정아(2018), 위의 글(주 13), 353면.
684) 이선희, "독점규제법 제57조에 의한 손해액 인정제도의 적용: 대법원 2016. 11. 24. 선고 2014다81511 판결", 성균관법학 제29권 3호, 성균관대학교 법학연구원, 2017, 563면.

되는 계량 경제학적 분석이 최적의 해법이라는 오해를 방지고자 하였다. 이에 대해서 부당한 공동행위로 인해 발생한 피해자들의 손해액에 대한 입증책임을 완화하여 손해액을 적극 인정할 수 있게 되었다는 점에서는 입증책임의 원칙과 조화를 이룬다는 평가가 있다.[685] 하급심 판례 중에서 법위반행위는 인정되지만 손해액 산정이 곤란하여 손해배상청구를 기각하는 사례가 있는데, 이를 통해 향후 법원의 청구 기각을 줄일 것이라는 기대도 있다.[686]

3. 원고의 손해액 입증을 위한 자료접근 방안

(1) 공정위에 대한 자료 복사·열람 요구제도

미국은 위법행위자가 소지한 증거에 대한 직접 접근을 지원하기 위하여 증거개시제도를 운영하므로 사적 소송이 활발하게 제기된다[687]는 점을 앞서 살펴보았다. 반면, 우리나라에서 부당한 공동행위로 인한 손해배상소송은 가격 인상과정 등의 손해 입증과 관련된 중요한 자료가 피고에게 집중되어 있고 공정위의 전원회의 회의록 비공개[688] 및 심사보고서와 의결서의 영업비밀 보호를 위한 비공개[689] 정책으로 원고 입장에서는 손해 범위와 손해액 입증에 상당한 애로사항이 있다.

2021년 5월 공정거래법 개정으로 시행된 자료 복사·열람요구권(법 제95

---

[685] 이정아(2018), 앞의 글(주 13), 357면.; 김용덕 편집대표(2022), 앞의 책, 316면(정재훈 집필 부분).
[686] 오금석·김영석, "회귀분석을 통한 손해액 분석에 대한 규범적 통제", 경쟁저널 제203호, 한국공정경쟁연합회, 2020, 47면.
[687] 서정(2019), 앞의 글(주 9), 14면
[688] 판례는 전원회의 회의록이 의사형성 과정 중에 있는 의사결정과정 정보로 비공개 대상이라고 보았다. 서울행정법원 2004. 4. 22. 선고 2003구합 16648 판결.
[689] 공정거래법 제65조 제1항은 공정거래위원회의 심리 및 의결은 공개가 원칙이나 사업상 비밀보호를 위하여 비공개로 할 수 있음을 규정한다.

조)은 문언상 '이 법에 따른 처분과 관련된' 자료를 열람·복사 요구대상으로 정한다. 이 규정은 공정위의 의결서 작성 송달 이후부터 심사보고서와 첨부 증거를 이해관계인에게 제공하는 취지이며 조사 과정에서 신고인에 대한 자료의 접근을 허용하는 규정은 아니다.690)

최근 심사보고서상 영업비밀 보호 목적의 비공개 정보에 대해 전원회의 당일까지 공정위가 열람을 거부한 행위가 절차적 하자인지를 판단한 사건이 있다. 이 사건에서 대법원은 "공정거래법상 열람·복사요구권은 행정절차법상 의결 절차이므로 열람·복사요청권과 비교할 때 절차적 보장 정도가 일반 행정절차보다 강화되어 있다. 따라서, 특별한 사정이 없다면 공정위는 피심인의 열람·복사 요구를 거부할 수 없는 것이 원칙이다. 다만, 열람·복사 거부로 보호되는 이익과 침해되는 피심인의 방어권 내용과 정도를 비교형량하여 판단하여야 한다."고 판시하였다. 이 사안에서는 공정위의 처분에 절차적 하자가 있어서 원칙적으로 취소되어야 한다고 판단하였다.691)

위의 판결은 피심인의 실질적 방어권을 보장하고 심의 당사자에게 폭넓은 자료접근권을 보장한 사안이다. 하지만, 이 사안은 부당한 공동행위 관련 손해배상소송에서 증거에 대한 접근성 측면에서도 착안점이 있다. 공정거래법 시행령에서도 자료의 열람·복사요구권자는 사건의 당사자나 신고인, 손해배상소송을 제기한 자를 포함하고 있다(시행령 제81조). 다만, 영업비밀, 자진신고 자료, 다른 법률에 따른 비공개 자료는 열람·복사가 어려운 비공개 대상으로 정하고 있다. 이는 이해관계자의 자료접근권을 보장하여야 하지만 공정위의 공적 집행에서 실효성 확보 수단과 기업의 경영에 직결되는 사업상 비밀 유지와의 이익 형량을 통하여 자료의 공개 범위를 제

---

690) 전승재(2020), 앞의 책, 485면.
691) 공정거래법 제95조는 자료 열람요구를 규정한다. 공정위 회의 운영 및 사건절차 등에 관한 규칙 제29조 및 제29조의2에서는 심사보고서 첨부 자료의 열람, 복사 신청시 영업비밀 보호 해당 여부를 판단하여 열람 복사허용 여부를 결정하여야 한다고 규정한다.; 대법원 2018. 12. 27. 선고 2015두44028 판결.

한한 것이다. 이처럼 우리 법원은 자료의 접근과 공개 대상 정보 간에 양 법익의 가치를 비교 형량하여 판단하면서도 비공개가 필요한 정보는 열람·복사요구권 대상에서 제외하여 보안 안전장치를 두고 있는 것이다.

(2) 공정위에 대한 자료제출 명령제도

자료 열람·요구권과 함께 공정거래법 전면 개정을 통하여 부당한 공동행위에 대한 손해배상청구 소송에서 법원이 공정위에 대해 사건기록(참고인 또는 감정인에 대한 심문조서, 속기록 그 밖의 재판상 증거가 되는 것 모두 포함) 송부를 요구할 수 있도록 명문화하였다(법 제110조). 또한, 부당한 공동행위에 대한 손해배상청구 소 제기 시 법원의 자료제출 명령제도가 도입되었다(법 제111조). 자료제출 명령제도로 인한 영업비밀 공개 가능성을 보완하는 수단으로는 비밀유지 명령제도를 함께 둔다.[692]

자료제출 명령제도 대상에서도 자료 열람·요구권(법 제95조)과 같이 손해 증명이나 손해액 산정에 필요한 자료라 하더라도 자진신고 자료는 제외된다. 다만, 해당 자료제출 거절에 정당한 사유가 있다면 법원은 해당 자료를 다른 사람에게 공개를 불허하는 취지로 'In Camera 제도'를 허용한다. In Camera 제도는 영업상 비밀자료라도 법원의 제출명령 목적에서 제한적 열람방식을 허용하는 것이다. 따라서, 열람 범위와 열람자를 지정하고 공개 법정이 아닌 별도의 독립 공간에서 검토할 수 있도록 허용한다(법 제111조 제2항 및 제3항). 이 점은 민사소송법상 문서 제출 명령제도 대비 제출 자료범위가 확대될 수 있다는 차원에서 고무적이다.

In Camera 제도와 같이 자료제출 명령에 안전장치가 있음에도 당사자가

---

[692] 특허법상 자료제출제도(법 제132조)와 함께 비밀유지명령(법 제224조의 3), 비밀유지명령 취소(법 제224조의 4), 소송기록열람 등 청구 통지(법 제224조의 5)를 두고 있는 것과 유사한 취지이다. 김용덕 편집대표(2022), 앞의 책, 308-311면(정재훈 집필 부분); 이호영(2022), 앞의 책, 630면.

정당한 이유 없이 법원의 자료제출 명령에 따르지 않을 경우 법원의 자료 기재에 대한 상대방 주장을 진실한 것으로 인정할 수 있다(법 제111조 제5항). 민사소송법상 자료제출명령 불응 시 제재가 미약하여 피해자의 손해액 입증에 요구되는 증거 확보에 어려움이 있었는데[693] 이를 보완하는 장치로 작동하여 향후 원고의 손해배상 범위와 배상액 입증책임에 도움을 주는 제도의 기초적 토대는 마련된 것 같다.

이에 대해 '자료 기재에 대한 상대방의 주장'은 자료의 기재사항 존부의 문제이지만, '자료 기재로 증명하려는 사실에 대한 주장'은 법 위반행위에 대한 사실이므로 강력한 효과를 부여한 것이라는 해석이 있다.[694] 하지만, 이 해석에 따라 자료 기재로 증명하려는 사실 주장이 진실한 것으로 인정받으려면 피해자는 (i) 자료 기재에 대해 주장하기 현저히 곤란한 사정이 있고 (ii) 자료로 증명해야 할 사실을 다른 증거로 증명하기가 기대하기 어려운 경우라는 것을 직접 입증해야 한다. 이는 제도 활용의 장벽으로 작용하는 문제가 있다.[695] 이처럼 공정거래법 제111조 제5항 규정은 문서제출명령을 거부한 경우 법원이 상대방 문서에 관한 주장을 진실한 것으로 인정한다는 취지일 뿐, 입증이 필요한 상대방 주장도 증명되었다고 인정하는 것은 아니다.[696] 이 문제에서는 앞서 논의한 손해액 인정제도에서 '손해액 입증에 필요한 사실의 입증이 해당 사실의 성질상 극히 곤란한 경우'를 법원이 좁게 해석하여 손해액 인정제도가 활성화되지 못하는 한계를 참고하

---

693) 김원모(국회 정무위원회 전문위원), "독점규제 및 공정거래에 관한 법률 전부개정법률안 검토보고" 중 II. 제안이유 및 주요내용 2. 주요내용 차. 손해배상청구소송에서 기업의 자료제출의무 부과(안 제110조).
694) 김용덕 편집대표(2022), 앞의 책, 306면(정재훈 집필 부분).
695) 이미옥, "개정 특허법 하에서의 자료제출 명령제도에 대한 소고", 지식재산연구 제11권 3호, 한국지식재산연구원(2016), 24-25면.
696) 대법원 1993. 6. 26. 선고 93다15991판결., 대법원 2008. 2. 28. 선고 2005다60369 판결 등.; 유영국, "공정거래법 전부개정안의 사적 집행수단 도입에 따른 제도 활용방안 연구", 공정거래 기본연구 2019-제2호, 한국공정거래조정원, 2019, 73면.

여야 한다. 즉, 자료제출 불응 시 법원이 자료 기재에 관하여 상대방의 주장을 진실한 것으로 인정함에 있어 원고의 손해 관련 입증에 도움을 줄 수 있도록 전향적 해석이 필요하다. 쉽게 말해, 경쟁법 위반 피해자는 피고의 입증부담을 경감하는 효과가 있으나 '구체적으로 주장하기 현저히 곤란한 사정' 및 '다른 증거로 증명하는 것을 기대하기 어려운 경우'에 대해 법원이 어떻게 재량 판단하느냐에 따라 자료 제출명령 거부 효과의 편차가 커질 수 있음을 주지하여야 한다.[697] 일각에서는 대륙법계에 속한 우리나라의 소송 특성상 당사자들에게 증거 개시 기회가 충분하지 않은 문제점을 지적하면서 EU가 Directive(EU)/2014/104를 통하여 증거 개시 규정을 둔 것과 같이 더 광범위한 차원의 증거 개시 규정을 두어야 한다는 주장도 제기되고 있다.[698]

한편, 2023년 8월 김종민 의원 등은 공정거래법 제111조 제1항에서 '해당 손해의 증명' 또는 손해액의 산정에 필요한 자료 뿐 아니라 '해당 침해' 및 손해의 증명' 또는 손해액의 산정에 필요한 자료를 자료제출 명령대상에 포함시켜야 한다는 입법 개정안을 발의하였다.[699] 이 발의안은 법원의 자료제출 명령대상 범위를 손해의 증명 또는 손해액 산정에 필요한 자료로 제한하는 경우 불법행위에 기한 손해배상제도의 핵심인 불법행위 증명이 곤란해져 실질적 피해 구제에 한계가 있음을 고려한 것이다. 다만, 법원의 제출명령에 따른 자료 제공 시 비밀엄수 의무가 제외되도록 단서 규정을 신설하자는 내용도 포함되어 있어서 영업비밀 등 법적 보호가 필요한 자료 공개 시 수반되는 문제가 간과될 수 있다. 그럼에도 불구하고, '침해'의 증명에 필요한 자료까지 법원의 제출 명령대상에 포함하는 것은 손해의 규범

---

697) 유영국(2019), 앞의 글, 73면.
698) 최요섭 "최근 유럽 경쟁법에서의 손해배상 관련 사적소송 집행에 관한 연구", EU연구 제41호, 한국외국어대학교 EU연구소, 2015, 18-19면.
699) 독점규제 및 공정거래에 관한 법률 일부 개정 법률안(김종민 의원 대표발의), 의안번호 제23781 (2023. 8.11.), 3면, 8면.

적 해석에 근접한 노력과 유사하여 부당한 공동행위로 인한 피해자 보호에 한 걸음 나아간 시도라고 생각한다.

4. 소결

이상 미국, EU 및 회원국인 독일과 프랑스, 일본의 입법례를 비교하여 우리나라 공정거래법상 3배 손해배상제도에 대한 쟁점과 제도 개선 필요성을 살펴보았다.

우리나라에서는 기존 전보배상제도가 갖는 기능적 한계를 특별법상 징벌적 손해배상제도로 극복을 시도해왔으며 이 시도는 손해배상제도가 피해 구제를 넘어서 법 위반 억지 역할을 할 수 있다는 인식의 변화에서 시작되었다. 최근 외국 재판에서 인정된 징벌적 손해배상 판결을 대법원이 승인·집행한 사례가 등장하면서 우리 법원도 초과 배상의 타당성을 보다 전향적으로 수용할 의지를 보여준 것이다.

징벌적 손해배상제도 도입 초기에는 제도의 오남용과 과잉 집행에 대한 우려가 있었지만 오히려 현실에서는 집행 실적이 저조하여 실효성 문제가 지적된다. 그 배경에는 여전히 원고에게 손해액에 대한 입증책임을 엄격히 부과하며 원고가 손해액 입증할 때 필요한 자료들이 공정위나 부당한 공동행위에 가담한 피고에게 집중되어 있는 상황에 있다. 또한 법원이 경유 담합 사건 이후 손해액 인정제도 적용에 대해 보수적으로 판단하는 경향이 있어서 손해액 인정제도가 현행 입법만으로 부당한 공동행위로 인한 손해를 구제받고 법 위반을 억지하는 제도로서 역할 발휘에 한계가 있다는 점을 확인할 수 있다. 이 문제점을 해결하기 위해서 앞서 살펴본 해외 입법례의 선진사례나 제도를 참고하여 우리나라 법제에 어울리는 정교한 제도 개선이 필요하다.

대륙법계 국가인 프랑스에서 Directive(EU)/2014/104를 프랑스 법제에 반영한 이후 프랑스가 구글에 대해 불법행위책임에 대한 손해배상소송을 청구한 사례는 법체계 및 문화가 다른 해외 입법례라는 점을 고려하더라도 수범자에게 손해배상제도 강화 필요성을 지지하는 분명한 인식 변화가 나타났다는 점에서 매우 고무적이다. 한편, 징벌적 손해배상제도를 인정하지 않는 일본에서도 계약금액의 일정액을 최소한의 손해로 보고 법원이 손해액 인정제도를 적극적으로 활용한다는 점은 우리나라 법제에서 손해액 인정제도에 대한 해석과 적용에 개선이 필요함을 시사한다.

결론적으로 공정거래법상 3배 손해배상제도의 활성화를 위해서는 원고가 용이하게 손해액을 입증하도록 지원체계를 마련하고 법원의 손해액 인정 시 합리적 규범적 통제가 이루어질 수 있도록 입법적으로 개선하는 한편 손해배상이 억지 기능을 달성할 수 있다는 점을 고려하여 판례의 태도가 전향적으로 변화되어야 할 것이다. 이러한 제도 개선의 시사점을 토대로 하여 다음 장에서는 부당한 공동행위의 억지를 위한 사적 집행 강화방안에 대해 구체적으로 검토한다.

제5장

부당한 공동행위 억지를 위한
손해배상제도 등 사적 집행 강화방안

제1절 제도 개선 운영방향

지금까지 부당한 공동행위의 억지를 위하여 손해배상제도 등 사적 집행을 강화하는 방식이 타당성이 있다는 점을 입법례 비교와 국내외 실증연구로 살펴보았다. 그렇다면 현행 손해배상제도와 기타 사적 집행이 온전히 제 역할을 잘 감당하기 위하여 필요한 구체적 개선방안이 무엇인지 검토가 필요하다. 이하에서는 관련 제도의 개선 운영방향을 살펴본다.

첫째, 본고의 집중 연구 대상인 기업 간 거래에서 부당한 공동행위로 발생한 기업의 피해를 중심으로 손해배상제도의 개선방안을 검토한다. 손해배상제도의 범위는 공정거래법에 제한하지 않고 타 법령에서 활용되는 손해배상제도에 대해서도 살펴본다. 개선방안의 유형으로는 법령 및 예규의 개정안 도출, 현재 도입중인 제도의 활성화 방안, 판례의 전향적 해석 등을 다각도에서 검토한다. 주요 개선내용은 공정위의 경쟁주창활동과 연계한 손해배상제도 촉진 방안, 상법상 주주대표소송 활용방안, 사실심 법원의 손해액 입증 판단 시 규범적 통제방안, 불법행위에 대한 손해배상예정액 제도 활용방안 등으로 구분하고 관련 내용을 심층적으로 분석한다.

둘째, 손해배상제도를 제외한 대안적 분쟁해결제도 활용방안과 기타 사적 집행 강화방안을 검토한다. 대안적 분쟁해결제도는 현재 공정거래법에서 활용하고 있는 조정제도의 적용범위 확대방안과 중재제도의 신규 도입방안을 살펴본다. 나아가 손해배상제도와 대안적 분쟁해결제도를 제외한 기타 사적 집행 활용방안을 제안한다. 현재까지 손해배상제도로 대표되는 사적 집행은 사후적 관점에 머물러 있다. 본고에서는 이처럼 법 위반 피해 발생 이후의 사후 대응방식에서만 시행하던 사적 집행의 범위에 국한하지 않고 사적 집행의 범위를 사전 예방 패러다임까지 확대해석하여야 한다는 점에 주목한다. 이에 대한 주요 개선내용으로는 부당한 공동행위로 인한 피해가 발생하기 전에 기업이 선제적으로 법 위반 피해를 예방하기 위한 컴플라이언스 관점에서의 사적 집행에 참여하는 방안, 기업의 ESG 공급망 관리 관점에서 시장에서 발주기업 등 거래당사자가 능동적으로 참여할 수 있는 사적 집행 강화방안에 대해 사례를 분석하고 시사점을 이끌어 내고자 한다.

제2절 손해배상제도 강화를 위한 개선방안

Ⅰ. 공정위의 경쟁주창활동과 연계한 손해배상제도 활성화

1. 공정위의 부당한 공동행위 피해가능 사실 통보제도 신설

부당한 공동행위 조사는 중요한 증거 확보를 통해 법 위반을 입증하는 것이 중요하므로 공정위의 실무상 다른 법 위반행위 유형의 조사보다 은밀하게 이루어진다. 부당한 공동행위로 인해 발생한 손해가 기업에 피해를 입힌 사안에서는 공정위가 조사자료 입수를 위하여 공정위가 피조사인의 거래상대방에게 피해 가능성이 있다는 것을 알리고 참고인 조사를 요청하는 경우가 있다. 하지만 이 방식은 공정거래법령을 근거로 법제화된 필수적 절차는 아니며 실무 협조 차원에서 이루어지는 임의적 절차이다. 현재는 공정위의 부당한 공동행위에 대한 공적 집행과 이후 법 위반으로 피해를 입은 사업자의 손해배상소송청구 등 사적 집행이 완전히 별개의 영역이라고 인식된다. 이러한 상황 때문에 부당한 공동행위로 인해 피해를 받는 기업은 공정위가 법 위반을 확정하거나 제재를 한 이후에야 피해 사실을 명확히 인지하고 손해배상소송 여부를 결정한다. 부당한 공동행위에 가담한 피조사인 사업자도 거래상대방이 계약 불이행에 기한 부정당업체로 제재조치를 할 수 있다는 두려움으로 공정위에 의하여 조사받고 있다는 사실을 밝히지 않는 경향이 있다.

이러한 현실을 생각할 때 부당한 공동행위 사안이 발생했을 때 공정위에 의한 공적 집행과 피해 사업자에 의한 사적 집행이 유기적으로 연결될 수 있도록 정보를 제공할 수 있는 채널이 필요하다는 주장이 타당성을 갖는다. 이를 위하여 공성위가 부당한 공동행위 피해기업에 대해 거래상대방의 법 위반으로 인해 피해를 볼 가능성이 있음을 공식적으로 통보하는 제도의 신설이 필요하다. 이 제도는 법 위반으로 피해를 본 기업에게 손해배상청구에 대비할 수 있는 시간을 확보하도록 지원한다. 나아가 공정위가 경쟁당국으로서 사건처리 현황을 참고인 당사자에게 통지하는 것에서 그치지 않고 시장 거래생태계를 구성하는 당사자에게 경쟁당국이 사적 집행을 장려하기 위한 중요한 정보를 사전에 제공하여 공적 집행과 사적 집행 간 상호 보완성을 지지하는 수단이 될 수 있다.

법 위반 가담 사업자의 거래상대방에게 부당한 공동행위로 인한 피해 사실을 통보하기 위한 제도를 도입하기 위해서「공정거래위원회 회의 운영 및 사건절차 등에 관한 규칙, 이하 '공정위 사건처리 규칙'」 개정을 제안한다. 현재는 공정위 사건처리 규칙 제3장 제1절 조사 및 심사 절차에서 주로 피조사자에 대한 조사 및 심사절차 개시, 현장조사 등의 내용을 다룬다. 이러한 현행 체계를 반영하여 제3장 제1절에서 [표 7]과 같이 심사관이 피조사자 거래상대방에 대해 정보를 통지하도록 하는 의무를 규정할 수 있을 것이다. 다만 공정위의 원활한 공적 집행 수행을 위하여 통지는 조사가 상당히 진행되어 심의 절차 개시가 필요하다고 판단하는 시점에 이행하는 것이 합리적이며 타당하다. 관련 정보의 통지 방식은 실무상 공문 발송이 현실적일 것으로 보인다. 논의의 내용을 종합하여 다음 조항의 신설을 제안한다.700)

---

700) 공정위 사건처리절차 규칙 체계상 제2절 심의 및 의결절차가 아닌 제1절 조사 및 심사절차에서 다루는 것이 타당하다. 그러나 최근 조사관리관 신설로 해당 절의 마지막 조항이 제24조의2 조사관리관의 독립성 보장으로 구성되어 있어 제24조의3에 배치하는 것이 규칙 체계 정합성에 부합할지는 별도의 검토가 필요해 보인다. 본고에서는 이 내용에 대해서는 자세히 다루지 않기로 한다.

[표 7] 공정위 사건처리 규칙 제3장 제1절 개정(안)

현행	개정(안)
-	제24조의3(피조사인에 대한 조사 사실 등의 피조사인 거래상대방에 대한 통지) 심사관은 심사절차 개시 후 심의절차 개시 전 피조사인의 거래상대방에게 피조사인에 대한 조사 사실 및 그로 인한 피해 가능성을 다음 각 호의 사안에 대해 서면으로 통보하여야 한다. 1. 법 제40조 위반행위 (후략)

2. 부당한 공동행위 피해사업자의 이사회 보고결과 등 공정위 제출의무 신설

공정위가 심의절차 개시 전 피조사인의 거래상대방에게 부당한 공동행위로 인한 피조사자에 대한 조사 사실과 이로 인한 법 위반 피해 가능성을 통보하더라도 이 절차에서만 그친다면 사적 집행의 실효성이 담보되기는 어렵다.

이를 극복하기 위하여, 거래상대방의 부당한 공동행위로 피해를 볼 가능성이 있는 정보를 통지 받은 사업자(이하 '피 통지기업')는 공정위로부터 정보를 통지받았다는 사실과 후속 조치계획을 필수적으로 이사회에 안건으로 상정하여 보고의무를 이행할 필요가 있다. 이를 위하여 기업 내부적으로도 사규나 운영지침 등을 개정하여 내부통제 절차를 마련하는 조치가 선행되어야 할 것이다. 이에 대한 이사회 보고 내용에는 피조사자의 부당한 공동행위로 인한 공정위의 조사 사실 및 통지받은 기업의 피해 가능성이 포함되어야 하고 아울러 부당한 공동행위가 이루어진 거래와 관련된 계약제도의 적정성 검토결과, 후속적으로 거래상대방에 대한 계약상 의무 불이행 및 불법행위에 의한 제재 계획, 손해배상청구소송 내지 사적 배상 합의 계획 등 종합적 대응방안을 반영하여야 한다. 이러한 접근은 최근 대두되는 기업의 ESG 경영 관점에서 보면, 최고경영층이 소속기업 임직원에 대한 법 준수의무를 장려하는 것에서 나아가 법 위반 피해 예방도 컴플라

이언스 차원에서 장려하는 실효적 내부통제시스템 구축의 확산 시도라고 해석할 수 있다.701)

한편 피 통지기업의 이사회 보고결과 및 대응방안에 대한 종합적 검토자료를 공정위에 의무적으로 제출하도록 하는 제도도 함께 운영되어야 한다. 부당한 공동행위로 인한 피해 가능성과 구체적 대응방안의 이사회 보고를 기업의 자율에 맡기는 경우 실효성 있는 제도 운영이 어려워질 수 있다. 법 위반 가담 사업자로 인하여 부당한 공동행위 피해를 볼 가능성이 있는 기업이 공정위 법 위반 판단 전에 이를 이사회에 보고하는 것은 실무상 부담이 될 수 있기 때문이다. 이와 같이 부당한 공동행위로 인하여 피해를 볼 가능성이 있는 사업자에 대해 공정위가 해당 사실을 통보하고, 피 통지기업에게 이사회 보고 및 후속 조치방안 계획 수립과 제출의무를 부과하는 방식은 경쟁주창활동과 관련이 있다. 경쟁주창활동은 경쟁 촉진을 위하여 보편적 경쟁법 집행과 다른 방식으로 시장 메커니즘이 정상화되도록 하는 접근이다.702) 공적 집행과 사적 집행은 양 끝의 평행선에서 출발점이 다른 것 같지만 양자는 호혜성이 있어서 중간에서 맞닿는 지점이 있다는 것을 주지할 필요가 있다.

결론적으로 위의 개선방안을 실행하기 위하여 공정거래법 제2장 제4조(독과점적 시장구조의 개선 등) 조항을 공정거래법상의 부당한 공동행위에 확대하는 방식703)을 [표 8]과 같이 제안한다. 공정위는 이 규정을 근거로

---

701) 많은 대기업에서 이미 ESG경영 운영실적에 대한 이사회 보고실적이 파악된다. 실무상으로는 이러한 보고 프로세스에 부당한 공동행위 피해 가능성과 후속 대응방안을 안건으로 포함하는 방식이 현실적 방안이 될 것이다.
702) 우리나라 법제상 경쟁주창활동은 공정거래법 제4조의 독과점적 시장구조 개선제도, 행정규제법상 규제영향분석 일환의 경쟁영향평가제도가 있다. 홍대식, "공정거래위원회의 경쟁주창", 상사법연구 제31권 4호, 한국상사법학회, 2013, 295-302면.
703) 부당한 공동행위 억지를 위한 경쟁주창활동으로 이 방안을 제시한 견해는 다음을 참조; 졸고(2021), 앞의 글(주 21), 181면.

경쟁촉진 시책 수립 업무에 필요한 자료 제출을 사업자에게 공식적으로 요청할 수 있고 피 통지기업이 이에 따라 공정위에 이사회 보고 실적 및 부당한 공동행위 피해에 대한 후속 대응방안 자료를 제출하는 것이 타당해질 것이다. 현재 공정거래법 제4조의 적용대상이 제2장 시장지배적지위의 남용금지에 한정되어 있으므로 부당한 공동행위 금지 분야까지 확대하려면 법체계상 현행 법 제4조의 편제를 제1장 총칙으로 변경해야 할 것이다.

[표 8] 피 통지기업의 이사회 보고결과 등 자료제출 의무화를 위한 공정거래법 개정(안)

현행	공정거래법 조항 편제 변경(안)

제2장 시장지배적지위의 남용 금지
제4조(독과점적 시장구조의 개선 등)
① 공정거래위원회는 독과점적 시장구조가 장기간 유지되고 있는 상품이나 용역의 공급시장 …(중략)…경쟁을 촉진하기 위한 시책을 수립, 시행하여야 한다…(중략)…
③ 공정거래위원회는 제1항에 따른 시책을 추진하기 위하여 다음 각 호의 업무를 수행할 수 있다.
  1. 시장구조의 조사 및 공표
  2. 특정 산업의 경쟁상황 분석, 규제현황 분석 및 경쟁촉진방안 마련
④ 공정거래위원회는 사업자 및 사업자 단체에 제3항 각 호의 업무를 수행하기 위하여 필요한 자료제출을 요청할 수 있다.
	제1장 총칙
	제4조
	(독과점적 시장구조의 개선 등)
	
	좌동

이와 같은 공정거래법 개정(안)이 마련되더라도 이 규정은 시정조치 등 행정조치와 결합한 독자적 규제수단으로서 한계가 있고 공정위에게 자료제출 요청 권한이 있지만 조사에 강제성을 부여하는 근거는 부족하다.[704] 이 부분은 시장의 문제점 교정과 법 위반 억지력을 담보하는 해외 입법례

---

704) 싱승제·신영수, "공정거래위원회 시장분석의 실효성 확보방안 연구", 공정거래위원회 연구용역보고서, 2012, 88-92면.

로 영국의 시장조사제도와 차이가 있으므로705) 관련 내용을 법제화할 때 실행력을 강화할 수 있는 방안도 함께 고민해야 할 필요가 있다.

일본의 공정취인위원회는 공공발주 입찰담합 사건에 대한 조사 후 발주처 임직원이 담합에 관여한 것이 명백한 사안에서 발주처에게 사실관계에 대한 자발적 조사와 후속 개선조치 사항을 공표하도록 한다. 이는 계약제도 설계자인 발주처가 거래처 동향, 경쟁제한성 있는 실무적 관행 등을 누구보다 잘 알고 있는 시장의 중요한 당사자이므로 발주처에 대해 거래생태계의 건전성 확보를 위한 책무를 부여한다는 의미가 있다.706) 일본의 입법례는 우리가 극복하고자 하는 문제와 상황은 다르지만 경쟁당국과 거래당사자가 시장 경쟁 질서를 촉진시키고 근본적인 문제를 해결하기 위하여 양자가 긴밀히 협력한다는 측면에서는 유사한 접근방식을 띤다.

3. 공정위 의결서상 피해자의 잠정적 손해 규모와 배상 필요성 명문화

현행 공정위 의결서에는 공정위의 법 위반 판단의 전제가 되는 시장 및 사업자에 대한 현황, 위법성 판단내용, 공정위의 처분내용을 담고 있다. 아울러 의결주문사항에는 공정위가 판단한 행정제재와 관련된 시정조치 또는 과징금 납부 필요사항이 포함되어 있다. 즉 공정위는 공적 집행으로서 취한 행정제재 내용에 대해서만 심의·의결하여 의결서에 반영한다. 부당한 공동행위로 법 위반 피해가 발생한 사업자의 손해와 관련된 사항은 사적 집행 영역으로 인식하여 의결서에서 별도로 언급하지 않고 있다.

---

705) 류시원, "영국의 시장조사제도에 관한 연구: 공정거래법과 전기통신사업법에 대한 시사점을 포함하여", 경쟁법연구 제42권, 한국경쟁법학회, 2020, 282면.
706) 入札談合等関与行為の排除及び防止並びに職員による入札等の公正を害すべき行為の処罰に関する法律 (平成14年, 2002, 法律第101号) 第3条 (各省各庁の長等に対する改善措置の要求 等).

한편 공정거래법 위반 사건이 발생하여 조사가 이루어진 후 전원회의나 소회의에서 심의·의결이 이루어지면 공정위는 사건처리 결과에 대한 보도자료를 공개한다. 하지만 해당 사건에 대한 의결서는 사건에 대한 보도자료가 배포된 시점보다 늦게 공정위 홈페이지를 통해 공개하는 경우가 흔하다.

만약 앞서 검토한 것처럼 공정위가 거래상대방의 법 위반으로 피해를 볼 가능성이 있는 사업자에 대해 피해 가능 사실을 사전 통보하는 제도와 피통지기업이 이사회 보고 및 후속 조치계획 자료를 공정위에 제출하는 제도가 신설된다면 공정위 의결서에 피해자의 잠정적 손해 규모와 배상 필요성을 다루는 것이 가능하다. 왜냐하면 실무상으로 봤을 때 피 통지기업이 공정위에 이사회 보고의무 이행 및 후속 조치계획 자료를 제출하는 시점은 공정위의 사건에 대한 심의·의결 이전에 이루어질 가능성이 높기 때문이다. 또 공정위가 의결서를 공개하기 전에 피 통지기업이 제출한 자료에서 예상되는 피해 규모에 대한 정보 등을 공정위가 인지할 수 있기 때문이다.

공정위 심의·의결에서 부당한 공동행위라고 확정이 되는 경우 위법성 여부가 번복되는 경우는 많지 않다. 따라서 피 통지기업이 검토한 예상 피해규모와 배상이 필요한 손해의 잠정 범위 등의 정보를 토대로 공정위가 의결서에 피심인에게 피해 사업자에 대한 잠정적 손해 규모와 손해배상 필요성을 간접적으로 언급하는 방식은 피심인에게 상당한 심리적 부담을 줄 수 있다. 물론 구체적 손해액은 손해배상소송에서 법원의 판단에 맡기더라도, 공정위가 공적 집행 판단의 산출물인 의결서에 피해자에 대한 잠정적 손해 규모와 손해배상 필요성을 명문화하는 것은 부당한 공동행위 억지력 확보를 위하여 손해배상제도를 활성화시킬 수 있는 유인책이 될 수 있다. 이 방식은 공적 집행과 사적 집행 간 유기성이 있다는 점을 강조하는 동시에 실효성 있는 경쟁주창활동으로도 평가할 수 있다.

Ⅱ. 상법상 주주대표소송 활용방안

1. 부당한 공동행위 억지를 위한 주주대표소송 활용 필요성

미국에서는 Caremark 사건을 계기로 Caremark Duty라는 면책기준, 즉 이사의 소극적 감시의무 판단에 필요한 법리가 형성되었다. 이 법리에 따라 법원은 실효성 있는 기업의 내부통제체계가 부재한 경우 이사의 감시의무 활동이 결여된 것으로 판단하고 이사의 과실을 인정한다.[707]

우리 대법원은 대우 분식회계사건을 계기로 합리적 정보 및 보고시스템 구축 의무를 모든 이사회 구성원의 의무로 인정하였다.[708] 그런데 2021년 11월을 기점으로 종전 판례 동향을 뛰어넘는 이사의 감시의무 및 내부통제시스템 관련 대법원 판례 3건이 누적되면서 주목을 받고 있다. 이 중 2건은 기업이 부당한 공동행위에 관여한 것에 대해 주주대표소송을 제기한 사안이다. 이러한 소송을 제기하는 것은 ESG경영이 화두가 되면서[709] 기업의

---

[707] 이사가 회사의 효율적 감시를 위하여 정보 및 보고시스템과 체계를 갖추고 이를 유지 및 관리하도록 했다면 종업원의 위법행위로 인해 회사에 손해가 발생했을 때 이사는 면책될 수 있다는 입장이다. In re Caremark International Inc., Derivative Litigation, 698 A. 2d 959(Del. Ch. 1996).; 김정호, "미국 회사법상 이사의 감시의무: 대판 2008. 9. 11. 2006다 68636의 평석을 겸하여", 경영법률 제20권 1호, 경영법률학회, 2009, 18-19면.; 이사의 감시의무에 대한 미국 판례의 발전 동향에 대해서는 다음 문헌을 참조.; 박창규·박승배, "이사의 감시의무와 내부통제시스템에 대한 고찰", 법조 통권 제756호, 법조협회, 2022, 156-170면.
[708] 이사의 감시의무에서 발전시켜 실제 운영에서도 주의 의무가 필요하다는 선언적 입장을 표방한 것이므로 미국의 감시의무 대비보다 강력한 효과로 평가하는 견해도 있다.; 천경훈, "부패방지와 회사법, 경제법연구 제18권 제2호, 한국경제법학회, 2019, 109면.
[709] 기업에 대한 ESG 정보공시의무 강화, 탄소감축 규제, 자산운용사의 ESG 책임투자 요구 등 이해관계자들의 요구가 다변화된 배경에서 비롯된 것 같다.; 박경미, "ESG 리스크와 이사의 감시의무", 법학연구 제24권 제2호, 인하대학교 법학연구소, 2021, 62면.

컴플라이언스710) 정책 강화와 실효적 내부통제시스템의 구축이 중요함을 시사한다.

　우리나라 상법은 주주와 이사 사이에 직접적 법률관계가 없더라도 주주가 이사에 대한 대표소송을 제기할 수 있도록 명시적으로 규정하고 이를 주주대표소송이라고 부른다(법 제403조). 특별히 주주 '대표소송'이라는 용어를 사용하는 것은 주주가 실질적으로 회사의 대표기관 지위에 있다는 것을 염두에 둔 것이다.711)

　일본에서는 부당한 거래제한 사건에 대한 주주대표소송이 화해로 종결되어 상당한 배상금을 부담하게 함으로써 이사의 위법행위를 억지하는 측면에서 주주대표소송의 기능을 평가한다.712)713) 이처럼 부당한 공동행위가 발생한 기업에 소속된 경영층에 대해서 사적 집행의 일환으로 주주대표소송 방식을 활용하는 사례가 확인되는데 주주대표소송이 어떤 관점에서 사적 집행으로 이해되는지 살펴볼 필요가 있다. 따라서 이하에서는 일본 및

---

710) 통상 기업을 경영할 때 발생 가능한 법적 위험을 사전 예방하고자 자발적으로 구축한 법규 준수시스템을 뜻하는 해석이 보편적이다.; 박창규, "상법상 주식회사의 감사와 감사위원 선임예방에 대한 비판적 고찰: 3% 의결권 제한과 감사위원 분리선출제를 중심으로", 아주법학 제15권 제2호, 아주대학교 법학연구소, 2021, 339면.; 컴플라이언스를 법규 준수에서 나아가 회계 건전성 확보, 기업의 전반적 ESG 경영 리스크를 포괄하여 회사법상 이사의 감시의무를 부과함은 시기 상조라는 견해는 다음을 참조.; 졸고(2021), 앞의 글(주 709), 71면.

711) 권재열, "주주대표소송제도의 개선방안", 증권법연구 제16권 2호, 한국증권법학회, 2015, 137-138면.

712) 이상훈, "담합사건에 대한 주주대표소송가능성 검토", 경제개혁이슈 연구보고서, 경제개혁연대, 2013, 136면.

713) 일본은 2000년 다이와은행(大和銀行) 사건을 계기로 판례상 이사의 리스크 관리체계 구축 및 감시의무가 확인되고 있으며 이를 계기로 회사법상 내부통제제도 구축의무가 명문화되는 계기가 되었다.; 大阪地裁平成12年9月20日判決 判例時報 1721号, 2000; 八田進二/町田祥弘, 『内部統制基準を考える』, 同文舘出版, 2007, 16-17頁.; 정대, "일본의 주식회사의 내부통제시스템에 관한 법적고찰", 동북아법연구제3권 제1호, 전북대학교 동북아법연구소, 2009, 18면.

최근 우리나라의 주주대표소송 관련 판례 동향을 살펴보겠다.

2. 일본의 주주대표소송 사례

(1) 오오바야시 지하철 공사 부당한 거래제한 사건

2005년 시영지하철 사쿠라도 오리선 연장 9개 공구 공사에서 오오바야시구미, 시미즈 건설 등의 부당한 합의 사실을 공정거래취인위원회가 적발하였다. 2008년 오오바야시구미의 주주들이 다른 법 위반 사건을 포함하여 이 사안에 대한 주주대표소송을 제기하고 이사 15인을 상대로 12억 8,000만 엔을 오오바야시구미에 반환할 것을 요청하였다. 이 사건은 2009년 소송 중에 화해로 종결되었다. 화해의 조건으로 오오바야시구미는 부당한 거래제한 사건에 대한 철저한 원인 규명과 함께 재발 방지책을 검토하였다. 또한 향후 법 위반을 예방하기 위한 컴플라이언스 위원회를 설치하였으며, 2억 엔의 해결금을 동 위원회와 내부통제시스템의 실효적 운영에 활용하기로 결정하였다.[714]

(2) 고베 제강소 교량공사 부당한 거래제한 사건

고베 제강소 등은 국토교통성 및 일본 도로공단이 발주한 강교공사 입찰에서 부당하게 합의하였다. 2006년 공정취인위원회는 이 사건에 대해 사적 독점금지법 위반으로 2억 146만 엔의 과징금 납부명령을 내렸다. 고베 제강소의 소수 주주는 고베 제강소 회장, 사장, 법무이사 등 6인에 대해 법 위반행위 묵인 및 실질적 내부통제시스템 구축을 간과하였다는 사유로 회사가 입은 손해를 배상하도록 주주대표소송을 제기하였다.

이 사건도 2010년에 소송상에 화해가 성립되어 종결되었다. 고베 제강소

---

[714] 손영화, "일본법상 내부통제의 개시에 관한 고찰", 법학연구 제18권 3호, 경상대학교 법학연구소, 2010, 14-17면.

는 화해의 조건으로 부당한 거래제한 사건의 원인 조사 및 재발방지책 수립을 위한 법 위반 방지 컴플라이언스위원회를 설립하고 1년 이내에 재발방지책을 검토하여 공개하였다. 동 위원회 위원 중 3인은 외부 위원으로 위촉하고 1인은 원고 측 추천 변호사로 선임하였다. 또한 고베 제강소 경영층은 회사에 대해 연대책임으로 해결금 8,800만 엔을 지급하였다.[715] 지금까지는 통상적으로 외부 조사위원회에 포함된 변호사가 회사 측에 우호적인 경우가 많아서 독립성 문제가 제기되었는데 이 사안에서는 원고 측 주주가 추천하는 위원을 포함시켰다는 점에서 투명성이 향상되었다는 평가가 있다. 이러한 방식은 이후 부당한 거래제한 사건을 화해로 종결지을 때에도 활용할 수 있는 모범적 모델로 평가받고 있다.[716][717]

3. 우리나라의 주주대표소송 사례

(1) 유니온스틸 등의 철강재 가격합의 부당한 공동행위 사건

유니온스틸 등 5개 철강사의 철강재 가격 합의로 공정위가 과징금을 부과하였다.[718] 이 사건을 계기로 유니온스틸의 주주는 합의 기간 중 재임한 이사들에게 선관 주의의무[719]와 충실의무를 위반하였다는 것을 이유로 주

---

715) 손영화(2010), 앞의 글(주 714), 17-18면.
716) 손영화(2010), 위의 글(주 714), 19면.
717) 이후 회계 부정 사안을 다룬 일본시스템기술사건에서 최고재판소는 (i) 통상 예견되는 부정행위 방지 리스크 관리체계 구축 여부와 (ii) 문제가 된 부정행위 예견에 특별한 사정 인정 여부라는 2단계 판단 시스템을 채택하였다.; 田澤元章, "内部統制システムの構築・運用と取締役等の監視義務・信頼の原則", 『石山卓磨監修検証判例会社法』, 財経詳報社, 2017, 375頁.
718) 2013.1.29. 공정거래위원회 의결 제2013-021호.; 2013.4.29. 공정거래위원회 의결 제2013-083호. (해당 공정위 의결에 대해 유니온스틸 등은 시정명령 등 취소청구의 소를 제기했으나 패소하였다. 대법원 2016.11.10. 선고 2015두35536 판결.)
719) "주식회사의 이사는 사회 통념상 주식회사의 업무집행기관의 구성원 일부로 객관적으로 요구되는 주의능력을 갖추고 그 주의로 회사업무를 집행해야 한다"는 의미인

주대표소송을 제기하였다.720) 이 사건에서 대법원은 주식회사 이사 및 대표이사는 스스로 법령 준수를 해야 하는 것은 물론 다른 이사들의 법령 준수에 대한 감시·감독 의무를 부담한다고 판시하였다. 특히 대표이사는 다른 대표이사 또는 업무 담당이사의 업무집행 위법 가능성에 대한 감시의무가 있는데 고의 또는 과실로 감시의무를 위반하는 경우 상법 제399조 제1항의 배상책임을 진다고 판시하였다.721)

이 사안에서 법원은 종전의 대법원 판례와는 다른 판결을 내렸다. 고도로 분업화되고 전문화된 대규모 회사에서 내부 업무분장에 따른 전담 처리 방식이 불가피하더라도 그러한 사정만으로 다른 이사들의 업무집행에 대한 감시의무가 면제되지 않는다고 보았다. 따라서, 합리적 정보 및 보고시스템과 내부통제시스템이 형식적으로 갖추어져 있더라도 대표이사가 이를 의도적으로 외면하여 다른 이사의 위법한 업무집행을 방지하지 못한 경우에는 감시의무 위반에 해당한다고 판시하였다.722)

데 '좋은 기업지배구조'에서 이사가 부담해야 할 기준을 뜻한다.; 김정호, 『회사법(제6판)』, 법문사, 2020, 430면.; 선관주의의무는 적극적인 의무인 경영상 의사결정과 관련된 '업무집행(performance)'과 소극적인 의무인 감시와 관련된 '감독(oversight)'으로 구분되며 후자는 판례로 형성된 내부통제시스템 구축의무가 심사기준이 된다.; Eisenberg, Malvin A., The Divergence of Standards of Conduct and Standards of Review in Corporate Law, Fordham Law Review Vol.62 No.3, 1993, pp.445-449.
720) 유니온스틸의 주주는 감사위원들에게 담합행위 중 재임 이사들에 대해 이사의 선관주의의무 및 충실의무 위반에 대한 손해배상청구 제기를 요청했으나 유니온스틸 측이 소송을 제기하지 않겠다고 회신하여 주주대표소송을 제기하게 된 것이라고 한다. 유니온스틸의 소수주주인 원고가 2014년 12월 주주대표소송을 제기한 후 2015년 1월 유니온스틸은 동국제강에 흡수·합병되었다.; 박창규·박승배(2022), 앞의 글(주 707), 173면.; 구체적 사실관계는 다음 문헌을 참조. 황현영, "이사의 감시의무와 내부통제시스템에 관한 연구: 대법원 2021.11.11. 선고 2017다222368 판결", 법조 제70권 제6호, 법조협회, 2021, 470면.
721) 대법원 2021.11.11. 선고 2017다222368 판결.
722) 대표이사는 다른 업무집행이사과 대비하여 특별히 강화된 감시의무를 부과한 것이라는 견해에 대해서는 다음 문헌을 참조.; 황현영(2021), 앞의 글(주 720), 465-465

특히 이 판결에서 주목할 대목은 대법원이 내부통제시스템에 관한 기준을 구체적으로 제시하였다는 점이다. 대법원은 내부통제시스템에 대해 회계 부정 방지를 위한 내부통제에 국한하지 않는 점, 회사의 법령준수 제반에 대해 체계적으로 이행 상황을 관리해야 하는 점, 법 위반 시 신고 또는 보고하여 시정조치가 강구될 수 있는 방식으로 운영되어야 하는 점을 언급하면서 이러한 사항들이 내부통제시스템의 핵심적 요소라고 밝혔다. 이처럼 법원이 직접 내부통제시스템의 구축 및 운영의무에 대한 의의를 밝히고 필수적 요건을 구체화하였다는 점에서 중요한 시사점이 있다.[723)]

(2) 대우건설 등의 부당한 공동행위 사건

2008년 4대강 살리기 사업 턴키공사에서 대우건설 등 건설사가 공동수급체를 구성하고 지분을 합의하면서 공정위가 과징금을 부과하였고 건설산업기본법에 따라 대우건설 법인과 대표이사가 기소되었다. 2009년 한국수자원 공사가 발주한 영주 다목적댐 건설공사에서도 대우건설 및 삼성물산 실무자가 기본설계에 대해 합의하였고, 인천도시철도 2호선 건설공사에서도 대우건설 임원 및 현대건설 부장이 들러리 입찰을 합의하여 공정위가 과징금을 부과하였다.[724)]

대우건설의 주주는 위의 부당한 공동행위와 관련하여 대우건설의 대표

면.; 반면 대법원이 요구하는 내부통제시스템의 본질상 대표이사라고 하여 특별히 강화된 감시의무를 수행해야 하는 것은 아니며 업무집행 이사와 본질적으로 차이가 없다는 견해는 다음 문헌을 참조.; 박창규·박승배(2022), 앞의 글(주 707), 175면.
723) 종전의 회계 투명성 확보와 윤리규범 준수만으로 부족하다는 점을 판시했다는 점에서 미국의 Marchand 판결(Marchand v. Barnhill, 212 A. 3d 805 (Del. 2019).)과 유사한 판단을 하였다.; 박창규·박승배(2022), 위의 글(주 707), 175면.
724) 2012.8.31. 공정거래위원회 의결 제2012-199호(4대강 살리기 사업 1차 턴키공사 입찰담합 사건).; 2013.3.18. 공정거래위원회 의결 제2013-048호(영주 다목적댐 건설공사 입찰담합 사건).; 2014.1.8. 공정거래위원회 의결 제2014-006호(인천도시철도 2호선 건설공사 입찰담합 사건).

이사, 사내이사, 사외이사 등에 대한 주주대표소송을 제기하였다.[725] 이 사건에서 대법원은 이사가 고의 또는 과실로 정관에 위반하거나 임무를 해태한 경우 회사와 연대하여 손해배상책임이 있다고 하면서 유니온스틸 사건에서와 같은 취지로 판단하였다.[726]

무엇보다 이 사건에서 주목할 점은 사외이사의 의무에 대한 판시내용이다. 사외이사라고 하더라도 내부통제시스템이 미비한 경우 시스템 구축의 촉구를 위하여 노력하지 않거나 실효적 운영에 의심되는 사유가 있는에도 이를 외면하고 방치한다면 감시의무 위반에 해당될 수 있다고 판시 한 점이다. 즉 사외이사도 사내이사와 마찬가지로 법 위반 방지 촉구를 위하여 노력할 의무가 있으며 이를 외면하거나 방치하지 말아야 한다는 점을 강조한 것이다. 또한 평이사인 사외이사가 상무에 종사하지 않는다고 하여 다른 경영층과 감시·감독의무를 달리 볼 것은 아니라고 하여 이사의 책무에 대해 엄격히 다루었다는 데 의미가 있다.

4. 부당한 공동행위 가담 기업의 경영층에 대한 주주대표소송의 시사점

일본과 우리나라의 주주대표소송 판례를 통하여 이사의 감시의무의 핵심인 내부통제시스템 구축에 대한 필요성을 살펴보았다. 이와 관련하여 많은 기업들이 도입한 공정거래 CP, 독점금지 정책(Antitrust Policy) 등은 내부통제시스템의 일환으로 이해할 수 있다.[727] 위의 주주대표소송 사례들을 살펴볼 때 법원은 내부통제시스템에 대해 내용적으로는 회사가 준수하여야 할 법령 제반사항을, 형식적으로는 위반 사실의 신고 및 내부제보와 시

---

[725] 구체적 사실관계는 다음 문헌을 참조.; 남현숙·신용훈, "이사의 적극적 감시활동: Marchand vm Barnhill 212A.3d 805(Del.2019)을 중심으로", 성균관법학 제33권 제4호, 성균관대학교 법학연구원, 2021, 162면.
[726] 대법원 2022.5.12. 선고 2021다279347 판결.
[727] 박창규·박승배(2022), 앞의 글(주 707), 181면.

정조치 강구의 노력을, 실질적으로는 실효적이며 효과적인 시스템의 운영이 필요하다는 점을 강조한 것이다.728)

이사의 감시의무 위반에 대한 주주대표소송으로 인해서 손해배상책임을 부과하는 것은 민사법상 또는 공정거래법상 손해배상책임과는 성격과 취지가 다르다. 하지만 부당한 공동행위를 억지하기 위한 사적 집행에 해당한다는 점에서 맥락은 유사하다. 주주대표소송의 방식 또한 금전 제재로서 소송 내지 화해로 귀결된다는 점에서 법 위반사업자에게 법 위반을 했을 때 상당한 비용을 부담하게 하므로 법 위반 억지력 확보에 기여하는 방식이라고 이해할 수 있다.

미국 DOJ는 기업에 대한 컴플라이언스 평가기준(Evaluation of Corporate Compliance Program)으로 (i) 이사회 및 최고경영진의 준법의지 대·내외 표현, 감독·모니터링 (ii) 내부통제시스템 독립성 기반으로 충분한 물적·인적 자원 배분, 최고경영층에 대한 직접 보고체계 (iii) CP 위반자에 대한 제재 및 CP 촉진자에 대한 인센티브 프로그램 등을 필수적 요건으로 요구한다.729)

주주대표소송은 미국 DOJ가 제시한 기업에 대한 컴플라이언스 평가기준에서 파악할 수 있듯이 실효적이며 효과적인 내부통제시스템 구현이 매우 중요하다는 점에서 궤를 같이 한다. 내부통제시스템이 미비할 경우 이사도 손해배상책임에서 자유로울 수 없다는 점에서 주주대표소송은 최적의 법 집행을 위한 금전 제재 확보의 수단으로 유용한 사적 집행이라고 할

---

728) 박창규·박승배(2022), 위의 글(주 707), 182면.
729) 관련 평가요소는 CP 체계에 대한 설계, 자율준수 문화의 구축, CP에 대한 책임, 독점금지법 위반 여부에 대한 리스크 평가, 임직원에 대한 자율준수 교육, 주기적 감시와 모니터링, 자율준수에 대한 인센티브 및 제재, 위법행위 적발 시 CP의 개선 노력이다.; U.S. DOJ Antitrust Division, Evaluation of Corporate Compliance Programs in Criminal Antitrust Investigations (July 2019), <https://www.justice.gov/atr/page/file/1182001/download>, (2024.4.15. 최종방문).

수 있다. 즉 주주대표소송은 법 위반을 방조 내지 묵인한 이사의 감시의무 위반에 대한 강력한 손해배상책임 수단으로 작동한다는 점에서 공정거래법상 부당한 공동행위 피해에 대한 손해배상제도와 함께 중요한 사적 집행 수단으로 활용될 수 있음을 시사한다.

III. 사실심 법원의 손해액 입증 판단 시 규범적 통제방안

1. 합리적 손해배상책임제한을 위한 입증책임 배분

손해배상 범위의 판단이란 부당한 공동행위로 인해 물품 가격이 인상된 경우 위반행위에 대한 책임을 귀속(충족)시킬 수 있는 부분이 어디까지인지와 관련된 영역 설정의 문제이다. 대체로 부당한 합의로 가격을 인상하게 된 계기, 과정, 가격 인상 요소 분석과 연관된 자료는 가해자인 피고에게 집중되어 있음에도 피해자인 원고가 입증책임을 부담해야 하는 어려움이 있다.[730]

그런데 손해배상 범위 및 손해액을 산정할 때 책임 귀속(충족) 단계에서 산정된 손해배상 범위를 법원이 형평성 또는 과실상계 법리 등을 유추 적용하여 책임제한 법리를 확장하는 경우가 있다. 대표적으로는 손해의 인식이나 증명이 곤란한 경우가 이에 해당한다.[731] 밀가루 담합사건에서 부당한 공동행위 사건의 특성상 손해와 부당한 합의로 인한 책임 귀속적 인과관계 입증이 어려웠으나 법원은 손해액을 산정할 때 재량권을 행사하였다. 이러한 법원의 태도는 형평의 원칙상 책임제한사유에 대한 사실 인정이나 비율 결정을 사실심 법원의 전권으로 본다는 점에서 비롯한다.[732]

---

730) 이선희(2013), 앞의 책, 189-190면.
731) 대법원 2007.10.25. 선고 2006다16758, 16765 판결 등.

밀가루 담합 사건에 이어 법원이 책임제한 법리를 적용한 최근의 사례들을 살펴보겠다. 2023년 선고된 입찰담합을 청구원인으로 한 손해배상소송의 사실심 판결 18건 중에서 책임제한비율을 20%에서 40%까지 인정한 사안은 총 14건이다. 법원이 인정한 책임제한 유형은 다양하지만 14건에서 모두 손해액 산정에 불완전성이 있다는 내재적 한계를 인정하였다. 앞서 군납유 입찰담합 사건에서도 보았지만 어떤 경제학적 방법과 변수를 활용하느냐에 따라 손해액 산정에 큰 편차가 발생한다. 다시 말해 실무상 손해배상소송에서 경제분석 방법이 갖는 내재적인 한계가 있는데 이를 피해자에게 전적으로 감수하도록 한다면 이는 손해배상 원칙에 정면으로 배치되는 것이다. 나아가 손해배상제도라는 사적 집행을 통하여 금전 제재를 강화하고 억지를 달성한다는 취지에도 맞지 않다. 따라서 이러한 내재적 한계가 있다면 손해액이 과다하게 산정될 가능성이 있을 경우에만 책임제한을 해야 한다는 주장이 제기된다.[733] 다만 이 견해도 향후 확고한 판례의 입장이 확립되고 유사 판례들이 누적되어야 설득력을 얻을 수 있을 것이다.

위에서 언급한 2023년 중 입찰담합을 청구원인으로 한 손해배상소송 사건에서 다룬 책임제한사유를 또 다른 관점에서 살펴보겠다. 책임제한의 범위를 20%에서 40%까지 허용한 위의 사안 18건 중 10건은 공공기관의 우월적 지위에 비추어 법 위반 사업자가 이익을 취한 부분이 제한적이고, 입찰제도 때문에 공동행위가 유발되었다는 점을 법원이 인정하여 책임을 제한한 것이다.[734]

최근 민간기업이 발주한 입찰 담합 사건에서도 공정위가 위 법원과 유사한 입장을 취하여 과징금 감경요소로 고려하였다. 그러나 이러한 사유로

---

[732] 대법원 2012.11.29. 선고 2010다93790 판결.
[733] 허승, "입찰담합 관련 손해배상 사건의 실무상 쟁점과 제도적 개선방안:공정거래법의 사적 집행 관점에서", 사법 통권 제67호, 사법발전재단(2024), 62-64면.
[734] 서울고등법원 2023.2.16. 선고 2018나2059749 판결 등. 대상판결과 책임제한사유 유형 분류는 다음 문헌을 참조하였다.; 허승(2024), 위의 글(주 733), 58-65면.

과징금이나 손해배상액을 산정할 때 책임감경사유로 인정하는 것은 비판의 대상이 될 수 있다.[735] 우월적 지위를 가진 발주처가 지위를 남용하여 계약 조건을 일방적으로 제시하고 입찰 참여자가 부득이 수용하였더라도 이는 입찰 제도개선이 필요하다는 별개의 논점이므로 과징금 또는 손해배상액 산정에 책임을 제한하는 직접적 이유로 보기는 어렵다. 손해의 공평 타당한 분배 차원에서 보더라도 거래상 우월적인 지위 남용이 분명하여 규제가 필요한 예외적 경우에 손해배상 책임제한을 하여야 한다는 시각[736]도 큰 흐름에서는 유사한 맥락으로 풀이된다.

위의 사례에서 보듯이 사실심 법원의 전권으로 책임제한사유의 사실 인정과 비율 결정을 허용하는 것은 손해 범위에서 고려되지 않다가 손해배상액 산정에서만 법원의 재량으로 임의적 감경을 허용하는 것이므로 문제가 있다. 이러한 법원의 태도는 법적 불안정성을 야기한다.[737][738] 이 문제에 대한 지적은 책임 귀속(충족)적 인과관계가 사실심 법원의 재량이 아닌 법적근거에 의한 증명도 경감 대상이 되어야 한다는 시각에서 기인한다.[739] 이처럼 증명도 경감이 사실심 법원의 폭넓은 재량 권능을 인정한 것은 아

---

[735] 공정위는 한국수력원자력이 발주한 용역 입찰담합 사건에서 "발주처 편의를 고려한 유찰 방지 요청으로 들러리 담합이 이루어진 측면이 있는 점"을, 삼성중공업이 발주한 수입 강재 하역 운송용역 입찰담합 사건에서는 "발주처의 지명경쟁 입찰방식이 이미 경쟁제한효과를 내재하고 있는 점"을 들며 과징금을 산정할 때 법 위반 중대성이 낮은 경우로 보고 부과기준율 2%를 적용하였다. 2019.3.26. 공정거래위원회 의결, 제2019-71호.; 2021.1.5. 공정거래위원회 의결, 제2021-1호.
[736] 허승(2024), 앞의 글(주 733), 64-65면.
[737] 대법원 1999.5.25. 선고 98다56416 판결; 대법원 2012.10.11. 선고 2010다86709 판결 등.
[738] 최우진, "이른바 형평성에 근거한 손해배상책임제한실무의 사례유형별 분석과 비판", 고려법학 제94호, 고려대학교 법학연구소, 2019, 156-157면.
[739] 최우진(2019), 앞의 글(주 738), 197면; 증명도 경감의 근거를 민사소송법 제202조의2로 설시했으나 부당한 공동행위에 의한 손해배상소송에서는 공정거래법이 적용될 것으로 보인다. 민사소송법 제202조의 2에 의한 손해액 인정에 필요한 증명도 경감에 대해 설시한 판례는 대법원 2019.5.10. 선고 2017다239311 판결 참조.

니지만 그렇다고 법원에게 단순히 형식적, 절차적 통제 권한만 부여한 것도 아니라는 것은 분명하다. 법원은 최소한 소송당사자가 제출한 감정 결과에 대해 옥석을 가릴 수 있을 정도의 전문 역량을 확보하여야 하기 때문이다.[740]

증명도 경감과 관련된 근본적인 문제를 해결하기 위해서 손해 범위에 대한 원고의 입증 곤란을 지원하는 방식이 필요하다는 주장이 제기된다. 즉 이 주장은 원고가 가격 인상분 중 위반행위로 인한 것이라는 것을 대략적 부분이라도 입증하면 피고가 그 특정 부분이 위반행위와 무관함을 반증하도록 하여야 한다는 시각이다. 요약하면, 책임 귀속(충족)적 인과관계의 입증 곤란을 해소하고 증명 책임을 합리적으로 분배해야 한다는 견해라고 설명할 수 있다.[741] 이 시각은 현행법 체계에서 입증 책임을 분배하면서도 민사상 입증책임 기본원칙을 준수하려는 시도이다. 또한 부당한 공동행위로 인한 손해액 산정을 입증할 수 있는 자료가 피고와 공정위에 집중되어 있는 상황을 고려하여 현실을 극복하기 위한 대안으로서 타당한 입장이다.

이상의 내용을 종합하여 본고에서는 다음과 같이 결론을 내리고자 한다. 부당한 공동행위로 인한 손해배상소송에서 원칙적으로 원고에게 손해 및 손해액 입증책임을 전적으로 부담하도록 한다. 여기서 원고의 손해액 입증이 곤란하다는 근본적 문제는 손해배상소송상 입증책임이 갖는 내재적 한계임에도 법원은 사실심 법원의 재량으로 손해배상의 책임제한을 인정한다. 이러한 법원의 태도는 법률적 근거 없이 사실심 법원의 재량권 행사가 오용될 수 있는 문제가 있다. 그러므로 법원의 손해배상 책임제한이 주로 입증이 곤란할 때 발생하는 상황을 참작하여 입증분배 책임을 분배하는 것이 타당하다는 주장을 다음과 같은 입법 개선으로 반영할 필요성이 있다.

---

740) 최우진, "구체적 액수로 증명 곤란한 재산적 손해의 조사 및 확정", 사법논집 제51집, 법원도서관, 2010, 456-463면.; Hovenkamp, Herbert(2005), op. cit., p.82.
741) 이선희(2013), 앞의 책, 189-190면.

이 방식은 민사법상 입증책임 원리를 유지하면서도 입증의 어려움을 보완하는 합리성이 있다. 구체적 입법 개선방안은 다음 [표 9]와 같다.

[표 9] 공정거래법상 손해배상책임 규정의 입증책임 개선(안)

현행	개정(안)
법 제109조(손해배상책임) ① 사업자 또는 사업자 단체는 이 법을 위반함으로써 피해를 입은 자가 있는 경우에는 해당 피해자에 대해 손해배상의 책임을 진다. 다만, 사업자 또는 사업자단체가 고의 또는 과실이 없음을 입증한 경우에는 그러하지 아니하다. (이하 중략)	법 제109조(손해배상책임) ① 사업자 또는 사업자 단체는 이 법을 위반함으로써 피해를 입은 자가 있는 경우에는 해당 피해자에 대해 손해배상의 책임을 진다. 다만, 다음을 입증한 경우에는 그러하지 아니하다. 1. 사업자 또는 사업자단체가 고의 또는 과실이 없음을 입증한 경우 2. 피해를 입은자가 법 위반행위로 인한 손해를 상당 부분 입증 시 법 위반 사업자 또는 사업자 단체가 위반행위와 손해가 무관함을 입증한 경우

2. 법원의 손해액 판단 시 특별손해 및 무형의 손해 인정

부당한 공동행위에 의한 손해배상소송에서는 차액설에 따라 위법한 가해행위로 발생한 재산상 불이익을 경제적으로 분석하고 손해배상을 청구한다. 그러나 아직까지 정신적 손해 등 위자료 청구에 대해 법원이 이를 인정하는 사례는 드물다. 이하에서의 논의는 위자료와 특별손해를 활용하여 종전의 차액설을 대체하자는 취지는 아니다. 사실심 법원으로 하여금 차액설에 의한 순수한 재산상 손해에 한정하지 않고 그간 크게 염두에 두지 않던 특별손해와 위자료 인정 가능분야를 발굴하여 손해배상액을 인정하는 합리적 재량권 행사가 필요하다는 주장이다.

우선 특별손해 부분을 살펴본다. 공정거래법상 부당한 공동행위로 인한 손해배상청구 시 합의 전과 후의 가격 비교를 통하여 차액에 의해 통상의 재산상 손해를 인정하는 경우가 일반적이다. 하지만 관점을 바꾸어 부당한 공동행위로 인한 법 위반행위를 적발했을 때 법 위반 피해당사자가 참고인으로서 공정위 조사에 대응하는 경우 이에 수반되는 재산상 손해는 예견이 가능하므로 특별손해로 인정될 수 있다. 왜냐하면 부당한 공동행위 조사는 공정위 직권조사로 이루어지는데 법 위반 피해를 볼 가능성이 있는 사업자 등은 장기간 조사 대상기간 동안의 자료를 제출하거나 현장조사에 협조하기도 하고 진술조사를 위하여 임직원이 공정위에 출석하는 등 다양한 방법으로 인적, 물적 자원을 투입한다. 따라서 이 부분은 수치적으로 계량화하여 재산상 손해로 충분히 인정할 수 있다. 최근 약 10년에서 20년의 기간 동안 부당한 합의에 가담한 사업자의 법 위반으로 피해가 장기화된 사건들이 확인된다.[742] 이 경우 법 위반으로 피해를 볼 가능성이 있는 기업을 대상으로 한 참고인 조사도 몇 년에 걸쳐 장기적으로 이루어지는 경향이 있다. 따라서 해당 기간의 특별손해를 별도로 입증하여 손해배상 범위가 확대된다면 종전과 같이 순수한 의미의 재산적 손해만 배상받는 것과 비교할 때 소송으로 인한 금전 제재 수위가 높아질 수 있다. 이는 부당한 공동행위로 법을 위반한 사업자들에게 부담으로 작용하여 법 위반 억지에 영향을 줄 수 있다.

다음으로 위자료 부분을 검토한다. 법원은 이동 통신사 간 전화요금 담합 사건에서 행복추구권으로 인한 계약 자유의 원칙, 알 권리와 관련된 위자료를 부정하였다.[743] 이 판례는 재산적 손해액 확정이 가능한 데도 위자료 명목으로 편의상 사실상의 손해를 전보하는 방식이 부당하며 재산상 손해액의 증명 회피책으로 남용되는 것은 위자료의 보완적 기능에 반한다는

---

742) 예를 들면 철강재 운송용역 사건의 경우 약 18년, 망간합금철 공급 사건의 경우 약 11년 간 부당한 합의가 지속되었다.; 2020.4.7. 공정거래위원회 의결 제2020-070호.; 2023.12.7. 공정거래위원회 의결 제2023-217호.
743) 서울고등법원 2009.12 24. 선고 2008다22773, 22780(병합) 판결.

시각을 반영한 것이다.744) 이와 달리 부당한 공동행위 사건은 아니지만 공정거래법상 손해배상소송에서 법원이 재산적 손해액 입증을 곤란해 하는 상황을 구제하기 위하여 위자료 배상을 인정한 사례는 있다.745)

한편 공정위 조사 과정이나 전원회의에서 부당한 공동행위에 가담한 사업자가 발주사업자의 적극적 교사나 묵인에 의하여 부당한 합의가 이루어졌다고 주장하는 등 명예를 훼손한 경우를 살펴보겠다.746) 법인에 대한 명예나 신용이 훼손된 경우 법인에 대한 정신적 손해를 산정하기는 곤란하지만 비재산적 손해 배상책임 측면에서 무형의 손해가 인정될 수 있다. 다만 무형의 손해를 인정한 판례에서는 편의에 따른 명목상 재산상 손해의 명확한 산정절차를 간과하고 무형의 손해를 인정하는 점을 비판한다.747) 이처럼 재산적 손해로 평가할 수 있는 부분을 편의상 위자료로 취급하는 것은 바람직하지 않지만 부당한 공동행위로 인해 피해를 볼 가능성이 있는 사업자(법인)에 대한 명예훼손은 재산상 손해로 인정할 수 없으므로 무형의 손해라는 방식으로 인정하는 법원의 태도는 타당하다.

이상 위의 내용을 종합할 때 사적 집행으로서 손해배상 인정액이 확대되려면 명확한 금전적인 재산 손해 외에도 다음의 손해액이 전향적으로 검토될 필요성이 있다고 결론지을 수 있다. 즉 장기간 공정위 조사에 대응할 때 소요되는 인적, 물적 자원 투입에 따른 특별손해를 인정하여야 한다. 한편 피해를 볼 가능성이 있는 사업자가 거래상 지위가 있다는 것을 악용하여 법 위반 피해를 볼 가능성이 있는 법인의 명예를 훼손하는 피조사자나 피

---

744) 대법원 1984.11.13. 선고 84다카722 판결, 대법원 1996.4.12. 선고 93다40614 판결 등.
745) 라미화장품 사건(서울지법 1998.6.25. 선고 97가합56100), 백화점 변칙세일 사건(대법원 1993. 8.13. 선고 92다52666).
746) 현대중공업 발주 조선부품 등 중량물 운송용역 입찰 관련 6개 사업자의 부당한 공동행위에 대한 건(2019년 33회 전원회의 심의속기록 5면, 11면, 20면), 8개 지방자치단체 및 한국농수산물식품유통공사 발주 수입현미운송용역 입찰 관련 7개 사업자의 부당한 공동행위에 대한 건(2019년 22회 전원회의 심의속기록 9면) 등.
747) 대법원 2008.10.9. 선고. 2006다 53146 판결.; 최우진(2010), 앞의 글(주 740), 491면.

심인에게 비재산적 손해로서 무형의 손해를 사실심 법원의 재량권 행사로서 손해배상액 인정이 필요하다는 결론을 도출할 수 있다.

Ⅳ. 불법행위에 대한 손해배상예정액 제도 활용 방안

1. 검토 배경 및 논의 실익

지금까지 손해배상제도가 갖는 내재적 한계점을 분석하고 이를 극복하기 위한 사후적 손해배상제도 활성화 방안을 논의하였다. 부당한 공동행위로 인한 피해 구제 및 억지 효과를 위하여 현행 손해배상제도를 요긴하게 활용하면서 입증 문제를 간명하게 해결할 새로운 접근방식은 없을까?

본고에서는 계약법상 손해배상액예정 약정의 논의에 해결의 실마리가 있다고 검토하였다. 주지하듯이 영미법계에서 불법행위법 영역은 징벌적 손해배상제도를 활용한 사적 제재가 용인되지만 계약법 영역은 위약벌이라고 일컫는 사적 제재 인정에 인색하다. 대륙법계는 채무불이행 등 계약법 영역에서 손해배상액의 예정과 위약벌을 인정하지만 불법행위법에서는 이를 부정하는, 양 법제 간 이른바 상호 역전현상을 띠는 흥미로운 부분이 있다.[748]

2017년 프랑스 법무부 및 2020년 프랑스 상원에서는 민법상 손해배상에 관한 합의 규정 개정안을 발표하면서 손해배상 합의 조문들이 계약상 책임 및 불법행위법상 책임까지 적용되도록 검토하였다. 프랑스 법제는 부당한 공동행위로 인한 손해 및 손해액 입증에 상당한 어려움이 따르므로 사적 집행이 원활하게 작동하지 못하는 현실에 중요한 참고자료가 될 수 있다.

---

748) 엄동섭, "미국 계약법상 손해배상액의 예정과 위약벌", 민사법학 제78호, 민사법학회, 2017, 208면.

다음에서는 우리 민법상 손해배상 합의에 대한 보편적 논의사항을 우선 살펴보고 부당한 공동행위로 인해 발생한 손해에 대해 손해배상액예정 법리가 적용될 수 있을지 타당성을 검토한다.

2. 민법상 손해배상 합의에 대한 보편적 이해

(1) 민법상 채무불이행에 대한 손해배상의 약정

우리나라 민법을 포함한 대륙법계 및 영미법계 법제 대부분에서 계약 당사자 간 채무불이행에 대비하고자 사전에 일정한 금액의 지급을 약정하는 위약금 제도가 운영된다. 우리나라의 통설과 판례는 당사자의 의사 해석을 존중하여 일반적 위약금 규정을 민법 제398조 제4항의 손해배상액의 예정으로 인정한다. 최근 대법원 전원합의체 판결에서도 다수 의견은 위약벌 약정에 대해 이를 긍정하면서 민법 제398조 제2항을 유추 적용하여 감액할 수 없다는 기존 판례 입장이 타당하며 해당 법리가 거래 현실로 정착되었다고 하였다.[749)750)] 손해배상액의 예정 액수가 과다할 경우 법원은 감액할 수 있다. 하지만 위약벌로 인정되는 경우 의무 위반에 대한 제재성격을 중요하게 보므로 감액이 불가능하며 위약벌과 별도의 손해배상청구도 인정한다.[751)] 이처럼 우리의 법제는 대륙법계 국가인 독일, 프랑스 등과 달

---

749) 대법원 2022.7.21. 선고 208다248855, 2018다248862 전원합의체 판결.; 다만 법무부의 2013년 민법 개정안에서는 '배상액의 예정'이라는 표제를 '위약금'으로 개정하여 위약벌을 포함하여 위약금을 감액할 수 있다는 취지를 반영했으나 해당 민법 개정안은 수용되지 않았다.; 법무부 제4기 민법개정위원회 민법 개정안 제398조, 2012. 11.12.
750) 법원이 예외적으로 구체적 사실관계에 따라 당사자들이 약정한 위약금 조항이 손해배상액예정 및 위약벌 성질을 함께 가진 것으로 본 사례도 있다.; 2013.4.11. 선고 2011다112032 판결, 대법원 2020.11.12. 선고 2017다275270 판결 등.
751) 민법상 위약금에 대한 용어정의를 하지 않지만 통상 채무불이행 시 채무자가 채권자에게 지급할 것을 약속한 금전으로 이해되는 것이 일반적이다.; 곽윤직,『채권총론

리752) 위약벌에 대해 강력한 효과를 부여한다.753) 위약벌이 과도한 경우 민법 제103조의 불공정한 조항으로 판단되거나 「약관규제에 관한법률(이하, '약관규제법')」상 무효로 볼 수 있어 논리 구조에 차이가 있지만 위약벌 감액과 같은 결론에 이를 수 있다.754)

채무불이행에 대한 손해배상액의 예정과 위약벌을 명확히 구분하는 대법원의 태도에 대해 법원이 손해배상액의 예정에 대한 감액을 인정하면서 심지어 제재 기능이 있는 위약벌 감액을 인정하지 않는 점은 모순이라고 지적하는 입장이 있다.755) 나아가 현행 판례 입장을 변경하여 위약벌에도 민법 제398조 제2항을 유추 적용하는 통합적 접근이 필요하다는 주장도 있다.756) 이러한 견해의 배경에는 손해배상액의 예정과 위약벌을 엄격하게 구별하는 것이 지나친 법 논리적 해결방식이라고 여기는 사고가 전제되어 있기 때문이다. 이러한 비판적 시각은 양자를 분리해서 보는 이분법적 준별이 어려운 점, 손해배상액예정도 위약벌과 같이 이행 확보 및 제재 기능 측면에서 교집합이 있는 점, 법원이 양자를 구별하는 '당사자 의사해석' 기

(제6판)』, 박영사, 2002, 130면.; 손해배상액의 예정에는 배상 기능뿐 아니라 채무자에 대한 심리적 경고를 통해 채무이행을 강제하는 이행 확보 및 압박적 기능이 있어 위약벌과 크게 다르지 않다는 점을 언급한 판례들도 존재한다.; 대법원 2022.7.21. 선고 208다248855, 2018다248862 전원합의체 판결 다수의견.
752) 독일 등의 입법례가 손해배상액의 예정과 위약벌을 통합적으로 규율하는 점은 다음을 참조.; 엄동섭(2017), 앞의 글(주 748), 227면 이하.
753) 엄동섭(2017), 위의 글(주 748), 208면.
754) 장보은, "그들은 왜 위약금을 약정했을까?: 손해배상액의 예정과 위약벌, 그 이분법을 넘어", 법학평론 제13권, 서울대학교 법학평론 편집위원회, 2023, 139면.
755) 김재형 "손해배상액의 예정에서 위약금 약정으로: 특히 위약벌의 감액을 인정할 수 있는지 여부를 중심으로", 비교사법 제21권 제2호, 한국비교사법학회, 2014, 625면 이하.
756) 장보은(2023), 앞의 글(주 755), 143면.; 김재형(2014), 앞의 글(주 756), 646면, 665면.; 엄동섭(2017), 앞의 글(주 748), 234면.; 김나래, "위약벌에 관한 민법 제398조 제2항의 유추적용 가능성", 법학논총 제43호 2호, 전남대학교 법학연구소, 2023, 253면 이하. 등.

준을 뚜렷하게 제시하지 못하는 점을 근거로 한다.

　일본을 제외한 대륙법계 국가인 독일과 프랑스에서도 위약금 규정이 채무불이행에 대한 강제 수단으로 제재를 염두에 둔 것인지 또는 발생 가능한 손해를 미리 정하기 위한 것인지 통상적으로 구별하지 않는다.[757] 보통법에서도 손해배상액의 예정과 위약벌을 획일적으로 구별하기는 어렵다는 견해가 중론이다. 다만 Banta v. Stamford Motor Co. 판결에서 (i) 당사자 간 손해액을 미리 정해두려는 의도(intend)가 있을 것 (ii) 계약 위반으로 예측되는 손해 입증이 곤란할 것 (iii) 약정액이 합리적이라 예측되는 손해 대비 균형을 유지할 것을 손해배상액예정과 위약벌에 대한 구분 기준으로 제시하였다.[758] 미국의 판례 및 최근 입법에서는 주관적 요소가 강한 (i)을 제외한 (ii)와 (iii)에 관심을 두는 경향이 있다.[759] 특히 (ii)의 요건은 손해배상액예정 규정이 손해를 입증하기 어렵거나 회복이 어려운 무형의 손해를 예견하는 경우 유익한 대안이 될 수 있고 손해액 상한을 설정하게 되면 당사자들에게 예견가능성을 부여할 수 있다는 장점이 있다.[760]

　부당한 공동행위로 인한 손해액의 입증은 난이도가 높으므로 위에서 제시한 미국의 판례와 같은 접근은 당사자에게 예측가능성을 부여하므로 유용하다. 법원에 의하여 일방적으로 결정되는 손해액이 아니라 당사자의 약속 이행을 담보하여 손해계산방법을 약정하는 방식은 벌칙 성격이 있는 위약벌과는 성격이 다소 다르다.[761] 위약벌은 채무불이행이 발생했을 때 채권자가 손해배상과 별도로 약정한 몰수 위약금이다. 따라서 채무불이행에

---

757) 장보은(2023), 위의 글(주 755), 143면.
758) Banta v. Stamford Motor Co., 92 A. 665(Conn. 1914).
759) Fischer, James, *Understanding Remedies(4th ed.),* Carolina Academy Press, 2014, pp.833-834.
760) Dobbs, Dan B. & Roberts, Caprice L., *Law of Remedies: Damages -Equity- Restitution (3rd ed.),* West Academic Publishing, 2018, p.852.
761) Fischer, James(2014), op. cit., p.832.

대한 제재 성격에 있어서 징벌적 손해배상제도와 위약벌을 비교하면 사적 제재라는 점에서 유사하다고 볼 수 있다는 시각이 있다.762) 이와 달리 징벌적 손해배상은 불법행위에, 위약벌은 채무불이행에 활용되는 차이를 인정해야 한다는 반론도 있다.763)

우리나라는 공정거래법상 3배의 손해배상제도에서 손해 전보를 뛰어 넘는 배액 배상을 인정하지만 영미법계의 응보 및 제재적 성격에서 작동되는 징벌적 손해배상제도와 본질적으로 같다고 보는 것은 무리가 있다는 것을 살펴보았다. 이처럼 민법상 채무불이행으로 인한 손해배상액예정 약정과 위약벌 간 양자의 구별 실익, 감액 허용 가능성, 제재 기능의 보유 등에 대해서는 견해 대립이 있어서 본고에서 자세히 논하기는 어렵다. 따라서 부당한 공동행위로 인해 발생한 손해 중에서 기업이 보는 피해에 대한 손해배상을 지원하기 위한 방안으로 위약벌을 제외한 손해배상액의 예정 부분에 한정하여 시사점을 얻고자 한다.

(2) 불법행위에 대한 손해배상액 약정 가능성

1) 불법행위로 인한 손해배상에 대한 사후 합의

우리나라 민법에서 배상액의 합의에 대해 다루는 조문은 민법 제398조이다. 후술하겠지만 민법 조문에서 배상액의 합의는 불법행위로 인한 손해는 제외하고 채무불이행으로 인한 손해에 한하여 적용범위를 제한한다. 따라서 실무상 손해배상의 합의란 민법 제398조에 규정된 사전 약정방식과는 달리 손해 발생 이후 당사자 간 합의를 거치는 경우로 이해되는 것이 일반

---

762) 조일윤, "위약벌에 관한 일고찰", 동아법학 제52호, 동아대학교 법학연구소, 2011, 636면.; 대법원 2020.11.12. 2017다 275270 판결.; 강현중, "민사소송법 판례분석 (10): 징벌적 손해배상의 법적 성격", 법률신문 기사, 2016.9.12, <http://m.lawtimes.co.kr/Contents/Info?serial=103161>, 2024.4.13. 최종방문.

763) 김정환(2012), 앞의 책, 20면.

적이다.

우리 법원은 원칙적으로 당사자 간 합의에 의한 손해배상을 인정한다.[764] 다만 가해자와 피해자 간 합의로 손해배상을 받은 이후에 추가 손해가 발생한 경우 확대(후속) 손해를 어떻게 다룰 것인지는 별도의 쟁점이 된다. 이에 대해서는 다음과 같이 대립적인 견해가 있다. (i) 손해배상 합의의 범위는 예상 가능한 손해에 한정되며 예상하지 못한 손해는 권리 포기로 보아야 한다는 견해(제한적 해석론), (ii) 손해배상 합의가 불공정행위에 해당될 경우 합의를 무효로 본다는 견해(불공정행위설), (iii) 손해배상 합의가 신의칙에 위반하는 경우 합의를 무효로 본다는 견해(신의칙설)가 그것이다. 판례는 피해자의 손해에 대한 예측가능성을 존중하여 당시 예측이 어려웠던 손해에 대한 권리를 포기한 것으로 해석하기는 어렵다는 입장을 지지한다.[765]

2) 불법행위에 대한 민법 제398조 유추해석을 통한 사전 합의

우리 민법은 불법행위에 의한 손해배상 책임과 관련하여 채무불이행으로 인한 손해배상 규정들을 준용하지만 민법 제398조는 준용하지 않는다(민법 제763조). 이 규정의 취지는 불법행위가 서로 일면식 없는 사인 간에 우연한 사고로 발생하는 경우가 많아서 예측 가능한 당사자 간에 발생하는 불법행위책임 내용을 사전에 규율할 필요성이 낮고 설사 사례가 있더라도 이례적인 점을 고려했기 때문이다.[766]

---

764) 대법원 1999.3.23. 선고 98다64301 판결.; 대법원 1977.9.28. 선고 77다1071 판결.; 불법행위에 대한 손해배상 합의를 부정한 대법원 판결에 대한 설명은 다음의 문헌을 참고.; 김학동, "손해배상의 합의와 확대손해", 서울법학 제21권 제1호, 서울시립대학교 법학연구소, 2013, 5면 이하.
765) 대법원 1997.4.11. 선고 97다423 판결; 대법원 2002.10.22. 선고 2000다65666 판결 등.
766) 곽윤직(1995), 앞의 책, 641면(양창수 집필 부분).; 프랑스 민법에서도 계약자유의 원칙을 강조하여 손해배상액 약정에 대한 법원 개입을 인정하지 않았는데 이를 계수한

그러나 현대의 불법행위에 대한 책임발생 상황을 살펴보면 불법행위로 인한 손해배상액예정은 드물긴 하지만 민법 제398조가 불법행위의 책임에도 준용되어야 한다는 시대적 요청이 있음을 부인할 수 없다. 광업법에서도 명백히 불법행위책임에 해당하는 손해배상에 대해 손해배상액의 예정이 있는 경우 법원의 재량 증감을 인정한다(광업법 제78조).

본고에서 중점적으로 다루고 있는 부당한 공동행위로 발생한 손해 중에서 기업이 피해를 보는 경우를 생각해보면 민법 제398조의 유추적용 필요성은 더욱 분명해진다. 학계에서도 "민법 제763조가 민법 제398조를 불법행위에 준용하지 않는 점을 반대로 해석하면 당사자 간 예외적으로 불법행위로 인한 손해배상액예정을 한 경우 민법 제398조가 준용되지 않거나 유추 적용되지 않는다"고 해석할 수 있는데, 이런 측면은 가혹하다는 관점에서 진보적 해석이 필요하다는 주장이 제기된다.767) 즉 일률적 기준 설정이 아닌 맞춤형 기준과 유연한 해석이라는 점에서 유용한 접근이다.

기업 간 거래에서 채무불이행 사안이 발생했을 때 손해배상액의 예정이나 위약벌을 사전에 약정하는 경우는 흔하다. 부당한 공동행위가 끊이지 않는 거래의 관행을 고려할 때, 거래당사자가 특정되고 부당한 공동행위라는 불법행위에 의한 손해배상액 입증이 용이하지 않아 손해를 배상받기 어려운 현실을 생각한다면 기업 당사자 간 불법행위에 대해서도 손해배상액을 사전에 예정하도록 민법 제398조를 확대해석할 필요가 있을 것으로 보인다. 민법 제398조상 배상액 예정 규정을 손해배상책임까지 확대한다는 의미는 손해 발생 이후 단순히 당사자 간의 합의로 화해안을 마련하고 소송절차를 거치지 않는다는 의미가 아니다. 실질적으로 손해가 발생하기 전

우리 민법도 그러한 영향을 받았다고 할 수 있다는 해석은 다음 문헌을 참고.; 권영준, "위약벌과 손해배상액 예정", 저스티스 통권 제155호, 한국법학원, 2016, 227면 이하.
767) 곽윤직(1995), 앞의 책, 641면(양창수 집필 부분).

에 법 위반으로 예측되는 손해를 미리 약정한다는 점에서 피해 예방에 선제적으로 대비하려는 시도로 해석할 수 있다. 이 방식은 부당한 공동행위로 인해 발생한 손해 중 기업이 입는 피해 예방을 위한 손해배상 강화 차원의 초석이 될 것이다. 거래상대방에게는 법을 위반했을 때 부담하여야 할 비용 부담이 증가된다는 점을 사전에 고지하여 법 위반 억지를 기대할 수 있는 부수적 효과도 있다.

 3) 민법 제398조 확대해석 시도의 근거 : 프랑스 민법 개정안의 시사점
 그렇다면 우리 민법 제398조를 불법행위로 인한 손해배상액의 예정까지 확대 해석할 수 있는 근거는 무엇인가? 본고에서는 최근 프랑스 민법 개정안을 착안점으로 검토한다. 현행 프랑스 민법은 제1231조 내지 제1235조에서 손해배상 합의에 대한 위약금 약정을 채무불이행으로 한정한다는 점에서 우리 민법과 유사한 구조를 띤다.768) 프랑스 민법 조문에서 명확히 밝히고 있지 않지만 해당 약정은 사전에 손해배상액을 결정하는 계약으로 설명된다. 위약금 약정은 손해배상액을 합의하는 미래지향적 '예정'의 의미를 갖는 것이다.769)
 2017년 프랑스 법무부 및 2020년 프랑스 상원에서는 민법상 손해배상에 관한 합의 규정 개정안을 발표하면서 손해배상 합의 조문들이 계약상 책임 및 불법행위법상 책임까지 적용되도록 검토하였다. 다만 2019년에 법 개정이 완료될 것을 전망하였음에도 프랑스 민법 개정은 지체되고 있다.770) 이

---

768) 이에 따라 채무 강제이행 시의 손해 발생 여부와 무관하게 위약금 약정에 의한 손해배상을 한다. 이 경우 계약상대방은 실제 발생한 손해와 비교하여 위약금 약정이 과다하다면 법원이 직권으로 조정할 수 있다는 점에서 민법 제398조 제2항과 유사한 구조를 띠고 있다.; G. Chantepie 2e ed, Dalloz, 2018, n° 688, pp. 639-640.
769) P. Malinuaud/M. Mekki/J.-B. Seube, Droit des obligations, 16e ed, LexisNexis, 2021, n° 844, p. 766; M. Fabre-Magnan, Droit des obligations 1- Contrat et engagement unilateral, 6e ed, PUF, 2021, n° 1090, p. 852.

에 대해 국내에서는 프랑스 민법 개정안의 손해배상 합의 규정이 계약상 책임에서 계약 이외 책임에 확대 적용하려는 것이 합리적이라고 해석하는 시각이 있다.771) 이 견해에서는 프랑스 민법 개정안에서 위약금 약정조항을 계약법이 아니라 책임에 관한 조항 내지 책임의 효과 부분에 배치한 점772), 관련 용어를 사용하면서 'Dommages et intérêts'을 'Réparation(손해의 배상)'으로 변경한 점, 프랑스 학계에서도 이 규정을 계약을 이행하지 않는 자 즉, 채무불이행자에 한정하지 않고 '의무를 이행하지 않을 것'으로 수정하도록 제안한 점773)을 확대해석의 필요성이 있다는 근거로 삼는다.

우리나라 법제에서도 불법행위로 인한 손해배상을 합의할 때 법원이 규범적으로 통제기능을 행사할 것이므로 프랑스 민법의 입법례를 우리나라 민법에서도 고려할 필요가 있다는 주장774)은 설득력이 있다. 소비자가 거래당사자에 포함되지 않는 기업 간 거래에서는 당사자가 특정되고 부당한 공동행위에 가담했을 때 불법행위로 인한 손해배상액예정을 염두에 두는 방식이 상식적으로 수용되는데 어려움이 없다. 따라서 프랑스 민법 개정안 내용을 우리나라 민법에 적용하여 불법행위에 대한 손해배상액예정을 인정하자는 위의 견해는 타당성이 있다.

---

770) 박준혁(2024), 앞의 글(주 749), 318면.
771) 박준혁(2024), 위의 글(주 749), 323면.
772) 상원안(제1284조) ① 법률에 다른 규정이 없는 한 책임을 배제 또는 제한의 목적이 있는 조항은 유효하다. ② 다만 누구도 신체적 손해를 원인으로 한 책임을 제한하거나 배제할 수 없다. / 법무부안(제1281조) ① 손해배상을 배제 또는 제한하는 목적을 가진 계약은 원칙적으로 계약이나 계약 외의 범위에서 모두 유효하다. ② 다만 신체적으로 손해를 입었을 때는 그 책임이 계약에 의해 제한되거나 배제될 수 없다.
773) O. Gout, "Les convention sur la réparation", JCP G suppl., n° 30-35, 25 juillet 2016, n° 29, pp. 51-52.
774) 박준혁(2024), 앞의 글(주 749), 328면.

3. 부당한 공동행위로 인한 손해배상액예정의 구체적 적용방안

(1) 공공분야 손해배상예정액 제도의 활용
1) 공공분야 손해배상예정액 제도의 도입배경 및 법적성격

공공 입찰분야에서는 부당한 공동행위 예방을 위하여 법 위반이 발생했을 때 즉각 손해배상청구가 가능하도록 청렴계약서에 손해배상액 납부내용을 삽입하는 '손해배상예정액 제도[775])'를 시행한다. 이 제도는 입찰담합에 대해 손해배상청구를 할 때 손해액 산정이 어렵고 소송이 장기화는 문제점이 있어 손해배상청구를 쉽게 하면서 입찰참여자에게 심리적 압박을 주기 위한 목적에서 운영된다.[776] 공공분야 손해배상예정액에는 통상적으로 입찰보증금과 계약보증금 2가지를 포함한다.[777]

정부 입찰계약 집행기준(제98조의2 제2항)에서는 손해배상예정액의 한도만 정하고 있으므로 공공기관별로 손해배상예정액 조항 내용에는 차이가 있었다. 그런데 2016년 정부의 입찰계약 집행기준 제98조의2 제3항을 개정하면서 이후 공공분야 입찰에서는 입찰 담합행위에 참여한 계약당사자는 입찰금액의 10%를, 입찰 담합행위에 참여한 입찰자는 입찰금액의 5%

---

775) 공정위가 공공기관에 이 제도 도입을 요청하였고 한국전력공사가 2011년부터 손해배상예정액 제도를 시범 실시한 후 다른 기관에도 확대 시행되었다. 이후 2016년 '정부 입찰계약 집행기준' 개정으로 손해배상예정액 제도의 근거가 마련되었다.; 공정거래백서, 공정거래위원회(2011), 165면.
776) 허승(2024), 앞의 글(주 733), 75면.; 대법원은 "민법 제398조가 손해배상액의 예정에 관하여 규정한 목적은 손해의 발생사실과 손해액에 대한 입증의 곤란을 덜고 분쟁의 발생을 미리 방지하여 법률관계를 쉽게 해결할 뿐 아니라 채무자에게 심리적 경고를 함으로써 채무의 이행을 확보하려는 것이다"라고 판시한다. 대법원 1993.4.23. 선고 92다41719 판결.
777) 입찰보증금은 경쟁입찰에서의 낙찰자에 대한 계약체결 담보 수단이며, 계약보증금은 계약상대방의 계약의무 이행 담보수단이다. 하명호·이승훈·김주희, "집행정지 중인 부정당업체에 대한 효과적인 대응방안 연구: 공공 조달법령 및 조달청 계약제도 개선을 중심으로", 조달청 연구용역보고서, 2022, 151-153면.

를 부담하도록 손해배상예정액으로 정하는 경우가 많아졌다.778) 「국가를 당사자로 하는 계약에 관한 법률」(이하, '국가계약법') 적용기관은 거래상 대방으로부터 입찰서 제출을 받고 계약을 체결할 때 본 계약에 청렴계약서를 첨부한다(법 제2조의2, 시행령 제4조의2). 이후 공정위가 입찰담합 참여 업체에 대해 부당한 공동행위로 위법성을 인정하는 경우 국가계약법 적용기관인 발주처는 입찰자 또는 계약상대방에게 청렴계약서에 기초하여 소송을 통하여 손해배상청구를 한다. 실무상 공공분야 입찰담합에 대한 손해배상예정액 제도는 공정거래법 제109조에 의해 불법행위로 인한 손해배상청구와 함께 앞서 언급한 청렴계약으로 사전에 약정한 손해배상예정액을 손해로 산정하는 방식이 활용된다.

불법행위 책임에 대한 손해배상액예정의 효력에 대해 대법원 판례는 확립되지 않은 것으로 보인다. 그러나 최근 부당한 공동행위에 기한 손해배상청구 사건의 하급심 판결에서 "불법행위라 하더라도 일정한 정형적 불법행위가 예상되는 사회적 접촉자 또는 계약관계 당사자 사이에서는 손해의 발생과 범위를 예측할 수 있으므로 이에 관한 약정을 하는 것이 사회 상규에 반한다고 할 수 없고, 이 사건 청렴계약은 부당한 공동행위라는 특정한 불법행위에 대한 손해배상액을 정한 것으로 계약상 유효하다"라고 판시하며 약정된 손해배상액(계약금의 10%)을 인용하였다.779)

하지만 위 판례 입장과 달리 통상적인 법원의 실무는 불법행위에 대한 손해배상예정을 부정하는 경향이 있다.780) 이러한 경향성을 비판하며 이른바 '거래행위적 불법행위'에는 손해배상예정액이 적용될 수 있다는 취지로 판례의 입장을 해석하는 주장781)이 있다. 이 주장은 위의 하급심 판례와

---

778) 허승(2024), 앞의 글(주 733), 77면.
779) 대구지방법원 2023.1.27. 선고 2022가단120371 판결.
780) 대법원 2018.12.27. 선고 2016다274270 판결 등.
781) 중소기업뉴스, "손해배상예정액 제도 적용되는 입찰에서 담합하면 무거운 배상책임 부담", 2024. 1.1., <http://www.kbiznews.co.kr/news/articleView.html?idxno=97089>,

같은 맥락으로 보이며 부당한 공동행위로 인한 손해배상소송의 특성을 생각할 때 타당하다고 생각한다.

2) 공공분야 손해배상예정액 제도의 민간기업 확대방안

공공분야에서는 감사에 대한 부담 때문에 부당한 공동행위가 발생한 사안에서 국가 손실이 발생한 점에 대해서는 적극적인 손해배상청구소송이 이루어진다. 그러나 민간기업에서는 기업별 내부 사정에 따라 정책적으로 의사결정을 하므로 부당한 공동행위로 인해 피해가 발생했을 때 손해배상소송이 활용되지 않는 경향이 있다. 부당한 공동행위로 인한 피해는 민간기업에도 사손을 발생시키므로 폐해가 크다. 따라서 민간기업에도 공공분야에서 활용하고 있는 손해배상예정액 제도를 확대하는 방안을 제안한다. 손해배상예정액 제도는 국가계약법에 기초하여 공공입찰에 제한적으로 활용되고 있지만 공공 계약의 법적성격은 사법상의 계약이므로 본질적 내용은 사인 간 계약과 동일하게 취급된다. 손해배상액예정조항은 양 당사자 간 의사의 합치가 있다면 특정한 법령상 근거가 없더라도 자유롭게 계약에 편입할 수 있는 성질로 이해된다.[782] 따라서 부당한 공동행위로 인한 손해 발생에 대비하여 민간기업에서도 손해배상예정액 제도를 활용하는 것은 현실적으로 가능할 것으로 보인다.

판례는 손해배상예정액이 특별히 과도하지 않으면 약관규제법상 무효[783]가 되기 어렵다는 입장이다. 대법원은 액화석유가스(LPG) 사용자가 가스 공급기간을 준수하지 않은 경우 가스 공급자가 부담한 시설비의 2배

2024.4.25. 최종방문.
782) 정태학·오정한·장현철·유병수, 『국가계약법』, 박영사, 2020, 14면.; 대법원 판례도 일관되게 국가계약법에 의해 국민을 상대로하여 체결하는 계약의 법적성격을 사법상 계약이라고 한다. 대법원 2017.12.21. 선고 2012다74076 전원합의체 판결.
783) (약관법 제8조) 고객에게 부당하게 과중하게 과중한 지연 손해금 등의 손해배상 의무를 부담시키는 약관 조항은 무효로 한다.

를 손해배상예정액으로 정한 사안에서 손해배상예정액이 과도하여 약관법상 무효라고 판시하였다.[784] 민간기업이 손해배상예정액 제도를 활용할 경우 위 판례를 참고하여 과도한 손해배상예정액이 되지 않도록 합리적인 제도를 설계할 필요가 있다.

민간기업에서 이 제도를 활용할 때 절차적으로는 공공 입찰의 청렴계약서에 준하는 약정을 본 계약과 별도로 체결하여 손해배상예정액을 미리 정하는 방식을 취하여야 한다. 입찰 이후 낙찰자와 체결하는 공급 약정 등의 본 계약에 손해배상액예정조항을 삽입하는 방식은 손해배상액예정의 법적 효력에 문제가 될 수 있다. 왜냐하면 부당한 공동행위로 입찰이 무효가 되면 본 계약도 민법 제103조에 의하여 사법적 효력이 무효가 될 수 있기 때문이다. 또한 공정거래법상 손해배상은 민법상 전보배상과 달리 3배의 배상제도를 도입하고 있다는 점에서 사전에 약정한 손해배상액예정으로 받을 수 있는 손해배상 규모가 현재와 같이 개별 손해액 입증 후에 손해배상청구를 하는 경우와 비교할 때 배상 범위가 지나치게 축소되지 않도록 적절한 한도에서 타당성 검토가 필요하다.

(2) 공공분야 입찰참가자격 담보제공제도의 활용

1) 입찰참가자격 담보제공제도의 검토배경

공공분야 입찰담합으로 집행정지 결정을 받은 부정당업체가 입찰참가자격 제한처분을 다투는 본안소송에서 패소하여 국가가 계약을 해제 또는 해지한 경우 계약을 해제 또는 해지함에 따른 손해를 담보하기 위해서 입찰

---

[784] 대법원 2006.11.9. 선고 2006다27000 판결.; 그밖에 대법원은 부동산 임대업자가 제공한 약관성격의 임대차계약서에서 임대차계약 종료일부터 인도 또는 복구된 날까지 통상적으로 차임 및 관리비, 임대차보증금에 대한 월 1%의 이자 합산액의 2배를 배상액으로 정한 경우를 무효인 약관으로 보았다. 대법원 2008.7.10. 선고 2008다16950 판결.

참가자격 담보제도를 활용하여야 한다는 견해가 있다. 이 견해는 입찰참가자격 담보제도도 손해배상액예정 제도와 마찬가지로 국가계약 당사자 간의 사법상 계약으로 성립하는 손해배상액예정의 성격으로 볼 수 있고 두 제도를 일원화하여 통합 운영이 가능하다는 점을 고려한 것이다.785)

공공분야에서 두 제도의 통합 운영은 다음과 같은 방식을 고려할 수 있다. 공공분야 손해배상액예정제도에서 전체 계약금의 10% 상당에 해당하는 계약보증금을 납부하도록 정하는 경우가 많은데 입찰참가자격 담보제공제도를 일원화하면 별도 기준을 설정하지 않고 입찰참가자격제한처분으로 집행정지 결정을 받은 부정당사업자에게 계약보증금을 추가로 부과하도록 할 수 있다. 이 경우 단순히 계약보증금만 산정하는 경우와 비교할 때, 예를 들어 '전체 계약금액의 20%' 수준으로 정하더라도 특별히 과중하지 않다면 약관법 위반으로 보기 어렵다.786)

입찰참가자격 담보제공제도를 도입하는 경우 법률관계를 명확히 하려면 법령상 근거규정을 두는 방식이 타당하다. 구체적 입법 개선방안은 계약보증금 담보액 산정을 정한 국가계약법 시행령 제50조 규정에 대한 특칙으로 담보 제공 비율을 정하는 방법을 고려할 수 있다. 또한 공공분야 입찰담합으로 집행정지 결정을 받은 사업자에 대해서는 담보제공 면제대상에서 제외된다고 명시함으로써 분쟁 방지 차원에서 명확한 기준을 제시할 수 있다. 위의 입법 개선방안을 반영하면 다음과 같은 규정을 둘 수 있다.787)

"국가계약법 시행령 제50조 ④ 법 제27조 제1항에 따라 입찰참가자격 제한처분을 받은 부정당업자(「지방자치단체를 당사자로 하는 계약에 관한 법률」제31조 및 「공공기관의 운영에 관한 법률」제39조 제2항에 의하

---

785) 하명호·이승훈·김주희(2022), 앞의 글(주 778), 153-159면.
786) 하명호·이승훈·김주희(2022), 위의 글(주 778), 154면.
787) 하명호·이승훈·김주희(2022), 위의 글(주 778), 157-158면.

여 입찰참가자격제한처분을 받은 경우를 포함한다)가 법원의 집행정지결정을 받아 입찰에 참가하여 낙찰자로 결정된 경우에는 제1항 내지 제3항의 규정에 의한 계약보증금 외에 계약금액의 100분의 10이상을 추가로 납부하여야 한다. (중략) ⑥"법 제12조 제1항 단서에 따라 계약보증금의 전부 또는 일부를 면제할 수 있는 경우는 다음 각 호와 같다. <u>다만 제4항에 따라 낙찰자로 결정된 자에 대해서는 계약보증금을 면제할 수 없다.</u> (각 호 생략)"

2) 입찰참가자격 담보제공제도의 민간기업 확대방안
   : 입찰보증금의 신설과 입찰 가담 시 입찰보증금의 몰취

손해배상액의 예정은 손해배상액을 미리 합의하여 손해배상책임 문제를 간소화하는 장점이 있다. 아울러 계약 이행을 간접적으로 강제하여 채무불이행을 예방하는 기능도 있다.[788] 민간기업의 경우 공공기관과 달리 입찰담합에 참여한 부정당업체가 입찰참가자격 제한처분을 다투는 경우는 일반적이지 않다. 왜냐하면 민간기업에서는 계약상 약관에 따라 부당한 공동행위로 인해 법 위반을 했다고 확정되었을 때 차기 입찰참가자격에서 법 위반 경중에 따라 입찰참여 횟수나 기간을 제한하는 경우가 많기 때문이다. 따라서 공공기관 입찰에서 검토되는 입찰참가자격 담보제공제도를 민간기업에 적용한다면 법령상 근거 규정을 두기는 어렵고 계약 약관에 미리 정하는 방식이 될 것이다. 다만 표준약관을 이용하지 않고 낙찰자로 결정된 부정당업체와 개별 교섭으로 입찰참가자격 담보에 관한 내용을 삽입한 경우 약관법 규제 대상이 아니라는 대법원 판례가 확인된다.[789] 입찰보증금을 담보금 명목으로 다소 증액하더라도 이 대법원 판례의 취지상 담보 내용이 무효화되는 부담을 덜 수 있을 것이다.

---

788) 김용덕 편집대표(2022), 앞의 책, 73면.
789) 대법원 2008.7.10. 선고 2008다 16950 판결.

나아가 국가계약법상 공공분야 입찰담합에 가담하여 부정당업체로 확정된 경우를 국가계약법령상 입찰보증금을 몰취하는 사유로 규정하는 방안도 검토할 수 있다. 현재 국가계약법에서는 입찰보증금 납부 면제사유를 두며 낙찰자가 계약을 체결하지 않은 경우 입찰보증금을 국고에 귀속하도록 규정한다(법 제9조). 입찰담합 참여자가 부정당업체로 확정되는 경우 입찰참가자격에 제한을 두는데(법 제27조) 이 제재와 함께 납부하였던 입찰보증금을 몰취하도록 법제화한다면 부당한 공동행위 억지력 확보와 법 위반행위자에 대한 금전 제재 규모의 확대가 가능할 것으로 보인다. 이를 위하여 다음과 같은 국가계약법 규정의 개정을 제안한다.

공공분야와 같이 많은 민간기업에서도 거래상대방을 선정할 때 입찰 제도를 활용한다.[790] 민간기업에서 계약보증금 제도를 운영하는 경우는 많지만 공공기관과 같이 입찰보증금 제도를 도입한 사례는 흔하지 않은 것으로 보인다.[791] 만약 공공분야에 입찰참가자격 담보제공제도가 도입되고 이를 민간기업에도 확대 적용한다면 입찰보증금 증액과 입찰담합 시 입찰보증금을 몰취할 수 있다는 가능성은 입찰참여 사업자에게 입찰담합 유인을 낮추고 법 위반 억지 확보에 도움이 될 수 있다. 만약 [표 10]과 같이 국가계약법상 입찰보증금 조항의 입법적 개선이 이루어지지 않더라도 민간기업은 개별 약관에서 입찰참가자격 담보제공제도를 도입할 수 있다. 이 과정

---

790) 이러한 영향으로 공정위의 부당한 공동행위 제재 유형의 70% 이상을 입찰담합이 차지한다. 2014년부터 2018년까지 공정거래위원회의 부당한 공동행위 사건처리 454건 중 입찰담합 유형은 76%이다.; 공정거래위원회, "입찰에 있어서의 부당한 공동행위 심사지침 개정안 행정예고", 보도자료(2019.7.18.), <http://www.ftc.go.kr/www/selectReportUserView.do?key=10&rptype=1&report_data_no=8231>, 2024.5.26. 최종방문.

791) 예를 들어 ㈜포스코퓨처엠은 우수 인증업체에 대해 "각종 보증금(계약이행, 하자, 선급금, 중도금)"을 지급 각서로 대체한다고 하나 보증금 유형에 입찰보증금은 언급되지 않아 입찰보증금 제도가 운영되지 않는 것으로 보인다. <https://poscofuturem.com/esg/safety.do>, 2024.5.36. 최종방문.

에서 입찰보증금을 증액시키고 입찰담합 가담자에 대한 입찰보증금을 몰취하여 손해배상액예정제도의 효과를 달성할 수 있다.

[표 10] 국가계약법상 입찰보증금 조항 입법 개정(안)

현행	개정(안)
제9조(입찰보증금) ① 각 중앙관서의 장 또는 계약담당 공무원은 경쟁입찰에 참가하려는 자에게 입찰보증금을 내도록 하여야 한다. 다만, 대통령령으로 정하는 경우에는 입찰보증금의 전부 또는 일부의 납부를 면제할 수 있다. (중략) ③ 각 중앙관서의 장 또는 계약담당공무원은 낙찰자가 계약을 체결하지 아니하였을 때에는 해당 입찰보증금을 국고에 귀속시켜야 한다. 이 경우 제1항 단서에 따라 입찰보증금의 전부 또는 일부의 납부를 면제하였을 때에는 대통령령으로 정하는 바에 따라 입찰보증금에 해당하는 금액을 국고에 귀속시켜야 한다.	제9조(입찰보증금) ① 각 중앙관서의 장 또는 계약담당 공무원은 경쟁입찰에 참가하려는 자에게 입찰보증금을 내도록 하여야 한다. 다만, 대통령령으로 정하는 경우에는 입찰보증금의 전부 또는 일부의 납부를 면제할 수 있다. (중략) ③ 각 중앙관서의 장 또는 계약담당공무원은 낙찰자가 계약을 체결하지 아니하였을 때에는 해당 입찰보증금을 국고에 귀속시켜야 한다. 이 경우 제1항 단서에 따라 입찰보증금의 전부 또는 일부의 납부를 면제하였거나 <u>법 제27조상 부정당업체의 입찰 참가자격 제한대상이 된 경우</u> 대통령령으로 정하는 바에 따라 <u>입찰보증금에 해당하는 금액을 국고에 귀속시켜야 한다.</u>

4. 법원의 손해액 인정 시 손해배상액예정을 참작하는 입법 개정

(1) 도입 취지 및 입법 개정안

우리나라의 판례는 일관되게 채무불이행으로 인한 경우와 불법행위로 인한 경우 모두 손해의 발생 사실은 인정되지만 손해액 입증이 손해의 성질상 곤란하다면 법원이 증거조사의 결과와 변론의 전 취지에 의한 간접사실을 종합하여 입증정도를 낮추어 손해액을 인정할 수 있다고 판시한다. 불법행위에 기한 손해배상책임을 인정할 때에도 배상액에 대한 입증이 없다고 하여 청구기각을 할 것이 아니라 반드시 석명권을 발동하여 촉구해야 하는 점을 강조한다.

　우리나라 법원의 석명권 행사는 법원이 보유한 권한이 아니라 의무 이행에 가깝다고 본다.792) 대법원은 "법관은 손해액 산정 근거가 되는 간접 사실 탐색에 최선의 노력을 다하고 해당 간접 사실들을 합리적으로 평가하여 객관적으로 수긍할 수 있는 손해액을 산정하여야 한다"고 판시한다.793) 이 점은 경유 담합사건에서 손해액을 인정할 때에도 법원이 강조한 사항이다. 이처럼 불법행위에 의한 손해배상액을 산정할 때에도 법원의 규범적 통제 장치가 작동된다.

　그렇다면 부당한 공동행위로 인하여 기업이 피해를 보는 사안에서 불법행위에 대한 손해배상액의 약정 내용을 법원이 공정거래법 제115조의 손해액 인정 제도를 활용하여 참작하는 입법 개정을 고려할 수 있다. 이를 통하여 손해배상제도가 실효성을 발휘할 수 있다. 즉 원고에 대한 손해 입증을 지원하여 법원으로 하여금 합리적 범위에서 손해 배상액을 인정하는 것이 용이해진다면 부당한 공동행위에 참여하는 법 위반 가담자가 부담할 금전 제재 수준이 높아져 억지가 달성될 수 있다. 이 방법이 관철되려면 앞서 논의한 민법 제398조 적용을 채무불이행뿐만 아니라 불법행위책임에 대해서 확대하거나 또는 유추적용이 가능하도록 전향적인 법 해석이 전제되어야 한다. 이러한 전향적 법 해석이 이루어진다는 가정 하에 공정거래법 제115조 입법 개정안을 [표 11]과 같이 제안한다.

---

792) 김태진(2018), 앞의 글(주 556), 79-80면.; 박익환, "재량에 기한 손해배상액의 산정", 민사판례연구 제32호, 민사판례연구회, 2010, 834면.
793) 대법원 2007.9. 8. 선고 2006다 21880 판결.

[표 11] 공정거래법 손해액의 인정(제115조) 입법 개정(안)

현행	개정(안)
법원은 이 법을 위반한 행위로 손해가 발생한 것은 인정되나 그 손해액을 입증하기 위하여 필요한 사실을 입증하는 것이 해당 사실의 성질상 매우 곤란한 경우에 변론 전체의 취지와 증거조사의 결과에 기초하여 상당한 손해액을 인정할 수 있다.	법원은 이 법을 위반한 행위로 손해가 발생한 것은 인정되나 그 손해액을 입증하기 위하여 필요한 사실을 입증하는 것이 해당 사실의 성질상 매우 곤란한 경우에 변론 전체의 취지와 증거조사의 결과에 기초하여 상당한 손해액을 인정할 수 있다. 단, 이 법을 위반한 행위로 손해 발생을 예정하여 당사자 간 손해배상예정액을 미리 정한 경우 법원은 이를 참작할 수 있다.

(2) 입법 개정안의 기대효과

독일에서는 판례상 위자료청구 소송에서 액수를 정하지 않는 요청을 허용하며, 금전 청구 시 액수를 정확히 확정하지 않더라도 독일 민사소송법상 법관의 재량 통제로 밝힐 수 있는 경우 청구액을 명시하지 않은 청구가 적법하다고 취급된다.[794] 미국에서도 이와 유사한 논의가 있다.[795] 우리나라에서도 원고에게 과장되거나 근거 없는 손해액 규모를 정하도록 강제하기보다는 민사소송법 제202조의2에 따라 최소한의 청구권 범위가 제시되도록 "액수를 명시하지 않은 청구"를 인정하는 방식이 합리적이라는 견해가 있다.[796] 하지만 우리나라 민사소송 실무의 현실에서는 이러한 해석론과 별개로 원고가 액수를 명시하지 않고 제소하는 것은 허용되지 않는다. 원고는 대략적 금액이라도 소장에 기재해야 손해배상소송을 제기할 수 있다.[797]

---

794) Lüke, a.a.O., Rdnr. 138.[김경욱(2016), 앞의 글(주 675), 99면 재인용].
795) 미국 연방민사소송규칙 제8조에서 pleading 요건으로 원고가 구제수단을 명시해야 하지만, 금전배상 청구시 금액까지 정확히 기재하여야 하는지에 대해 견해의 대립이 있다고 한다.; 김경욱(2016), 앞의 글(주 675), 99면.
796) 김경욱(2016), 위의 글(주 675), 99-101면.
797) 김태진(2018), 앞의 글(주 556), 78면.

앞서 살펴본 일본의 입법례에서 민사소송법 제248조상 손해액 인정 시 손해액을 계약금액 일정 수준으로 인정하는 경향을 살펴보았다. 이처럼 우리나라에서도 공정거래법상 손해액 인정제도가 활성화되려면 법원이 손해액 인정을 결정할 수 있는 고려기준이 반드시 필요하다. 공정거래법상 손해액 인정제도가 인과관계 입증책임 완화 취지가 아님을 판례가 명시하고 있으므로, 위의 입법 개정안에 따라 사전에 당사자 간에 정한 손해배상예정액을 법관이 손해액을 정할 때 참고할 수 있는 가이드라인으로 제시하고 법원이 이를 참작하는 방식은 타당성이 있다. 거래당사자 간에 정한 손해배상예정액을 미리 활용하여 법원이 손해액을 인정할 때 참작할 수 있다면 손해배상액 산정이 간명해지고 신속한 소송절차에도 도움이 될 것이다.

V. 외국 재판에서 인정된 징벌적 손해배상의 승인 확대

외국 재판에서 승인된 징벌적 손해배상의 승인·집행과 관련하여 주목할 만한 최근 대법원 판례가 선고되었다. 이 사안은 부당한 공동행위를 청구원인으로 한 손해배상청구 사건은 아니지만 손해배상제도 활성화 차원에서 시사점이 있다.

이 판결의 사실관계는 다음과 같다. 미국의 Western Sales Trading Company, Inc. 등 원고는 필리핀의 7D Food International, Inc.와 독점 계약을 체결하였다. 그런데 피고가 불공정한 경쟁방법을 통하여 이 독점계약 체결을 방해하자 원고가 손해배상청구소송을 하였고 미국 법원에서 3배의 배상금을 인정받았다.[798]

이후 원고는 피고를 상대로 서울 서부지방법원에 미국 판결에 대한 집행

---

[798] 이 사건의 자세한 사실관계와 미국 판결에 대해서는 다음 문헌을 참조; 박재경 (2023), 앞의 글(주 627), 32-33면.

판결을 구하는 소를 제기하였다. 원심은 우리나라 법제상 미국 판결에서와 같은 '불공정한 경쟁방법'으로 인한 3배의 배상을 인정하고 있지 않은 점, 미국 판결상 하와이주 개정법상 배상은 영미법계의 징벌적 손해배상으로 판단되는 점을 들면서 미국 판결이 인정한 손해액 및 변호사 비용의 실비 지급을 명하였고 원고는 상고하였다.799)

대법원은 원심판결을 파기환송하고 미국 판결이 전부 승인되어야 한다고 판단하였다.800) 대법원이 이처럼 판단한 이유는 다음과 같다. (i) 민사소송법 제217조의2 제1항은 우리나라 법제상 공서양속에 반하지 않는 한 외국에서의 초과배상을 인정하는 것을 허용한 취지인 점, (ii) 미국 판결에서 피고의 '불공정한 경쟁방법'은 우리나라 공정거래법상 불공정거래행위로 포섭될 수 있는 점, (iii) 외국 판결에서 초과배상을 인정한 청구 법률내용이 우리나라와 똑같을 수 없지만 적어도 초과배상을 허용한 법률 영역에 속하는 점이 그것이다.801) 이 판결이 나오기 전에는 우리 법원이 징벌적 손해배상을 명한 외국 재판 승인을 일관되게 거부하였는데802) 이 사건을 계기로 전보배상이 아닌 징벌적 손해배상을 명한 외국 재판 승인을 최초로 허용하였다는 점에서 중요한 의미가 있다.

한편 이 판결이 우리나라 법제상의 3배의 배상제도가 아닌 영미법상 징벌적 손해배상을 인정한 사안임에도 양자를 동일하게 취급하여 공서에 반하였다고 부정적으로 해석하는 견해가 있다.803) 이 견해에서는 일본의 학

---

799) 서울서부지방법원 2017.4.20. 선고 2016가합37112 판결.; 서울고등법원 2018.3.23. 선고 2017나2057753 판결.
800) 파기환송 이후 원심이 미국 판결을 전부 승인함에 따라 위 대법원 판결은 심리불속행 기각으로 확정된 것이다. 대법원 2023.2.23. 선고 2022다289129 판결.
801) 대법원 2022.3.11. 선고 2018다231550 판결.
802) 서울지방법원 동부지원 1995.2.10. 선고 93가합19069 판결(손해배상액의 1/2로 인정한 사안).; 부산고등법원 2009.7.23. 선고 2009나3067 판결.(미국 판결의 약정보상금 한도에서 승인한 사안).
803) 박재경(2023), 앞의 글(주 627), 55면.

설을 근거로 들면서 원고로 하여금 초과배상이 있는 경우 이 추정을 복멸하게 하고, 그럼에도 원고가 전보배상 부분을 특정하지 못한다면 외국 재판 전체가 공서에 반한다고 판단하여야 한다고 주장한다.[804] 하지만 실무상 원고의 명확한 손해액 입증과 계량화 자체가 어려운데 전보배상과 초과배상 부분을 준별하는 것까지 원고에게 요구하는 것은 가혹하다는 점에서 이 견해는 아쉬움이 있다.

한편 영미법상 징벌적 손해배상제도와 우리나라의 3배 또는 5배 배상제도는 본질적으로 연원이 다르므로 그 성격에서 다소 차이가 있다. 하지만 전보배상을 초과하는 배상을 통해 달성하려는 각국 법제의 궁극적 입법 목적은 유사한 맥락이라는 점에서 전향적 해석이 필요하다. 따라서 이 판결이 향후 외국 재판에서의 징벌적 손해배상 승인·집행 방향에 가이드라인을 제공할 뿐 아니라 국내의 징벌적 손해배상제도 활성화를 촉발하는 촉매제 역할을 할 것이라 생각한다.

부당한 공동행위는 해외 경쟁당국이 역외적용 법리를 통해 경쟁법을 적극적으로 집행하는 분야로 대부분 국가에서 경쟁법상 규제 대상으로 삼고 있다. 다만 부당한 공동행위를 청구원인으로 한 손해배상소송제도에 대해서는 각국별 손해배상제도 지도 원리나 법 문화에 따라 상이하게 운영된다. 부당한 공동행위를 청구원인으로 한 손해배상소송은 미국을 중심으로 징벌적 손해배상제도가 활발하게 인정되고 있으며 향후 국제거래가 더욱 활성화될 것이므로 이러한 추세는 지속될 것이다. 그렇다면 미국 등 외국의 판결로 부당한 공동행위에 대한 징벌적 손해배상을 인정받은 사례를 근거로 국내 법원에 집행판결을 청구하는 사례가 누적될 경우 법원은 어떤 입장을 취하는 것이 바람직한가?

---

804) 小林秀之·村上正子, 『新版 国際民事訴訟法』, 弘文堂, 2020, 61頁.[이종욱, "손해전보의 범위를 초과하는 손해배상을 명하는 외국재판의 승인·집행: 공서 요건을 중심으로", 국제거래법연구, 제31권 2호 국제거래법학회, 2022, 129면 재인용].

생각건대 부당한 공동행위를 청구원인으로 한 외국의 판결에서 징벌적 손해배상을 인정하여 국내 법원에 집행을 청구한다면 전향적 취지로 이를 수용하는 것이 타당하다. 왜냐하면 부당한 공동행위는 경쟁법상 경쟁제한성이 높은 위법행위로 상당수 경쟁당국이 경쟁법에서 규율하는 점, 이를 청구원인으로 한 손해배상소송이 영미법계 및 우리나라 법제와 다소 차이가 있지만 전보배상으로 규제가 어렵다는 시각은 일맥상통하는 점, 국내의 손해배상소송에서 초과배상 인정에 매우 인색한데 초과배상을 인정한 외국 판결 승인집행을 부인하는 것은 사적 집행 측면에서 바람직하지 않은 점, 외국 판결을 통한 손해배상청구 인정은 최적의 법 집행 관점에서 사적 집행으로 인한 금전 제재 수위를 높여 억지 기능을 달성할 수 있는 점 때문에 그러하다.

이처럼 외국 재판에서 인정된 부당한 공동행위에 대한 징벌적 손해배상청구를 국내 법원이 적극적으로 승인·집행하는 태도가 필요하다. 이를 통하여 국내에서 징벌적 손해배상액 인정이 엄격하게 운영되는 우리나라 법제의 사각지대를 메꿀 수 있다. 다만 승인·집행의 인정 범위는 우리나라 법제가 허용한 3배의 배상 범위에서 운영하여야 한다. 그렇지 않고 지나치게 국제 예양(International Comity)을 존중할 경우 우리 법체계와 거래 질서에 부정적 영향을 줄 수 있다는 점은 분명히 인식하여야 한다.

제3절 기타 사적 집행 강화를 위한 개선방안

I. 대안적 분쟁해결방안의 활용 : 조정 및 중재

1. 공정거래법상 대안적 분쟁해결제도 운영현황

공정거래법은 불공정거래행위(법 제45조)에 대해 조정으로 분쟁을 해결하도록 규정한다. 분쟁조정기구로 한국공정거래조정원에 공정거래 분쟁조정협의회를 설치하고 있다(법 제72조 내지 제79조). 2023년 12월에 공정위는 공정거래 분야 분쟁조정제도가 도입된지 15년 만에 6개 공정거래법령에 산재된 공정거래 분쟁조정제도를 일원화한 「공정거래 관련 분쟁의 조정 등에 관한 법률」(이하 '공정거래분쟁 조정법') 제정을 입법예고하였다.[805] 공정거래분쟁 조정법의 입법예고 전에는 개별 법률에 따라 불공정거래행위에 대한 조정이 이루어지고 있었다. 2023년 한국공정거래조정원이 발표한 공정거래 분쟁 조정결과를 보면 2023년에 분쟁사건 3,151건이 처리되어 1,278건의 조정이 성립하였다. 조정으로 절감된 소송비용과 조정에 의한 직·간접 피해 구제성과는 1,309억 원으로 전년과 대비했을 때 38% 증가하였다.[806]

---

805) 공정거래위원회, "공정거래 관련 분쟁의 조정 등에 관한 법률 제정안 입법예고", 보도자료, 2023.12.19. <http://www.ftc.go.kr/www/selectReportUserView.do?key=10&rpttype=1&report_data_no=10358>, 2024.4.20. 최종방문.
806) 이 발표결과는 공정거래법뿐 아니라 가맹사업법, 하도급법, 약관법, 대규모유통업법, 대리점법과 관련된 사항을 모두 종합한 결과이다.; 한국공정거래조정원, "2023년 분쟁조정 현황 발표", 보도자료, 2024.2.5., <http://www.ftc.go.kr/www/selectReportUserView.do?key=10&rpttype=1&report_data_no=10472>, 2024.4.20. 최종방문.; 피해구제액은 성립사건의 조정금액(직접 피해구제액)과 절약된 소송비용(간접 피해구제액,

공정거래법령에서 다른 법 위반행위 유형과 달리 유독 불공정거래행위에 대해서만 조정을 인정하는 이유는 무엇일까? 불공정거래행위는 사업자 간 행위를 규율하므로 전통적 경쟁법 규율영역인 시장지배적지위 남용이나 기업결합과 달리 민사법적 분쟁 해결 가능성이 있기 때문이다.[807] 이처럼 사인 간 불법행위 손해배상소송으로 처리할 수 있는 불공정거래행위에 대해 공정위가 조정으로 관여하는 것은 거래 공정화를 달성하기 위한 입법적 결단이라는 해석이 있다.[808]

그렇다면 부당한 공동행위를 청구원인으로 한 손해배상을 소송이 아닌 조정이나 중재로 해결할 수 없을까? 조정(mediation)은 참여 여부가 임의적이며 당사자 합의를 촉진하는 분쟁 해결절차로 재판에 준하는 효력이 없지만, 중재(arbitration)는 거래당사자 간 법적 분쟁을 제3자 중에서도 재판부의 판단으로 결정하며 법원 확정판결과 같은 효력이 있다.[809] 양자는 대안적 분쟁해결방안(Alternative Disputes Resolution, 이하 'ADR')으로 사법상 분쟁을 신속하고 공평하게 해결하기 위한 절차이다. 조정과 중재는 소송과는 본질적 차이점이 있으며[810] ADR이 소송과 비교할 때 효율성이 높다는 실증연구 결과가 파악된다.[811] 이를 토대로 사적 집행으로서 공정거래법상

인지대, 송달료, 변호사 수임료 등)의 합산값으로 계산되었다고 한다.
807) 이에 대한 자세한 논의는 다음 문헌을 참고.; 홍대식(2019), 앞의 글(주 69).
808) 최승재, "조정을 통한 공정거래 사건처리에 대한 법경제학적 분석과 전망", 영남법학 제29호, 영남대학교 법학연구원, 2009, 118-119면.
809) 최승재, "공정거래사건의 중재에 의한 해결", 인권과 정의 통권 436권, 대한변호사협회, 2013, 8-9면.; 조정의 특징에 대해서는 다음 문헌을 참고.; Moore, Christopher W., *The Mediation Process: Practical Strategies for Resolving Conflict*, Jossey-Bass Publisher, 1996, p.6.; 중재의 특징에 대해서는 다음 문헌을 참고.; 목영준,『상사중재법(개정판)』, 박영사, 2018, 5-12면.
810) 공정거래 관련 법령에 근거한 조정 및 중재제도 현황에 대한 자세한 내용은 다음 문헌을 참고.; 염규석, "공정거래분야에 있어서 조정제도의 현황과 개선방안", 경영법률 제19권 제1호, 한국경영법률학회, 2008.
811) Korobkin, Russel & Guthrie, Chris ,"Psychology, Economics, and Settlement: A

조정제도의 적용대상을 확대하거나 중재제도를 신규로 도입할 필요성에 대해 다음에서 살펴보겠다.

2. 공정거래법상 조정제도의 적용대상 확대
   : 부당한 공동행위로 인한 분쟁

조정제도는 엄격한 소송절차법이 적용되지 않으므로 탄력적이며 유연하지만 당사자에게 선택권을 부여하는 점이 종국적 분쟁 해결에 오히려 장애가 된다. 논의 끝에 조정안이 제시되어도 당사자가 조정안을 거부할 수 있어서 조정과는 별도 소송이 재개되어 조정 절차가 무력화될 수 있다. 이러한 조정의 자율성은 당사자에게 회피 가능성을 열어주고 어렵게 성립된 조정결과를 거부할 권리를 준다는 점이 한계로 지적된다.[812] 하지만 민사 분쟁 성격이 강한 부당한 공동행위로 인한 손해배상청구에 대해서는 불공정거래행위와 함께 공정거래법상 조정제도에 포함하는 것이 타당하다. 이미 공정거래법 및 공정거래 분쟁조정법 입법예고안에서 조정제도를 법제화하고 있어 해당 인프라를 활용할 수 있으므로 경제성과 효율성 차원에서도 유익하다.

New Look at the Role of the Lawer", *Texas Law Review* Vol/ 76 No.1, 1997.; Gross, Samuel R. & Syverud, Kent D. "Don't Cry: Civil Jury Verdicts in a System Geared to Settlement", *UCLA Law Review* Vol.44 No.1, 1996.

812) 김건식, "공정거래 관련 분쟁의 조정을 통한 피해구제", 연구보고서, 한국공정거래조정원, 2014, 18면.

다만 불공정거래행위와 달리 공익성이 강한 부당한 공동행위 그 자체에 대해 조정 대상으로 삼는 것은 바람직하지 않다. 부당한 공동행위를 위반한 혐의가 있는 행위로 인해 피해를 본 경우에 대해 조정제도 적용을 확대할 필요성이 있으며 [표 12]과 같은 입법 개정안을 제안한다.

[표 12] 공정거래법상 조정의 신청대상 확대 개정(안)

현행	개정(안)
제76조(조정의 신청 등) ① 제45조 제1항을 위반한 혐의가 있는 행위로 피해를 입은 사업자는 대통령령으로 정하는 사항을 기재한 서면(이하, 분쟁조정신청서라 한다)을 협의회에 제출함으로써 분쟁조정을 신청할 수 있다. (후략)	제76조(조정의 신청 등) ① 제40조 또는 제45조 제1항을 위반한 혐의가 있는 행위로 피해를 입은 사업자는 대통령령으로 정하는 사항을 기재한 서면(이하, 분쟁조정신청서라 한다)을 협의회에 제출함으로써 분쟁조정을 신청할 수 있다. (후략)

3. 공정거래법상 중재제도의 신설

(1) 경쟁법 사안의 중재 적격성에 대한 비교법 검토 : 미국의 입법례

1) 미국 성문법상 경쟁법에 대한 중재 적격의 근거

미국은 1925년 제정된 『연방중재법(Federal Arbitration Act, 이하 'FAA')』에서 해상 및 상사거래를 중재 회부대상으로 인정하고 고용계약은 중재 대상에서 배제한다고 규정하였다.[813] FAA는 연방법원뿐만 아니라 주 법원에도 적용되며 주 법률과 FAA가 충돌할 때에는 FAA가 주 법률을 배제하고 우선하여 적용된다.[814] 다만 경쟁법 위반 문제의 중재 가능성은 명문화하

---

813) 9 U.S.C §1, §2.
814) Blechschmidt, Frank, "At&T Mobility V. Concepcion and The Substantive Impact of Class Action Waivers", *University of Pennsylvania Law Review* Vol.160 No.2, 2012, p.550.; 연방대법원은 AT&T Mobility LLC v. Conception 판결에서 AT&T의 거래약관에 있는 집단중재 포기약정을 무효라고 판결한 연방항소심 판결을 파기하면서 항

지 않고 판례의 해석에 따른다. 미국을 비롯한 많은 국가에서 공법상 분쟁을 중재 대상에서 제외하고 국내법에 일임하고 있지만 경쟁법은 역외적용이 활발하여 국제협정 및 국제거래에 미치는 영향력을 참작하는 경향이 있다. 국제중재는 국가별 법원에 의한 사법적 판단이 가능함에도 예외적으로 인정하는 ADR 방식이기 때문이다.[815]

2) 미국 법원의 경쟁법에 대한 중재 적격 판단

① **American Safety Equipment Co. v. J.P. Maguire & Co. 사건**

이 사건은 미국에서 경쟁법 위반 대상이 중재에 회부될 수 있는지를 최초로 판단한 판결로 엄밀히 말하면 경쟁법 위반행위 자체의 중재 적격성이 아니라 경쟁법 위반을 청구원인으로 한 분쟁의 중재 적격성을 다루었다. 독점금지법에서는 경쟁제한행위로 인해 피해를 본 자에게 3배의 배상청구권을 인정하고 있는데 중재가 인정될 경우 피해자의 손해배상청구권이 포기될 것인지가 이 사건의 핵심 쟁점이었다.

이 사건에서는 경쟁법은 공익적 목표를 갖고 있지만 독점금지법 사안 대부분이 약관 계약에 의하므로 당사자들에게는 분쟁해결수단 선택권이 제한적이라는 점, 독점금지법 사안은 복잡한 쟁점이 많아 신속성과 간이성이 있는 중재로 해결하기 적절하지 않다는 점을 들며 중재 적격성을 부정하였다.[816] 독점금지법 위반 사안을 중재로 판단될 수 없다는 내용의 이 판결

소법원의 판결은 FAA의 목적 달성을 방해하며, 비양심적으로서 중재조항은 FAA가 주의 법률보다 우선적용되어야 하므로 중재조항 효력을 배제할 수 없다고 판시하였다.; AT&T Mobility LLC v. Concepcion, 131 S. Ct. 1740, 1753(2011).

815) 김석호, "경쟁법 위반문제의 중재 적격성에 대한 미국 대법원의 입장: Mitsubishi Motors v. Soler Chrysler-Plymouth 사건을 중심으로", 법학연구 제37권, 한국법학회, 2010, 384-386면.; 미국은 중재 관련하여 유일하게 「외국 중재판정의 승인·집행에 관한 UN 협약(Convention on the Recognition and Enforcement of Foreign Arbitral Awards, 이하 '뉴욕협약')」에 가입하고 있다. 뉴욕협약은 외국 중재판정을 타국에 쉽게 적용하여 중재판정의 효력을 인용하기 쉽도록 하고 있다.

은 이후 '아메리칸 세이프티 원칙(American Safety Doctrine)'이라는 선례로서 자리 잡았다.[817]

② **Mitsubishi Motors v. Soler Chrysler-Plymouth 사건**

이 사건은 아메리칸 세이프티 원칙을 번복하여 독점금지법 사안에 대한 국제 중재를 허용한 최초의 판결이다.[818] 연방대법원은 독점금지법 사안의 복잡성을 이유로 적합성 및 전문성이라는 중재의 징표를 무시하고 중재 적격성이 없다고 부인하는 것은 타당하지 않은 점[819], 국제예양 관점에서 아메리칸 세이프티 원칙을 고수한다면 국제 분쟁해결기구를 존중하지 않게 되는 점[820], 국제상거래에서 통용되는 거래관행을 무시하고 독점금지법 위반 사안이라는 이유로 중재 조항이 무효화되는 것은 타당성이 낮은 점을 중재 적격성의 근거로 들었다.[821]

이 사건을 계기로 독점금지법 위반을 청구원인으로 하는 손해배상은 국

---

816) American Safety Equipment Co. v. J.P. Maguire & Co., 391 F.2d 821(2d Cir. 1968).; 이 사건에 대해 소개한 국내문헌은 다음을 참고.; 최승재(2013), 앞의 글(주 810), 10-11면., 김석호(2010), 위의 글(주 816), 390-391면.
817) Calder, James J. & Stoner, David S. "Arbitration, 24 Years After 'Mitsubishi", *New York Law Journal*, 2009, p.2.
818) Mitsubishi Motors Co., Petitioner v. Soler Chrysler-Plymouth, Inc. 473 U.S. 614, 625, 1985 (105 S.Ct. 3346, 87 L.Ed.2d 444).; 이 사건에 대해 소개한 국내문헌은 다음을 참고.; 최승재(2013), 앞의 글(주 810), 11면., 김석호(2010), 앞의 글(주 816), 392-404면.
819) "So too, the potential complexity of antitrust matters does not suffice to ward off arbitration; nor does an arbitration panel pose too great a danger of innate hostility to the constraints on business conduct that antitrust law imposes. And the importance of the private damages remedy in enforcing the regime of antitrust laws does not compel the conclusion that such remedy may not be sought outside an American court."
820) 이 사건은 일본 미츠비시 자동차 회사와 푸에르토리코 자동차 딜러 간의 분쟁이었는데 중재 합의로 일본 상사중재원(Japanese Commercial Arbitration Association)을 중재기관으로 선정하였다.
821) 김석호(2010), 앞의 글(주 816), 399-400면.

내외 사건을 불문하고 중재 조항이 유효하며 중재 사건이 적격성 없음을 뜻하지 않는다는 법리가 정립되었다.822) 즉 연방대법원은 계약상 분쟁을 중재대상으로 회부하기로 합의했다면 국내법 위반 사안도 중재 대상에 포함된다는 점을 지지한 것이다. Moses H. Cone Memorial Hospital 사건에서의 선언과 같이 중재대상 여부가 불분명하면 중재에 유리하도록 판단해야 하고 명확한 규정이 없는 한 법률위반 문제의 중재 배제 추정은 타당하지 않다는 의미로 해석할 수 있다.823)

이 사건에서 연방대법원은 American Safety Equipment Co. v. J.P. Maguire & Co. 사건의 항소심을 비판하면서, 경쟁법상 3배의 배상청구권이 미국 독점금지법 체계상 중요한 구제수단이지만 피해 구제는 반드시 소송에 의할 것은 아니며 중재로도 손해배상 및 억지를 기대할 수 있다고 하였다. 한편 연방대법원은 공정거래 사건의 중재 적격성을 판단할 때 2단계 심사가 필요하다고 보았다. 그것은 (i) 법원은 양 당사자가 중재조항을 합의할 때 법정책임에 대한 문제도 중재로 해결하려고 합의했는지 판단하고 (ii) 입법부가 당해 법정책임 인정에 있어서 중재에 의한 분쟁해결을 배제하려는 취지가 있었는지 고려하여야 한다는 것이다.824) 또한 국제분쟁에서 각국 법원은 국제 상거래 관행을 존중하여야 하므로 독점금지법 위반이 문제된 분쟁이라고 하여 중재조항을 무효화하는 것은 타당하지 않다는 입장을 밝혔다.825) 이처럼 연방대법원은 경쟁법의 공익 추구성과 사인 간 거래의 안전이라는 사익을 절대적으로 비교 형량하는 접근방식이 아니라 거시적 차원에

---

822) Simula Inc. v. Autoliv Inc., 175 F.3d 716(9th Cir. 1999).; Nghiem v. NEC Elec. Inc., 25 F.3d 1437(9th Cir. 1994).; Bellevue Drug Co. v. Advance PCS, 333 F.Supp.2d 318(E.D.Pa. 2004).
823) Moses H. Cone Memorial Hospital, 460 U.S. pp.24-25.; 김석호(2010), 앞의 글(주 816), 398면.
824) Mitsubishi Motors Co., Petitioner v. Soler Chrysler-Plymouth, Inc. 473 U.S., pp.627-628.
825) 김석호(2010), 앞의 글(주 816), 399-400면.

서 국제거래의 안전성에 중점을 두었다는 점에서 긍정적 평가를 받는다.[826]

(2) 공정거래법상 중재제도 신설방안

1) 공정거래법상 대안적 분쟁해결방안으로 중재 도입의 실익

「언론 중재 및 피해구제 등에 관한 법률(이하 '언론중재법')에서는 중재와 조정을 모두 다룬다. 언론중재법 제19조 제1항은 "조정은 관할중재부에서 한다. 관할구역을 같이 하는 중재부가 여럿일 경우에는 중재위원회위원장이 중재부를 지정한다"고 규정하여 조정과 중재 간 교차점이 있음을 알 수 있다.

반면 공정거래법상 권리는 사인 간 합의로 자유롭게 처분할 수 있는 성격이 아니다. 이러한 특성으로 인해 공정거래법령 위반행위를 중재로 해결하는 시도는 아직까지 친숙하지 않다. 따라서 부당한 공동행위 억지를 위한 사적 집행 강화방안으로 중재제도를 도입한다면 중재가 조정이나 소송과 대비했을 때의 유리한 점과 실익이 무엇인지 살펴보아야 한다. 특히 행정법상 논의에서는 행정기관에 의한 국가의 처분을 사적 합의로 해결하려는 시도에 부정적 입장이다. 공익성이 강한 공정거래법의 경우 특히 중재와는 거리가 있다는 시각이 지배적이다. 공정위의 합의 하에 분쟁을 해결하는 동의의결도 공적 집행방식임이 분명하여 중재의 성격을 띤다고 보기 어렵다는 점을 고려하여야 한다.[827]

중재제도는 소송제도와 비교할 때 신속함, 비용 절감, 비밀 유지, 승인과 집행의 용이성, 종국 판결로서의 구속력 등이 장점으로 거론된다.[828] 미국 연방법원은 민사소송 제기 후 재판까지 소요되는 중간값 기간(Medial Time)이 2000년 20개월에서 2009년 25개월로 더 장기화되었다고 한다. 반면 같

---

826) 김석호(2010), 위의 글(주 816), 405면.
827) 최승재(2013), 앞의 글(주 810), 8-9면.
828) 김건식, "공정거래 관련 분쟁과 중재", 중재 제351호, 대한상사중재원, 2019, 21면.

은 기간은 아니지만 중재 절차를 이용하는 경우 평균 절차 소요기간이 116일이라는 통계가 확인된다. 또한 중재제도에 소요되는 평균 비용은 미화 869 달러이며, 이로 인해 절감된 소송절차 비용은 미화 10,735 달러라는 통계치도 파악된다.[829] 그러나 법 제도가 전혀 다른 미국에서의 통계치를 우리나라에 직접 대입하는 것은 무리가 있기에 참고자료로의 유용성은 있다.

공정위가 행정처분하는 사건의 상당수가 부당한 공동행위 사안인데 공정위가 과징금 부과 처분을 하더라도 이는 국고에 귀속된다. 피해자에 대한 손해보전은 손해배상소송으로 구제받을 수 있으나 소요 시간과 사회적 비용이 상당하다. 그 과정에서 손해액 입증에 난항을 겪는 문제점은 손해배상청구의 내재적 한계라는 것을 앞서 살펴보았다. 상황이 이렇다 보니 부당한 공동행위로 인하여 피해를 본 기업에게 적극적 손해배상청구 유인은 크지 않다. 공공기관의 경우 감사 가능성 때문에 손해배상제도를 활용하지만 민간기업이 법 위반 피해자인 경우는 기업의 내부 상황에 따라 편차가 크다. 나아가 품질 영향 산업재(원재료 등)에 대한 대체 공급선 확보가 어려운 법 위반 피해 기업은 울며 겨자 먹기로 법 위반 가담사업자와 거래를 지속할 수밖에 없는 경우도 있다.

그렇다면 부당한 공동행위로 인한 손해 구제와 법 위반 억지를 위하여 중재제도를 도입해야 한다는 검토가 수반되어야 한다. 우리나라 법무부도 국내의 중재제도에 대한 인식이 낮고 중재 산업기반이 취약한 한계점을 지적하며, 중재 활성화를 위하여 정부 부처와 공공기관 간 협력을 강화하여 신규 중재분야를 발굴하고 육성할 의지를 밝혔다.[830] 이러한 국가의 정책

---

829) Farmer, Miles B. Mandatory and Fair? A Better System of Mandatory Arbitration, *The Yale Law Journal* Vol.121, 2012, pp.2352-2353.; California Dispute Resolution Insitute, Consumer and Employment Arbitration in California: A Review of Website Data Posted Pursuant to Section 1281.96 of the Code of Civil Procedure 19, 2004, available at <http://www. mediate.com/cdri/cdri_print_Aug_6.pdf.>, 2024.4.20. 최종 방문.

적 노력과 함께 중재는 소송과 비교할 때 경제성, 신속성, 탄력성을 비롯하여 사법절차와 대비했을 때 무형식을 지닌다는 장점831)이 있으므로 공정거래법상 부당한 공동행위로 인한 손해배상의 대체 수단으로 논의하는 것은 장점이 있으며 시의적절하다고 생각한다.

미국은 우리와 달리 공정거래 사건과 관련된 법 집행의 90% 이상이 사적 집행으로 해결되고 있어서 소송이나 화해로 종결된다. 경쟁당국별 법 집행 특성에 차이가 있지만 사적 집행방식은 분명 공적 집행이 갖는 제한적 자원의 효율성 극대화를 위하여 활용될 수 있다. 따라서 공정거래법상의 사적 집행이 중재와 같은 소송 외 절차와 접목되지 못할 이유가 없다는 시각은 타당성이 있다. 다만 이 시각에서도 중재가 먼저 신청된 경우 공정위의 처분을 기다려야 하므로 중재 효력 문제의 선후관계를 비롯한 중재 적격 등 본격적인 제도화에 대한 논의가 필요하다는 유보적 입장을 취한다.832)

2) 중재제도 도입 시 관련 준거법

중재는 국내 중재와 국제 중재로 분류된다. 국내 중재와 관련된 법률은 중재법, 민사소송법, 기타 분쟁조정 규정을 포함한 개별법들이 있다. 2017년에는 「중재산업 진흥에 관한 법률(이하 '중재산업진흥법')」이 시행되었

---

830) 법무부, "2019-2023 중재산업진흥 기본계획 수립", 보도자료, 2018.12.31, <https://www.moj.go.kr/ moj/221/subview.do?enc=Zm5jdDF8QEB8JTJGYmJzJTJGbW9qJTJGMTgyJTJGNDIxNTU1JTJGYXJ0Y2xWaWV3LmRvJTNGcGFzc3dvcmQlM0QlMjZyZ3NNCZ25kZVN0ciUzRCUyNmJic0NsU2VxJTNEJTI2cmdzRW5kZGVTdHHIlM0QlMjZpc1ZpZXdkaW5lJTNEZmFsc2UlMjZwYWdlJTNEMiUyNmJic09wZW5SXcmRTZXElM0QlMjZzcmNOoQ29sdW1uJTNEc2olMjZzcmNNoV3JkJTNEJUVDJUE0JTkxJUVDJTlFJUFDJTI2>, 2024.4.20. 최종방문.
831) Stewart, Daxton R., The Promise of Arbitration: Can It Succeed in Journalism as It Has in Other Businesses, *Appalachian Journal of Law* Vol.6 No.1, 2006, p.139.
832) 김건식(2014), 앞의 글, 66면.

다. 한편 중재산업진흥법이 중재절차를 직접 규율하지 못하는 한계가 있어 중재를 총괄하는 분쟁 해결기본법을 제정해야 한다는 주장도 제시된다.[833]

우리나라는 대부분 국가들이 중재와 관련하여 채택하고 있는 「UNCITRAL Rules on Transparency in Treaty-based Investor-State Arbitration(이하 'UNCITRAL 모델중재법')」을 수용하였다. 하지만 UNCITRAL 모델 중재법상 국제중재조항(법 제1조 3항)[834]을 수용하지 않아서 우리 중재법에서는 국내 또는 국재 중재를 개념상 구별하지 않는다. 다만 중재법은 중재지 기준으로 중재지가 대한민국인 경우 중재법이 적용된다고 명시한다(법 제2조). 중재 판정이 내려진 국가를 기준으로 대한민국 내에서 내려진 중재판정('국내 중재판정')은 중재법에 의하고, 대한민국 이외 영토에서 내려진 중재판정('국제 중재판정')은 「외국 중재판정의 승인·집행에 관한 협약(Convention on the Recognition and Enforcement of Foreign Arbitration Awards, 이하 '뉴욕협약')」에 의해 중재판정이 승인·집행된다고 규정한다(중재법 제38조, 제39조).

다시 말해 우리나라의 중재법은 중재지 기준으로 중재지가 우리나라인 내국 중재, 중재지가 외국인 외국 중재를 구분하는 것이다.[835] 중재 판정에 대해서는 뉴욕 협약이 적용됨에 따라 헤이그 재판협약에서는 국제 중재와 관련된 중재 판정의 승인, 집행, 중재를 대상으로 하는 사법적 절차 및 법원의 재판 적용을 배제한다(헤이그 재판협약 제2조 3항).

---

833) 박철규, 『우리나라 ADR법, 이렇게 제정하자』, 밥북, 2019, 6-7면.
834) (i) 중재합의 체결 당시 당사자들이 서로 다른 국가에 영업장소를 보유한 경우, (ii) 중재합의의 중재지 또는 주된 의무 이행지나 분쟁대상과 밀접한 관련을 가진 장소가 자신의 영업장소 국가 밖에 존재하는 경우 또는 (iii) 당사자들의 중재합의 대상(subject matter of agreement)이 복수의 국가에 관계된다고 명백히 합의한 경우 국제 중재에 해당한다고 규정한다.
835) 김갑유, 『중재실무강의』, 박영사, 2012, 6면.

3) 중재제도 도입 시 중재 적격성 검토
① 공익적 성격의 공정거래 사건에 대한 중재 적격성

주지하는 바와 같이 공정거래 사건은 공익성을 띤다. 이를 양보할 만큼 중재 도입 필요성이 있는지는 공정거래 사건에 대한 중재 적격성을 검토할 때 중요한 부분이다. 법무부는 2016년 중재법을 개정하여 중재대상을 사법상 분쟁에 국한하지 않고 재산권상 분쟁과 당사자 화해로 해결이 가능한 비재산권상의 분쟁도 포함하였다. 그 결과 공정거래법 위반에 의한 불공정거래행위 분쟁도 중재 대상에 포함하였다.[836] 이는 공정거래법상 불공정거래행위가 사인 간 분쟁 성격이 강하여 공정거래법상 유일한 조정 대상이라는 점이 반영된 결과이다.

그렇다면 시장지배적지위 남용행위나 부당한 공동행위 등 다른 법 위반 유형과 관련된 공정거래 사건에 대해 중재 적용할 가능성은 어떠한가? 이 논의가 아직까지 활발하지 않지만 대체로 경쟁법 위반 문제를 중재 대상으로 삼기는 어렵다는 인식이 일반적이다.[837] 공정거래법은 시장경제질서 확립을 위한 공적인 목적 하에 공적 집행에 대한 의존도가 높고 독점규제 정

---

836) 법무부, "국제 중재 허브로의 도약을 위한 중재법 선진화", 보도자료, 2015.8.3., <https://www.moj.go.kr/moj/221/subview.do?enc=Zm5jdDF8QEB8JTJGYmJzJTJGbW9qJTJGMTgyJTJGMjIzMTU5JTJGYXJ0Y2xWaWV3LmRvJTNGcGFzc3dvcmQlM0QlMjZyZ3NCZ25kZVN0ciUzRCUyNmJic0NsU2VxJTNEJTI2cmdzRW5kZGVTdHIlM0QlMjZpc1pZXdNaW5lJTNEZmFsc2UlMjZwYWdlJTNEMSUyNmJic09wZW5Xcm1RTZXElM0QlMjZzcmNNoQ29sdW1uJTNEc2olMjZzcmNNoV3JkJTNEJUVEJTk3JTg4JUVCJUI4JThDJTI2>, 2024.4.20. 최종방문; 2016년 개정 중재법상 제3조의 정의에서는 '재산권상의 분쟁 및 당사자가 화해에 의해 해결할 수 있는 비재산권상의 분쟁절차'라고 하여 중재의 대상이 반드시 사법생 분쟁이어야 한다는 요건을 폐기하지 못하였다는 해석이 있다. 석광현, "2016년 중재법의 주요 개정내용과 문제점", 법학연구 제53권 전북대학교 법학연구소, 2017, 221면.

837) 김석호(2010), 앞의 글(주 816), 406면.; 김석호, "독점금지소송과 중재조항의 집행 가능성: AT& AT Mobility LLC v. Concepcion", 경쟁저널 제162호, 한국 공정경쟁연합회, 2012, 65면.

책 실현을 사법기관에 유보하였으므로 중재와 친하지 않다는 견해도 공정거래법은 중재 대상이 되기 어렵다는 논리의 흐름과 같다.838)

그러나 공정위가 법 위반을 결정한 사안에 대한 손해배상 사건, 즉 공정거래법 위반을 청구원인으로 한 손해배상소송 사안은 다른 관점으로 보아야 한다는 견해가 있다. 사인 간 손해배상을 중재로 해결하는 것을 금지하면 사인이 활용할 수 있는 분쟁해결수단을 제한하는 결과를 초래할 수 있다.839) 이를 근거로 공정거래법 위반을 이유로 한 손해배상소송에 대해 중재 가능성을 긍정하는 견해도 있다.840)

공정거래법상 중재제도 도입이 관심을 받으면서 2015년 이학영 의원이 대표 발의한 공정거래법 개정안(이하 '이학영 의원 대표발의안')에서 공정거래 분쟁을 중재로 해결하자는 시도가 있었다.841) 이 접근 역시 공정거래법 위반행위 자체의 중재 적격성을 전제로 한 것이 아니라 공정거래법 위반을 청구원인으로 한 손해배상을 중재로 해결하자는 것이었다. 이학영 의원 대표발의안은 임기만료로 폐기되어 결국 반영되지 못하였지만 중재법에 근거하여 피해자에게 중재로 손해배상이 이루어지도록842) 공정위에 역할을 부여한 시도는 의미가 있다. 이처럼 당사자 간 분쟁을 소송 외 절차로

---

838) 강수미, "중재의 대상적격에 관한 고찰", 연세법학연구 제7권 제1호, 연세법학회, 2000, 540면.
839) 최승재(2013), 앞의 글(주 810), 13면.
840) 강수미, "독점규제법 관련분쟁의 중재 대상적격", 중재연구 제20권 1호, 한국중재학회, 2010, 60면.
841) 독점규제 및 공정거래에 관한 법률 일부 개정 법률안(이학영 의원 대표발의), 의안번호 제1914646(2015.4.8.), 10면, 23면.
842) 이는 행정기관이 법 위반 가해자에게 피해자에 대한 손해배상을 명령하는 손해배상명령제도와는 차이가 있다. 불공정거래행위에 대한 손해배상명령제도도 입법 발의되었으나 임기만료로 폐기되었다. 독점규제 및 공정거래에 관한 법률 일부 개정 법률안(이언주 의원 대표발의) 의안번호 제5480(2013.6.13.); 경쟁법상 손해배상명령제도에 대해서 검토한 국내 문헌은 다음을 참고.; 조성국, "공정거래법상 손해배상명령제도 도입에 관한 연구", 경쟁법연구 제29권, 한국경쟁법학회, 2014, 338-358면.

해결하도록 유도하는 것은 분쟁 해결의 효율성 측면에서 합리적이며 피해 전보 관점에서도 타당하다.

그러나 이학영 의원의 대표 발의안([표 13])은 법 위반 억지와 최적 제재 차원에서 문제가 있다. 현재도 부당한 공동행위 시 부과되는 과징금 수준이 충분치 않은데 중재에 의한 배상결과를 과징금에 감경·감면하도록 설계하였기 때문이다. 이러한 접근방식은 공적 집행과 사적 집행 간에 최상의 조합으로 최적의 제재 수준을 달성하는 데 있어 한계를 보여준다.

[표 13] 2015년 이학영 의원 대표발의 공정거래법 개정(안)

현행	개정(안)
신 설	제57조의2(중재에 의한 손해배상) ① 사업자 또는 사업자단체는 자신이 이 법의 규정을 위반함으로써 피해를 입은 자(이하 '피해자'라고 한다. 이하 같다)가 있는 경우 피해자의 동의를 얻어 <u>중재법 제3조 제1호의 중재의 방식으로</u> 해당 손해의 배상을 해결하기로 결정할 수 있고 이 경우 <u>공정거래위원회는 중재 결과를 고려하여 이 법의 규정에 의한 과징금을 감경 또는 감면할 수 있다.</u> ② 공정거래위원회는 이 법 규정을 위반한 사업자 또는 사업자단체, 그리고 피해자에게 제1항의 중재의 방식으로 손해배상을 해결할 것을 권고할 수 있다. (후략)

② 부당한 공동행위로 인한 손해배상에 대한 중재 적격성

부당한 공동행위는 대부분 경쟁당국이 엄격한 공적 규제 대상으로 합의 자체를 위법하다고 보므로 사업 활동에서 경영상의 어려움 내지 거래상의 합리성, 생존을 위한 부득이한 상황은 통상 위법성 판단에 영향을 미치지 않는다.[843] 부당한 공동행위는 공정거래법 행위 유형 중 가장 공공성이 높은 행위 유형으로 공적 집행으로 처분되어야 할 사안이기에 부당한 공동행위 자체에 대한 중재 적격 없음은 논란의 여지가 없다.[844]

---

843) 대법원 2009.3.26. 선고 2008두21058 판결 등.

다만 부당한 공동행위 규율의 공익성으로 공적 집행이 이루어지는 것과 별개로 부당한 공동행위를 청구원인으로 한 손해배상은 중재 대상이 될 수 있다는 시각에 의하면, 손해 입증에 대해 곤란한 상황이나 소송의 장기화 측면에서도 권리 구제를 위하여 부당한 공동행위로 발생한 손해배상을 중재 대상으로 인정하여야 한다고 주장한다.845) 이러한 시각은 법 위반 억지 차원에서도 의미가 있다. 부당한 공동행위로 인한 손해배상청구는 소송 비용 및 기간, 손해액 입증의 난점으로 피해자가 적극성을 띨 유인이 적어서 가해자에게도 위협이 되지 않는 경향이 있다. 그러나 신속하고 간명하면서도 사법적 판결의 효력이 있는 중재로 사적 집행이 보다 쉽게 이루어진다면 최적 억지 차원에서 제재 효과가 높아지므로 유용하다.

부당한 공동행위를 청구원인으로 한 손해배상의 중재 적격성은 미국의 JLM Industr Inc. v. Stolt-Nielsen SA 사건에서도 다루어졌다. 이 사건에서 거래의 기초가 되었던 판매계약에 의한 일체 분쟁은 중재로 해결한다는 조항의 유효성이 문제가 되었는데, 법원은 부당한 공동행위 자체의 제재와는 별도로 계약 이행사항으로 발생한 손해배상은 중재 적격이 있다고 판단하였다.846)

부당한 공동행위를 청구원인으로 한 손해배상의 중재 적격이 인정될 경우 효력 범위에 대해서는 다음의 특허권 분야 사례가 참고할 만한 가치가 있다. 이와 관련하여 세계지식재산권기구(World Intellectual Property Organi-

---

844) 대법원은 기업결합 규율에서도 국민 경제의 균형적 발전을 효율성 증대효과 판단 시 고려해야한다고 본다. 이는 부당한 공동행위처럼 공적 성격을 갖고 있어 분쟁이 발생하더라도 중재 대상이 된다고 보기 어렵다.; 대법원 2009.9.10. 선고 2008두9744 판결.; 최승재(2013), 앞의 글(주 810), 17면.; 다만 이 문헌에서는 시장지배적지위남용행위 등 다른 법 위반 유형행위와 관련된 중재 적격성 여부는 검토 대상에서 제외한다.
845) 최승재(2013), 위의 글(주 810), 18-19면.
846) JLM Indus. Inc. v. Stolt-Nielsen SA, 387 F.3d 163(2d Cir. 2004).; In re Currency Conversion Fee, 361 F.Supp.2d 237, 258(S.D.N.Y. 2005).

zation)에서 특허의 효력 자체는 논외로 하더라도 중재에 있어서는 대세효가 아닌 당사자 간 한정적 효력을 인정한 사례가 있다.847) 이에 착안하면 부당한 공동행위로 인한 손해배상에 대한 중재 효력도 제한적으로 인정할 수 있다.

대법원 전원합의체 판결도 "특허 발명에 대한 무효 심결이 확정되기 전이라 하더라도 특허 발명의 진보성이 부정되어 그 특허가 특허 무효심판에 의하여 무효로 될 것이 명백한 경우 그 특허권에 기초한 침해금지 또는 손해배상 등의 청구는 특별한 사정이 없는 한 권리남용으로 허용되지 않고 특허권 침해소송을 담당하는 법원도 특허권자의 그러한 청구가 권리남용에 해당한다는 항변이 있는 경우 당부를 살피기 위한 전제로 특허 발명의 진보성 여부를 심리·판단할 수 있다고 할 것이다"라고 판시한다.848) 따라서 부당한 공동행위에 가담한 사업자들은 부당한 공동행위에 참여한 기간에 따라 손해배상 규모가 상이하므로 중재 적격으로 삼더라도 대세효를 인정하기 어렵지만 당사자 간 효력은 긍정할 수 있을 것으로 보인다.

4) 부당한 공동행위로 인한 손해배상분쟁의 중재제도 활용 시 입법 개정안

중재에 의한 대안적 분쟁해결은 다음의 방식을 고려할 수 있다.

첫째, 중재 조항을 포함하여 합의하는 경우를 들 수 있다. 중재법에서는 중재 합의를 계약상 분쟁 여부 또는 당사자 간 사전, 사후 합의 여부를 불문하고 폭넓게 인정한다.849) 이 방식은 계약 당시부터 중재 약정을 통하여

---

847) 최승재, "특허관련분쟁과 중재", 중재 통권 제335호, 대한상사중재원, 2011, 30-37면; 최승재, "지식재산권 분쟁 해결수단으로서의 중재제도(WIPO 중재제도를 중심으로)", 중재 통권 제338호, 대한상사중재원, 2012, 12-14면.
848) 대법원 2012.1.19. 선고 2010다95390 전원합의체 판결.
849) (중재법 제3조 제2호) 중재 합의란 계약상 분쟁인지 여부와 관계없이 일정한 법률관계에 관하여 당사자 간에 이미 발생하였거나 장래에 발생할 수 있는 분쟁의 전부 또는 일부를 중재에 의하여 해결하도록 하는 당사자 간의 합의를 뜻한다.

계약 관련 분쟁을 중재대상으로 삼거나 분쟁 발생 후 중재 약정이 이루어지는 경우로 나눌 수 있다.[850] 기업 간 거래에서는 약관 형태를 대다수 사업자에게 적용하므로 해당 약관에 "부당한 공동행위를 청구원인으로 한 손해배상책임 분쟁은 중재로 해결한다"는 규정을 삽입하는 방식을 고려할 수 있다. 대법원도 불법행위로 인한 손해배상청구를 중재 합의 범위에 포함시키는 태도를 취한다.[851]

둘째, 공정거래법상 분쟁 해결을 위하여 이미 기반이 마련된 조정제도를 활용하고 조정이 성립하지 않았을 때 중재를 진행하는 것이 효율적이라는 시각이 있다. 이 입장에서는 현행 분쟁조정기관의 인력, 절차, 시스템을 활용하여 분쟁 당사자들은 자율적 의사결정에 의한 화해를 추구하고 조정에서 논의된 자료를 중재절차에서도 활용할 수 있으므로 분쟁해결 시간과 비용을 절약할 수 있다고 주장한다. 이 견해에 의하면 조정과 중재를 혼용하는 "조정적 중재(Med-Arbitraion) 또는 최종제의 중재(Final-Offer Arbitration)" 방식을 활용할 수 있다고 언급한다.[852]

이러한 접근방식은 현행 공정거래법규상 조정과 관련된 인력, 절차, 시스템을 활용하면서 분쟁조정 방식에 중재를 추가하는 방안을 염두에 둔 것으로 타당성이 있다. 이를 위해서 2023년 12월 입법예고된 공정거래 분쟁조정법 개정안을 활용하는 방식을 고려할 수 있다. 공정거래 분쟁조정법 개정안에서는 범위가 불공정거래행위에 한정되지만 중재제도가 새롭게 반영되었다(개정안 제31조, 제32조, 제36조).[853] 이러한 시도는 중재제도가

---

[850] 부당한 공동행위로 인한 손해배상이 문제된 사안은 아니지만 전시 시설 기본 및 실시 설계와 관련된 중재(중재 제08111-0017호)에서 분쟁발생 이후 중재 약정을 합의한 사례가 있다. 이 사안에서는 중재 신청인이 피신청인에게 지출한 직접 인건비 및 직접 경비와 함께 정신적 손해에 대한 위자료를 합산한 금액에 중재규칙상 인정되는 연 12% 지연손해금을 지급할 의무가 있다고 보았다.
[851] 대법원 2021.4.10. 선고 99다13577 판결.
[852] 김건식(2014), 앞의 글, 15면, 62면.
[853] 분쟁당사자들이 자신에게 적합한 분쟁해결 수단을 선택할 수 있도록 조정 외에 중재

공정거래법상 분쟁에 효과적인 수단이라는 장점이 반영된 것으로 풀이된다. 본고에서는 사적 집행 강화방안으로 중재제도 도입 필요성을 지지하는 입장에서 공정거래 분쟁조정법 개정안에 중재의 적용범위를 부당한 공동행위를 청구원인으로 하는 분쟁까지 확장하는 입법 개정을 [표 14]와 같이 제안한다.

[표 14] 공정거래 분쟁조정법 적용범위 개정(안)

현행	개정(안)
제2조(정의) 이 법에서 사용하는 용어의 뜻은 다음과 같다. "공정거래 관련 분쟁"이란 다음 각 목의 분쟁을 뜻한다. 가. "공정거래 분쟁"이란 「독점규제 및 공정거래에 관한 법률」 제45조제1항에서 규정한 행위와 관련된 분쟁을 말한다. (이하, 생략)	제2조(정의) 이 법에서 사용하는 용어의 뜻은 다음과 같다. "공정거래 관련 분쟁"이란 다음 각 목의 분쟁을 뜻한다. 가. "공정거래 분쟁"이란 「독점규제 및 공정거래에 관한 법률」 제40조 및 제45조제1항에서 규정한 행위와 관련된 분쟁을 말한다. 단, 제40조와 관련된 분쟁은 제40조 위반을 청구원인으로 한 손해배상과 관련된 민사상 분쟁에 한정한다. (이하, 생략)

한편 소비자가 부당한 공동행위의 피해당사자가 된 경우에는 사업자를 대상으로 적용되는 공정거래 분쟁조정법 적용이 어려우므로 다른 방식의 접근이 필요하다.

사업자와 소비자는 통상 약관에 의하여 계약을 체결한다. 사업자 및 소비자 간에 발생한 분쟁을 중재로 해결하려는 분쟁 전 중재 합의조항(이하 '부합계약(Adhesive Contract)'[854])을 약관에 규정하는 경우가 많지만 소비자

제도를 신설하고(안 제32조 및 제33조) 중재 시에는 분쟁당사자의 비용부담에 관한 근거규정을 마련하였다(안 제36조). 최종 시행 법률에서는 중재제도 신설 내용이 제외되었지만 본고에서는 입법예고안 내용을 토대로 입법 개정안을 제안하였다.

854) "부합 계약이란 일반적으로 다수의 당사자가 사용할 수 있게 하기 위하여 만들어진 정형화된 계약서에 당사자가 해당 계약서의 세부조항을 인지하고 서명함으로서 합

가 이 규정을 명확히 인지하고 계약을 체결하는 경우는 드물다. 이 때 중재제도에 익숙한 사업자는 중재를 분쟁해결방식으로 선택할 수 있지만 관련 지식이 부족한 소비자는 그렇지 않다. 이와 같이 신속한 분쟁 해결을 위한 조정과 소비자 보호라는 이익 형량을 어떻게 저울질하느냐가 중요한 쟁점이 된다.

우리 중재법에서는 소비자 및 사업자 간 중재 합의에 대한 규정이 부재하여 협상력의 불균형이 있는 소비자와 기업 간 계약에서 소비자에 대한 보호가 취약해지는 문제점이 있다. 이러한 문제를 해결하기 위하여 소비자기본법에서 소비자 분쟁을 조정 또는 단체소송으로 해결하도록 법제화했으나(법 제60조 내지 제76조) 중재는 분쟁 해결방안에 포함되지 않는다. 소비자가 사업자의 부당한 공동행위로 인해 피해를 입은 경우 소액 다수의 피해 경향에 있어서는 조정이 아닌 소비자 단체소송으로 구제가 이루어지는 경우가 더 많을 것이며, 소송 시의 입증책임에 대해 곤란한 상황은 여전히 해결이 필요한 숙제로 남는다.

본고에서 중점적으로 논의하고 있는 부당한 공동행위로 인해 발생한 손해 중 기업이 피해를 보는 사안에 대한 분쟁해결은 소송이 아니라 중재 방식을 활용하는 실익이 분명해 보이지만, 소비자가 피해를 보는 사안은 현재 우리나라 법제에서 부합계약이 주를 이루는 거래 관행, 피해 특성이 소액 다수인 소비자 분쟁 성격을 생각하면 중재가 필수 불가결하게 도입되어야 할 실익은 높지 않은 것 같다. 하지만 소비자의 분쟁 해결 선택지를 넓힌다는 점에서 소비자기본법에서 중재 방안을 반영하는 방식을 고려하는

의가 이루어지는 계약을 일컫는다." 하충룡, "소비자 중재합의의 부합 계약성에 관한 검토", 중재연구 제22권 3호, 한국중재학회, 2012, p.50.; 부합 계약은 약관규제법 적용상 무효가 될 수 있지만 약관법에서 소비자와 사업자 간 분쟁 전 합의에 대한 규정을 두는 것은 아니다. 주강원, "소비자 계약에 있어 분쟁 전 중재합의에 관한 연구: 비교법적인 분석을 중심으로", 강원법학 제56권, 강원대학교 비교법학연구소, 2019, 510면.

방향성은 적절하다고 본다.

II. 기타 사적 집행 강화방안

1. 기업의 컴플라이언스 정책을 활용한 사적 집행

(1) 사적 집행의 범위 확대해석 : 법 위반 피해 사전 예방활동

부당한 공동행위 억지를 위한 사적 집행을 강화하려면 전제사항으로 사적 집행의 범위를 사후적 손해배상제도와 대안적 분쟁해결제도에 한정할 것이 아니라 기업 주도의 컴플라이언스 정책을 활용한 방식도 함께 포함하여야 한다. 즉 사후적 대응뿐만 아니라 선제적 법 위반 예방까지 사적 집행의 범위를 확대해서 이해할 필요가 있다.

왜냐하면 부당한 공동행위에 대한 공적 집행으로 법인에 대한 과징금 부과 및 형사고발이 이루어지더라도 기업 소속 구성원은 지속적으로 교체되므로 기업 문화 전반에 준법 의식이 체질화되지 않는 한 법 위반 억지가 어렵기 때문이다. 부당한 공동행위와 관련된 이사의 감시의무 위반으로 사인인 경영층이 주주대표소송[855])에 의하여 손해배상 책임을 지는 경우가 있지만 이러한 제도도 최근에서야 나타난 변화의 모습으로 아직까지 활성화되어 있지는 않다.

지금까지 논의된 사적 집행 활성화 방안에 대한 연구는 각 제도의 효과성 차원에서 귀납적이며 각론적 모색에 몰입하여 개별적으로 검토된 측면이 있다. 사적 집행이 종전의 법학적 시각에서 중론을 벗어나 억지에 기여한다는 주장을 지지받으려면 사적 집행의 범위를 재해석하는 것에 관심을

---

855) 기업의 주주는 기업 구성원과 같이 면밀하게 기업의 이슈 파악이 어려우므로 주주대표소송을 통하여 법 위반 억지를 달성할 수 있음을 제5장 제2절 III에서 다루었다.

두어야 한다. 부당한 공동행위에 의한 피해 구제를 위하여 사적 집행을 강화해야 한다는 연구가 누적되었고 다양한 제도를 차용했으나 본질적 내재화는 부족하여 새로운 시각과 접근방식이 주목받는 것이다.[856)]

이런 점을 고려하면 향후 사적 집행의 패러다임은 사후 규제와 후속적 조치에만 관심을 둘 것이 아니라 사전 예방 패러다임으로 전환하여 이해하는 것이 불가피하다. 사전 예방 관점이 중요한 까닭은 공적 규제 중심의 법과 제도가 정비되더라도 집행비용과 효율성을 고려하면 법 집행의 사각지대는 존재하기 때문이다.[857)] 획일적 공적 규제와 사후 손해배상제도 중심의 대응으로는 법 위반 억지에 한계가 있다. 그렇다면 시장참가자의 중요한 주체인 기업들에게 시장 구성원으로서 책무를 부여하고 선제적 차원의 자율적 역할을 강화하도록 변화를 주는 관리가 필요하다. 이는 기업의 컴플라이언스 정책과 연계하여 효과를 거둘 수 있다.

최근 공정위도 부당한 공동행위 예방을 위해서는 시장 구성원의 적극적인 노력이 필요하다는 것을 강조하면서 주요 공공기관을 대상으로 임직원 입찰담합 관여행위 근절 선포식을 개최하고 공기업 주도의 예방적 패러다임 구축을 독려하였다.[858)] 이 관점에 기초할 경우 사적 집행 주체는 법 위반 억지를 도모하는 발주처 기업이 되겠지만 금전 제재를 활용한 부당한 공동행위 억지를 실현하여 최적의 법 집행이 이루어지도록 하려면 사적 집행의 주체에 주주, 기업의 고객 등 이해관계자까지 폭넓게 포함할 수 있을 것이다.

이러한 맥락에서 공정거래법상 사적 집행에 대해 법 위반 발생을 차단하

---

856) Lee, Hwang(2019), op. cit., p.14.
857) 백대용, "공정경쟁 실현을 위한 자율 규제의 역할과 방향", 법학연구 제31권 1호, 연세대학교 법학연구원, 2021, 375-376면.
858) 공정거래위원회, "14개 공공기관, 임직원 입찰담합 관여행위 근절 약속", 보도참고자료, 2023. 6. 1. <http://www.ftc.go.kr/www/selectReportUserView.do?key=10&rpttype=1&report_ data_no= 10063>, 2023.10.8. 최종방문.

도록 선제적 예방에 관심을 두는 자율규제를 참고할 수 있다는 견해가 있다.859) 이 견해는 정부 중심의 규제를 전면적으로 외면하기 어렵지만 소외되어 오던 사적 집행의 범주를 확장하도록 진취적으로 접근하는 시도라고 할 수 있다. 이는 기존 선행연구의 경향성과 차이가 있어서 시사하는 바가 크다. 종전의 법 집행만으로는 권리의 법적 보호가 불완전하므로 규제 분야에서 자율성 확대를 통한 법 제도의 진화가 필요하다는 관점이 지지를 얻는 것이다.860)

다만 자율규제는 혁신 성장의 동태성을 유지하면서 합리적 제재 기반과 환경을 조성하려는 플랫폼 분야에서 활발히 논의되는 방식이다. 따라서 본고에서는 공정거래법상 사적 집행에 자율규제의 개념을 직접 수용하기는 어려워 보인다. 공정거래법상 부당한 공동행위 분야의 법 위반 억지를 위하여 기업 차원에서 자율적이며 선제적인 예방활동이 중요하다는 점으로 자율규제의 취지를 살릴 수 있다고 생각한다.

(2) 사적 집행의 범위 확대해석 사례

기업의 공정거래 CP는 해당 기업이 공정거래법규를 위반하지 않도록 자율적으로 운영하는 내부 준법시스템이다. 그러나 사적 집행 강화 측면에서 공정거래 CP의 의미를 해당 기업의 내부 법 준수에서 한발 더 나아가 거래 상대방 기업의 법 위반을 억지하고 예방하는 범위로 확대해석하여 전향적으로 운영하는 사례가 있다. 이 사례는 부당한 공동행위 억지를 위하여 기업이 자발적으로 사적 집행을 강화한 시도라고 해석할 수 있다.

기업집단 포스코의 소속회사들은 20여 년 간 지속적으로 공정거래 CP 활동을 수행하였다. 최근에는 '입찰담합 피해예방 TF'를 구성하여 그룹 소속회사들이 법 위반 피해를 볼 수 있는 것에 대비한 사전 예방활동을 강화

---

859) 백대용(2021), 앞의 글(주 858), 359면.
860) 김차동(2014), 앞의 글(주 61), 455면.

하고 있다. 기업집단 포스코 대표회사인 포스코홀딩스㈜의 보도자료에 의하면 TF에 참여한 기업집단 포스코의 소속회사들이 다음과 같은 활동을 전개하였다고 한다. 입찰을 통하여 발주하였던 거래사안과 관련하여 투찰자료를 분석하는 한편 계약부서가 부당한 공동행위 징후를 점검할 수 있는 맞춤형 검증 체크리스트 제공하였다. 나아가 현행 계약제도에서 부당한 공동행위를 야기할 수 있는 요인들을 점검하고 적정가 낙찰제확산과 공급사 Pool 확대 방안 등을 검토하였다. 또한 기업집단 포스코의 소속회사가 발주한 거래에서 부당한 공동행위의 징후를 거래상대방이 파악하게 될 경우 신속한 자진신고와 함께 즉각적 후속 행동이 가능하도록 업무 프로토콜을 마련하였다.[861]

　이처럼 기업의 능동적 공정거래 CP 활동은 비즈니스 파트너의 부당한 공동행위 연루 가능성을 차단하고 법 위반 억지를 유도하는 순기능이 있다. 나아가 최적의 법 집행 관점에서 적발 가능성을 끌어올릴 수 있는 유력한 방법론이다. 공정위의 공적 집행만을 교묘히 피하여 부당한 공동행위에 가담해오던 법 위반 기업에게 있어 거래상대방의 적극적 CP 활동은 사적집행 감시망을 촘촘하게 메꾸어 규제 사각지대를 최소화할 가능성을 높일 수 있다. 부당한 공동행위에 가담한 사업자들에게 공정위의 과징금 부과 조치 및 거래상대방에 의한 부정당업체 제재, 기타 금전 제재가 더해진다면 거래상대방 사업자가 부당한 공동행위에 가담하여 얻는 이익과 법을 위반했을 때 부담하게 되는 비용을 비교 형량해 볼 때 법 위반 가담 유인이 낮아질 수 있다.

　기업들의 시장 감시 역할이 활성화되면 부당한 공동행위가 의심되는 사안을 발주처가 모니터링하여 공정위에 적극적으로 신고할 수 있다. 이렇게 하면 공정위에 의한 법 위반 적발 가능성도 높일 수 있다. 경우에 따라서는

---

861) 포스코홀딩스, "포스코그룹, 그룹사 담합 피해 선제적으로 예방한다", 보도자료, 2023.12.18., <https://bit.ly/3Tra6wc>, 2024.4.20. 최종방문.

발주기업들이 자체적으로 분석한 입찰담합 피해 징후 자료들을 활용하여 공정위 조사에 앞선 손해배상청구 사례가 나올 수도 있다. 그렇다면 부당한 공동행위 가담 기업들에게 매우 위협적 메시지를 전달할 수 있다. 부당한 공동행위로 발생한 손해 중 기업이 피해를 보는 것에 대한 예방 활동은 산업계의 후방 시장과 최종 소비자에게 경쟁제한행위로 인한 부정적 파급 효과를 차단할 수 있는 방어막이 될 수 있다. 이러한 접근방식은 결과적으로 사적 집행을 통하여 시장 모니터링 기능이 강화되므로 법 위반 적발 가능성을 높이기 위한 공적 집행 비용을 절감할 수 있다. 이른바 공적 집행과 사적 집행 간 상호 보완 차원에서 매우 유익한 결과가 나타날 수 있다.

2. ESG 공급망 관리 관점의 사적 집행 강화방안

(1) 검토 필요성

2024년 4월 「EU 공급망 실사지침(Directive on Corporate Sustainability Due Diligence)」의 채택으로 EU 회원국들은 EU 공급망 실사지침의 준수를 위한 입법 과정을 거쳐야 한다.[862] 우리나라 기업을 대상으로 한 설문에서도 최근 ESG 경영과 연관된 중요한 이슈는 'EU발 공급망 실사(40.3%)'라고 응답하였다고 한다.[863] 이와 같이 ESG 공급망 관리는 최근 전 세계적으로 주목을 받고 있다.

부당한 공동행위로 인해 법을 위반한 사안이 발생했을 때 거래상대방 사

---

[862] European Parliament legislative resolution of 24 April 2024 on the proposal for a directive of the European Parliament and of the Council on Corporate Sustainability Due Diligence and amending Directive (EU) 2019/1937 (COM(2022)0071 – C9-0050/2022– 2022/0051(COD)).

[863] 대한상공회의소, "2023년 ESG 주요 현안과 정책과제 조사", 보도자료, 2023.2.6. <https://www.korcham.net/nCham/Service/Economy/appl/KcciReportDetail.asp?seq_no_c010=20120936132&cham_cd=B001>, 2024.5.25. 최종방문.

업자에게 ESG 공급망 관리에 상당한 타격을 줄 수 있다. ESG 공급망 관리에서 거래상대방이 법을 준수하는 것은 매우 기본적이며 중요한 사항이기 때문이다. 따라서 ESG 공급망 관리 관점에서 거래상대방 공급사업자에 대한 준법 리스크 식별, 영향도 평가, 실효적 대응방안 요구 등 실질적 실사 과정을 반드시 거쳐야 한다. 이는 거래상대방에 대한 공정거래법 위반행위 억지 달성에 중요한 역할을 할 수 있다.

(2) 구체적 운영사례
1) 기업의 AI를 활용한 입찰담합징후시스템 도입

한국전력 산하 전력연구원이 배포한 2022년 보도자료에서는 AI를 기반으로 한 입찰담합포착시스템을 사내 전자조달시스템에 적용하여 거래상대방의 부당한 공동행위 가담 위험성을 자체적으로 점검한다고 공개하였다.[864] 이 사례는 소수 기업에 의한 독과점 공급시장에서 지속적 합의가 염려되는 상황에 대응하기 위하여 법 위반 발생을 기업이 자체적으로 모니터링하여 법 위반 억지를 확보하는 시도로 보인다. 또한 거래상대방의 법 준수를 경계하는 차원에서 ESG 공급망 관리활동의 일환으로 볼 수 있다.

부당한 공동행위는 법 위반사항 적발에 있어 공적 규제에 의한 정부 집중시스템이 규모의 경제에서 효율적이라고 알려져 있다. 2006년에 도입하여 2018년 고도화 작업을 거친 공정위의 '입찰담합징후 분석시스템'은 14개 공공기관에서 입수한 입찰 데이터를 통하여 입찰담합 징후를 포착하고 부당한 공동행위 조사에서 활용된다.[865] 하지만 일부 공공기관을 대상으로

---

864) 이재용, "한전 전력연구원, 입찰담합 포착기술 발전 5사 확대사업 추진", EPJ 뉴스기사, 2022. 10.4., <https://www.epj.co.kr/news/articleView.html?idxno=31235>, 2023. 10.8. 최종방문.
865) 공정거래위원회, "하수도관 및 맨홀 구매 입찰담합 제재", 보도자료, 2021.3.8., <http://www.ftc.go.kr/www/selectReportUserView.do?key=10&rpttype=1&report_data_no=7966>, 2023.10.8. 최종방문.

한 입찰담합 유형에만 국한되는 한계점은 있다.

　기업이 AI 딥러닝 등 분석기법을 동원하여 부당한 공동행위 피해 예방을 위한 조기 경보 시스템을 구축하는 것은 상당한 비용과 시간이 소요된다. 하지만 4차 산업혁명 시대를 맞이하여 AI 기술을 비즈니스에 적합하도록 확산 적용하려고 시도하는 기업이 많아지고 있어 장기적으로는 이러한 비용 투자가 최적의 법 집행 관점에서 효율적인 자본 투입이 될 수 있다. 나아가 여기서 포착한 입찰담합 징후에 대한 정보는 부당한 공동행위로 인해 피해가 발생하여 손해배상청구를 할 때 피해기업의 손해 입증에 중요한 단서가 될 수 있어 중요한 의미가 있다. 공정위가 아니라 시장 구성원이 파악한 법 위반 징후의 단서는 향후 거래 시장의 문제점을 교정하는데 중요한 제도 개선의 시발점이 될 수도 있다.

　2023년 특허청이 ㈜LG의 AI 연구원과 합동하여 세계 최초로 AI 특허심사시스템을 구축한 시도[866]도 민·관이 긴밀히 협력하여 AI 신기술을 적용한 사안으로 매우 선진적 방식이다. 이에 착안한다면 입찰담합징후를 적극적으로 모니터링하기를 희망하는 민간기업에게 현행 공정위의 입찰담합징후 분석시스템에 소속기업의 투찰 데이터를 제공하도록 한다면 별도의 투자비용 소요 없이 공정위가 법 위반 적발 가능성을 높이는 도구로 유용하게 활용할 수 있다. 앞서 실증연구에서 살펴보았듯이, 실제 부당한 공동행위 적발율은 그다지 높지 않아서 오히려 제재 수준을 높이는 방식이 법 위반 억지에 효과적이지만 적발 가능성을 함께 향상시킬 수 있다면 최적의 법 집행에 큰 도움이 될 것이다.

---

866) 조창현, "분야별 AI 기술접목 확산, 부터 정부까지 협력 가속", 인더스트리 뉴스기사, 2023.7.17, <https://www.industrynews.co.kr/news/articleView.html?idxno=50363>, 2023. 10.8. 최종방문.

2) 거래상대방 기업에 대한 공정거래CP 제도 지원체계 마련

2021년 ㈜포스코가 배포한 언론 보도에 의하면 거래상대방에 대해 부당한 공동행위에 대한 가담을 예방하도록 하는 등 거래상대방 기업이 실효적 공정거래 준법체계를 정착하도록 지원을 하기 위하여 공정위 CP제도를 완화 적용한 공정거래 CP 인증제도를 도입하였다고 한다.(이하 '협력기업 공정거래 CP인증제도')

협력기업 공정거래 CP인증제도는 발주기업이 공정위 CP 등급평가 및 인증 제도를 완화하여 거래상대방 기업에 대한 CP체계 진단을 지원하는 것이다. 이후 발주기업이 이를 토대로 자체적으로 거래상대방 기업에 대한 CP 등급을 인증하고 평가등급 우수 거래상대방이 부득이하게 공정거래법 위반에 가담할 경우 거래상대방에 대해 일정한 혜택을 제공하는 제도이다. 즉 공정위의 자진신고 감면제도처럼 협력기업 공정거래 CP인증제도 참여기업이 법 위반에 연루되었을 때는 CP인증제도 주관기업(발주처)이 거래처 제재 등을 감면, 감경하는 인센티브를 제공한다.[867]

중소기업 등 거래상대방이 협력기업 공정거래 CP인증제도에 참여하고 싶더라도 인적, 물적 자원이 협소하여 전문적인 준법교육이나 준법 통제시스템 마련이 곤란한 경우가 많았다. 그러나 협력기업 CP인증제도 주관기업이 직접 거래상대방의 CP체계 준수를 위한 준법 컨설팅을 지원함으로서 거래 파트너사에 대한 공정거래 CP문화 조성에 기여하는 점은 주목할 만한 대목이다. 이는 시장 거래생태계의 구성원으로 하여금 기업들이 협력하거나 공조하여 준법문화 정착을 위하여 노력하도록 한다. 또 이러한 활동은 손해배상책임 및 계약에 의해 거래상대방에게 페널티를 부과하는 방식과 비교할 때 훨씬 선진적이며 전향적 시도라고 할 수 있다. 이러한 기업의 움직임이 실질적인 법 위반 억지로 이어지려면 단발성 행정제재보다는 근

---

[867] 포스코, "포스코, 국내기업 최초 공정거래자율준수프로그램 인증제도 시행", 보도자료, 2021. 1.12., <https://bit.ly/3bBu15T>, 2023.10.8. 최종방문.

본적으로 기업의 준법 CP문화 확산이 전제되어야 함을 시사한다.

한편 ㈜포스코는 부당한 공동행위 피해 예방을 위하여 기업 내부에 '입찰 담합 자진신고센터'를 도입하였다고 한다. 거래상대방이 부당한 합의에 가담하는 사안이 발생했을 때 거래상대방으로 하여금 발주기업에 자진신고를 할 수 있도록 유도하고 해당 거래상대방에 대한 사적 제재와 손해배상 부담에 대한 감경 혜택을 준다.[868]

법 위반에 가담한 사업자는 이러한 제도를 활용하지 않을 경우 부당한 공동행위로 인해 발생할 이익에 대비하여 법 위반이 발각되었을 때 소요되는 비용이 상회할 가능성이 높으므로, 부당한 공동행위 가담사업자들에게 최적의 법 집행을 위한 효율적 수단으로 작동할 수 있다. 이 과정에서 발주기업에 자진신고한 부당한 공동행위와 관련된 증거는 향후 공정위의 행정조사와 민사상 손해배상청구소송에서 중요한 입증자료로도 활용될 수 있을 것이다.

---

868) <https://www.stccl-n.com/P10/P10710/voc/jsp/P10_VOC_Fair_Trade.jsp>, 2023.10.8. 최종방문.

제6장
결 론

제1절 연구 결과의 정리

지금까지 본고에서는 공정거래법상 부당한 공동행위에 대한 억지를 위한 손해배상제도 등 사적 집행 강화방안을 검토하였다. 구체적 논의를 위하여 부당한 공동행위에 대한 전통적 법 집행체계의 한계점과 이를 극복하기 위한 수단으로 사적 집행의 필요성을 살펴보았다. 최적의 법 집행이론을 근거로 하여 부당한 공동행위의 억지를 위해서는 사적 집행이 유용하다는 점을 뒷받침하는 한편 국내외 실증연구로 이를 입증하였다(제2장 및 제3장). 한편 부당한 공동행위 억지에 사적 집행을 활용할 때 유익한 수단이 될 수 있는 징벌적 손해배상제도를 중심으로 우리나라와 해외 입법례를 비교 검토하였다(제4장). 이러한 논의 과정을 거쳐 부당한 공동행위 억지에 기여할 수 있도록 손해배상제도와 기타 사적 집행에 대한 강화방안을 제시하였다(제5장). 이상 연구결과를 요약하면 아래의 I항부터 III항까지로 정리할 수 있다.

I. 사적 집행이 법 위반 억지에 기여할 수 있다는 주장을 하려면 기초가 되는 전제사항으로 공정거래법상 부당한 공동행위에 대해 전통적 법 집행체계를 비판적 시각으로 바라볼 필요성이 있다. 즉 공적 집행은 법 위반 억지에, 사적집행은 피해자 구제와 손해배상에 주된 관심을 두는 시각은 한계점이 있다는 것이다. 다음 단계로는 사적 집행이 공적 집행과 대체성이 있는지 여부와 사적 집행이 억지에 기여할 수 있는 근거가 무엇인지에 대해 살펴보았다.
1. 우리나라에서는 부당한 공동행위에 대해 제재할 때 과징금 제도를 빈번하게 활용하지만 과징금 부과 수준은 미국 등 해외 경쟁당국과 비교할 때 높지 않고 과징금 산정 및 감액 제도가 갖는

문제에 대해서 감사원도 반복하여 지적하여 행정제재에 한계가 있음을 확인할 수 있었다. 한편 부당한 공동행위에 대한 또 다른 공적 집행 수단인 형사제재도 최근에는 공정위 조사에 앞선 선제적 수사 착수, 카르텔 형벌 감면제도 도입 등 적극적 움직임이 파악되고 있으나 기존 공정위의 자진신고자 감면제도 등과 충돌이 우려되는 현상을 목도할 수 있었다.

2. 법경제학 관점에서 법 위반행위가 사회에 초래한 피해액과 적발 가능성을 고려하여 과징금 수준을 설계해야 최적의 법 집행이 가능하다. 만약 과징금 만으로 최적의 법 집행이 곤란하다면 손해를 재분배하는 동시에 경제적 효율성을 기초로 규범적 역할을 하는 사적 집행 방식을 병행하여 법 집행을 하는 방식이 효과적이라는 점 또한 확인하였다. 이를 위한 전제로 최적 법 집행이론을 염두에 두고 공적 집행과 사적 집행 간 대체 가능성을 살펴보았다. 최적의 법 집행이론에서는 합리적 인간의 행동을 기초로 법을 위반함으로써 지급할 금전적 총량이 법 위반으로 인해 얻는 한계 이익보다 크면 억지가 가능하다고 설명한다. 이러한 접근은 과도한 수준의 제재나 응보가 아니라 경제적 효율성 측면에서 합리적 법 집행기준의 설계가 필요하고 이 과정에서 공적 집행과 사적 집행이 대체 가능성이 있다는 점을 강조하는 것이다. 공적 집행과 사적 집행이 대체 가능성이 있다는 점에 대해서는 Coffee, Polinsky와 Shavell 등의 연구에서 실증결과로 확인하였다.

3. 나아가 Lande와 Davis의 실증연구에서는 사적 집행으로 인한 배상금이 공적 집행으로 인한 벌과금의 4배 이상이라는 점을 입증하여 사적 집행의 억지 효과를 증명하였다. Lande와 Davis는 공적 집행의 기능이 미흡하다는 점을 지적하기보다는 그동안 간과되어 오던 사적 집행이 금전 제재 수단으로서 법 위반 억지 확보

에 중요하다는 점을 강조하고 양 집행수단 간 상호 보완성을 인정하여 사적 집행이 공적 집행을 지지하는 기능을 담당 할 수 있다는 점을 입증하였다.

Ⅱ. 부당한 공동행위 억지에 사적 집행을 활용하기 위해서는 법 위반 적발 가능성을 높이는 방식보다는 제재 수준을 높이는 방식이 경제성 차원에서 효과적이다. 따라서 부당한 공동행위에 대한 억지력 확보를 위하여 사적 집행을 활용하는 경우 징벌적 손해배상제도가 유용한 방식이 될 수 있으므로 이를 중심으로 우리나라와 해외 입법례를 비교법으로 검토하였다. 나아가 본고에서의 결론을 도출하기 위하여 각국의 경쟁법상 손해배상제도 중 사적 집행 시 유용하게 활용될 수 있는 부분을 집중하여 살펴보았다. 예를 들어, 각국의 손해배상제도에서 원고의 입증책임 수준, 손해액 인정제도 운영현황, 사실심 법원의 역할과 규범적 통제, 외국 판결에서 인정된 징벌적 손해배상의 승인 여부 등이다.

1. 미국의 입법례는 다음과 같이 요약할 수 있다. 미국의 징벌적 손해배상제도는 공동체에 가해진 법 위반 가담자에 대해서 이득을 박탈하여 제재하고 침해받은 권리에 대해서 원상회복을 초과 배상하여 권리를 존중하는 데 목적을 둔다. 한편 징벌적 손해배상제도를 활용하면 법 위반 가담자에게 주의를 환기하여 법 위반행위를 위축시킬 수 있으므로 억지가 달성될 수 있다는 점을 중요하게 여긴다. 또한 Cohen과 Harback위 최적의 법 집행이론에 근거한 징벌적 손해배상제도의 억지효과 연구에서는 징벌적 손해배상제도가 우려할 만큼의 고액 배상이나 소 제기를 남용할 가능성이 높지 않다는 결론을 확인할 수 있었다.

한편, 미국의 독점금지법상 3배의 배상제도에서는 원고의 손해액 입증책임에 대해 엄격한 기준을 적용하지 않고 증거개시제도를 활용하여 손해액 입증 시 자료접근권한이 원활하게 보장되고 있는 장점이 있음을 파악하였다.
2. EU와 회원국인 독일과 프랑스의 입법례는 다음과 같이 요약할 수 있다. EU 공동체에서는 사상적으로 초과 배상을 허용하는 징벌적 손해배상제도는 부정한다. 이러한 태도는 독일, 프랑스 등 회원국 법제에서도 같다.
그러나 EU는 경쟁법상 손해배상제도가 피해자 구제에 어려움이 있다고 인정하고 개선방안을 고민하였다. 그 결과 EU는 Directive (EU)/2014/104를 제정하여 EU는 회원국 간에 발생하는 경쟁법상 손해배상제도와 절차의 다양성 문제를 극복하고 이해관계자에게 사적 집행을 활성화하도록 표준방침을 마련한 것은 대륙법계 국가인 우리나라에 시사점을 준다.
독일에서는 Directive(EU)/2014/104를 입법화하면서 대륙법계 국가임에도 미국의 증거개시에 준하는 절차를 도입하였다. 이는 Directive(EU)/2014/104를 전향적으로 수용한 긍정적 시도라고 평가된다.
한편 프랑스에서도 Directive(EU)/2014/104를 입법화한 이후 경쟁법 위반과 관련된 다양한 하급심 판례가 집적된 것을 볼 때 경쟁제한행위에 관한 손해배상제도에 대해 긍정적 인식의 변화가 일어났다는 점을 짐작할 수 있다. 무엇보다 2019년 구글 Adsense 사건에서 EC의 결정 이후 최종 법원의 판결이 나오기도 전에 프랑스에서 손해배상을 청구한 LegGuide 소송 사례가 등장한 사실은 향후 EU 회원국에서 사적 집행이 활성화되는 중요한 계기가 될 것으로 전망된다.
3. 일본의 입법례는 다음과 같이 요약할 수 있다. 일본에서도 EU와

소속 회원국들과 마찬가지로 징벌적 손해배상제도에 대해서 부정하는 입장을 취한다. 다만 사적독점금지법에서도 원고의 손해액을 입증하는 문제에 대한 해결을 상당히 어려운 숙제로 인식하면서 일본의 법원은 손해액 인정제도를 적극적으로 용인하는 태도를 보여주었다. 대표적으로 손해액 인정 기준을 계약금액의 일부로 인용하는 경우가 많다.

4. 우리나라에서의 징벌적 손해배상제도에 대한 현황과 개선 필요사항은 다음과 같이 요약할 수 있다. 우리나라에서 악의적 불법행위에 대해서는 전보 배상으로는 불충분하다고 보는 관점이 대두되면서 개별 법률을 통한 징벌적 손해배상제도를 도입하기 시작하였다. 대륙법 체계를 따르는 우리나라 법제에서 민사법과 형사법 영역이 혼재된 징벌적 손해배상제도를 운영하는 것이 법체계 정합론상 바람직하지 않다는 우려가 있었으나 사회적 문제 해결을 통한 법 위반 억지를 기대하는 국민의 법 정서에 부합하도록 징벌적 손해배상제도 인정 범위가 점차 확대되고 있다. 하지만 당초에 우려했던 과잉 집행과 과대 배상 염려와는 달리 오히려 하도급법 중심으로 소극적 법 집행이 이루어지고 있는 현실은 공정거래법을 비롯하여 다양한 법률에 도입된 초과 배상제도에 대해 개선을 해야 한다는 필요성이 설득력을 얻는다. 최근에는 외국 재판에서 인정된 징벌적 손해배상 판결이 우리나라의 공서양속에 위반되지 않는다고 하면서 승인·집행한 대법원 판례가 등장하여 법원의 태도가 전향적으로 바뀔 가능성도 있어 보인다.

하지만 군납유 입찰담합 사건에서 살펴보았듯이 부당한 공동행위로 인한 손해액을 인정할 때 공식처럼 요구되고 있는 경제분석 결과에 따라 손해액의 편차가 매우 크게 나타난다. 이러한 점은 법원이 손해액을 인정할 때 인용하는 규범적 통제와 전문적 식견에 의한 합리적 판단이 매우 중요하다는 것을 강조한다. 결국 이 사건은 10여 년의 소송 끝에 화해로 마무리되었다. 이후 손해액을 인정하는 데 따르는 어려움을 해결하기 위하여 손해액 인정제도가 도입되고 경유 담합사건에서 최초로 적용되었다. 하지만 법원은 손해액 인정제도를 적용하는 데 보수적 입장을 취하고 있어 여전히 원고의 손해액에 대한 입증 부담이 상당하다. 결론적으로 공정거래법상 3배의 손해배상제도를 활성화하기 위해서는 원고가 용이하게 손해액을 입증하도록 지원체계를 마련하고 법원이 손해액을 인정할 때 합리적이고 규범적인 통제가 이루어질 수 있도록 제도 개선이 필요하다는 점을 시사한다.

Ⅲ. 본고의 결론으로 부당한 공동행위 억지를 위하여 사적 집행이 온전히 제 역할을 감당하려면 어떠한 관점에서 개선해야 하는지, 구체적 개선방안은 무엇인지에 대해 검토하였다. 무엇보다 주요 연구 대상인 부당한 공동행위로 인한 손해 중 기업이 피해를 본 사안에 대해 법 위반 억지를 달성하기 위한 사적 집행 강화방안에 주안점을 두었다. 이를 위하여 현행 공정거래법 등의 손해배상제도 및 기타 사적 집행 강화방안을 구분하여 개선이 필요한 사항을 제시하였다.

1. 공정거래법상 손해배상제도 강화를 위하여 공정위의 경쟁주창활동과 연계한 손해배상제도 촉진 방안, 부당한 공동행위로 인해 피해를 볼 수 있는 기업들이 불법행위에 대한 손해배상액예정제도를 미리 도입하고 법원이 손해액을 인정할 때 참작하는 방안, 상법상 주주대표소송을 적극적으로 제기하여 금전 제재 수위를 높이는 방안 등을 제시하였다.

2. 소송이 갖는 내재적 한계점인 비용, 시간, 입증책임 문제를 완화하기 위하여 손해배상제도를 제외한 기타 사적 집행 강화방안을

다음과 같이 검토하였다. 첫째, 부당한 공동행위로 발생한 손해를 청구원인으로 한 분쟁을 조정, 중재제도라는 대안적 분쟁해결방안을 활용하도록 제안하였다. 둘째, 부당한 공동행위로 인해 발생하는 손해 중에서 기업이 피해를 보는 사안은 기업의 법 위반 피해 예방 차원의 컴플라이언스 활동을 강화하고 ESG 경영의 공급망 관리 차원에서 거래상대방의 법 준수를 지원해 주는 활동에 동참하도록 새로운 사적 집행 방식을 제시하였다.

제2절 결론 및 관견(管見)

본고를 검토하게 된 것은 우리나라에서 부당한 공동행위를 규제할 때 공적 집행이 법 위반을 금지하는 강력한 수단이라는 상식이 지배하지만 공적 집행으로 법 위반 억지가 달성되고 있는가에 대한 의문점이 계기가 되었다. 즉 공적 집행은 법 위반 억지를, 사적 집행은 피해자 구제라는 독립적 기능을 한다는 이원적 패러다임에 대한 문제의식을 토대로 양 집행 수단이 보완적으로 작동하는 경우 법 위반 예방과 피해자에 대한 충분한 손해배상이 가능하다는 점을 국내외 실증연구와 해외 입법례를 비교하여 검토하였다. 아울러 부당한 공동행위 억지력 확보를 위하여 현행 사적 집행의 취약점을 진단하고 이를 슬기롭게 극복할 수 있는 제도 보완이 필요하다는 점을 법경제학 관점의 최적의 법 집행이론이 갖는 유용성을 참고하였다.

이러한 접근은 전통적 법학 시각에서 친숙하지 않은 방식이다. 하지만 부당한 공동행위 억지라는 경쟁법의 중요한 경쟁정책의 목적 달성과 함께 법 집행의 효율성 극대화를 위해서 관점의 전환이 필요하다. 다시 말해 공적 집행이 메꾸지 못하는 법 위반 억지의 사각지대를 사적 집행이 지원함으로써 부당한 공동행위를 근절할 수 있고 부득이하게 부당한 공동행위가 발생했을 때는 피해자에 대한 효과적 규제도 달성할 수 있을 것으로 생각한다.

하지만 미국 등과 달리 우리나라는 공정위가 행정 집행에 의해 과징금을 부과하는 방식 위주로 부당한 공동행위를 규제하고 있다. 이러한 법 집행 문화를 생각할 때 사적 소송이 활성화된 해외의 실증연구 사례를 우리나라에 직접 적용하는 것은 현실 적합성이 낮다. 분명 부당한 공동행위 억지 차원에서 볼 때 사적 집행은 한정된 시장경제 자원을 효율적으로 활용하고 시장 구성원에 대한 간접적 책무를 부여하는 점에서 경제성이 있는 법 집행방식이다. 다만 우리나라 법제에 적합한 맞춤형 제도 설계방안을 고민하여야 할 필요성이 강조된다. 반드시 소송을 통해서만 해결하는 방안이 아니더라도 우리나라 법제가 수용할 수 있는 사적 집행의 범위를 새롭게 정의하고 해당 사적 집행이 부당한 공동행위 억지에 어떤 역할과 기여를 할 수 있을지 구체적 논의가 필요하다.

이러한 논의의 필요성에 따라 본고에서는 부당한 공동행위 억지력 확보를 위한 손해배상제도 그리고 기타 사적 집행에 대한 강화방안을 나누어 우리나라 법제에 맞는 현실적 제도개선방안을 제시하였다. 관련 내용은 제6장 제1절 III에서 요약하여 설명하였다. 이 가운데 의미가 있는 제도 개선 결과에 대한 대표적 내용을 정리해 본다.

첫째, 공정위의 경쟁주창활동과 연계한 손해배상제도를 촉진하고자 하는 방안을 제시하였다. 이는 공정위가 부당한 공동행위에 대해 조사 중인 사안을 법 위반 피해를 볼 수 있는 사업자에게 피해 가능성 그리고 관련된 조사를 진행하고 있다는 사실을 서면으로 통지하고 통지받은 사업자에게 공정위가 통지한 내용, 예상되는 잠정적 손해액, 후속 조치계획을 이사회에 보고하도록 하는 방식이다. 이후 해당 이사회 보고 자료를 공정위에 제출하도록 하는 것인데 이를 실행하려면 공정위 사건처리 규칙과 공정거래법 개정 절차가 필요하다. 나아가 공정위가 위의 부당한 공동행위 사안을 심의·의결을 할 때 의결서에 과징금 납부명령 등 공적 집행 조치사항 외에도 피해자의 잠정적 손해 규모와 배상 필요성을 언급한다면 법 위반 가담 사업자에게 상당한 부담을 줄 수 있으며 법 위반 피해 사업자에게는 손해배상소송에 참여할 유인을 부여하는 장점이 있다. 이러한 시도는 공적 집행과 사적 집행 사이에 유기적 접점을 만들어 공정거래법상 손해배상제도가 적극적으로 이루어지도록 유도하는 경쟁주창활동으로서 공정거래법상 부당한 공동행위에 대한 손해배상제도 강화에 중요한 시사점이 있다.

둘째, 불법행위에 대한 손해배상예정액 제도를 활용하는 입법 개정과 함께 판례의 전향적 해석이 필요하다는 점을 제시하였다. 즉 이 방식은 채무불이행에 바탕을 둔 손해배상액예정처럼 불법행위에 대해서도 손해배상예정액을 사전에 정해두면 법원이 이를 공정거래법상 손해액을 인정할 때 참작하는 것이다. 법원이 손해배상액을 산정할 때 가이드라인으로 미리 당사자 간 합의해 둔 손해배상액예정 결과를 참작한다면 손해의 발생은 확실하지만 손해액 입증이 어려운 사안에서 손해배상액 산정이 간명해지며 소송절차가 신속히 이루어질 수 있을 것이다. 이는 최근 프랑스 법무부와 상원이 발표한 민법상 손해배상에 관한 합의 규정 개정안에서 아이디어를 얻은 것이다. 최근 하급심 판례에서도 일정한 정형적 불법행위가 예상되는 계약관계에서 손해 범위를 예측하여 약정하는 것은 특정한 불법행위에 대한 손해배상액을 정한 것으로서 유효하다고 판시하면서 계약금의 10%를 손해배상예정액으로 인용하였다. 향후에도 이러한 판례의 전향적 해석이 대법원까지 확대될 필요성이 있다.

한편 현재 공공분야에서는 입찰담합 가담사업자들에 대해 청렴계약서에 따라 손해배상예정액 제도를 적용하고 있으며 입찰금액의 5% 내지 10%를 손해배상예정액으로 정하는 경우가 많다. 그 근거는 국가계약법 및 정부계약 집행기준에 둔다. 이 제도를 민간기업에도 확대 적용한다면 손해액 입증의 어려움으로 손해배상제도가 미온적으로 운영되는 문제를 극복할 수 있다. 입찰에 참가할 수 있는 자격에 담보를 제공하는 제도를 앞서 언급한 손해배상액예정제도와 병행하여 민간기업에서 활용하는 방식을 제안한다. 이 경우 거래당사자 간 약관에서 입찰담합에 가담하는 경우에 입찰 보증금을 몰취하도록 정해두면 부당한 공동행위 가담사업자에게 손해배상예정액 규모를 상향시켜 금전 부담을 가중시킬 수 있다.

셋째, 손해배상제도 강화 이외 사적 집행으로 대안적 분쟁 해결방안인 조정과 중재제도를 활용하도록 입법 개정안을 제안하였다. 현재도 공정거래법상 사인 간 민사 분쟁 성격이 강한 불공정거래행위에 대해서는 조정

대상으로 정하고 있는데 부당한 공동행위로 인해 피해가 발생한 사인의 손해배상청구를 조정 대상으로 포함하지 못할 이유는 없다. 한편 부당한 공동행위에 대한 규제는 공익적 성격이 강하여 법 위반행위 자체에 대한 중재 적격은 당연히 부정되겠지만 부당한 공동행위를 청구원인으로 한 손해배상의 중재 적격성을 부정하는 것은 사인이 활용할 수 있는 분쟁조정 수단을 제한하는 결과를 초래한다. 중재는 소송과 비교할 때 경제성, 신속성, 탄력성의 장점이 있으므로 부당한 공동행위를 청구원인으로 한 손해배상 분쟁에 대해서 중재 대상에 포함시키는 방식은 타당성이 있다. 이를 구현하는 것은 공정거래 분쟁조정법 입법예고안에 포함된 중재 대상을 확대하는 방식으로 가능하다.

넷째, 부당한 공동행위로 인해 발생하는 손해 중에서 기업이 피해를 보는 사안에서 법 위반을 억지하고 사적 집행을 강화하기 위하여 사적 집행의 범위를 기업 주도의 컴플라이언스 정책을 활용한 예방적 접근까지 확장 해석해야 한다는 점을 제시하였다. 공적 규제 중심의 법과 제도가 정비되고 사후적 손해배상제도 등이 활성화되더라도 집행 비용과 효율성을 고려하면 분명히 억지 사각지대는 발생하므로 부당한 공동행위로 인해 피해를 받을 가능성이 있는 기업 등 시장 구성원의 시장 모니터링 역할이 중요하다는 점에서 이 방식은 타당성이 있다. 기업이 능동적으로 법 위반 피해 예방 차원의 컴플라이언스 활동을 하는 것은 비즈니스 파트너의 부당한 공동행위 연루 가능성을 차단하고 억지를 유도하는 순기능이 있다. 나아가 최적의 법 집행 관점에서 적발 가능성을 끌어올릴 수 있는 유력한 방법론이 될 수 있다.

본고의 연구 대상을 부당한 공동행위로 인해 발생하는 손해 중 기업이 피해를 보는 사안, 특히 관심 대상에서 소외되어 온 민간기업이 보는 피해에 초점을 두고 부당한 공동행위 억지를 달성하려고 연구를 시도한 점은 후속 유사 연구에 참고가 될 수 있을 것이다. 아울러 사적 집행을 손해배상제도에 한정하지 않고 대안적 분쟁 해결방안과 기업 주도의 컴플라이언스 차원에서의 법 위반 피해 예방 활동까지 확장하여 해석한 점은 종전의 연구와 차별성을 띨 수 있을 것이다. 부당한 공동행위를 근절하기 위하여 현실에 적합하고 실효성 있는 방안이 도출될 수 있도록 사적 집행 강화방안에 대한 의미 있는 후속 연구가 누적되기를 기대한다.

참고문헌

1. 국내 문헌

<단행본>

곽윤직,『민법주해[IX]』, 박영사, 1995.
_____,『채권총론(제6판)』, 박영사, 2002.
_____,『채권법각론(제6판)』, 박영사, 2003.
_____,『민법주해[XVIII]』, 박영사, 2005.
권오승,『공정거래와 법치』, 법문사, 2004.
_____,『독점규제법 30년』, 법문사, 2011.
_____,『경제법(제12판)』, 법문사, 2015.
권오승·이봉의·이호영·홍대식·홍명수·조성국·신영수·황태희,『독점규제법(제5판)』, 법문사, 2017.
권오승·홍명수,『경제법(제14판)』, 법문사, 2021.
김갑유,『중재실무강의』, 박영사, 2012.
김상중 외,『계약과 책임(하경효 교수 정년기념 문헌집)』, 박영사, 2017.
김용덕,『채권각칙 VI』, 한국사법행정학회, 2022.
金容漢, "外國判決承認의 法理",『民事法과 環境法의 諸問題: 松幹安二濬博士華甲紀念』, 博英社, 1986.
김일중,『법경제학 연구: 핵심이론과 사례분석』, 한국법제연구원, 2008.
_____,『과잉 범죄화의 법경제학적 분석: 공정거래 분야를 중심으로』, 한국경제연구원, 2013.
김정호,『회사법(제6판)』, 법문사, 2020.
김정환,『징벌적 손해배상의 적정한 운영방안에 관한 연구』, 사법정책연구원, 2019.
김천수 외,『자율과 정의의 민법학(양창수 교수 고희 기념문헌집)』, 박영사, 2021.
김현수 외,『징벌적 손해배상제도에 관한 입법평가』, 한국법제연구원, 2023.
김현수·윤용석·권순현·장다혜,『징벌적 손해배상제도에 관한 입법평가』, 입법평가 연구; 12-24-22, 한국법제연구원, 2012.
목영준,『상사중재법(개정판)』, 박영사, 2018.
박영복,『EU사법(I)』, 한국외국어대학교 출판부, 2009.

박재윤, 『독일 공법상 국가 임무론과 보장국가론』, 경인문화사, 2018.
박정훈, "공정거래법의 공적 집행", 『공정거래와 법치(권오승 저)』, 법문사, 2004.
박철규, 『우리나라 ADR법, 이렇게 제정하자』, 밥북, 2019.
송덕수, 『채권법각론(제5판)』, 박영사, 2021.
송오식, 『불법행위법: 이론과 판례』, 법률정보센터, 2012.
신동권, 『경쟁정책과 공정거래법: 한국, 미국 그리고 EU』, 박영사, 2023,
신동운, 『형법총론(제3판)』, 법문사, 2008.
이상돈, 『공정거래 형법』, 법문사, 2010,
이선희, 『독점규제법상 부당한 공동행위에 대한 손해배상청구』, 경인문화사, 2013.
이순미 외, 『공정거래법 집행의 선진화: 한미 FTA 체결에 즈음하여』, 한국법제연구원, 2007.
이시윤, 『신민사소송법(제8판)』, 박영사, 2014.
이시윤·이상은, 『민사소송법(제11판)』, 박영사, 2017.
이은영 외, 『불법행위법의 제문제(사법연구 2)』, 삼영사, 1983,
이재상, 『형법총론(제11판)』, 박영사, 2022.
이종인, 『불법행위법의 경제학(개정증보판)』, 한울아카데미, 2010.
이호영, 『독점규제법(제7판)』, 박영사, 2022.
전성훈, 『공정거래 사건과 경제분석』, 박영사, 2020.
정재훈, 『경쟁과 경쟁제한성의 이해』, 박영사, 2023.
정중원, 『카르텔 규제의 실제』, 서울대학교 법과대학 공정거래법과 규제산업 교재, 2006.
정태학·오정한·장현철·유병수, 『국가계약법』, 박영사, 2020,
조성국 외, 『남천 권오승 교수 정년기념문헌집; 시장경제와 사회조화』, 법문사, 2015.
지원림, 『민법강의(제13판)』, 홍문사, 2015.
지철호, 『독점규제의 역사』, Holiday Books, 2020.
Gerber, David J.(이동률 역), 『Global Competition: Law, Markets and Globalization (국제경제법)』 박영사, 2014.

<학술문헌>

강명수, "공정거래법 위반과 사적 집행: 손해배상청구를 중심으로", 법과정책 제19권 2호, 제주대학교 법과정책연구소, 2013.
강수미, "중재의 대상적격에 관한 고찰", 연세법학연구 제7권 제1호, 연세법학회,

2000.
＿＿＿, "징벌적 손해배상을 명한 외국 판결의 승인집행에 관한 고찰", 민사소송 제12권 2호, 한국민사소송법학회, 2008.
＿＿＿, "독점규제법 관련 분쟁의 중재의 대상적격", 중재연구 제20권 제1호 한국중재학회, 2010.
강수진, "행정조사로 취득한 증거와 위법 수집증거 배제법칙", 형사소송 이론과 실무 제14권 1호, 한국형사소송법학회, 2022.
강우찬, "부당공동행위에 대한 형사법, 절차법 측면에서의 전면적 재고찰: 전속고발제도 일부 폐지 논의에 즈음한 비판적 검토, 법의 지배(rule of law)의 관점에서", 저스티스 통권 제176호, 한국법학원, 2020.
곽상현, "공정거래법의 집행과 금지청구제도: 미국의 판례 및 도입과 관련된 쟁점을 중심으로", 법조통권 제607호, 법조협회, 2007.
권수진·신영수·김호기·최문숙, "담합행위에 대한 형사법적 대응방안", 연구총서 제11권 3호, 한국형사정책연구원, 2011.
권영준, "공정거래법상 가격담합사건에 있어서 손해배상액 산정", 경제규제와 법 제7권 2호, 서울대학교 공익산업법센터, 2008.
＿＿＿, "불법행위법의 사상적 기초와 그 시사점: 예방과 회복의 패러다임을 중심으로", 저스티스 통권 제109호, 한국법학원, 2009.
＿＿＿, "위약벌과 손해배상액 예정", 저스티스 통권 제155호, 한국법학원, 2016.
권재열, "주주대표소송제도의 개선방안", 증권법연구 제16권 2호, 한국증권법학회, 2015.
권혁재, "변론 전체의 취지에 의한 손해배상액의 결정", 법조 통권 제660권, 법조협회, 2011.
김건식, "공정거래 관련 분쟁과 중재", 중재 제351호, 대한상사중재원, 2019.
김경욱, "증명 곤란한 상당한 손해배상액의 인정", 민사소송 제20권 2호, 한국민사소송법학회, 2016.
김나래, "위약벌에 관한 민법 제398조 제2항의 유추적용 가능성", 법학논총 제43권 2호, 전남대학교 법학연구소, 2023.
김남수, "가격담합과 소비자피해구제 실효성 제고 방안", 정책연구 07-18, 한국소비자원, 2007.
＿＿＿, "경쟁법 집행과 사적 집행의 활성화 방안 연구", 한국소비자원 정책 연구 보고서, 2009.
김남우, "현행 과징금 제도의 주요 쟁점과 그 해결방안", 경제법연구, 제10권 제2

호, 한국경제법학회, 2010.
김상중, "지식재산권 침해로 인한 손해배상책임: 손해배상법의 현대적 발전경향의 관점에서", 재산법연구 제31권 제3호, 한국재산법학회, 2014.
_____, "경쟁질서 위반행위로 인한 손해배상 책임: 민사책임법의 현대적 발전 경향의 관점에서", 경희법학 제50권 4호, 경희대학교 법학연구소, 2015.
_____, "퍼블리시티권에 관한 국내 논의의 현황과 비교법적 고찰을 통한 법리적 제언", 비교사법 제23권 1호, 한국비교사법학회, 2016.
_____, "민사법에 의한 경쟁법규의 관철: 민법과 경쟁법의 상호보완이라는 관점에서", 재산법연구 제34권 4호, 한국재산법학회, 2018.
_____, "손해배상책임과 위법행위의 억제: 법원의 불법행위 유형별 적정한 위자료 산정 방안을 계기로 한 손해배상 법리의 현대적 발전의 관점에서", 사법 제43호, 사법발전재단, 2018.
_____, "손해의 개념과 손해발생의 인정", 민사법학 제90호, 한국민사법학회, 2020.
김석호, "경쟁법 위반문제의 중재적격성에 대한 미국 대법원의 입장: Mitsubishi Motors v. Soler Chrysler-Plymouth 사건을 중심으로", 법학연구 제37집, 2010.
_____, "독점금지소송과 중재조항의 집행 가능성: AT&AT Mobility LLC v. Concepcion", 경쟁저널 제162호, 한국 공정경쟁연합회, 2012.
김성돈, "새로운 범죄대응전략으로서 화해조정체계구축(I): 형사사법체계 내 형사조정제도 도입에 따른 법 이론적 문제점 및 개선방안", 형사정책연구원 연구총서, 한국형 사법무정책연구원, 2008.
김세권, "민법관의 전환과 불법행위법의 기능변화에 관한 연구", 동북아법연구 제9권 2호, 전북대학교 동북아법연구소, 2015.
김영덕·손태홍·박용석, "최근 공공공사 입찰담합의 주요 쟁점과 정책적 대응방향", 이슈포커스, 한국건설산업연구원, 2015.
김용상, "미국 경쟁법의 3배 손해배상 제도", 경쟁저널 제170호, 한국공정경쟁연합회, 2013.
김용진, "국제 카르텔 행위에 대한 사적 집행제도의 발전 현황과 대응방안", 비교사법 제21권 1호, 한국비교사법학회, 2014.
김원기, "경성카르텔(Hard Core Cartels) 규제의 최근동향: OECD의 보고서(2000년)를 중심으로", 통상법률 제39호, 법무부, 2001.
김일중, "범죄와 형벌에 관한 법경제학적 일고", 법경제학연구 제9권 제1호, 한국법경제학회, 2012.

김일중·전수민, "공정거래법과 형사처벌", 형사정책연구 제22권 3호, 한국형사법무정책연구원, 2011.
김재형 "손해배상액의 예정에서 위약금 약정으로: 특히 위약벌의 감액을 인정할 수 있는지 여부를 중심으로", 비교사법 제21권 제2호, 한국비교사법학회, 2014.
김정호, "미국 회사법상 이사의 감시의무: 대판 2008. 9. 11. 2006다 68636의 평석을 겸하여", 경영법률 제20권 1호, 경영법률학회, 2009.
김지홍·이병주, "과대집행과 과소집행의 딜레마: 경쟁법의 숙명", 저스티스 통권 제135호, 한국법학원, 2013.
김차동, "손해배상의 범위 중 책임제한의 원리: 대법원 2007. 10. 25. 선고 2006다 16758 판결과 관련하여", 법학논총 제27권 1호, 한양대학교 법학연구소, 2010.
_____, "공정거래법 위반행위에 대한 징벌적 손해배상제도 도입방안", 법학논총 제29권 제4호, 한양대학교 법학연구소, 2012.
_____, "민사적 구제수단의 행정·형사적 구제수단에 대한 비교우위", 법학논총 제31권 1호, 한양대학교 법학연구소, 2014.
_____, "법의 최적 집행에 관한 연구", 법제연구 제46권, 한국법제연구원, 2014.
_____, "집단소송제 및 징벌적 손해배상제도 도입 시 증가될 것으로 예상되는 공정거래법 위반행위 억지효과에 관한 실증적 분석", 경쟁법연구 제29권, 한국경쟁법학회, 2014.
_____, "하도급법상 징벌적 손해배상의 법 집행상 문제점과 그 실효성 제고방안", 법학논총 제33권 4호, 한양대학교 법학연구소, 2016.
_____, "공정거래법 위반행위에 관한 손해배상제도의 의의와 그 개선방향: 대법원 2017.5.31. 선고 2015다17975 판결", 상사판례연구 제30권 3호, 한국상사판례학회, 2017.
_____, "민사소송에서의 증명도 기준의 개선에 관한 연구", 법조 제68권 3호, 법조협회, 2019.
_____, "억지력을 중심으로 한 징벌적 손해배상제도와 집단소송제도 비교, 사법 통권 제53호, 사법발전재단, 2020.
_____, "현행 징벌적 손해배상의 내용, 특징 및 문제점과 그 개선방향", 법학논총 제40권 1호, 한양대학교 법학연구소, 2023.
김태선, "징벌적 손해배상제도에 관한 고찰: 민법 개정에 따른 도입 논의와 관련하여", 민사 법학 제50권, 한국민사법학회, 2010.

_____, "미국 배액 배상제도 및 법정손해배상제도의 도입에 관한 소고", 민사법학, 통권 제66권, 한국민사법학회, 2014.

김태진, "M&A 계약 위반과 손해: 손해액 산정과 민사소송법 제202조의2의 활용여부", 외법논집 제42권 1호, 한국외국어대학교 법학연구소, 2018.

김하림, "공정거래법 제19조 제1항 후단의 적용 범위에 대한 고찰", 법학논고 제72호, 경북대학교 법학연구원, 2021.

김학동, "손해배상의 합의와 확대손해", 서울법학 제21권 제1호, 서울시립대학교 법학연구소, 2013.

김현수, "미국법상 징벌적 손해배상: 근대법 형성기 법리의 전개와 제한요소를 중심으로", 재산법연구 제29권 2호, 한국재산법학회, 2012.

김현수·남재현, "카르텔 자진신고자 감면제도의 주요 쟁점과 효과 분석, 응용경제 제12권 2호, 한국응용경제학회, 2010.

김형석, "담합행위에 대한 손해배상청구, 소비자 소송의 사례: 운전면허학원 담합 사건을 중심으로", 춘계학술대회문헌집, 한국소비자학회, 2015.

남현숙·신용훈, "이사의 적극적 감시활동: Marchand vm Barnhill 212A.3d 805 (Del. 2019)을 중심으로", 성균관법학 제33권 제4호, 성균관대학교법학연구원, 2021.

류 송·윤정근·나호연, "공정거래법의 형사적 집행절차의 주요 쟁점: 실무상 쟁점을 중심으로", 인권과 정의 통권 제519호, 대한변호사협회, 2024.

류시원, "영국의 시장조사제도에 관한 연구: 공정거래법과 전기통신사업법에 대한 시사점을 포함하여", 경쟁법연구 제42권, 한국경쟁법학회, 2020.

박경래·김용호·최성락·김수동·성우제·임혜준, "범죄 및 형사정책에 대한 법경제학적 접근", 형사정책연구원 연구총서, 한국형사법무정책연구원, 2011.

박경미, "ESG리스크와 이사의 감시의무", 법학연구 제24권 제2호, 인하대학교 법학연구소, 2021.

_____, "발주처 임직원이 관여한 입찰담합에 대한 공정거래법상 규율방안 고찰: 교사 및 방조행위를 중심으로", 선진상사법률연구 통권 제95호, 법무부, 2021.

박동진, "손해배상법의 지도원리와 기능", 비교사법 제11권 제4호, 한국비교사법학회, 2004.

박세민, "비교법적 관점에서 본 공정거래법상 과징금의 억지력 강화방안", 경쟁법연구 제36권, 한국경쟁법학회, 2017.

박세환, "역학관계의 불균형과 경제적 약자들이 행한 부당한 공동행위에 대한 제재", 경쟁법연구 제37권, 한국경쟁법학회, 2018.

_____, "온라인 검색광고 중개플랫폼의 시장지배적지위 남용행위 규제: EU 구글 AdSense 사건을 중심으로", 상사법연구 제40권 1호, 한국상사법학회, 2021.

박수곤, "프랑스법에서의 징벌적 손해배상제도의 도입필요성에 관한 논의의 전개", 재산법연구 제32권 2호, 한국재산법학회, 2015.

박승룡, "독점규제법의 목적에 대한 연구", 민주법학 제53호, 민주주의법학연구회, 2013.

박익환, "재량에 기한 손해배상액의 산정", 민사판례연구 제32호, 민사판례연구회, 2010.

박재경, "우리법상 배액 배상의 도입이 징벌적 손해배상을 명한 외국재판의 승인 집행에 미치는 영향: 대법원 2022.3.11. 선고 2018다231550 판결의 평석을 중심으로", 통상법률 통권 제161호, 법무부, 2023.

박재윤, "행정집행에 관한 통일적 규율 가능성과 한계, 공법연구 제 40집 1호, 한국공법학회, 2011.

_____, "행정법에 있어서 사인의 소송 및 집행의 역할(I)", 행정법 연구 제57호 행정법이론실무학회, 2019.

_____, "유럽법과 공법의 관점에서 본 징벌적 손해배상제: 행정법에 있어서 사인의 소송 및 집행의 역할(II)", 경제규제와 법 제14권 1호, 서울대학교 법학연구소, 2021.

박준혁, "프랑스 민법상 손해배상에 관한 합의", 법학논고 제84집, 경북대학교 법학연구원, 2024.

박창규, "상법상 주식회사의 감사와 감사위원 선임예방에 대한 비판적 고찰: 3% 의결권 제한과 감사위원 분리선출제를 중심으로", 아주법학 제15권 제2호, 아주대학교 법학연구소, 2021.

박창규·박승배, "이사의 감시의무와 내부통제시스템에 대한 고찰", 법조 통권 제756호, 법조협회, 2022.

백대용, "공정경쟁 실현을 위한 자율 규제의 역할과 방향", 법학연구 제31권 1호, 연세대학교 법학연구원, 2021.

서광민, "손해의 개념", 서강법학연구 제6권, 서강대학교 법학연구소, 2004.

서 정, "한국의 사적 집행 사례와 시사점", 경쟁법연구 제28권, 한국경쟁법학회, 2013.

_____, "경쟁법 위반행위에 대한 손해배상제도", 경쟁법연구 제39권 3호, 한국경쟁법학회, 2019.

석광현, "2016년 중재법의 주요 개정내용과 문제점", 법학연구 제53권, 전북대학교 법학연구소, 2017.
_____, "손해배상을 명한 외국재판의 승인과 집행: 2014년 민사소송법 개정과 그에 따른 판례의 변화를 중심으로", 국제사법연구 제23권 2호, 한국국제사법학회, 2017.
_____, "2019년 헤이그 재판협약의 주요 내용과 간접관할권 규정", 국제사법연구 제26권 2호, 국제사법연구, 2020.
손봉현, "공정거래법상 손해액 인정제도", 비교사법 제21권 3호, 한국비교사법학, 2014.
손영화, "EU에서의 리니언시 제도에 관한 연구", 경쟁저널 제152호, 한국공정경쟁연합회, 2010.
_____, "일본법상 내부통제의 개시에 관한 고찰", 법학연구 제18권 3호, 경상대교 법학연구소, 2010.
송경근, "불법행위로 인한 손해배상청구소송에서 재산적 손해의 발생사실은 인정되나 구체적인 손해액을 증명하기가 곤란한 경우, 법원이 간접사실들을 종합하여 손해의 액수를 판단할 수 있는지 여부 및 그 구체적 손해액의 산정방법(2007.11.29. 선고 2006다3561 판결: 공2008상, 2012)", 대법원판례해설(제71호), 법원행정처, 2007.
송오식, "EU 불법행위법 통일 논의와 동아시아에서의 통일 모색", 재산법연구 제26권 3호, 한국재산법학회, 2010.
신영수, "공공 조달시장의 입찰 담합 방지를 위한 법제 개선의 방향", 법제논단, 법제처, 2007.
_____, "경쟁법의 사적 집행의 활성화: 전제와 현실, 그리고 과제", 법학논고 제36집, 경북대학교 법학연구원, 2011.
_____, "독점규제법의 목적에 관한 재고", 법학논고 제37집, 경북대학교 법학연구원, 2011.
_____, "건설 입찰담합에 따른 법률 리스크의 특징과 정책 과제", 법과 정의 제28집 2호, 제주대학교 법과정책연구원, 2022.
_____, "카르텔 형사사건에 대한 미국의 유죄인정합의제도", 법학논총 제44권 4호, 단국대학교 법학연구소, 2020.
양창수, "특허권 침해로 인한 손해배상 시론: 특허법 제128조 제1항의 입법취지와 해석론", 법조 통권 제588호, 법조협회, 2005.
엄동섭, "미국 계약법상 손해배상액의 예정과 위약벌", 민사법학 제78호, 민사법학회, 2017.
염규석, "공정거래분야에 있어서 조정제도의 현황과 개선방안", 경영법률 제19권 제1호, 한국경영법률학회, 2008.
오금석·김영석, "회귀분석을 통한 손해액 분석에 대한 규범적 통제", 경쟁저널 제203호, 한국공정경쟁연합회, 2020.
오지영·여정성, "담합의 소비자피해와 규제효과분석", 소비자학연구 제23권 1호, 한국소비자학회, 2012.
윤성운·강 일, "공정거래법 위반으로 인한 손해액의 산정 방법과 주요 쟁점", 경쟁법연구 제25권, 한국경쟁법학회, 2012.
이규호, "민사소송법상 과학적 증거", 비교사법 제14권 3호, 한국비교사법학회, 2007.
＿＿＿, "외국판결의 승인·집행에 관한 2014년 개정 민사소송법·민사집행법의 의의 및 향후 전망", 민사소송 제19권 1호, 2015.
이기종, "각국의 문화 차이와 카르텔 정책의 상호관계: 비교경제법에 있어서 비교문화 심리학의 응용가능성", 경제법연구 제3권 한국경제법학회, 2004.
＿＿＿, "공정거래법의 목적: 비교법적 고찰을 중심으로", 비교사법 제14권 3호, 한국비교사법학회, 2007.
이동진, "미국 불법행위법상 비재산적 손해의 배상과 그 한계", 민사법학 제66호, 한국민사법학회, 2014.
＿＿＿, "가격담합에 대한 불법행위책임 소고(小考) : 간접피해자의 손해배상청구와 이른바 손해전가(損害轉嫁)의 항변을 중심으로", 한국법경제학회 제11권 2호, 한국법경제학회, 2014.
이문지, "불공정거래행위의 규제와 경제적 효율성", 규제연구 제8권 1호, 한국경제연구원, 1999.
＿＿＿, "경쟁정책의 목적에 관한 ABA 반트러스트법 분과의 최근 입장", 경영법률 제15권 1호, 한국경영법률학회, 2004.
이미옥, "개정 특허법하에서의 자료제출 명령제도에 대한 소고", 지식재산연구 제11권 3호, 한국지식재산연구원, 2016.
이봉의, "경쟁법 집행의 개선: 공정거래법의 실효적 집행", 경쟁법연구 제10권, 한국경쟁법학회, 2004.
＿＿＿, "공정거래법의 실효적 집행", 경쟁법연구 제10권 1호, 한국경쟁법학회, 2004.
＿＿＿, "입찰담합에 따른 손해액의 산정에 관한 연구: 계량경제학적 분석의 효용

과 한계를 중심으로", 경쟁법연구 제41권, 한국경쟁법학회, 2020.
이상윤, "카르텔 규제의 형사적 집행 효과에 관한 의문들: 공정거래법 전면개편안의 전속고발권 폐지 관련내용을 중심으로", 고려법학 제95권, 고려대학교 법학연구원, 2019.
이상현, "공공 입찰담합에 대한 법적제재 수단", 한국구매조달학회지 제11권 2호, 한국구매조달학회, 2012.
이선희, "독점규제법 위반으로 인한 손해배상소송에서 손해액 산정과 손해액 인정제도", 경쟁법연구 제26권, 한국경쟁법학회, 2012.
_____, "독점규제법 위반행위로 인한 손해배상소송에 있어서 경제적 증거에 대한 규범 통제, 성균관법학 제24권 3호, 성균관대학교 법학연구원, 2012.
_____, "부당한 공동행위에 대한 손해배상청구에서 손해전가항변과 책임제한", 고려법학 통권 제70권, 고려대학교 법학연구원, 2013.
_____, "카르텔의 자진신고에 의한 책임감경제도와 손해배상청구소송의 상호관계에 대한 연구", 성균관법학 제25권 1호, 성균관대학교 법학연구원, 2013.
_____, "독점규제법 제57조에 의한 손해액 인정제도의 적용: 대법원 2016. 11. 24. 선고 2014다81511 판결", 성균관법학 제29권 3호, 성균관대학교 법학연구원, 2017.
이세인, "유럽 경쟁법상 손해배상청구제도의 개편 동향과 그 시사점", 법제연구 제53호, 한국법제연구원, 2017.
이소은, "손익상계에서 공제되어야 할 이익에 관한 연구", 비교사법 제28권 제1호, 한국비교사법학회, 2021.
이원석, "경유 가격 담합과 공정거래법 제57조 손해액 인정제도에 의한 손해액 산정: 간접구매자의 손해배상청구", 대법원 판례해설 제109호, 법원도서관, 2017.
이은영, "우리나라 불법행위법의 최근 동향", 법학연구. 제38권 전북대학교 법학연구소, 2013.
이은우, "공정거래법 위반 집단소송 수행 경험을 통해서 본 몇 가지 제언: 완전한 배상을 받을 권리의 보장을 위한 제도 개선방안", 경쟁과 법 제9호, 서울대학교 경쟁법센터, 2017.
이인권, "입찰담합으로 인한 손해액의 통계적 추정에 대한 고찰", 법경제학연구 제5권 제1호, 2008.
이점인, "징벌적 손해배상제도의 도입필요성과 가능성에 대한 일고찰", 동아법학 제18호, 동아대학교 법학연구소, 2006.

이정아, "담합으로 인한 손해배상액의 산정에 관한 경제학적 분석 방법 및 규범적 통제", 저스티스 통권 제166호, 한국법학원, 2018.
이종욱, "손해전보의 범위를 초과하는 손해배상을 명하는 외국재판의 승인·집행: 공서 요건을 중심으로", 국제거래법연구, 제31권 2호 국제거래법학회, 2022.
이호영, "경쟁법 사건절차상 전문가증언의 활용에 관한 연구", 경쟁법연구 제20권, 한국경쟁법학회, 2009.
이 황, "경쟁사업자 간 정보교환에서 '합의'의 의미와 입증 수준: 대법원의 라면 담합판결에 대한 코멘트", 경쟁저널 제187호, 한국공정경쟁연합회, 2016.
_____, "부당 공동행위의 공동자진신고제도에 관한 관견(管見)", 사법 제39호, 사법발전재단, 2017.
_____, "공정거래법의 미션과 집행시스템의 개혁방안", 경쟁저널 제198호, 한국공정경쟁연합회, 2019.
이황·김경욱·하명호, "경쟁법 집행의 정점과 과제: 미국 증거 개시절차로부터 카르텔 자진신고자 보호의 필요성과 방안 I", 경쟁법연구 제20권, 한국경쟁법학회, 2009.
_____, "경쟁법 집행의 정점과 과제: 미국 증거개시절차로부터 카르텔 자진신고자 보호의 필요성과 방안 II", 경쟁법연구 제22권, 한국경쟁법학회, 2010.
장병일, "규범적 손해개념의 발전과 손해배상책임의 발생에 관한 연구", 재산법연구 제29권 1호, 한국재산법학회, 2012.
장보은, "그들은 왜 위약금을 약정했을까? :손해배상액의 예정과 위약벌, 그 이분법을 넘어", 법학평론 제13권, 서울대학교 법학평론 편집위원회, 2023.
장재옥·이은옥, "징벌적 손해배상 개념의 수용가능성", 법학문헌집, 제39집 제3호, 중앙대학교 법학연구원, 2015.
전승재, "담합·불공정거래 손해배상소송 현황 및 개선방안", 경쟁법연구 제 41권, 한국경쟁법학회, 2020.
전윤경, "공정거래법의 기존 공적 집행 체재의 한계 및 실효성 확보안안", 형사법의 신동향 제53호, 대검찰청, 2016.
정기화, "효율적 법 집행 방안에 관한 연구", 규제연구 통권 제21호, 한국규제학회, 1997.
정 대, "일본의 주식회사의 내부통제시스템에 관한 법적고찰", 동북아법연구제3권 1호, 전북대학교 동북아법연구소, 2009.
정병덕, "공정거래법상의 3배의 배상제도에 관한 연구", 법학논총 제43권 4호, 단국대학교 법학연구소, 2019.
정혜련, "미국법상 징벌적 손해배상의 운용과 경제·상거래적 효과에 대한 고찰: 연방대법원과 법경제학의 접근방식을 중심으로", 안암법학 제53권, 안암법학회, 2017.
정홍식, "헤이그 국제사법회의의 외국재판의 승인 및 집행에 관한 협약: 2017년 2월 협약 수정안 소개", 국제거래법연구 제26권 2호, 국제거래법학회, 2017.
조성국, "공정거래법상 손해배상명령제도 도입에 관한 연구", 경쟁법연구 제29권, 한국경쟁법학회, 2014.
_____, "공정거래법상 전속고발제도에 관한 연구: 법 집행 적정성의 관점에서", 경쟁법연구 제39권, 한국경쟁법학회, 2017.
조일윤, "위약벌에 관한 일고찰", 동아법학 제52호, 동아대학교 법학연구소, 2011.
조혜신, "경쟁법의 목적으로서의 '효율성(Efficiency)'에 대한 법철학적 검토", 가천법학제7권 3호, 가천대학교 법학연구소, 2014.
_____, "경쟁법상 부당한 공동행위의 형사처벌에 따르는 법리적 쟁점", 경쟁법연구 제39권, 한국경쟁법학회, 2019.
주강원, "소비자 계약에 있어 분쟁 전 중재합의에 관한 연구: 비교법적인 분석을 중심으로", 강원법학 제56권, 강원대학교 비교법학연구소, 2019.
주진열, "공정거래소송에 있어 경제적 증거평가에 대한 일고찰", 경쟁법연구 제19권, 한국경쟁법학회, 2009.
_____, "카르텔 손해액 추정을 위한 계량경제분석의 규범적 통제", 법학연구 제22권 1호, 연세대학교 법학연구원, 2012.
_____, "카르텔 억지 및 피해자의 효과적 구제를 위한 독점규제법의 사적 집행 방안", 행정법연구 제34호, 행정법이론실무학회, 2012.
천경훈, "부패방지와 회사법, 경제법연구 제18권 제2호, 한국경제법학회, 2019.
최난설헌, "EU에서의 카르텔 자진신고 관련 자료 및 정보에 대한 보호방안", 상사법연구 제31권 3호, 한국상사법학회, 2012.
최승재, "조정을 통한 공정거래 사건처리에 대한 법경제학적 분석과 전망", 영남법학 영남대학교 법학연구원, 2009.
_____, "특허관련분쟁과 중재", 중재 통권 제335호, 대한상사중재원, 2011.
_____, "지식재산권 분쟁 해결수단으로서의 중재제도(WIPO 중재제도를 중심으로)", 중재 통권 제338호, 대한상사중재원, 2012.
_____, "독점규제 및 공정거래에 관한 법률 제19조 후단의 '다른 사업자로 하여금

이를 행하도록 한'의 의미와 수직적 공동행위에 대한 검토", 인권과 정의 통권 제423호, 대한변호사협회, 2012.
_____, "독점금지소송과 중재조항의 집행 가능성: AT&AT Mobility LLC v. Concepcion", 경쟁저널 제162호, 한국공정경쟁연합회, 2012.
_____, "공정거래사건의 중재에 의한 해결", 인권과 정의 통권 436권, 대한변호사협회, 2013.
최요섭, "최근 유럽 경쟁법에서의 손해배상 관련 사적소송 집행에 관한 연구", EU연구 제41호, 한국외국어대학교 EU연구소, 2015.
최우진, "구체적 액수로 증명 곤란한 재산적 손해의 조사 및 확정", 사법논집 제51집, 법원도서관, 2010.
_____, "이른바 형평성에 근거한 손해배상책임제한실무의 사례유형별 분석과 비판", 고려법학 제94호, 고려대학교 법학연구소, 2019.
_____, "피해구제 강화의 관점에서 본 증액배상 산정", 사법 통권 제56호, 사법발전재단, 2021.
하충룡, "소비자 중재합의의 부합 계약성에 관한 검토", 중재연구 제22권 3호, 한국중재학회, 2012.
한충수, "헤이그 재판협약과 민사소송법 개정 논의의 필요성: 관할규정의 현대화 및 국제화를 지향하며", 인권과 정의 통권 제493호, 대한변호사협회, 2020.
허 선, "공정위의 카르텔 규제성과와 향후 정책방향", 경쟁법연구 제12권 한국경쟁법학회, 2005.
허 승, "입찰담합 관련 손해배상 사건의 실무상 쟁점과 제도적 개선방안: 공정거래법의 사적 집행 관점에서", 사법 통권 제67호, 사법발전재단, 2024.
홍대식, "공정거래법상 손해배상청구: 실무의 관점에서", 경영법률 제13권 2호, 한국경영법률학회, 2003.
_____, "공정거래법상 과징금 제도의 현황과 개선방안" 행정법연구 제18호, 행정법이론실무학회, 2007.
_____, "불공정 거래행위와 공서양속", 비교사법 제14권 제1호, 한국비교사법학회, 2007.
_____, "사법적 관점에서 본 공정거래법", 상사법연구 제27권 2호, 한국상사법학회, 2008.
_____, "공정거래법의 사적 집행에 관한 국내 동향과 쟁점", 경쟁저널 제145호, 한국공정경쟁연합회, 2009.

_____, "공정거래위원회의 경쟁주창", 상사법연구 제31권 4호, 한국상사법학회, 2013.

_____, "부당한 공동행위에 대한 과징금 산정의 실무상 쟁점", 경쟁법연구 제32권, 한국경쟁법학회, 2015.

_____, "공정거래법상 징벌적 손해배상제도 도입에 대한 비판적 검토", 법과 기업연구, 제5권 2호, 서강대학교 법학연구소, 2015.

_____, "공정거래법의 사적 집행제도로서의 사인의 금지청구제도", 경쟁법연구 제39권, 한국경쟁법학회, 2019.

홍명수, "카르텔 규제의 문제점과 개선방안에 관한 고찰", 경쟁법연구 제11권, 한국경쟁법학회, 2005.

홍순강, "일본 독점금지법과 형사고발: 경쟁당국의 전속고발권을 중심으로", 경쟁저널 제193호, 한국공정경쟁연합회, 2017.

홍영기, "형벌을 통한 규범 신뢰의 강화: 미완의 구상, 하쎄머의 적극적 일반예방", 고려법학 통권 제77권, 고려대학교 법학연구원, 2015.

황대희, "담합 자진신고자 감면제도와 손해배상의 법적쟁점", 선진상사법률연구 제66권, 법무부, 2014.

황성광·이훈종, "징벌적 손해배상제도의 개선방안에 관한 연구", 법학논총 제40권 2호, 한양대학교 법학연구소, 2023.

황태희, "독점규제법 집행시스템의 개선방안", 저스티스 제123호, 한국법학원, 2011.

황현영, "이사의 감시의무와 내부통제시스템에 관한 연구: 대법원 2021.11.11. 선고 2017다222368 판결", 법조 제70권 제6호, 법조협회, 2021.

Camesasca, Peter D. & Vandenbussche, Julie & Grelier, Laurie-Anne & 김희은, "EU의 카르텔 단속과 리니언시 프로그램, 한국 공정위 절차와의 비교: 협력에 대한 보너스 또는 손해배상의 로드맵?", 경쟁저널 제163호, 한국공정경쟁연합회, 2012.

<학위논문>

이소영, "공정거래법의 사적 집행에 관한 민사법적 고찰", 법학박사 학위논문, 서울대학교, 2019.

이지윤, "민법상 징벌적 요소에 관한 연구", 법학박사 학위논문, 성균관대학교, 2010.

최우진, "손해배상산정에 관한 사실심 법원의 재량: 재량의 규준 및 한계를 중심으로", 법학박사 학위논문, 고려대학교, 2018.
황철규, "카르텔에 대한 공적 집행의 개선방안 연구", 법학박사 학위논문, 한양대학교, 2009.

<보고서 및 기타 자료>

감사원, "감사보고서: 공정거래업무 관리실태", 2016.
강수진 외,『준법경영 활성화를 위한 공정거래 형벌제도 개선방안 정책세미나 자료집』, 대검찰청·한국경쟁포럼·한국공정경쟁연합회, 2022.
공정거래위원회, "감사원 지적사항에 대한 향후 처리방향", 보도 참고자료, 2003. 5.21.
_____, "2010년도 공정거래백서", 2011.
_____, "공정거래법 전면개편 특별위원회 최종보고서", 2018.
_____, "공정거래 법 집행체계 개선 TF: 논의결과 최종보고서", 2018.
_____, "2018년도 통계연보", 2019.
_____, "공정거래법 전면개편안 재추진을 위한 입법예고", 보도자료, 2020. 6.10.
_____, "공공기관 임직원의 입찰담합관여행위방지를위한 제도개선방안 논의착수", 보도자료, 2022. 12.14.
강우찬, "공정거래법 벌칙규정과 형사법의 체계적 정합성", 준법경영 활성화를 위한 공정거래 형벌제도 개선방안 정책 세미나 자료집, 대검찰청·한국경쟁포럼·한국공정경쟁연합회, 2022.
권영관, "반독점법 손해산정 방법론 조사분석연구", KOFAIR보고서, 한국공정거래조정원, 2016.
권오승 외 4인 "과징금제도 개선방안 연구", 공정거래위원회 연구용역보고서, 2003.
김건식, "공정거래관련 분쟁의 조정을 통한 피해구제", 연구보고서, 한국공정거래조정원, 2014.
김두진, "공정거래법 집행제도의 개선방안", 연구보고 02-03, 한국법제연구원, 2003.
김윤정·이유봉·이기평·양태건·송영선, "공정거래위원회 처분관련 손해배상소송 사례연구", 공정거래위원회 연구용역보고서, 2019.
김일중·변재욱·전수민·이주원, "과징금 제도 운영현황 및 개선방안에 관한 연구", 국회 예산정책처 연구용역보고서, 2017.
법무부·검찰, "檢, 공정위 고발 없이 LH 감리 입찰담합 대대적 압수수색", 법률신문 뉴스, 2023.9.4.
박수영, "발주처 임직원의 입찰담합 관여, 조장, 교사 행위 시래와 규율방안에 관한 연구, 공정거래위원회 연구용역보고서, 2019.
박영도, "특별법 입법체계 개선방안", 연구용역보고서, 한국법제연구원, 2012.
성승제·신영수, "공정거래위원회 시장분석의 실효성 확보방안 연구", 공정거래위원회 연구용역보고서, 2012.
유영국, "공정거래법 전부개정안의 사적 집행수단 도입에 따른 제도 활용방안 연구", 공정거래 기본연구 2019-제2호, 한국공정거래조정원, 2019.
윤신승, "입찰담합 관련 손해배상 사건의 실무상 쟁점과 제도적 개선방안(토론문)", 춘계학술대회 발표집, 한국경쟁법학회, 2024.
윤병준, "준법경영 활성화를 위한 공정거래 형벌제도 개선방안(토론문)", 『준법경영 활성화를 위한 공정거래형벌제도 개선방안 정책세미나 자료집』, 대검찰청·한국경쟁포럼·한국공정경쟁연합회, 2022.
윤태영, "최근 일본에서의 징벌적 손해배상의 도입에 대한 논의", 입법평가 회의자료집 14, 한국법제연구원, 2012.
이동우, "[특집] 집단소송제와 징벌적 손해배상제도", 참여연대, 월간참여사회, 2017.10.
이봉의·남재현·조홍선, "끊이지 않는 담합, 해법은?", 집중토론, KDI 경제 정보센터, 2012.
이상무·양정삼·김대용·이주원, "광업 및 제조업 시장구조 조사 결과: 2019년 기준", 공정거래위원회 연구용역보고서, 2021.
이상훈, "담합사건에 대한 주주대표소송가능성 검토", 경제개혁이슈 연구보고서, 경제개혁연대, 2013.
정영진, "대법원의 시장경제에 대한 철학적 고뇌", 법률신문 판례평석, 2007.12.24.
정재훈, "공정거래사건 손해배상소송에서 법원의 판단 경향과 손해액 산정방식", 공정거래사건 손해배상소송 관련 판례 분석, 한국법제연구원 제1차 워크숍 자료집, 2019.
하명호·이승훈·김주희, "집행정지 중인 부정당업체에 대한 효과적인 대응방안 연구: 공공 조달법령 및 조달청 계약제도 개선을 중심으로", 조달청 연구용역보고서, 2022.
한국법제연구원, "징벌적 손해배상제의 법리와 도입 가능성 I", 워크샵 자료, 2006.
홍대식, "부당한 공동행위로 인한 소비자 피해액 규모의 측정에 관한 연구", 공정거래위원회 연구용역보고서, 2006.

홍대식·김현종, "공정거래법 위반으로 인한 손해배상소송에서 손해액 산정 및 조사·확정 기준에 관한 연구", 한국공정거래조정원 법·경제분석그룹(LEG) 연구보고서, 2013.

2. 해외 문헌

<단행본>

今村成和,『註解經濟法(上)』, 靑林書院, 1985.
大阪地裁平成12年9月20日判決 判例時報 1721號, 2000; 八田進二/町田祥弘,『內部統制基準を考える』, 同文舘出版, 2007.
法務省民事局參事官室,『一門一答新民事訴訟法』, 商事法務硏究會, 1996.
小林秀之·村上正子,『新版 國際民事訴訟法』, 弘文堂, 2020.
我妻榮,『我妻有泉コンメンタール民法(總則·物權·債權)』, 2008.
奧田昌道,『編集: 新版註釋民法(10)II, 債權(1) §§ 415-426』, 有斐閣, 2011.
田澤元章, "內部統制システムの構築·運用と取締役等の監視義務·信賴の原則",『石山卓磨監修檢証判例會社法』, 財経詳報社, 2017.
八田進二/町田祥弘,『內部統制基準を考える』, 同文舘出版, 2007.
平石忠南,『獨禁法講義』, 有斐閣, 2010.
平井宜雄,『損害賠償法の理論』, 東京大學出版會, 1971.

Assimakis, Komninos P., EC Private Antitrust Enforcement: Decentralised Application of EC Competition Law by National Courts, Oxford and Portland/Oregon, Hart Publishing, 2008.
Backhaus, Juergen G., Compensation of Private Losses: The Evolution of Torts in European Business Law(Schulze, Reiner(ed.), European Law Publishers, 2011.
Bork, Robert H., The Antitrust Paradox: A policy at War with Itself, FreePress, 1993.
Crane, Daniel A, The Institutional Structure of Antitrust of Antitrust Enforcement, Oxford University Press, 2011.
Dobbs, Dan B. & Roberts, Caprice L., Law of Remedies: Damages – Equity – Restitution(3rd ed.), West Academic Publishing, 2018.
Esser/Schmidt, Schuldrecht Band.1: Allgemeiner Teil, Heidelberg, 1984.
Fischer, James, Understanding Remedies(4th ed.), Carolina Academy Press, 2014.

G. Chantepie 2e ed, Dalloz, 2018, n° 688.
Gerber, David J., Law and Competition in Twentieth Century Europe: Protecting Prometheus, Oxford University Press, 2001.
Harding, Christopher & Joshua, Julian, Regulating Cartels in Europe, Oxford University Press, 2010.
Hau, Wolfgang, Alexandra Lahav: In Praise of Litigation, Köln: Wolters Kluwer, 2017.
Hovenkamp, Herbert, The Antitrust Enterprise : Principle and Execution, Harvard University Press, 2005.
_____, Federal Antitrust Policy: The Law of Competition and its Practice(4th Ed.), Thomson West, 2011.
Jones, Clifford A., Private Enforcement of Antitrust Law-in the EU, UK and USA, Oxford University Press, 2005.
Keeton, W. Page(et al.), Prosser and Keeton on the Law of Torts(5th ed.), 1984.
Lange/Schiemann, Schadensersatz3., neubearbeitete Aufl, 2003,
Larenz/Canaris, Lehrbuch des Schuldrechts, Band.2 BesondereTeil, Zwieter- Halbband13. Aufl. 1994, §75 Ⅰ.
M. Fabre-Magnan, Droit des obligations 1-Contrat et engagement unilateral, 6e ed, PUF, 2021, n° 1090,
Moore, Christopher W., The Mediation Process: Practical Strategies for Resolving Conflict, Jossey-Bass Publisher, 1996.
Oetker, Münchene Kommentar zum Bürgerlichen Gesetzbuch Band.2: Schuldrecht- Allgemeiner Teil, 7.Aufl., München, 2016, §249 Rn.1.
_____, Münchener Kommentar zum Bürgerlichen Gesetzbuch Band.2: Schuldrecht- Allgemeiner Teil, 7.Aufl., München, 2016 §253 Rn.14.
P. Malinuaud/M. Mekki/J.-B. Seube, Droit des obligations, 16e ed, LexisNexis, 2021, n° 844.
Posner, Richard A., Antitrust Law-an Economic Perspective, The University of Chicago Press, 1976.
_____, Tort Law: Case and Economic Analysis, Little Brown, 1982.
_____, Antitrust Law(2nd ed.), University of Chicago Press, 2001.
Schlueter, Linda L., Punitive Damages, LexisNexis, 2005.
Susan, Rose. A, Rethinking the Progress in Agenda: the Reform of the American Regulatory State, Free Press, 1992.

Viscusi, W. Kip(Ed.), Regulation through Litigation, 2002.
Viscusi, W. Kip., Harrington, Joseph E. & Vernon, Jr., John M. Economics of Regulation and Antitrust(4th ed.), MIT Press, 2005.
Zimmer, Daniel(ed.), The Goals of Competition Law, ASCOLA Competition Law, 2012.

<학술문헌>

加藤新太郎, "訴訟理論研究會―民訴法248條による相當な損害額の認定", 判例タイムズ No. 1343, 2015.
廣峰正子, "原狀回復と損害の規範的評價", 立命館法學 2015年5·6号, 2015.
龜井尙也, "損害賠償の抑止·制裁的機能をめぐって", 法と政治 第65卷4号, 2015.
權敬殷, "獨禁法上の損害賠償請求訴訟における損害額認定制度の活用:日本と韓國の比較を中心にして", 橋法學 第14卷, 2015.
難波讓治, "損害の抽象性と具體性―損害の段階構造に關する覺書", 立敎法務硏究 第1号, 2008.
淡路剛久, "鶴岡灯油訴訟最高裁判決と損害賠償責任", ジュリスト No.953, 1990.
苗村博子, "企業の損害と民訴法248條の活用", 判例タイムズ 第1299號, 2009.
三木浩一, "民事訴訟における證明度)," 法學硏究 83卷 1号, 2010.
長野史寬, "賠償額算定規定の立法論に向けた論点整理", 不法行爲法の立法的課題, 現代不法行爲法研究會 編, New Business Law(別冊, 155), 商事法務, 2015.

Abraham, Kenneth. S., & Jeffries Jr., John. C., Punitive Damages and the Rule of Law: The Role of Defendant's Wealth, The Journal of Legal Studies Vol.18 No.2, 1989.
Alexander, Schadensersatz und Abschöpfung im Lauterkeitsund Kartellrecht, 2010.
Baker, Donald I. Revisiting History :What Have We Learned About Private Antitrust Enforcement That We Would Recommend To Loyola Consumer Law Review Vol.16. No.4, 2004.
Baker, Jonathan B., Private Information and the Deterrent Effect of Antitrust Damages Remedies, Journal of Economics & Organization, Vol.4 No.2, 1988.

Becker, Gary S., Crime and Punishment: An Economic Approach, Journal of Political Economy Vol.76 No.2, 1968.
Becker, Gary S., & Stigler, George J., Law Enforcement, Malfeasance, and Compensation of Enforcers, The Journal of Legal Studies Vol.3 No.1, 1974.
Behr, Collens, Punitive Damages in American and German Law-Tendencies Towards Approximation of Apparently Irreconcilable Concepts, Chicago-Kent Law Review Vol.78, 2003.
Bizjak, John M. & Coles, Jeffrey L., The Effective of Private Antitrust Litigation on the Stock-Market Valuation of the Firm, American Economic Review Vol.85 No.3, 1995.
Blechschmidt, Frank, "At&T Mobility V. Concepcion and The Substantive Impact of Class Action Waivers", University of Pennsylvania Law Review Vol.160 No.2, 2012.
Block, Michael K.& Feinstein, Jonathan S., The Spillover Effect of Antitrust Enforcement, The Review of Economics and Statistics Vol.68, No.1, 1986.
Bonomi, Andrea "Courage or Caution? A Critical Overview of The Hague Preliminary Draft on Judgments", Yearbook of Private International Law, Vol. 17, 2015/2016.
Borghetti, Jean-Sébastien, Punitive Damages in France: in Punitive Damages: Common Law and Civil Law Perspectives, 2009.
Bryant, Peter G. & Eckard, Woodrow, Price-Fixing: The Probability of Getting Caught, The Review of Economics and Statistics Vol.73 No.3, 1991.
Buccirossi, Paolo & Marvao, Catarina & Spagnolo, Giancarlo "Leniency and Damages-Where Is the Conflict?", The Journal of Legal Studies Vol.49 No.2, 2020.
Calder, James J. & Stoner, David S. "Arbitration, 24 Years After 'Mitsubishi", New York Law Journal, 2009.
Calkins, Stephen, Summary Judgment, Motions to Dismiss, and Other Examples of Equilibrating Tendencies in the Antitrust System, Oregon Law Review Vol.74. 1986.
Cameron, Samuel, "The Economics of Crime Deterrence: A Survey of Theory and Evidence", Kyklos Vol.41 No.2, 1988.
Cavanagh, Edward D., Antitrust Remedies Revised, Oregon Law Review Vol.84 No.1, 2005.
Chu, C.Y. Cyrus & Jiang, Neville, Are Fine More Efficient than Imprisonment?,

Journal of Public Economics Vol.51 No.3, 1993.
Clark, Emily & Hughes, Mat & Wirth, David, Study on the Condition of Claims for Damages in Case of Infringement of EC Antitrust Rules: Analysis of Economic Models for the Calculation of Damages, Ashurst, 2004.
Coffee, John. C., Corporate Crime and Punishment: A Non-Chicago View of the Economics of Criminal Sanctions, American Criminal Law Review Vol.17 No.4, 1980.
_____, No Soul to Damn, No Body to Kick: An Unscandalized Inquiry into the Problem of Corporate Punishment, Michigan Law Review Vol.79 No.3, 1981.
_____, Rescuing the Private Attorney General: Why the Model of the Lawyer as Bounty Hunter is Not Working, Maryland Law Review Vol.42 No.2, 1983.
Combe, Emmanuel & Monnier, Constance & Legal, Renaud, Cartels: The Probability of Getting Caught in the European Union, Cahiers de Recherche PRISM-Sorbonne, 2008.
Cooter, Robert D. & Eisenberg, Melvin Aron, Damages for Breach of Contract California Law Review Vol.73 No.5, 1985.
Cornor, John M., Price-Fixing Overcharges: Legal and Economic Evidence, Research in Law and Economics Vol.22, 2007.
_____, Cartel Fine Severity and the European Commission: 2007-2011, European Competition Law Review Vol.34, 2013.
Cornor, John M., & Lande, Robert H., Cartels as Rational Business Strategy: Crime Pay, Cardozo Law Review Vol.34, No.2, 2012.
Cowing, Keith & Mueller, Dennis C., The Social Costs of Monopoly Power, The Economic Journal Vol.88, 1978.
Crane, Daniel A. Chicago, Post-Chicago, and Neo-Chicago, University of Chicago Law Review Vol.76 No.4, 2009.
Dau-Schmidt, Kenneth G. & Gallo, Joseph & Parker, Charles & Craycraft, Joseph, Criminal Penalties Under the Sherman Act: A Study of Law and Economics, Research in Law and Economics Vol.16, 1994.
Dreier, Kompensation und Prävention, 2002.
Ducci, Francesco, Cartel Criminalization in Europe: Addressing Deterrence and Institutional Challenges, Vanderbilt Journal of Transnational Law Vol.51 No.1, 2018.
Dunne, Niamh, Courage and Compromise: the Directive on Antitrust Damages, Euro-

pean Law Review Vol.40 No.4, 2015.
Easterbrook, Frank H., The Limits of Antitrust, Texas Law Review Vol.63 No.1, 2015.
Ehrlich, Isaac, The Optimum Enforcement of Law and the Concept of Justice: A Positive Analysis, International Review of Law and Economics Vol.2 No.1, 1982.
Eisenberg, Malvin A., The Divergence of Standards of Conduct and Standards of Review in Corporate Law, Fordham Law Review Vol.62 No.3, 1993.
Eisenberg, Theodore & Heise, Michael, Judge-Jury Difference in Punitive Damages Awards: Who Listens to the Supreme Court, Journal of Empirical Legal Studies Vol.8 No.2, 2011.
Evans, David S. & Padilla, A. Jorge, "Designing Antitrust Rules for Assessing Unilateral Practices: A Neo-Chicago Approach", University of Chicago Law Review Vol.72 No.1, 2005.
Farmer, Miles B. Mandatory and Fair? A Better System of Mandatory Arbitration, The Yale Law Journal Vol.121, 2012.
Finkelstein, Michael O. & Levenbach, Hans Regression Estimates of Damages in Price-Fixing Cases, Law and Contemporary Problems Vol.46, 1983.
Fisher, Alan A. & Lande, Robert H., Efficiency Considerations in Merger Enforcement, California Law Review Vol.71 No.6, 1983.
Fletcher, Georgr P., Fairness and Utility in Tort Theory, Harvard Law Review Vol. 85 No.3, 1972.
Friedman, David D., Making Sense of English Law Enforcement in the Eighteenth Century, University of Chicago Law School Roundtable Vol.2 No.2, 1995.
Galligan Jr., Thomas. C., Augmented Awards: The Efficient Evolution of Punitive Damages, Louisiana Law Review Vol.51 No.1, 1990.
Gallo, Joseph C. & Dau-Schmidt, Kenneth G. & Craycraft, Joseph & Parker, Charles, Department of Justice Antitrust Enforcement 1955-1997 : An Empirical Study, Review of Industrial Organization Vol.17 No.1, 2000.
Garoupa, Nuno, The Theory of Optimal Law Enforcement, Journal of Economic Survey Vol.11 No.3, 1997.
Gerber, David J., The Transformation of European Community Competition Law?, Harvard International Law Journal Vol.35 No.1, 1994.
Gross, Samuel R. & Syverud, Kent D. "Don't Cry: Civil Jury Verdicts in a System Geared to Settlement", UCLA Law Review, Vol.44 No.1, 1996.

Hodges, Christopher, New Modes of Redress for Consumers: ADR and Regulation, Oxford Legal Studies Research Paper No.57, 2012.
Jackson, Howell E., & Roe, Mark J., Public and Private Enforcement of Securities Laws: Resource-Based Evidence, In Journal of Financial Economic Vol.93 No.2, 2009.
Kagan, Robert A., Should Europe Worry about Adversarial Legalism?, Oxford Journal of Legal Studies Vol.17 No.2, 1997.
Kaplow, Louis, "On the Choice of Welfare Standards in Competition Law", The Goals of Competition Law(Zimmer, Daniel eds.), ASCOLA Competition Law, 2012.
Koenig, Thomas, The Shadow Effect of Punitive Damages on Settlements, Wisconsin Law Review Vol.1998 No.1, 1998.
Korobkin, Russel & Guthrie, Chris ,"Psychology, Economics, and Settlement: A New Look at the Role of the Lawer", Texas Law Review Vol.76 No.1, 1997.
Kovacic, William E. & Shapiro, Carl, Antitrust Policy: A Century of Economic and Legal Thinking, Journal of Economic Perspective Vol.14 No.1, 2000.
Lande, Robert H., Are Antitrust 'Treble' Damages Really Single Damages?, Ohio State Law Journal Vol.54, 1993.
_____, Comparative Deterrence from Privte Enforcement and Crimina Enforcement and Criminal Enforcement of the U.S. Antitrust Laws, Brigham Young University Law Review Vol.2, 2011.
_____, Summaries of Twenty Cases of Successful Private Antitrust Enforcement, University of San Francisco Law Paper No.2013-1.
_____, Towards an Empirical and Theoretical Assessment of Private Antitrust Enforcement, Seattle University Law Review Vol.36 No.3, 2013.
Lande, Robert H. & Davis, Joshua P., Benefits from Private Antitrust Enforcement: An Analysis of Forty Cases, University of San Francisco Law Review Vol.42 No.4, 2008.
Landes, William. M, Optimal Sanctions for Antitrust Violations, University Chicago Law Review Vol.50 No.2, 1983.
Landes, William M. & Posner, Richard A., The Private Enforcement of Law, The Journal of Legal Studies Vol.4 No.1, 1975.
Lange/Hagen, Wandlungen des Schadensersatzrechts, 1987.
Lee, Hwang, Development of Competition Laws in Korea, ERIA Discussion, Paper Series ERIA-DP-2015-78, 2015.

Lianos, Ioannis & Jenny, Frederic & Wagner-von, Papp Florian & Motchenkova, Evgenia & David, Eric ,An Optimal and Just Financial Penalties System for Infringements of Competition Law: a Comparative Analysis, CLES Research Paper No.3, 2014.

Marvel, Howard. & Netter, Jeffry M & Robinson, Anthony M. Price Fixing and Civil Damages: An Economic Analysis, Stanford Law Review Vol.40 No.3, 1988.

Miceli, Thomas. J., & Stone, Michael. P., The Determinants of States-Level Caps on Punitive Damages: Theory and Evidence, Contemporary Economic Policy Vol.31 No.1, 2013.

Motta, Massimo & Polo, Michele, Leniency Programs and Cartel Prosecution, International Journal of Industrial Organization Vol.21 No.3, 2003.

Murphy, Jeffrie G., Does Kant Have a Theory of Punishment, Columbia Law Review Vol.87 No.3, 1987.

Nathan, Miller. H., Strategic Leniency and Cartel Enforcement, American Economic Review Vol.99 No.3, 2009.

Nezar, Amir, Reconciling Punitive Damages with Tort Law's Nomative Framework, The Yale Law Journal Vol.121 No.3, 2011.

O. Gout, "Les convention sur la réparation", JCP G suppl., n° 30-35, 25 juillet 2016, n° 29,

Owen, David G., Punitive Damages in Products Liability Litigation, Michigan Law Review Vol.74 No.7, 1976.

_____, A Punitive Damages Overview: Functions, Problems and Reform, Villanova Law Review Vol.39, No.2, 1994.

Parcu, Pier Luigi & Monti, Giorgio & Botta, Marco, Private Enforcement of EU Competition Law: The Impact of the Damages Directive, Elgar, 2018.

Pavillion, Charlotte, Private Enforcement as a Deterrence Tool: A Blind Spot in the Omnibus-Directive, European Review of Private Law Vol.27 No.6, 2019.

Polinsky, Mitchell. A., Private versus Public Enforcement of Fines, The Journal of Legal Studies Vol.9 No.1, 1980.

Polinsky, Mitchell. A. & Shavell, Steven, The Optimal Use Fines and Imprison- ment, Journal of Public Economics Vol.24 No.1, 1982.

_____, Punitive Damages: An Economic Analysis, Harvard Law Review Vol.111 No.4, 1998.

Posner, Richard A., A Theory of Negligence, The Journal of Legal Studies Vol.1 No.1, 1972.

_____, Optimal Sentence for White-Collar Crime, American Criminal Law Review Vol.17 No.4, 1980.

Rodriguez, A. E., Does Legal Tradition Affect Competition Policy Performance?, International Trade Journal Vol.21 No.4, 2007.

Rosenboom, Nicole & In't Veld, Daan, The Interaction of Public and Private Cartel Enforcement", World Competition: Law and Economics Review Vol.42 No.1, 2019.

Rustad, Michael & Koenig, Thomas, "The Historical Continuity of Punitive Damages Awards: Reforming the Tort Reformers", American University Law Review Vol.42 No.4, 1993.

Salop, Steven C. & White, Lawrence J., Economic Analysis of Private Antitrust Litigation, Journal of Reprints for Antitrust Law and Economics Vol.26, No.1, 1996.

Schafer/Ott, Lehrbuch der Okonomischen Analyse des Zivilrechts, 2. Aufl., 1995.

Schantl, Stefan F. & Wagenhofer, Alfred, Deterrence of Fincial Misreporting When Public and Private Enforcement Strategically Interact, In Journal of Accounting and Economics Col.70 No.1, 2020.

Shapiro, Stephen J., Overcoming Under-Compensation and Under- Deterrence in International Tort Cases: Are Statutory Multiple Damages the Best Remedy?, Mercer Law Review Vol.62, No.2, 2011.

Sharkey, Catherine M., "Economic Analysis of Punitive Damages: Theory, Empirics, and Doctrine", New York University Law and Economics Working Paper, 2012.

Shavell, Steven, The Optimal Structure of Law Enforcement, The Journal of Law and Economics Vol.36 No.1, 1993.

Snyder, Edward A. & Kauper, Thomas E., Misuses of the Antitrust Laws: The Competitor Plaintiff, Michigan Law Review Vol.90 No.3, 1991.

Stephan, Andreas, The Bankruptcy Wildcard in Cartel Cases, Journal of Business Law, 2006.

Stephanson, Matthew C., Public Regulation of Private Enforcement: The Case for Expanding the Role of Administrative Agencies, Virgnia Law Review Vol.91 No.1, 2005.

Stewart, Daxton R., The Promise of Arbitration: Can It Succeed in Journalism as It Has in Other Businesses, Appalachian Journal of Law Vol.6 No.1, 2006.

Stigler, George, A Theory of Oligopoly, Journal of Political Economy Vol.72 No.1,

1964.

Toth, Tihamer, The Interaction of Public and Private Enforcement of Competition Law before and after the EU Directive: A Hungarian Perspective, Yearbook of Antitrust and Regulatory Studies Vol.9 No.14, 2017.

Turner, Donald F., The Durability, Relevance, and Future of American Antitrust Policy, California Law Review Vol.75 No.3, 1987.

Viscusi, Kip. W., The Blockbuster Punitive Damages Awards, Emory Law Journal Vol.53 No.3, 2004.

Wadle, Alles-oder-Nichts-Prinzip und Reduktionklausel, VersR 1971.

Waller, Spencer. Weber, Can U.S. Antitrust Laws Open International Market?, Northwestern Journal of International Law & Business Vol.20 No.2, 1999-2000.

Werden, Gregory J. & Hammond, Scott D. & Barnett, Belinda A., Deterrence and Detection of Cartels: Using All the Tools and Sanctions, The antitrust Bulletin : the Journal of American and Foreign Antitrust and Trade Regulation Vol.56, 2011.

Wils, Wouter P.J. Optimal Antitrust Fines: Theory and Practice, World Competition Vol.29 No.2, 2006.

____, The Relationship between Public Antitrust Enforcement and Private Actions for Damages, World Competition, Vol.32, No.1, 2009.

Wilcox, W., Punitive Damages in England: in Punitive Damages: Common Law and Civil Law Perspectives, 2009.

<학위논문>

Jang, Hye-Lim, Private Enforcement of Competition Law : Devising the Best Rules and Procedures for Korea in the Right of Experience in the US, EU and UK, Doctoral Thesis(ph.D), The University of Bristol, 2009.

<보고서 및 기타 자료>

ラップカルテル刑事事件、東京高裁 平成 5.5.21(1993. 5. 21), 判例時報 1474号.

公正取引委員會, "(平成 30年 3月 23日) 東海旅客鐵道株式會社が發註する 中央新幹線に係る建設工事の受註調整に係る告發について", 報道 發表資料, 2018.3.23.

入札談合等關与行爲の排除及び防止並びに職員による入札等の公正を害す

べき行爲の處罰に關する法律(平成14年, 2002, 法律第101号) 第3條 (各省各廳の長等に對する改善措置の要求 等).

ABA, Antitrust Section, Monograph No.13, Treble-Damages Remedy, 1986.
____, Antitrust Section, Report on Antitrust Policy Objective, 2003.
____, Baker, Jonathan B. & Howard, Morse, M., Final report of Economic Evidence Task Force, 2006.
Antitrust Modernization Commission, Report and Recommendation, 2007.
California Dispute Resolution Insitute, Consumer and Employment Arbitration in California: A Review of Website Data Posted Pursuant to Section 1281.96 of the Code of Civil Procedure 19, 2004.
Cohen, Thomas. H., & Harbacek, Kyle, Punitive Damages Awards in State Court(2005), U. S. Department of Justice Special Report, 2011.
Connor, John M., The Great Global Vitamins Conspiracy: Sanctions and Deterrence, American Antitrust Institute Working Paper No.06-02, 2008.
European Commission, Staff Working Document, Impact Assessment, Accompanying the Document Proposal for a Directive to Empower the Competition Authorities of the Member States to be More Effective Enforcers and to Ensure the Proper Functioning of the Internal Market', SWD, 2017.
Georgetown Study of Private Antitrust Litigation, Georgetown Conference on Private Antitrust Litigation, 1985.
Grith, Rachel & Harrison, Rupert, The Link Between Product Market Reform and Macro: Economic Performance European Economy Economic Papers, European Commission, 2004.
Hewitt, Pate, R., Vigorous and Principled Antitrust Enforcement: Priorities and Goals, Department of Justice, 2003.
ICN, Advocacy Working Group, Advocacy and Competition Policy Report, 2002.
____, Report on the Objectives of Unilater Conduct Laws, Assessment of Dominance/Substantial Market Power, and State-Created Monopolies, 2007.
Jansen, Nils & Rademacher, Lukas, Punitive Damages in Germany: in Punitive Damages: Common Law and Civil Law Perspectives, 2009.
Klein, Gordon J., Cartel Destabilization and Leniency Programs: Empirical Evidence, ZEW-Centre for European Economic Research Discussion Paper No.10-107, 2011.

Klink v. Combs, 28 Wis. 2d 65, 135 N.W. 2d 789, 1965.
Mitsubishi Motors Co., Petitioner v. Soler Chrysler-Plymouth, Inc. 473 U.S. 614, 625, 1985.
New Law Journal Vol.123, 1974.
OECD, DAF/COMP(2011)4(Mar 2012) Roundtable on Promoting Compliance with Competition Law-Issues Paper by the Secretariat.
_____, DAF/COMP/WP3(2015)14(June 2015) Relationship Between Public and Private Antitrust Enforcement.
_____, (OECD/LEGAL/0294)2019, Review of the Recommendation of the Council concerning Effective Action against Hard Core Cartels.
_____, (OECD/LEGAL/0452)(July 2019) Recommendation of the Council concerning Effective Action against Hard Core Cartels.
_____, Report on the Nature and Impact of Hard Core Cartels and Sanctions against Cartels under National Competition Laws, 2002
OFT, An Assessment of Discretionary Penalties Regimes, Final Report, OFT 1132, 2009.
Section of Antitrust Law, "Report on Antitrust Policy Objectives", ABA, 2003, para I.
T-Mobile Netherlands BV, KPN Mobile NV, Orange Nederland NV and Vodafone Libertel NV v Raad van bestuur van de Nederlandse Mededingingsautoriteit, C-8/08, 2009, ECR I-(4.6.2009), para 38.
Viney, Geneviève & Jourdain, Patrice & Carval, Suzanne, Traite de droit civil, Les effets de la responsabilite, 3e ed., L.G.D.J., 2010, n° 6-5.
Werro, Franz., La tentation des dommages et interets punitifs en droit suisse des medias, in Etudes a la memoire de Christian LPOYADE-DESCHAMPS, P.U.B., 2003.

<인터넷 검색 자료>

강현중, "민사소송법 판례분석(10): 징벌적 손해배상의 법적 성격", 법률신문 기사, 2016.9.12, <http://m.lawtimes.co.kr/Contents/Info?serial=103161>, 2024.4.13. 최종방문.
경제정의실천시민연합, "담합 과징금, 소비자 피해액의 12%에 불과", 보도자료, 2010.10.19, <http://ccej.or.kr/8458>, 2023.8.28. 최종 방문.
공정거래위원회, "14개 공공기관, 임직원 입찰담합 관여행위 근절 약속", 보도참고자료, 2023.6.1. <http://www.ftc.go.kr/www/selectReportUserView.do?key=10&rpttype=1&report_ data_no=10063>, 2023.10.8. 최종방문.

공정거래위원회, "3개 쇼트 및 그릿트 담합건", 보도자료, 2008.12.9. <http://www.ftc.go.kr/www/selectReportUserView.do?key=10&rpttype=1&report_data_no=3409>, 2023.8.28. 최종접속.

공정거래위원회, "감사원 지적사항에 대한 향후 처리방향", 보도 참고자료, 2003.5.21.<http://www.ftc.go.kr/www/selectReportUserView.do?key=10&rpttype=1&report_data_no=1339>, 2023.10.18. 최종접속.

공정거래위원회, "고철 가격담합 신고 철강사 직원, 포상금 20억 받는다" 관련 해명자료, 2021.2.19., <http://www.ftc.go.kr/www/selectReportUserVieew.do?key=11&rpttype=2&report_data_no=8967>, 2023.2.2. 최종접속.

공정거래위원회, "공공기관 임직원의 입찰담합관여행위방지를위한 제도개선방안 논의착수", 보도자료, 2022.12.14., <http://www.ftc.go.kr/www/selectReportUserView.do?key=10&rpttype=1&report_data_no=9862>, 2023.1.17. 최종방문.

공정거래위원회, "공정거래 관련 분쟁의 조정 등에 관한 법률 제정안 입법예고", 보도자료, 2023.12.19. <http://www.ftc.go.kr/www/selectReportUserView.do?key=10&rpttype=1&report_ data_no=10358>, 2024.4.20. 최종방문.

공정거래위원회, "공정거래법 전면개편안 재추진을 위한 입법예고", 보도자료, 2020.6.10., <http://www.ftc.go.kr/www/selectReportUserView.do?key=10&rpttype=1&report_data_no=8582>, 2023.1.18. 최종접속.

공정거래위원회, "입찰에 있어서의 부당한 공동행위 심사지침 개정안 행정예고", 보도자료(2019.7.18.), <http://www.ftc.go.kr/www/selectReportUserView.do?key=10&rpttype= 1&report_data_no=8231>, 2024.5.26. 최종방문.

공정거래위원회, "투사재 제조·판매 사업자 담합 제재", 보도자료, 2022.9.23. <http://www.ftc.go.kr/www/selectReportUserView.do?key=10&rpttype=1&report_data_no=9748>, 2023.8.28. 최종접속.

공정거래위원회, "하수도관 및 맨홀 구매 입찰담합 제재", 보도자료, 2021.3.8., <http://www.ftc.go.kr/www/selectReportUserView.do?key=10&rpttype=1&report_data_no=7966>, 2023.10.8. 최종방문.

公正取引委員會, "(平成 30年 3月 23日) 東海旅客鐵道株式會社が發註する 中央新幹線に係る建設工事の受註調整に係る告發について", 報道 發表資料 (2018. 3.23), <https://www.jftc.go.jp/houdou/pressrelease/h30/mar/180323_3.html>, 2023.1. 22. 최종접속

대검찰청, "대검찰청, 미국 법무부 반독점국과 공동으로 제3회 한미 공정거래 형사집행 워크숍 개최", 보도자료, 2024.2.26. <https://www.spo.go.kr/site/spo/ex/board/View.do?cbIdx=1403&bcIdx=1046545>, 2024.5.17. 최종방문.

대검찰청·특허청, "대검찰청·특허청, 기술유출 피해액 산정기준 마련에 박차", 보도자료, 2023.11.3. <https://www.spo.go.kr/site/seoul/ex/board/View.do>, 2024.5.17. 최종방문.

대한상공회의소, "2023년 ESG 주요 현안과 정책과제 조사", 보도자료, 2023.2.6. <https://www.korcham.net/nCham/Service/Economy/appl/KcciReportDetail.asp?seq_no_c010=20120936132&cham_cd=B001>, 2024.5.25. 최종방문.

법무부, "2019-2023 중재산업진흥 기본계획 수립", 보도자료, 2018.12.31., <https://www.moj.go.kr/moj/221/subview.do?enc=Zm5jdDF8QEB8JTJGYmJzJTJGbW9qJTJGMTgyJTJGNDIxNTU1JTJGYXJ0Y2xWaWV3LmRvJTNGcGFzc3dvcmQlM0QlMjZyZ3NCZ25kZVN0ciUzRCUyNmJic0NsU2VxJTNEJTI2cmdzRW5kZGVTdHIlM0QlMjZpc1ZpZXXdNaW5lJTNEZmFsc2UlMjZwYWdlJTNEMiUyNmJic09wZW5XcmRTZXElM0QlMjZzcmNoQ29sdW1uJTNEc2olMjZzcmNoV3JkJTNEJUVDJUE0JTkxJUVDJTlFJUFDJTI2>, 2024.4.20. 최종방문.

법무부, "국재 중재 허브로의 도약을 위한 중재법 선진화", 보도자료, 2015.8.3., <https://www.moj.go.kr/moj/221/subview.do?enc=Zm5jdDF8QEB8JTJGYmJzJTJGbW9qJTJGMTgyJTJGMjIzMTU5JTJGYXJ0Y2xWaWV3LmRvJTNGcGFzc3dvcmQlM0QlMjZyZ3NCZ25kZVN0ciUzRCUyNmJic0NsU2VxJTNEJTI2cmdzRW5kZGVTdHIlM0QlMjZpc1ZpZXXdNaW5lJTNEZmFsc2UlMjZwYWdlJTNENEMSUyNmJic09wZW5XcmRTZXElM0QlMjZzcmNoQ29sdW1uJTNEc2olMjZzcmNoV3JkJTNEJUVEJTk3Jt3g4JUVCJUI4JThDJTI2>, 2024.4.20. 최종방문.

법무부·검찰, "檢, 공정위 고발 없이 LH 감리 입찰담합 대대적 압수수색", 법률신문 뉴스, 2023.9.4. <https://www.lawtimes.co.kr/news/190882>, 2024.5.17. 최종방문.

"법원, 혈액백 담합은 부당행위, 대한적십자사에 12억 배상해야", 파이낼셜 뉴스기사, 2023. 6. 1. <https://www.fnnews.com/news/202306011802231617>

서울 중앙지방검찰청, "조달청 발주 GRP 복합관 및 맨홀 담합 사건 기소", 보도자료, 2021.9.30. <https://www.spo.go.kr/site/seoul/ex/board/View.do?cbIdx=1403&bcIdx=1022266>, 2024.5.20. 최종방문.

서울중앙지방검찰청, "2조 3천억원 규모 아파트 빌트인 가구 입찰담합 수사결과", 보도자료, <https://www.spo.go.kr/site/seoul/ex/board/View.do>, 2024.5.17. 최종방문.

광주지방검찰청, "160억 원대 광주지역 교복 입찰담합 업체 운영자 31명 기소", 보도자료, <https://www.spo.go.kr/site/gwangju/ex/board/View.do>, 2024.5.17. 최종방문.

이동우, "[특집] 집단소송제와 징벌적 손해배상제도", 참여연대, 월간참여사회 (2017. 10.), <https://www.peoplepower21.org/magazine/1528704.>, 2024.5.24. 최종방문.

이재용, "한전 전력연구원, 입찰담합 포착기술 발전 5사 확대사업 추진", EPJ 뉴스 기사, 2022.10.4., <https://www.epj.co.kr/news/articleView.html?idxno=31235>, 2023.10.8. 최종방문.

이태성, "법무부, 포항 영일만 담합 건설사 상대 251억원대 소송", 머니투데이 기사, 2015.11.14.,<https://news.mt.co.kr/mtview.php?no=2015111411102113180>, 2023.1.23. 최종접속.

임영규, "LG전자 조성진 부회장 담합 처벌이력 있는데, 승진? 논란", 뉴스브라이트 기사, 2016. 12. 21, <http://www.newsbrite.net/news/articleView.html?idxno=11114>, 2023.8.15. 최종접속.

정영진, "대법원의 시장경제에 대한 철학적 고뇌", 법률신문 판례평석, 2007.12.24. <https://www.lawtimes.co.kr/Legal-News/Legal-News-View?serial=104864>, 2023.2.20. 최종접속.

조성우, "건보공단 담배소송 분수령 맞았다", 헬스포커스 뉴스기사, 2017.4.28. <http://www.healthfocus.co.kr/news/articleView.html?idxno=70593>, 2024.5.21. 최종방문.

중소기업뉴스, "손해배상예정액 제도 적용되는 입찰에서 담합하면 무거운 배상책임 부담", 2024.1.1., <http://www.kbiznews.co.kr/news/articleView.html?idxno=97089>, 2024.4.25. 최종방문.

지평, "[공정거래형사] 공정거래 형사사건 New Trend 분석", 법률신문 2024 로펌 컨수머 리포트, 2023.5.15. <https://www.lawtimes.co.kr/LawFirm-NewsLetter/187567>, 2024.5.17. 최종방문.

최훈길, "공정위, 담합 가담자에 페널티 부과 추진", 이데일리 기사, 2016.1.31. <https://www.edaily.co.kr/news/read?newsId=01699046612523296&mediaCodeNo=257>, 2023.8.15. 최종접속.

포스코, "포스코, 국내기업 최초 공정거래자율준수프로그램 인증제도 시행", 보도자료, 2021.1.12., <https://bit.ly/3bBu15T>, 2023.10.8. 최종방문.

포스코홀딩스, "포스코그룹, 그룹사 담합 피해 선제적으로 예방한다", 보도자료,

2023.12.18., <https://bit.ly/3Tra6wc>, 2024.4.20. 최종방문.
프랑스 상법전(Code de commerce)(2024. 1.1 개정 기준), <https://world.moleg. go. kr /web/wli/lgsllnfoReadPage.do?A=A&searchType=all&searchText=%25EC%25 83%2581%25EB%25B2%2595&searchPageRowCnt=10&searchNtnlCls=4&sea rchNtnl=FR&pageIndex=1&CTS_SEQ=38125&AST_SEQ=105>, 2024.5.22. 최종방문.
한국공정거래조정원, "2023년 분쟁조정 현황 발표", 보도자료, 2024.2.5., <http://www. ftc.go.kr/www/selectReportUserView.do?key=10&rpttype=1&report _data_no=10472>, 2024.4.20. 최종방문.
A Review of Website Data Posted Pursuant to Section 1281.96 of the Code of Civil Procedure 19, 2004, available at <http://www.mediate.com/cdri/cdri_print_Aug_ 6.pdf>, 2024.4.20. 최종방문.
Advocacy Working Group, Advocacy and Competition Policy Report, ICN, 2002, p.25, <https://www.internationalcompetitionnetwork.org/wp-content/uploads/2018/ 09/AWG_AdvocacyReport2002.pdf>, 2023.10.24. 최종방문.
Cartel Statistics(2022.11.29.), https://ec.europa.eu/ competition>, 2023.1.5. 최종접속.
European Commission, Actions for Damages: Directive on Antitrust Damage Actions, <http://ec.europa.eu/competition/antitrust/actionsdamages/directive_en.html> (Sep. 27, 2017), 2024.5.20. 최종방문.
European Group on Tort Law, Principles of European Tort Law, <http://www.egtl. org/>, 2024. 6. 11. 최종방문.
<http://ec.europa.eu/info/law-making-process/types-eu-law_en.>, 2024.5.2. 최종방문.
<https://data.europa.eu/doi/10.2763/36577>, 2023. 9. 29. 최종방문.
<https://doi.org/10.17026/dans-zqj-64su.>, 2023.8.15. 최종방문.
<https://poscofuturem.com/esg/safety.do>, 2024.5.36. 최종방문.
<https://www.clearygottlieb.com/~/media/cgsh/files/publicaion-pdfs/alert-memos/alert-me mo-201732.pdf>, 2024.6.9. 최종방문.
<https://www.steel-n.com/P10/P10710/voc/jsp/P10_VOC_Fair_Trade.jsp>, 2023.10.8. 최 종방문
MLex 검색 <http://www.mlex.com>, 2024.5.20. 최종방문.
U.S. DOJ Antitrust Division, Evaluation of Corporate Compliance Programs in Criminal Antitrust Investigations (July 2019), <https://www. justice.gov/atr/ page/file/1182001/download>, (2024.4.15. 최종방문.)

박경미
전남대학교 법과대학 졸업(학사)
고려대학교 법무대학원 공정거래법학과 졸업(석사)
고려대학교 일반대학원 법학과 졸업(박사)
고려대학교 법학전문대학원 겸임교수
現 포스코홀딩스(주) 법무실, 리더
* 제22회 공정거래의 날 국무총리 표창

유민총서 29

부당한 공동행위 억지를 위한 사적집행 강화방안

초판 1쇄 인쇄   2025년 09월 22일
초판 1쇄 발행   2025년 09월 29일

지 은 이   박경미
편   찬   홍진기법률연구재단
주   소   서울특별시 종로구 동숭3길 26-12 2층
전   화   02-747-8112   팩   스   02-747-8110
홈페이지   www.yuminlaw.or.kr

발 행 인   한정희
발 행 처   경인문화사
편 집 부   한주연 김지선 김한별 양은경 정효민
마 케 팅   하재일 유인순
출판번호   제406-1973-000003호
주   소   경기도 파주시 회동길 445-1 경인빌딩 B동 4층
전   화   031-955-9300   팩   스   031-955-9310
홈페이지   www.kyunginp.co.kr
이 메 일   kyungin@kyunginp.co.kr

ISBN   978-89-499-6880-3 93360
값 25,000원

* 저자와 출판사의 동의 없는 인용 또는 발췌를 금합니다.
* 파본 및 훼손된 책은 구입하신 서점에서 교환해 드립니다.

유민총서 목록

번호	제목 및 서지정보
1	**유민 홍진기 법률논문 선집** 홍진기 저 / 홍진기법률연구재단 편
2	| 제1회 홍진기법률연구상 수상논문 | | 2018 세종도서 우수학술도서 | **신탁의 기본 법리에 관한 연구** – 본질과 독립재산성 이계정 저
3	**-1. 헌법주석** [국회, 정부] 제40조~제100조 이성환, 방승주, 명재진 저 외 **-2. 헌법주석** [법원, 경제질서 등] 제101조~제130조 이국운, 이헌환, 석인선 저 외
4	| 2019 대한민국학술원 우수학술도서 | **한국과 일본에서 행정소송법제의 형성과 발전** 하명호 저
5	**행정소송법** (Verwaltungsprozessrecht) 볼프 뤼디거 쉔케 저 / 강현호 번역
6	| 제3회 홍진기법률연구상 수상논문 | **국제투자협정의 예외조항 연구** – 규제권한과의 균형을 위한 예외조항 모색 김보연 저
7	| 제4회 홍진기법률연구상 수상논문 | **공정거래절차의 법리** – 당사자의 권리보장과 제3자 절차참여를 중심으로 박준영 저
8	**의료·의약품 산업과 경쟁법** 정재훈 저
9	| 2022 대한민국학술원 우수학술도서 | **판례·사료로 읽는 한국법사강의** 심희기 저
10	| 2022 대한민국학술원 우수학술도서 | **이슬람법입문** (An Introduction to Islamic Law) 조셉 샤흐트 저 / 명순구 번역
11	| 2022 대한민국학술원 우수학술도서 | **계약법과 도산법** – 민법의 관점에서 도산법 읽기 최준규 저
12	| 2022 세종도서 우수학술도서 | **법도그마틱과 은유** – 전형상 준거 헌법해석 이덕연 저
13	**단체의 법이론** – 유민 홍진기의 법이론 양천수 저
14	| 제5회 홍진기법률연구상 수상논문 | **공법상 당사자소송 중 확인소송에 관한 연구** 이승훈 저
15	**규범적 과제로서 기능적 분화** 고봉진 저
16	| 2023 대한민국학술원 우수학술도서 | **영업비밀보호법의 철학적·규범적 토대와 현대적 적용** – 존 로크의 재산권 철학을 바탕으로 나종갑 저

번호	제목 및 서지정보
17	| 2023 세종도서 우수학술도서 | **4차 산업혁명 시대의 인공지능 알고리즘에 의한 법 분야 위험 예측** 양종모 저
18	**공용수용의 공공필요 검증론** 정기상 저
19	| 제7회 홍진기법률연구상 수상논문 | | 2023 세종도서 우수학술도서 | **금융기관 부실 개선제도 연구** 박상현 저
20	| 제7회 홍진기법률연구상 수상논문 | | 2024 대한민국학술원 우수학술도서 | **데이터세트 보호 법제에 관한 연구** 이상용 저
21	| 2023 세종도서 우수학술도서 | **4차 산업혁명과 조세** 김영순 저
22	| 제6회 홍진기법률연구상 수상논문 | | 2024 세종도서 우수학술도서 | **디지털 정보에 대한 강제처분에서의 정보 프라이버시권 보장 방안** – 미국과의 비교를 중심으로 전치홍 저
23	| 2024 대한민국학술원 우수학술도서 | **특허, 특허권, 특허법의 연구** – 자연권 및 공리주의적 도구주의의 발전과 서구 자본주의 경제윤리의 형성 나종갑 저
24	**손해배상산정론** 최우진 저
25	| 제7회 홍진기법률연구상 수상논문 | | 2025 대한민국학술원 우수학술도서 | **조약법상 준비문서** (Travaux Préparatoires)**의 지위** 황준식 저
26	| 2025 대한민국학술원 우수학술도서 | **공정이용의 역설** – 시소에 올라탄 거인, 균형의 복원 남형두 저
27	| 제8회 홍진기법률연구상 수상논문 | **국제조세레짐** – 국제적 조세회피 문제를 중심으로 윤준석 저
28	**-1. 국제난민법** (The Refugee in International Law) 가이 S. 굿윈길 및 제인 맥아담 저 / 이일 번역 **-2. 국제난민법** (The Refugee in International Law) 가이 S. 굿윈길 및 제인 맥아담 저 / 이일 번역
29	| 제9회 홍진기법률연구상 수상논문 | **부당한 공동행위 억지를 위한 사적집행 강화방안** 박경미 저